新编国际贸易实务教程

逯宇铎
辛　转 ◎ 主编
陈　璇

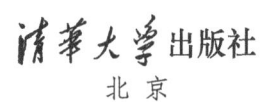

INTERNATIONAL
TRADE

清华大学出版社
北京

内容简介

本书由 12 章组成，除了传统国际贸易实务的基础知识和技能外，加强了传统外贸业务的新实践，增加了跨境电子商务内容和区块链在外贸中的应用，详细介绍了《2020 年国际贸易术语解释通则》。本书可作为国际贸易、跨境电子商务、市场营销等专业本科学生及研究生的教材，同时也可作为国际贸易从业人员提升业务能力的参考书。

本书封面贴有清华大学出版社防伪标签，无标签者不得销售。

版权所有，侵权必究。举报：010-62782989，beiqinquan@tup.tsinghua.edu.cn。

图书在版编目（CIP）数据

新编国际贸易实务教程/逯宇铎，辛转，陈璇主编. —北京：清华大学出版社，2021.6（2025.8 重印）
新时代经济管理特色教材
ISBN 978-7-302-58142-0

Ⅰ.①新… Ⅱ.①逯… ②辛… ③陈… Ⅲ.①国际贸易-贸易实务-高等学校-教材 Ⅳ.①F740.4

中国版本图书馆 CIP 数据核字(2021)第 088702 号

责任编辑：张　伟
封面设计：孙至付
责任校对：宋玉莲
责任印制：宋　林

出版发行：清华大学出版社
网　　址：https://www.tup.com.cn，https://www.wqxuetang.com
地　　址：北京清华大学学研大厦 A 座　　　　邮　编：100084
社 总 机：010-83470000　　　　　　　　　　邮　购：010-62786544
投稿与读者服务：010-62776969，c-service@tup.tsinghua.edu.cn
质 量 反 馈：010-62772015，zhiliang@tup.tsinghua.edu.cn
课 件 下 载：https://www.tup.com.cn，010-83470332

印 装 者：涿州市般润文化传播有限公司
经　　销：全国新华书店
开　　本：185mm×260mm　　印　张：17.5　　字　数：403 千字
版　　次：2021 年 7 月第 1 版　　　　　　　印　次：2025 年 8 月第 2 次印刷
定　　价：49.00 元

产品编号：090798-01

前言

本书旨在着力突出"宽、新、实"三个特色。范围"宽"：本书涵盖了国际贸易理论和业务活动的整个流程，集商品贸易、交易方式、跨境电子商务（以下简称"跨境电商"）于一体，使读者在了解贸易理论的同时能够系统地掌握实务知识，还能站在较高的理论起点上，更好地把握国际贸易理论与实务的全貌。观点"新"：本书不仅系统地阐述了国际贸易的新惯例、新知识，而且比较全面地介绍了国际贸易领域的一些政策、措施、规则、惯例，包括国际商会最新发布的《2020年国际贸易术语解释通则》（以下简称《2020通则》），使读者比较全面地了解国际贸易运作最新的方法。内容"实"：本书以国际贸易理论为指针，以企业的进出口交易磋商、订约、履约这一基本程序为主线，突出国际贸易中的规则、条例、惯例的实际运作过程和方法，达到"学以致用"的目的。

本书贯彻"传统外贸业务新实践+跨境电商B2B+区块链+2020通则"一条线原则，突出如下特点。

1. 加强传统外贸业务的新实践

为了使同学们能够将本书理论与实际业务操作流程对应起来，本书的课程体系安排为：发现客户—了解国际合作方式与国际贸易惯例—商务谈判—合同条款的制定与解读—履行合同。

2. 增加跨境电商内容

近年来，跨境电商的迅速崛起颠覆了传统外贸的经营模式和商业格局。为此，本书在相关章节介绍了跨境电商的定义、特征、分类，以及主要的跨境电商模式含义与代表平台；理解跨境电商交易基本流程；掌握主要的跨境电商平台——阿里巴巴国际站、亚马逊、敦煌网在注册、发布、交易、放款、评价和售后等方面的规则；熟悉出口时代与设备时代跨境电商平台模式和主要特点。

3. 增加区块链在外贸中的应用

区块链是一个信息技术领域的术语。从本质上讲，它是一个共享数据库，存储于其中的数据或信息，具有"不可伪造""全程留痕""可以追溯""公开透明""集体维护"等特征。基于这些特征，区块链技术奠定了坚实的"信任"基础，创造了可靠的"合作"机制，具有广阔的运用前景。

4. 详细介绍《2020 通则》

国际商会于 2019 年 9 月向全球发布《2020 年国际贸易术语解释通则》，该规则于 2020 年 1 月 1 日正式生效。本书比较了《2020 通则》与《2010 年国际贸易术语解释通则》（以下简称《2010 通则》）的差异，总结了《2020 通则》的六个变化，详细地介绍了《2020 通则》，使得本书成为国内介绍《2020 通则》方面较好的参考书。

本书是大连理工大学经济管理学院统编教材，是经济与管理实验班平台课指定教材。

参加本书编写工作的有以下从事国际贸易理论与实务教学和研究的教师：陈璇、陈阵、叶娇、徐学柳、苏振东、辛转、刘映、逯宇铎。大连理工大学经济学三级教授、博士生导师、博士后合作导师、国际贸易学科带头人逯宇铎负责统稿。

由于国际贸易实务的综合性和实践性都比较强，而且处于不断的发展变化中，囿于编者知识水平有限，书中难免有不当之处，敬请诸位同人及读者批评指正。

逯宇铎
2020 年 12 月
明德园　养心斋

目录

第1章 国际贸易概述 ... 1
- 1.1 国际贸易的含义和作用 ... 2
- 1.2 国际贸易的种类 ... 4
- 1.3 区块链的概念及应用 ... 8

第2章 国际贸易措施 ... 15
- 2.1 关税 ... 16
- 2.2 非关税壁垒 ... 21
- 2.3 国际贸易政策工具分析 ... 26
- 2.4 WTO货物贸易规则 ... 35

第3章 国际市场环境 ... 37
- 3.1 国际市场环境简述 ... 38
- 3.2 国际贸易决策者所需信息 ... 39
- 3.3 国际贸易调研方法 ... 41
- 3.4 市场特性调研 ... 43
- 3.5 国际市场细分概述 ... 46

第4章 国际商务谈判 ... 49
- 4.1 国际商务谈判概述 ... 50
- 4.2 国际商务谈判的形式与种类 ... 50
- 4.3 谈判准备 ... 52
- 4.4 谈判中的沟通 ... 54
- 4.5 进出口谈判与合同签订 ... 57
- 4.6 区块链技术应用 ... 62

第 5 章　跨境电商······66

　　5.1　跨境电商概述······67
　　5.2　跨境电商的主要模式······70
　　5.3　跨境电商合同履行······72
　　5.4　跨境电商的通关与报关······75
　　5.5　区块链技术应用······90

第 6 章　商品条件······96

　　6.1　商品品质······97
　　6.2　商品数量······101
　　6.3　商品包装······104
　　6.4　区块链技术应用······111

第 7 章　国际贸易术语和商品价格······115

　　7.1　贸易术语概述······116
　　7.2　《2020 通则》简介······118
　　7.3　贸易术语······121
　　7.4　商品价格······135
　　7.5　区块链技术应用······141

第 8 章　货物交付······144

　　8.1　装运条款······145
　　8.2　运输方式······150
　　8.3　运输单据······161
　　8.4　区块链技术应用······169

第 9 章　货物运输保险······172

　　9.1　货物运输保险概述······173
　　9.2　货物运输保险承保范围······177
　　9.3　海上运输保险条款······181
　　9.4　其他运输方式下的货物运输保险······190
　　9.5　区块链技术应用······192

第 10 章 国际结算 194

- 10.1 票据 195
- 10.2 国际货款支付的基本方式 200
- 10.3 国际货款支付的其他方式 211
- 10.4 单据 218
- 10.5 区块链技术应用 228

第 11 章 货物检验与争议处理 231

- 11.1 货物检验 232
- 11.2 争议与索赔 238
- 11.3 不可抗力 243
- 11.4 仲裁 245
- 11.5 区块链技术应用 251

第 12 章 跨境电商数据分析 255

- 12.1 数据分析导论 256
- 12.2 数据分析指标 257
- 12.3 跨境电商数据分析方法及案例 262

参考文献 269

第 1 章 国际贸易概述

本章学习目标：

1. 熟练掌握国际贸易的含义；
2. 了解国际贸易与国内贸易的区别，国际贸易发生的动因，国际贸易的作用；
3. 理解并掌握国际贸易的相关概念。

引导案例

可实现智能化履约，外滩大会发布国际贸易区块链平台 Trusple

2020 年 9 月 25 日下午，上海外滩大会发布区块链国际贸易和金融服务平台 Trusple。法国巴黎银行、花旗银行、星展银行、德意志银行、渣打银行成为 Trusple 首批合作伙伴。

在传统跨境贸易中，受限于复杂的贸易流通和漫长的交付周期，交易双方拖欠款项、拖延发货的事情时有发生，其核心问题在于买家与卖家之间缺乏信任。

据介绍，这一基于蚂蚁链技术及合作银行实现跨境贸易的平台，可实现全链路智能化履约，让中小企业跨境生意更好做。

在 Trusple 平台，买家和卖家产生一笔贸易订单后自动上链并开始流转，银行会基于订单约定的付款条件自动进行支付，避免了传统模式下卖家需督促买家去线下操作转账，同时也能防止有些客户恶意拖延付款时间。

此外，因为区块链技术的透明、可追溯，交易流通信息全程上链，从而保证了订单的真实性。

对卖家来说，在 Trusple 上的每一次成功交易都是一次"链上信用"的沉淀。当企业产生融资需求时，金融机构可以向平台提出验证请求，确定企业的贸易真实性。这一方面降低了银行等金融机构的金融服务风险，另一方面也盘活了中小企业的生存和营运能力。

阅读以上案例，思考：

1. 什么是国际贸易？它与对外贸易有何区别？
2. 什么是区块链？区块链与比特币有什么区别和联系？区块链技术的不断发展将会对我们的生产生活产生哪些重要影响？

1.1 国际贸易的含义和作用

1.1.1 国际贸易的含义

1. 国际贸易的概念

国际贸易（international trade）又称世界贸易（world trade），是指世界各国（或地区）之间进行的商品和服务交换活动。国际贸易是在不同国家之间的分工——国际分工的基础上发展起来的，反映了世界各国（或地区）之间经济上的相互依存与联系。

传统的国际贸易，仅指有形商品贸易，由商品进口和商品出口构成。随着生产的发展、科学技术的进步和交换方式的改进，无形贸易也随着有形贸易的发展而发展。第二次世界大战以后，科学技术的巨大发展和生产力水平的迅速提高，极大地促进了世界范围内的社会化大生产的发展，也有力地推动了国际贸易的发展。除传统的商品贸易外，构成现代国际贸易重要内容的无形贸易也日益发展。它使生产领域的要素与流通领域的要素、经济要素与科学技术要素交织在一起，进一步丰富和扩大了国际贸易活动的内容与范围。

2. 国际贸易与国内贸易的异同

国际贸易与国内贸易既有一定的共同性，又存在着一定程度的区别。

两者的共同性表现为：第一，在社会再生产中的地位相同；第二，有共同的商品运动方式；第三，基本职能一样，都受商品经济规律的影响和制约。

两者的区别主要表现为：第一，语言、法律及风俗习惯不同；第二，各国间货币、度量衡、海关等制度不同；第三，各国的经济政策不同；第四，国际贸易的风险大于国内贸易；第五，世界贸易组织成员方的贸易行为，要受世界贸易组织（World Trade Organization，WTO）的规则制约。

1.1.2 国际贸易的作用

国际贸易对参与贸易的国家乃至世界经济的发展具有重要作用，具体表现在以下几方面。

1. 调节各国市场的供求关系

调节各国市场的供求关系、互通有无，始终是国际贸易的重要功能。世界各国由于受生产水平、科学技术和生产要素分布状况等因素的影响，生产能力和市场供求状况存在着一定程度的差异。各国国内既存在产品供不应求的状况，又存在着各种形式的产品过剩状况。而通过国际贸易不仅可以增加国内短缺产品的市场供给量，满足消费者的需求，而且为各国国内市场的过剩产品提供了新的出路，在一定程度上缓解了市场供求的矛盾，从而调节了各国的市场供求关系。

2. 促进生产要素的优化配置，获得规模经济利益

在当今世界上，劳动力、资本、土地、技术等生产要素在各个国家的分布往往是不平衡的。如果没有国际贸易，这些国家国内生产规模和社会生产力的发展，都会受到其短缺的生产要素的制约，一部分生产要素将被闲置或浪费，生产潜力得不到发挥。通过国际贸易，这些国家就可以采取国际服务贸易、资本转移、土地租赁、技术贸易等方式，将国内富余的生产要素与其他国家国内短缺的生产要素交换，一方面，可以缓解或消除短缺生产要素的制约；另一方面，可以充分利用富余生产要素，扩大生产规模，获得规模经济利益。总之，生产要素借助国际货物和服务贸易这一载体在世界各国之间流动，从而使各国的生产要素在更大的空间范围内实现优化配置和规模经济利益。

3. 发挥比较优势，提高利润水平

各国利用比较利益和比较优势进行国际分工与国际贸易，提高利润水平的作用机制为：一国企业在产品生产时，通过进口廉价的生产投入品可以降低产品成本，在产品售价不变的情况下，利润率得到提高；产品生产成本不变，通过使用高质量的进口投入品，提高产品的质量和价格，使利润率提高；当一国生产某商品的劳动生产率高于国际平均劳动生产率，按照国际市场价格出售该商品时，并不作为技术较高的劳动来支付报酬，在国际市场上却作为技术较高的劳动来出售了，使该商品生产者获得超额利润。

4. 提高生产技术水平，优化国内产业结构

在当今世界，各国普遍通过国际贸易引进先进的科学技术和设备，以提高国内的生产力水平，加快经济发展。同时，通过国际贸易，国内的产业结构逐步完善，促使整个国民经济协调发展。

5. 增加财政收入，提高国民福利水平

国际贸易的发展，可为一国政府开辟财政收入的来源。政府可从对通过关境的货物征收关税、对进出口货物征收国内税、为过境货物提供各种服务等方面获得大量财政收入。在美国联邦政府成立初期，关税收入曾占联邦财政收入的90%。近年来，关税收入是我国政府财政的一个重要来源，约占中央财政收入的10%。至今，关税和涉外税收仍然是一些国家特别是发展中国家财政收入的重要来源。国际贸易还可以提高国民的福利水平。它可以通过进口国内短缺而又是迫切需要的商品，或者进口比国内商品价格更低廉、质量更好、式样更新颖、特色更突出的商品，来使国内消费者获得更多的福利。此外，国际贸易的扩大，特别是劳动密集型产品出口的增长，将为国内提供更多的就业机会，间接增进国民福利。

6. 加强各国经济联系，促进经济发展

在现代，世界各国广泛开展国际贸易活动，不仅把生产力发展水平较高的发达国家互相联系起来，而且也把生产力发展水平较低的广大发展中国家卷入国际经济生活之中。国际市场的竞争活动，也促使世界总体的生产力进一步加快发展。这不仅促进了发达国家经济的进一步发展，也促进了发展中国家和地区的经济发展。

1.2 国际贸易的种类

国际贸易范围广泛、性质复杂，为更好地把握国际贸易的内涵，可以从不同角度对国际贸易进行考察，以不同的标准对国际贸易进行分类。

1.2.1 按商品的移动方向分

按商品的移动方向，可将国际贸易划分为出口贸易（export trade）、进口贸易（import trade）、过境贸易。

1. 出口贸易

出口贸易是指一国把自己生产的商品输往国外市场销售，又称输出贸易。如果商品不是因外销而输往国外，则不计入出口贸易的统计之中，如运往境外使馆、驻外机构的物品，或者携带个人使用物品到境外等。

2. 进口贸易

进口贸易是指一国从国外市场购进用以生产或消费的商品，又称输入贸易。如果商品不是因对内销售而输入国内，则不计入进口贸易，如外国使、领馆运进自用的货物，以及旅客携带个人使用物品进入国内等。

3. 过境贸易

过境贸易，是指生产国与消费国之间进行的商品买卖活动，其实物运输过程必须要通过第三国的国境，但第三国居民并不取得货物所有权，对第三国来说，是过境贸易。一些内陆国家同非邻国的贸易，其货物运输必须经过第三国国境。

1.2.2 按贸易有无第三者参加分

按贸易有无第三者参加，可将国际贸易划分为直接贸易（direct trade）、间接贸易（indirect trade）、转口贸易。

1. 直接贸易

直接贸易是指商品直接从生产国（出口国）销往消费国（进口国），不通过第三国转手而进行的贸易。

2. 间接贸易

间接贸易是指商品从生产国销往消费国过程中通过第三国转手的贸易。对生产国和消费国来说，开展的是间接贸易，其中生产国是间接出口，消费国是间接进口；而对于第三国来说，则进行的是转口贸易。

直接贸易和间接贸易的区别是以货物所有权转移是否经过第三国（中间国）商人为标

准,而与运输方式无关。直接贸易可以是生产国的商品通过第三国转运至消费国,间接贸易可以是生产国的商品直接运往消费国。

3. 转口贸易

转口贸易,指生产国与消费国不直接买卖商品,而是通过第三国商人进行的商品买卖。第三国商人通过买进卖出,从中获取转口利润。从事转口贸易的大多是运输便利、贸易限制较少的国家和地区。如伦敦、鹿特丹、新加坡、香港等港口,由于地理位置优越,便于货物集散,所以转口贸易很发达。

1.2.3　按国境与关境分

按国境与关境,可将国际贸易划分为总贸易（general trade）、专门贸易（special trade）。

1. 总贸易

总贸易是以国境为统计标准的进出口贸易。凡因购买输入国境的商品一律计入进口,凡因外销输出国境的商品一律计入出口。总贸易可以分为总进口和总出口。总进口是指一定时期内（如一年内）跨国境进口的总额。总出口是指一定时期内（如一年内）跨国境出口的总额。将这两者的总额相加,即总进口和总出口之和,称作总贸易额。世界上某些国家,如英国、日本、加拿大、澳大利亚等,采用总贸易方式来统计进出口。

2. 专门贸易

专门贸易是以关境为标准统计的进出口贸易。专门贸易可以分为专门进口和专门出口。凡因购买输入关境的商品一律计入进口,凡因外销输出关境的商品一律计入出口。专门进口总额是指一定时期内（如一年内）通过关境进口的总额。专门出口总额是指一定时期内（如一年内）通过关境出口的总额。专门贸易额就是专门进口额与专门出口额的总和。这样,外国商品直接存入保税仓库（区）的一类贸易活动不再列入进口贸易项目之中。显然,专门贸易与总贸易在数额上不可能相等,但两者都是指一国在一定时期（如一年）对外贸易的总额。世界上某些国家,如美国、法国、意大利、德国、瑞士等,采用专门贸易方式来统计进出口。

各国都按自己的统计标准公布对外贸易的统计数据,并向联合国报告。联合国公布的国际贸易统计数据一般注明总贸易或专门贸易。过境贸易列入总贸易,不列入专门贸易。

1.2.4　按交易对象的性质分

按交易对象的性质,可将国际贸易划分为有形商品贸易（tangible goods trade）、无形商品贸易（intangible goods trade）。

1. 有形商品贸易

有形商品贸易是指在进出口贸易中进行的实物商品的交易,也叫商品贸易。《联合国国际贸易标准分类》（*Standard International Trade Classification*,SITC）把有形商品分为10

大类（section）、67章（division）、261组（group）、1 033个分组（sub-group）和3 118个项目（item），表1-1列出了该分类标准中的商品大类，其中0～4类商品称为初级产品，5～8类商品称为制成品。SITC几乎包括了所有的有形贸易商品。每种商品都有一个五位数的目录编号。第一位数表示类，前两位数表示章，前三位数表示组，前四位数表示分组，五位数一起表示某个商品项目。例如，活山羊的标准分类编号为001.22。其中，0表示类，名称为食品及主要供食用的活动物；00表示章，名称为主要供食用的活动物；001表示组，名称为主要供食用；001.2表示分组，名称为活绵羊及山羊；001.22表示项目，名称为活山羊。

表 1-1　《联合国国际贸易标准分类》中的商品大类

大类编号	类别名称
0	食品及主要供食用的活动物
1	饮料及烟草
2	燃料以外的非食用粗原料
3	矿物燃料、润滑油及有关原料
4	动植物油脂
5	未列名化学品及有关产品
6	主要按原料分类的制成品
7	机械及运输设备
8	杂项制品
9	没有分类的其他商品

2. 无形商品贸易

无形商品贸易是指国际贸易中所进行的不具备物质形态的商品交易，主要是指服务、技术、旅游、运输、金融、保险、文化娱乐等方面的提供和接受。

无形商品贸易可以分为服务贸易（trade in services）和技术贸易（technology trade）。

（1）服务贸易。服务贸易是指提供活劳动（非物化劳动）以满足服务接受者的需要并获取报酬的活动。为了便于统计，世界贸易组织的《服务贸易总协定》把服务贸易定义为四种方式：①过境交付，即从一国境内向另一国境内提供服务；②境外消费，即在一国境内向来自其他国家的消费者提供服务；③自然人流动，即一国的服务提供者以自然人的方式在其他国家境内提供服务；④商业存在，即一国的服务提供者在其他国家境内以各种形式的商业或专业机构提供服务。

（2）技术贸易。技术贸易是指技术供应方通过签订技术合同或协议，将技术有偿转让给技术接受方使用。

有形商品贸易与无形商品贸易有一个明显的区别，即有形商品贸易均须办理海关手续，其贸易额总是列入海关的贸易统计，而无形商品贸易尽管也是一国国际收支的构成部分，但由于无须办理海关手续，一般不反映在海关资料上。但是，对形成国际收支来讲，这两种贸易是完全相同的。

无形商品贸易在国际贸易活动中已占据越来越重要的地位。它的贸易额在最近几年接近于国际商品贸易额的1/4。不少发达国家的服务贸易额已占其出口贸易额相当大的比重，有的国家（如美国）已达一半左右。近年来，服务贸易的增长速度明显快于有形商品贸易的增长速度，且继续保持着十分强劲的势头。特别是乌拉圭回合通过的《服务贸易总协定》，规定把服务贸易纳入国际贸易的规范轨道，逐步实现自由化，促使各国进一步大力发展服务贸易。我国提出的发展大经贸的工作思路，实际上就强调了发展无形商品贸易的重要意义。

1.2.5 按参与贸易国家的多少分

按参与贸易国家的多少，可将国际贸易划分为双边贸易（bilateral trade）、多边贸易（multilateral trade）。

1. 双边贸易

双边贸易是指两国之间通过协议在双边结算的基础上进行的贸易。这种贸易，双方各以一方的出口支付从另一方的进口。这种方式多适用于外汇管制国家。另外，双边贸易也泛指两国间的贸易往来。

2. 多边贸易

多边贸易也称多角贸易，是指三个或三个以上的国家通过协议在多边结算的基础上进行互有买卖的贸易。通过吸收第三国或更多的国家参加协议，建立多边贸易关系，可以使参加国之间的收支互相冲销，彼此都能达到出口平衡。

1.2.6 按清偿方式分

按清偿方式，可将国际贸易划分为自由结汇贸易（free-liquidation trade）、易货方式贸易（barter trade）。

1. 自由结汇贸易

自由结汇贸易指的是以国际货币作为清偿手段的国际贸易，又称现汇贸易。能够充当国际支付手段的国际货币，主要是美元、欧元和日元这些可以自由兑换的货币。

2. 易货方式贸易

易货方式贸易是指以经过计价的商品作为清偿手段的国际贸易，或叫换货贸易。它的特点是，进口与出口直接相联系，以货换货，进出基本平衡，可以不用现汇支付。这就解决了那些外汇匮乏国家开展对外贸易的困难。现在各国之间经济依赖性加强，有支付能力的国家有时也不得不接受这种贸易方式，因此，易货贸易在国际贸易中十分普遍，已大致接近世界贸易额的1/3。

必须注意，倘若两国间签订了贸易支付协定，规定双方贸易经由清算账户收付款，则一般不允许进行现汇贸易。因此，从清偿工具的角度看，这是一种特殊形式的国际贸易。

1.2.7 按交易方式的性质分

按交易方式的性质，可将国际贸易划分为商品贸易（goods trade）、加工贸易（process

trade）、补偿贸易（compensation trade）、租赁贸易（renting trade）。

1. 商品贸易

商品贸易是指以商品买卖为目的的纯商业方式所进行的贸易活动。商品贸易包含经销、代理、寄售、拍卖、投标及展卖等贸易方式。

2. 加工贸易

加工贸易是指利用本国的人力、物力或技术优势，从国外输入原材料、半成品、样品或图纸，在本国内加工制造或装配成成品后再向国外输出，以生产加工性质为主的一种贸易方式。加工贸易包括来料加工、来样加工和来样装配。

3. 补偿贸易

补偿贸易是指买方在信贷的基础上，从国外厂商处进口机器、设备、技术以及某些原料，在约定期限内，用产品或劳务等偿还的一种贸易方式。对缺乏外汇和技术的国家，利用这种贸易方式可以用外资买进先进技术和设备，以加快国家的经济发展速度，增强出口能力。

4. 租赁贸易

租赁贸易是指由出租方以租赁形式将商品交付给承租方使用，按期收取租金的一种贸易方式。这种贸易方式的特点是：出租的商品一般是价格昂贵的设备或交通工具；出租方享有该商品的所有权，并可按期收回稳定的资金；承租方能够避免积压设备资金，并可及时更新、使用更新的技术。

1.2.8 按经济发展水平分

按经济发展水平，可将国际贸易划分为水平贸易（horizontal trade）、垂直贸易（vertical trade）。

1. 水平贸易

水平贸易是指经济发展水平比较接近的国家之间开展贸易活动。例如，北北之间、南南之间以及区域性集团内的国际贸易，一般都是水平贸易。

2. 垂直贸易

垂直贸易是指经济发展水平不同的国家之间的贸易。这两类国家在国际分工中所处的地位相差甚远，其贸易往来有着许多与水平贸易大不一样的特点。南北之间贸易一般就属此类。

区分和研究水平贸易和垂直贸易的差异，对一国确定其对外贸易的政策和策略具有重要作用。

1.3 区块链的概念及应用

1.3.1 区块链的内涵

区块链是分布式数据存储、点对点传输、共识机制、加密算法等计算机技术的新型应用模式。简单地说，区块链就是一种去中心化的分布式账本数据库。

去中心化与传统中心化的方式不同，这里是指没有中心，或者说人人都是中心。分布式账本数据库是指记载方式不只是将账本数据存储在每个节点，而且每个节点会同步共享复制整个账本的数据。

区块链技术是一种在对等网络环境下，通过透明和可信规则，构建不可伪造、不可篡改和可追溯的块链式数据结构，实现事务处理的模式创新，有效建立其参与主体间的信任关系，实现点对点的价值转移。区块链技术本质是一种数据库技术。每个区块就像一个硬盘，把信息全部保存下来，再通过密码学技术进行加密。这些被保存的信息就无法被篡改。

1.3.2 区块链发展

从技术的发展角度看，区块链发展的轨迹经历了三个时代。

1. 区块链 1.0 时代：可编程货币

区块链 1.0，简单地说是货币应用，是与转账、汇款和数字化支付相关的密码学货币应用，是以比特币为代表的数字货币，实现了货币的可编程化。

2. 区块链 2.0 时代：可编程金融

2013 年，以太坊（Ethereum）白皮书《下一代智能合约和去中心化应用平台》发布；2015 年，以太坊正式启动，区块链 2.0 时代来临。区块链 2.0，区块链技术中加入了智能合约的概念。区块链从最初的货币体系，可以拓展到股权、债权和产权的登记、转让，证券和金融合约的交易、执行，成为经济、市场和金融的区块链应用的基石。

3. 区块链 3.0 时代：可编程社会

区块链 3.0，超越货币、金融和市场的区块链应用，为行业提供去中心化解决方案。区块链作为价值互联网的内核，能够对每一个互联网中代表价值的信息和字节进行产权确认、计量和存储，记录任何有价值的能以代码形式进行表达的事物。因此应用能够扩展到任何有需求的领域，进而到整个社会，如在政府、健康、科学、文化和艺术领域的应用。

区块链 3.0 时代的标志是通证（token）的出现。通证是区块链网络上的价值传输载体。也可以理解为代币。通证带来了传统商业模式和生产关系的变革；通证从数字世界走向实体经济，开始在各行寻求落地应用。

1.3.3 全球区块链行业技术现状分析

全球知识产权媒体 IPRdaily 联合 incoPat 创新指数研究中心 2020 年 4 月 24 日发布《2019 年全球区块链发明专利排行榜》（以下简称"报告"），对 2019 年全年公开的全球区块链技术发明专利申请数量进行统计排名，最终前三名均来自中国企业，分别是阿里巴巴（支付宝）、腾讯和中国平安，位居首位的支付宝在 2019 年的全球区块链技术发明专利申请数量高达 1 505 件（图 1-1）。

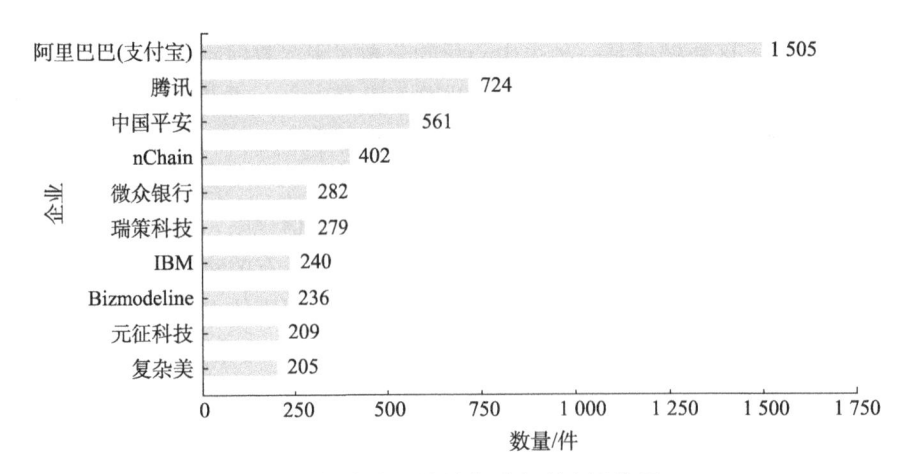

图 1-1　2019 年全球区块链发明专利申请数量 TOP10

报告称，从近三年的排名数据来看，阿里巴巴（支付宝）连续三年蝉联全球第一，2019年全球区块链发明专利申请数量依然在稳步增长，按月来看，各月申请数量相对平均。

从 2019 年区块链专利申请的全球区域分布来看，支付宝已在中国、美国、新加坡、加拿大、韩国、澳大利亚等全球 16 个国家、组织和地区进行专利布局；腾讯覆盖中国、美国、印度、韩国等 6 个国家；中国平安则在中国、新加坡、日本等 6 个国家部署。

从入围榜单前 100 名的企业分布来看，企业主要来自 9 个国家和地区，最多是中国，占比 60%；其次为美国，占比 22%；日本占比 6%；韩国和德国分别占比 5% 和 3%；芬兰、安提瓜和巴布达、爱尔兰和瑞典各占比 1%（图 1-2）。

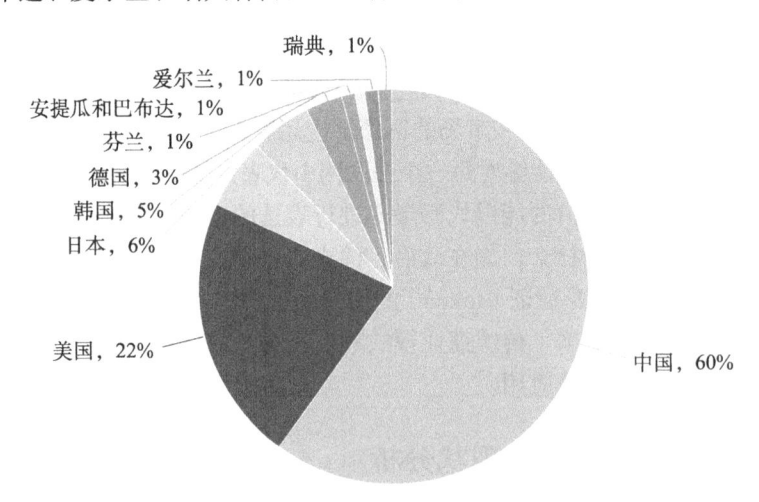

图 1-2　2019 年全球区块链专利申请入围榜单前 100 名企业分布情况

报告认为，当前全球主要国家都在加快布局区块链技术发展，区块链技术应用已延伸至数字金融、供应链管理、数字资产交易等多个领域。

报告表示，自区块链上升到国家战略以来，目前中国的区块链技术和产业创新发展一直备受关注。此前，中国国家发改委已明确将"区块链"纳入新型基础设施中的新技术基础设施。

1.3.4 区块链技术影响

1. 优化货物运输，简化流程

区块链的分布式账本技术可以聚合多方数据，协调多个物流供应商运输间的物流，并改善传统的、通过人工的方式去调度运载工具的问题，以此来优化货物运输的路线，提高现有物流流程的整体效率。

2018 年 8 月，UPS 申请区块链专利，探索分布式账本技术。UPS 希望实现一旦包裹被扫描到包裹设施中，系统将会根据全网内的运输服务提供商的服务产品自动选择最优路线，在包裹前往目的地的过程中，有关货物的信息会被记录在区块链分类账中，系统就能判断、评估不同服务提供商是否履行了各自服务产品的义务。

2. 商品溯源

在医药、食品安全和赝品问题频发的当下，相关利益者想要追溯产品源头的需求大大增加。

区块链技术因其具备数据不可篡改的特性，可以提高货物信息的安全性和可追溯性，从而提高中间环节的透明度。从公司的角度来说，可以使用这些信息为运输中的产品提供合法性证明和真伪证明。对消费者来说，可以找到更多关于所购买的产品的信息，例如产品是否是原装的，是否是在正确的生产条件下生产、加工和运输。

2017 年，阿里打造了可追溯的跨境食品供应链，消费者可追踪产品从生产、海外质检、物流等所有环节的可信任信息。2018 年 2 月，天猫国际与菜鸟共同宣布，已经启用区块链技术跟踪、上传、查证跨境进口商品的物流全链路信息。该项计划主要是为了解决跨境进口商品物流信息造假的问题。这也被认为是国内第一家跨境电商平台使用区块链技术溯源海淘商品信息。

阿里云区块链的专家也指出，要充分发挥区块链技术的不可篡改、可追溯性等方面的优势，就必须要将区块链技术与物联网实现深度融合。由物联网设备实现位置等关键信息的实时记录，再用区块链技术实现永久不可篡改的储存，这样才能形成跨境电商最迫切需要的物理世界与虚拟世界的结合，形成真正的信任闭环。

2018 年 9 月，京东全球购推进产品溯源系列活动。京东全球购与日本花王集团联合打造跨境溯源之旅，实现从原产地到消费者的物流信息追溯，并结合区块链技术，购买后可查询商品的相关物流信息。京东不仅在线上渠道做商品追溯，而且也在打通线下的便利店来实现商品的可追溯。

3. 融资

2018 年 9 月，首单区块链融资业务落地深圳。试运行现场，比亚迪的一个供应商向湾区贸易金融区块链平台的一家银行提出贷款申请，原本线下需要十几天才能完成的融资，仅 20 分钟就完成了。

一般物流企业去融资，即使资质足够，传统模式下需要银行线下审查，更多靠人、货、仓单，信息的真实性、及时性和准确性很难保障，企业最终获取的融资成本也会比较高。而在平台上，企业获取融资的难度和价格均有下降，比如传统模式下中小微企业融资成本年化率可能在 7%～8%，借助平台区块链技术，融资成本可能降至 6%，甚至 5.5%。

4. 电子单据

物流行业长期存在 90%纸质单、互联网化低、信用痛点高等问题。物流行业每年有 300 亿单据，每一张单据综合成本能达到 2～5 元，从一个单据的发行到最后这个单据回到开单人手中，基本需要一个月时间。单据在传递过程中，因为物流的链条非常长，所以会存在被篡改、丢失等问题，为避免这些情况，物流行业花费了大量的人力去对单。传统信息化可以帮助单据线上化，但是无法保障数据的安全和保密。

基于区块链做的单据可以很好地解决这个问题。区块链可以通过把单据所需的细节，如装运描述、数量和目的地，以及如何处理和计费的信息存储在不可篡改的区块链单据上，且允许每个利益相关方查询货物的进度及位置，并配合使用公私钥的方式来提取货物，以此来代替大量纸质单据的交互，同时在一定程度上统一多方利益者的沟通方式。

5. 航运物流

航运业每年运输逾 4 万亿美元的商品，其全球贸易系统流程复杂、沟通冗余，文件容易发生错误，效率非常低下。据估计，每年处理、管理航运商品所需的贸易文书的工作的最高成本占到了实际实物运输成本的 1/5；一个集装箱在港口花费的时间常常比其跨越大洋的时间还长。

2018 年 8 月 9 日，IBM 和全球航运巨头马士基宣布已有 94 家公司和机构加入了其共同开发的一个区块链平台，1.54 亿次航运事件已经被捕获。该平台名为 TradeLens，目的是通过将端至端的供应链流程电子化，来帮助管理和追踪航运文件记录。该平台可以为客户提供端至端的解决方案，而不只是将集装箱从一个港口运到另一个港口；加快交易速度，并节省数以十亿美元计资金。据统计，该平台能使运输时间平均下降 40%；使每个参与者更容易获得提单、卫生证书、海关发布、发票和其他必要文件，将文书处理的工作量减少了 90%（图 1-3）。

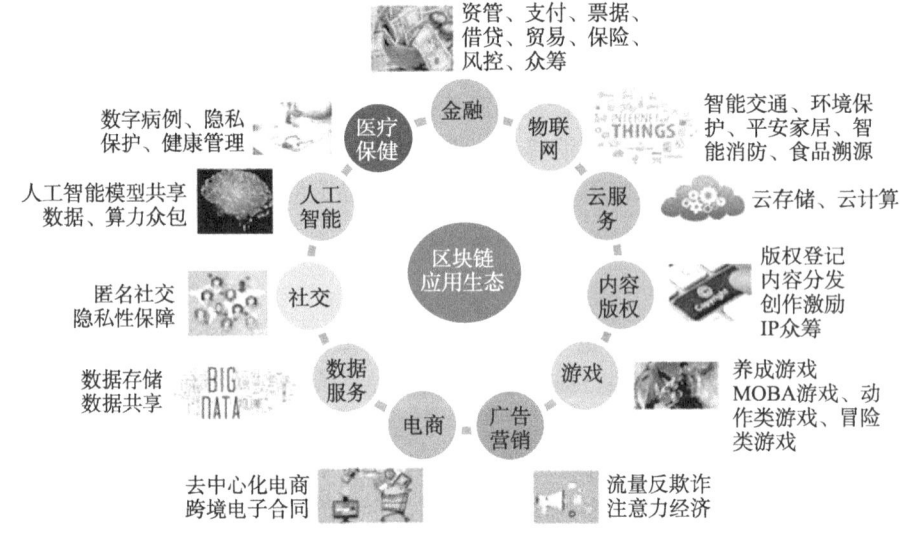

图 1-3　区块链技术应用

1.3.5　区块链如何更好地落地

2019年，我国区块链应用落地项目301个，其中金融区块链应用落地项目96个，占比31.89%。在同期应用落地项目中占比最高，较2018年同比增长41%（图1-4）。

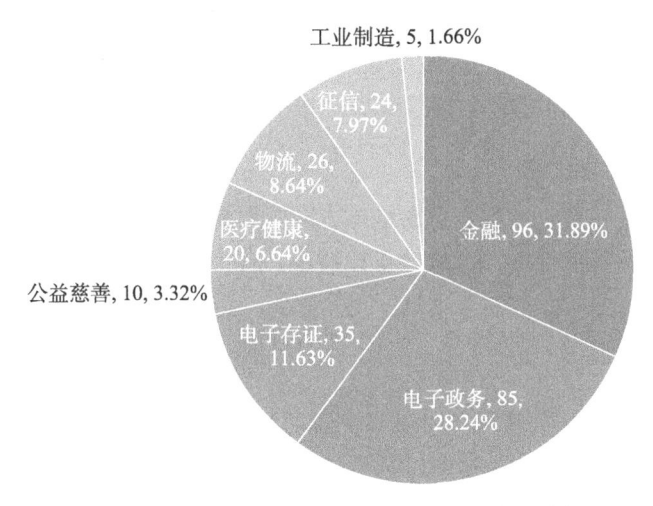

图1-4　2019年我国区块链应用落地项目分领域情况

区块链是新兴的技术，其信息存储量、处理速度，与成熟的互联网技术相比还有很大差距。如何将区块链和行业结合应用，具体可以从以下几方面入手。

首先，参与方越多，区块链技术的优势会发挥得越明显。

其次，在可预见的将来，要考虑区块链的技术性能是否能支持场景运用的需求。区块链技术目前适用于低频场景。比如，银行票据业务，因为需求频次低、对交易速度要求不高，基本能满足落地应用的需求；而如果是支付宝那样的高频交易、并发量特别大的场景，区块链技术目前还无法支持。

再次，从信息上链开始。一些企业已经有了较成熟的信息系统，难以割舍，可以先从系统里抽取一些关键数据上链，解决主要矛盾。然后随着技术成熟，逐步从传统系统向区块链原生系统改进。

最后，解决上链之前信息真实性的问题。目前，有些防伪溯源的项目，说可以在链上查询海淘产品是否是真品，区块链上有进出海关的记录。但如果这个产品本身在国外采购的时候就是假货，这个查询信息的标签直接贴在假货上了呢？如果不解决信息上链前真实性的问题，防伪溯源的目的就没有达到。

在很多人眼中，近两年区块链经历了大起大落，这其实是把比特币、"币圈"与区块链混为一谈。业界一再强调"区块链不是比特币"，不管比特币价值多少、炒币高手如何赚人眼球甚至自己发币，"币圈"的热潮已经在消退，"链圈"从业者则专注于技术和应用。国家对ICO（首次公开募币）、虚拟货币的严厉监管，有利于整治行业乱象、规范市场，推动区块链技术寻找落地场景，真正走向应用。

如何推动区块链技术成果落地？首先，要发挥有价值落地应用的示范作用；其次，是技术的迭代升级，技术应更贴近商用化，相对地，商业应用成功也能反哺技术，带来更多资源和资金，以吸引更多人才；最后，区块链技术也需要政策扶持和帮助，来促进技术进步。

去伪存真、大浪淘沙之后，真正打动行业、企业、消费者的是区块链货真价实的应用，区块链如何"可感可知"地为人们的现实生活带来好处。归根结底，区块链和互联网一样，都是工具，如何"为我所用"才是重点。

名词术语

国际货物贸易量　贸易条件　贸易地理方向　贸易商品结构　对外贸易量　转口贸易　过境贸易　对外贸易依存度　区块链　比特币

思考题

1. 国际贸易的分类主要有哪些？试举例说明。
2. 如何理解一个国家的贸易顺差和贸易逆差？
3. 直接贸易、间接贸易、转口贸易有何区别？
4. 你怎样认识国际贸易的作用？

即测即练

第 2 章 国际贸易措施

本章学习目标：

1. 掌握关税的含义、种类等基本概念；
2. 能够分析大国和小国征收关税的局部均衡经济效应，理解一国的最优关税水平及合理的关税结构；
3. 掌握非关税壁垒的概念及种类以及出口的主要管制措施，能够分析配额、出口补贴及倾销等非关税壁垒的经济效应；
4. 了解其他非关税壁垒的概念及表现形式；
5. 理解世界贸易组织的宗旨、原则及制度框架，以及 WTO 货物贸易规则的主要内容。

引导案例

欧盟征收碳关税将给俄出口商带来巨大损失

碳关税是指主权国家或地区对高耗能产品进口征收的二氧化碳排放特别关税，主要针对进口产品中的碳排放密集型产品，如铝、钢铁、水泥、玻璃制品等产品而进行的关税征收。

2020 年，欧盟开始征收碳关税。俄罗斯 42% 的出口商品销往欧盟国家，碳关税将成为俄出口商（特别是俄石化、冶金及化肥行业）面临的新的重大挑战。欧盟碳关税将给俄出口商造成巨大损失。

征收碳关税将不可避免地增加俄一系列商品成本，导致其成本曲线发生变化，并恶化俄出口商在欧盟市场上的竞争地位。对俄征收的绝大部分碳关税将由产品附加值较低的能源和冶金部门承担。

欧盟碳关税将改变行业竞争格局。俄企业在部分行业上相较其他国家具有更高的碳排放量，因此将失去相应的欧盟市场份额。

企业需及早制定战略应对碳关税问题。欧盟碳关税征收细节及时间仍在讨论中，且需要立法机关批准，征收碳关税可能会启动进口碳定价机制，俄公司需为此做好准备，只有能够及时适应欧盟技术与标准要求的企业才能在市场竞争中获胜。

阅读以上案例，思考：

1. 什么是关税？小国征收关税会产生哪些经济效应，其福利状况会受到什么影响？
2. 大国征收关税的经济效应和福利影响与小国有何区别？

2.1 关税

2.1.1 关税概述

1. 关税的定义

关税（tariff, customs duties）是一国依据本国海关法规和海关税则，对通过其关境的进出口商强制征收的一种税。一般而言，一国的关境与国境是一致的，但当一国在国境内设立了自由港或自由贸易区时，该国关境范围小于国境；而当该国家参加关税同盟，对外征收统一的关税时，该国关境范围大于国境。

关税具有强制性、无偿性和固定性的特征。强制性是指关税由政府凭借法律规定强制征收，贸易商需要无条件履行自己的义务；无偿性是指关税是由政府向贸易商无偿取得的财政收入，政府不必把税款直接归还给纳税人；固定性是指政府预先规定征收关税的比例或征税数额，征、纳双方必须共同遵守执行，不得随意变化和减免。

2. 关税的作用

1）积极作用

（1）征收关税可以增加一国的财政收入。随着第二次世界大战后各国关税水平受到关贸总协定的约束而不断下降，关税增加财政收入的作用相对下降。目前，发达国家的关税收入占其财政收入的比重仅为1%～2%，而一些发展中国家与最不发达国家仍把关税作为其财政收入的重要来源。

（2）征收关税可以保护国内产业。各国政府利用高关税限制外国商品进口以保护国内产业和市场。提高进口关税率使进口商品的成本增加，从而削弱了进口商品的竞争力，使其进口数量减少，从而达到保护国内产业的目的。保护关税的税率越高，保护作用越强。

（3）关税可以用于调节贸易差额及平衡国际收支。一国国际收支中货物贸易占很大比重，故各国往往通过调节关税来调节贸易差额，平衡国际收支。当贸易逆差过大时，通过提高关税或征收进口附加税以限制进口；当贸易顺差过大时，通过减免关税可以鼓励进口。

（4）关税可以调节进出口商品结构。一国可以通过调整关税结构来调整本国的进出口商品结构。对于国内需求旺盛的商品，通过减免进口关税的方式鼓励进口，或通过征收高额出口关税的方式限制出口；对于出口导向型的产业，通过减免关税的方式鼓励出口，通过征收高额关税的方式限制与国内产业具有竞争性产品的进口；对奢侈品征收高额的进口关税，而对日用必需品征收较低关税或免税。

2）消极作用

（1）实施进口关税导致进口商品价格提高，使购买进口商品的消费者付出了更高的成本，消费者福利降低。

（2）长期采用过高的关税保护国内产业，使受保护产业形成对保护政策的依赖，企业不努力改进技术以提高生产效率与产品质量，从而不利于产业的长远发展。

（3）过高的关税也是导致走私的主要原因，走私在造成海关收入减少的同时，也给国内市场带来扰乱和造成冲击。

（4）过高的关税人为地扭曲了全球资源配置，不利于各国充分发挥自身比较优势，从而导致资源配置效率损失。

2.1.2 关税的种类

1. 按货物流向分类

按货物流向，可将关税分为进口税（import duties）、出口税（export duties）和过境税（transit duties）。

1）进口税

进口税是进口国海关在外国货物进入本国关境时，根据海关税则对本国进口商所征收的关税。进口税一般在外国货物直接进入关境或国境时，或者外国货物由自由港、自由贸易区或海关保税仓库等提出进入进口国市场销售时征收。进口税是关税中最重要的一种，也是执行关税保护职能的最重要工具之一。根据税率征收幅度不同，进口税分为普通税率、最惠国税率、特惠税率和普遍优惠制税率四种。

（1）普通税率。如果进口国未与该进口货物的来源国签订任何关税互惠贸易条约，则对该进口货物按普通税率征税。普通税率通常为一国税则中的最高税率，目前仅有极少数国家对少数商品实施普通税，大多数国家只是将普通税作为优惠税率减税的基础。因此，普通税率并不是普遍实施的税率。

（2）最惠国税率。最惠国税是一种优惠税率，适用于同该国签订有最惠国待遇条款贸易协定的国家或地区所进口的货物。最惠国税率是互惠的，且比普通税率低，有时甚至差别很大。由于实际上大多数国家都加入了签订有多边最惠国待遇条约的世界贸易组织，或者通过谈判签订了双边最惠国待遇条约，因而这种关税税率实际上已成为正常的关税税率。

（3）特惠税率。特惠税率是对从某个国家或地区进口的全部商品或部分商品给予特别优惠的低关税或者免税待遇，其他国家或者地区不得根据最惠国待遇原则要求享受这种优惠待遇。特惠待遇可以是互惠的，也可以是非互惠的。

（4）普遍优惠制税率。普遍优惠制税率是发达国家给予发展中国家制成品和半制成品的一种普遍的、非歧视的和非互惠的关税优惠制度。它增加了发展中国家受惠国的出口收益，促进了发展中国家的工业化与国民经济的增长。

2）出口税

出口税是出口国海关对本国出口商品所征收的关税。目前大多数国家对绝大部分出口商品不征收出口税，因为征收出口税会提高出口商品的成本及其在国外市场的销售价格，从而削弱出口商品在国外市场的竞争力，不利于本国扩大出口。但目前仍有一些国家对一些资源性商品征收出口税。

征收出口税的目的主要包括：第一，对本国资源丰富、出口量大的商品征收出口税，以增加国家财政收入。第二，为了保证本国的生产，对原材料出口征税，以保障国内生产的需要和增加国外商品的生产成本，从而提高本国产品的竞争力。第三，为保障本国市场的供应，除了对某些出口原料征税外，还对某些本国生产不足而又需求较大的生活必需品征税，以抑制价格上涨。第四，控制和调节某些商品的出口流量，防止盲目出口，以保持在国外市场上的有利价格。第五，为了防止跨国公司利用"转移定价"逃避或减少在所在国的纳税，向跨国公司出口产品征收高额出口税，维护本国的经济利益。

3）过境税

过境税又称通过税或转口税，是一国对通过其关境或领土而运往另一国的外国货物所征收的关税，其目的主要是增加国家财政收入。过境税最早产生于欧洲，并于中世纪普遍流行。随着第二次世界大战后交通运输业的发展，多数国家都已废止了过境税，在外国商品通过其领土时只收取少量的准许费、印花费、登记费和统计费等。此外，一些国际公约和协定也规定不准征收过境税。

2. 按关税税基分类

按关税税基，可将关税分为从量税（specific duties）、从价税（ad valorem duties）、混合税（mixed or compound duties）和选择税（alternative duties）。

1）从量税

从量税是以货物的重量、数量、长度、容量和面积等计量单位为标准计征的关税。

从量税的计算公式为

$$从量税额 = 货物数量 \times 从量税率$$

征收从量税有以下主要特征：第一，手续简便。无须审定货物的规格、品质和价格，便于计算，可以节省大量征收费用。第二，从量税针对同一税目的货物均按同一税率征税且税负相同，因而对质劣价廉进口货物的抑制作用比较大，不利于低档商品的进口；对于质优价高的商品税负相对减轻，关税的保护与财政收入作用相对减弱。第三，从量税不能随价格变动作出调整。当国内物价上涨时，从量税税额不能随之变动，使税收相对减少，关税保护作用削弱；物价回落时，税负又相对提高，不仅影响财政收入，而且影响关税的调控作用。第四，从量税难以普遍采用。从量税征收对象一般是谷物、棉花等大宗产品和标准产品，对某些商品如艺术品及贵重物品（古玩、字画、雕刻和宝石等）不宜使用。

2）从价税

从价税是以进口商品完税价格（dutiable value）作为计税依据而征收关税的方式。从价税的税率表现为货物价格的百分值。

从价税的计算公式为

$$从价税税额 = 单位商品的完税价格 \times 进口商品数量 \times 从价税率$$

征收从价税的一个重要步骤是确定进口商品的完税价格。所谓完税价格，是指经海关审定的作为计征关税依据的商品价格，货物按此价格照章完税。目前世界各国主要采用三种估价方法来确定完税价格：出口国离岸价格（FOB）、进口国到岸价格（CIF）和进口国的官方价格。

征收从价税有以下特点：第一，税负较为合理。同类商品质高价高，税额也高；质次价低，税额也低；加工程度高的商品和奢侈品价高，税额较高，相应的保护作用较大。第二，物价上涨时，税额相应增加，财政收入和保护作用均不受影响。但在商品价格下跌或者他国对进口国进行低价倾销时，财政收入就会减少，保护作用也会明显减弱。第三，各种商品均可适用。第四，从价税税率按百分数表示，便于与他国进行比较。第五，完税价格不易确定，征税手续复杂，大大提高了海关的工作难度。

由于从量税和从价税都存在一定的缺点，因此关税的征收在采用从量税或从价税的基础上，又产生了混合税和选择税，以弥补从量税、从价税的不足。

3）混合税

混合税是指同时采用从量、从价两种税率计征关税，以两种税额之和作为该种商品的关税税额。混合税按从量、从价的主次不同又可分为两种情况：一种是以从量税为主加征从价税，即在对每单位进口商品征税的基础上，再按其价格加征一定比例的从价税。另一种是以从价税为主加征从量税，即在按进口商品的价格征税的基础上，再按其数量单位加征一定数额的从量税。

4）选择税

选择税是指对某种商品同时制定从量和从价两种税率，征税时由海关选择其中一种，作为该种商品的应征关税额。一般海关会选择税额较高的一种税率征收，在物价上涨时使用从价税，在物价下跌时使用从量税。有时，为了鼓励某种商品的进口，或给某出口国以优惠待遇，也选择税额较低的一种税率征收关税。由于选择税结合使用了从量税和从价税，扬长避短，哪一种方法更有利，就使用哪一种方法或以其为主征收关税，因而无论进口商品价格高低，都可起到一定的保护作用。

3. 按差别待遇和特定的实施情况分类

按差别待遇和特定的实施情况，可将关税分为进口附加税（import surtaxes）和差价税（variable levy）。

1）进口附加税

进口国海关对进口货物除了征收一般进口税外，还为了某种目的临时再加征进口税，即进口附加税。进口附加税通常是一种特定的临时性措施，是限制货物进口的重要手段。征收进口附加税的目的主要包括应付国际收支危机、维持进出口平衡、防止外国商品低价倾销、对某国实行歧视或报复政策等。因此，进口附加税又称特别关税，主要表现为反补贴税（counter-vailing duties）和反倾销税（anti-dumping duties）两种。

（1）反补贴税。反补贴税是对于直接或间接地接受奖金或补贴的外国货物进口所征收的一种进口附加税。征收反补贴税的目的在于增加进口货物的成本，抵消出口国对该项货物所做补贴的鼓励作用，确保进口国市场和生产的稳定。

世界贸易组织《补贴与反补贴协议》对反补贴的定义以及实施条件作出了如下规定：第一，补贴的后果会对国内某项已建的产业造成重大损害或产生重大威胁，或对国内某一产业的新建造成严重阻碍,才能征收反补贴税;第二,反补贴税的征收不得超过"补贴数额";第三,对于受到补贴的倾销商品,进口国不得同时对它既征收反倾销税又征收反补贴税;第四,在某些例外情况下,如果延迟将会造成难以补救的损害,进口国可在未经缔约国全体事前批准的情况下,征收反补贴税,但应立即向缔约国全体报告,如未获批准,这种反补贴应立即予以撤销;第五,对产品在原产国输出国所征的捐税,在出口时退还或因出口而免税,进口国对这种退税或免税不得征收反补贴税;第六,对初级产品给予补贴以维持或稳定其价格而建立的制度,如符合该项条件,不应作为造成了重大损害来处理。

(2)反倾销税。反倾销税是对于实行商品倾销的进口商品所征收的一种进口附加税。倾销指进口商品以低于正常价格甚至成本价格在进口国市场上销售的行为。由于商品价格低于正常价格,从而对进口国的同类产品造成重大损害,出于保护本国工业和市场需要,须对倾销商品征收反倾销税,抵制不正当的销售行为。

反倾销税的税额一般以倾销差额征收,其目的在于抵制商品倾销,保护本国的市场与工业。同时为防止进口国滥用反倾销进行不正当竞争,世界贸易组织《反倾销协议》对倾销与反倾销作出了如下规定:不得因抵消倾销或出口补贴,而同时对它既征收反倾销税又征收反补贴税。为了稳定初级产品价格而建立的制度,即使它有时会使出口商品的售价低于相同产品在国内市场销售的可比价格,也不应认为造成了重大损害。

反倾销税征收的关键是"正常价格"的确定。"正常价格"是指相同产品在出口国用于国内消费时在正常情况下的可比价格。如果没有这种国内价格,则是相同产品在正常贸易下向第三国出口的最高可比价格;或产品在原产国的生产成本加合理的推销费用和利润。

2)差价税

差价税又称差额税。当某种产品国内外都能生产,且国内价格高于同类的进口商品价格时,为了保护国内生产和国内市场,削弱进口商品的竞争能力,按国内价格与进口价格之间的差额征收关税,即为差价税。差价税没有固定税率,它随着商品的国内外价格差额的变动而变动,因此是一种滑动关税。对于征收差价税的商品,有的规定按价格差额征收,有的规定在征收一般关税以外另行征收。与一般关税相比,差价税能够更有效地保护国内市场。

2.1.3 关税税则

关税税则(customs tariff),又称海关税则,是一国对进出口商品计征关税的规章和对进出口的应税与免税商品加以系统分类的一览表,是其征收关税的依据。关税税则一般包括两个部分:一部分是海关课征关税的规章条例及说明。另一部分是关税税率表。关税税率表主要包括三个部分:税则号码,简称税号;货物分类目录;税率,是关税政策的具体体现。

1. 关税税则的货物分类方法

海关税则将所有进出口货物进行了系统的分类,以便对不同货物规定不同的关税税率和进出口货物进行统计,但各国海关税则的分类方法不尽相同,目前多数国家使用的是由海关合作理事会通过，并于1988年1月1日正式生效的《商品名称及编码协调制度》(The Harmonized Commodity Description and Coding System，HS)。该制度的商品分类方法和编码制度基本上以商品的自然属性为主，结合加工程度进行编排。它把全部商品分为21类、97章（其中第77章是空章），共5 109项商品组。税号采用6位数，前两位表示章，中间两位数表示该章的项目号，后两位数是商品编号。《商品名称及编码协调制度》自实施至今，已有200多个国家和地区采用。从1992年1月1日起，我国海关税则也根据该协调制度编制。

除此之外，另一种重要的国际货物贸易分类方法是《联合国国际贸易标准分类》。该标准分类主要用于国际贸易统计，是按照货物的加工程度由低级到高级进行编排分类，同时也适当考虑货物的自然属性。

2. 关税税则的主要种类

1) 按税率种类分

各国税则按税率的种类可分为单式税则和复式税则。

（1）单式税则。单式税则又称一栏税则。这种税则中一个税目只有一个税率，适用于来自任何国家的商品，没有差别待遇。在资本主义垄断时期前，各国都实行单式税则。到垄断资本主义时期，发达资本主义国家为了在关税上搞差别与歧视待遇，或争取关税上的互惠，都放弃单式税则改行复式税则。现在只有少数国家如委内瑞拉、巴拿马、冈比亚等仍实行单式税则。

（2）复式税则。复式税则又称多栏税则，是指一个税目有两个或两个以上的税率，对不同国家的产品采用不同的税率。目前，世界上绝大多数国家采用这种税则。如美国定有优惠税率、特惠税率和普通税率，普通税率比优惠税率高一倍到十几倍。我国目前采用二栏税则。

2) 按制定税则的权限分

各国税则依据制定税则的权限分为自主税则和协定税则。

（1）自主税则。自主税则又称国定税则，是指一国的立法机构根据关税自主原则单独制定而不受对外签订的贸易条约或协定约束的一种税率。自主税则又可分为自主单式税则和自主复式税则两种。

（2）协定税则。协定税则是指一国与其他国家或地区通过贸易与关税谈判，以贸易条约或协定的方式确定的关税税率。

2.2 非关税壁垒

2.2.1 非关税壁垒概述

非关税壁垒是指除关税措施以外的一切限制进口的各种措施，主要包括进口配额、自动出口限制、技术性贸易壁垒、反倾销、反补贴和保障措施等类别。

尽管关税是历史上最重要的贸易保护手段，但除此之外，还有许多非关税的贸易限制措施。非关税壁垒的普遍存在与世界贸易组织促进贸易自由化的宗旨是相违背的。关税与贸易总协定（General Agreement on Tariffs and Trade，GATT）第七轮"东京回合"谈判第一次把谈判矛头指向了非关税壁垒，提出减少并消除非关税壁垒对贸易的限制及负面影响，并将此类壁垒置于更有效的多边规则框架之内。但这些条款和协议往往是有保留的，并且非关税壁垒花样繁多、层出不穷，关贸总协定也不可能对每一种非关税壁垒都具体作出明确规定。因此，非关税壁垒越来越趋向采用处于关贸总协定法律原则和规定的边缘或之外的歧视性措施，从而成为"灰色区域措施"，以绕开关贸总协定的直接约束。

2.2.2 非关税措施的种类

非关税措施名目繁多、内容复杂，从其限制进口的方法来看，可分为直接限制和间接限制两种。所谓直接限制，是指进口国直接规定商品进口的数量或金额，或通过施加压力迫使出口国自己限制商品的出口，如进口配额制（import quotas system）、"自动"出口限制（voluntary export quotas）、进口许可证（import license）等。所谓间接限制，是指进口国利用行政机制，对进口商品制定苛刻的条例和标准，从而间接限制商品的进口，如进口押金制（advanced deposit）、外汇管制（foreign exchange control）、进口最低限价（minimum price）、专断的海关估价制（arbitrary measures for customs valuation）、歧视性政府采购政策（discriminatory government procurement policy）以及有关健康、卫生、安全、环境等过于苛刻繁杂的标准等。

1. 进口配额制

进口配额制，又称进口限额制，是一国政府在一定时期内，对进口的某些商品的数量或金额加以直接限制。在规定的期限内，配额以内的货物可以进口，超过配额的不准进口，或者征收较高关税后才能进口。因此，进口配额制是许多国家实行进口数量限制的重要手段之一。进口配额制主要有绝对配额（absolute quotas）和关税配额（tariff quotas）两种形式。

1）绝对配额

绝对配额是指在一定时期内，对某些商品的进口数量或金额规定一个最高限额，在这个数额内允许进口，达到这个配额后，便不准进口。绝对配额按照其实施方式的不同，又有全球配额（global quotas）、国别配额（country quotas）两种形式。

（1）全球配额。全球配额属于世界范围内的绝对配额，对某种商品的进口规定一个总的限额，对来自任何国家或地区的商品一律适用。具体做法是一国或地区的主管当局在公布的总配额之内，通常按进口商的申请先后顺序或过去某一时期内的进口实际额发放一定的配额，直至总配额发完为止，超过总配额就不准进口。同时，邻近国家或地区因地理位置接近的关系，到货较快，比较有利，而较远的国家或地区就处于不利的地位。这种情况使进口国家在限额的分配上难以贯彻国别政策，因而不少国家转而采用国别配额。

（2）国别配额。政府不仅规定了一定时期内的进口总配额，而且将总配额在各出口国家和地区之间进行分配。与全球配额不同的是,实行国别配额可以很方便地贯彻国别政策,具有很强的选择性和歧视性。实行国别配额可以使进口国家根据它与有关国家或地区的政治经济关系分配给予不同的额度。为了区分来自不同国家和地区的商品,通常进口国规定进口商必须提交原产地证明书。

2)关税配额

关税配额是对商品进口的绝对数额不加限制,而在一定时期内,在规定配额以内的进口商品,给予低税、减税或免税待遇;对超过配额的进口商品则征收较高的关税,或征收附加税或罚款。

按商品进口的来源,关税配额可分为全球性关税配额和国别关税配额。按征收关税的目的,关税配额可分为优惠性关税配额和非优惠性关税配额。优惠性关税配额对关税配额内进口的商品给予较大幅度的关税减让,甚至免税,而对超过配额的进口商品则征收原来的最惠国税率。非优惠性关税配额在关税配额内仍征收原来的进口税,但对超过配额的进口商品则征收极高的配额外关税。

2. "自动"出口限制

"自动"出口限制,是指出口国家或地区在进口国的要求和压力下,"自动"规定在某一时期内(一般为3年)该国对某些商品的出口限额,在该限额内自行控制出口,超过限额即禁止出口。"自动"出口限制和进口配额制虽然从实质上都是通过数量来限制进口,但仍有许多不同之处。这表现在以下几方面。

第一,从配额的控制方面看,进口配额制由进口国直接控制进口配额来限制商品的进口,而"自动"出口限制则由出口国直接控制配额,限制一些商品对指定进口国家的出口,因此后者是一种由出口国家适时地为保护进口国生产者而设计的贸易政策措施。

第二,从配额表现形式看,"自动"出口限制实际上是在进口国的强大压力下才采取的措施,并非真正出于出口国的自愿。

第三,从配额的影响范围看,进口配额制通常应用于一国大多数供给者的进口,而"自动"出口限制仅应用于几个甚至一个特定的出口者,具有明显的选择性。

第四,从配额适用时限来看,进口配额制适用时限相对较短,往往为1年,而"自动"出口限制较长,往往为3~5年。

"自动"出口限制主要有两种形式:非协定"自动"出口限制和协定"自动"出口限制。非协定"自动"出口限制是指出口国政府并未受到国际协定的约束,自愿单方面规定对有关国家的出口限额,出口商必须向政府主管部门申请配额,在领取出口授权书或出口许可证后才能出口。此外,也有出口厂商在政府的督导下,"自动"限制出口的情况。协定"自动"出口限制是指进出口双方通过谈判签订"自限协定"或"有秩序销售协定",规定一定时期内某些商品的出口配额。出口国据此配额发放出口许可证或实行出口配额签证制,自愿限制商品出口,进口国则根据海关统计进行监督检查。目前"自动"出口限制的形式大多属于协定"自动"出口限制。

3. 进口许可证

进口许可证制度是指国家规定某些商品的进口，必须得到批准和领取许可证之后方能进口的制度。没有许可证的商品一律不准进口。进口许可证常与外汇配额管理等结合使用。

进口许可证按照其与进口配额的关系，可分为有定额的进口许可证和无定额的进口许可证两种。有定额的进口许可证即进口国预先规定有关商品的进口配额，然后在配额的限度内，根据进口商的申请对每笔进口货物发给一定数量或金额的进口许可证，配额用完后即停止发放。无定额的进口许可证不与进口配额相结合，即预先不公布进口配额，只是在个别考虑的基础上颁发有关商品的进口许可证。由于这种许可证的发放权完全由进口国主管部门掌握，没有公开的标准，因此更具有隐蔽性，给正常的国际贸易带来困难。

进口许可证按照进口商品的许可程度又可以分为公开一般许可证和特别许可证。公开一般许可证又称为自动进口许可证，对进口国别没有限制。属于这类许可证的商品，只要进口商填写一般许可证后便可以进口。特别许可证又称为非自动进口许可证，进口商必须向政府机构提出申请，经严格审查批准后方可进口，这种许可证大多规定进口国别和地区。

4. 外汇管制

外汇管制是一国为平衡国际收支和维持本国货币汇价而对外汇买卖和国际结算实行的限制。外汇管制对国际贸易的影响在于：当一国实施外汇管制，出口商必须把出口所得到的外汇收入按官方汇率卖给外汇管制机构，不能截留外汇收入；进口商必须在外汇管制机构按官方汇率买入外汇。同时，本国货币的携出入境也有严格限制。这样，相关政府部门可以通过确定官方汇率，以集中外汇收入和控制外汇供应数量，从而达到限制进口商品品种、数量和控制进口国国别的目的。

外汇管制的方式包括数量型外汇管制和成本型外汇管制。数量型外汇管制是对外汇买卖的数量实行限制和分配，通过集中外汇收入、控制外汇支出、外汇分配等办法来达到限制进口商品品种、数量和国别的目的。成本型外汇管制是国家外汇管理机构利用外汇买卖成本差异影响不同商品的进口，方法是实行复汇率制度，即进出口的不同商品采用不同的汇率，鼓励或限制不同的商品出口和进口。

5. 进出口国家垄断

进出口国家垄断（national monopolization to import and export）的经营形式包括国家直接经营以及将商品的进出口权正式委托给某个垄断组织经营，是国家资本在对外贸易管理方面的一种表现。具体做法是：由国营贸易公司或专设机构在国外购买某些产品，然后低价出售给本国垄断组织；在国内向垄断组织高价收购某些产品，然后以低价在国外市场倾销。

6. 歧视性政府采购政策

歧视性政府采购政策是指国家制定法令，规定政府机构在采购时要优先购买本国产品的措施。由于政府采购数量较大，政府采购本国商品使得进口商品受到歧视。如美国"购买美国货法案"规定：凡是美国联邦政府采购的货物，应该是美国制造的，或者是用美国原料制造的。只有在美国自己生产的商品数量不够，或者国内价格过高，或者不买外国货就会伤害美国利益的情况下，才能购买外国货。

7. 国内税

国内税（internal taxes）是指一国政府对本国境内生产、销售、使用或消费的商品所征收的各种捐税，如周转税、零售税、消费税、销售税、营业税等。任何国家对进口商品不仅要征收关税，还要征收各种国内税。在征收国内税时，可以对国内外产品实行不同的征税方法和税率，以增加进口商品的纳税负担，削弱其与国内产品竞争的能力，从而达到限制进口的目的。

8. 进口最低限价

进口最低限价是指一国政府规定某种进口商品的最低价格，若进口商品低于最低价，则禁止进口或征收进口附加税。目前有个别国家采用最低限价的办法来限制进口。

9. 进口押金制

在这种制度下，进口商在进口商品时，必须预先按进口金额的一定比例和规定的时间，在指定的银行无息存入一笔现金之后才能进口。这样就增加了进口商的资金负担，影响了资金的周转，从而起到了限制进口的作用。

10. 专断的海关估价制

海关为了征收关税而确定进口商品的完税价格的制度称为海关估价制。专断的海关估价是指某些国家为了达到增加进口货的关税负担、阻碍商品进口的目的，根据某些特殊规定，人为地提高某些进口货的海关完税价格。在各国专断的海关估价制度中，以"美国售价制"最为典型。所谓美国售价制，是指美国海关按照进口商品的外国价格（进口货在出口国国内销售市场的批发价）或出口价格（进口货在来源国市场供出口用的售价）两者之中较高的一种进行征税。这实际上提高了进口商品缴纳关税的税额。

11. 进口商品征税的归类

进口商品的关税税额取决于进口商品价格与该类商品的关税率的高低。在海关税率已定的情况下，税额的多少除了取决于海关估价程序外，还取决于海关对进口商品的归类（classifying import commodities）。各国海关将进口商品归在哪一类税号下征税具有一定的灵活性。进口商品的具体税号在海关现场决定，一般采纳较高税率的税号，这增加了进口商品的税收负担以及进口关税的不确定性，从而起到了限制进口的作用。

12. 技术性贸易壁垒

技术性贸易壁垒（technical barriers to trade，TBT），是以国家或地区的技术法规、协议、标准和认证体系（合格评定程序）等形式出现，涉及的内容广泛，涵盖科学技术、卫生、检疫、安全、环保、产品质量和认证等诸多技术性指标体系，运用于国际贸易当中，呈现出灵活多变、名目繁多的规定。由于这类壁垒大量地以技术形式出现，因此常常会披上合法外衣，成为当前国际贸易中最为隐蔽、最难对付的非关税壁垒。

13. 绿色贸易壁垒

绿色贸易壁垒（green barriers to trade）是近年来出现在国际贸易中的贸易保护措施。一些发达国家通过国内立法实施种种保护贸易壁垒措施，诸如征收环保进口附加税限制或禁止进口相关商品。发达国家的环境标准普遍高于发展中国家，使发展中国家的商品在进入发达国家的市场时面临困难。

2.3 国际贸易政策工具分析

2.3.1 关税效应的经济分析

关税的经济效应分析一般是从理论的角度对一国征收进口关税为例，定量分析一国征收进口税后造成国家与各个利益集团的得失。一般从关税经济效应的局部均衡分析开始。

1. 关税经济效应的局部均衡分析

1）关税的价格效应

对进口产品征收关税，首先会使进口产品的价格上升。假设国内进口替代部门的产品与进口产品是完全同质的，则征税后，国内市场该产品的价格会上涨，但上涨幅度取决于征税国对世界市场价格的影响能力。

如果征税国是一个小国，即其进口量占世界市场的比例很小，因而对世界市场价格没有影响力。征税后，虽然该国会因进口产品价格上升而减少对进口品的购买，但这一变动不会对世界市场价格产生任何影响。因此征税后，国内市场价格上涨部分就等于所征收的关税，即关税作为一种间接税，会加到商品的价格之中，最后全部由消费者承担。此时，国内市场的价格＝征收关税前的世界市场价格（自由贸易下的价格）＋关税。

如果征税国是一个大国，即进口量占世界市场比重很大的国家，其对价格的影响表现在两个方面：一方面使得本国国内市场价格上升；另一方面由于国内市场价格上升，国内需求减少，因而对进口品的需求也减少，因为该国是大国，所以，其进口量的减少将促使世界市场价格下降。在这种情况下，关税负担实际上由国内消费者和国外出口商共同承担。征收关税后，国内市场价格＝征收关税后的世界市场价格＋关税。

2）关税的生产效应

征收关税后，国内市场价格上升，国内进口替代部门的生产厂商会面对较高的价格，从而能够补偿因产出增加而上升的边际成本，于是国内生产增加，从而提高了进口国生产者的福利水平。

在图 2-1 中，横轴表示供求数量，纵轴表示价格，S、D 分别表示国内供给和需求曲线，P_w 表示征收关税前的世界市场价格（即自由贸易下的价格），P_t 表示征收关税后的国内价格。假设关税为从量税，t 表示对单位进口商品所征收的关税，则征收关税后国内价格可表示为：$P_t = P_w + t$。

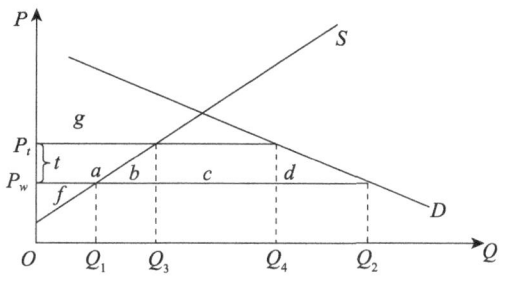

图 2-1　小国征收进口税的经济效应

在小国征收关税前，国内进口竞争品的生产者的产量仅为 OQ_1，其余部分的产品市场均由外国进口商所占领。在此情况下，国内工业很难发展。为支持国内工业，该国政府决定对该产品征收进口关税，结果，征税后，国内市场的价格由 P_w 上升到 P_t，产品价格的提高，刺激了国内生产，国内生产量增加到 OQ_3，增加了 Q_1Q_3 的产量。在自由贸易条件下，国内生产者获得的生产者剩余仅为 f 部分，征税后，生产者剩余增加到 $a+f$，增加了 a。

由此可见，征收进口关税有利于进口竞争品的生产者，它不仅刺激了国内产量的增加，还使国内生产者获得了较多的剩余。

在前面的分析中，一般假定市场处于完全竞争状态。然而在大多数情况下，各国在许多产品的市场上面临的是不完全竞争的状态。自由贸易在很大程度上打破了国内厂商对市场的垄断，引进了竞争因素。如果征收进口关税，就意味着保护本国的厂商垄断或默认国内厂商的垄断。从某种意义上说，垄断消除了厂商追求技术进步的动力。从经济学的观点看，自由竞争是依靠看不见的手进行资源配置的有效机制，妨碍竞争机制发挥作用可能造成资源配置的扭曲。

3）关税的消费效应

征收进口关税会损害消费者的利益。征收关税使商品的价格上升，消费者的需求量会减少，进而减少了消费者剩余。

在自由贸易条件下，对应于世界市场价格 P_w，进口国国内需求为 OQ_2，在此情况下，该国的消费者剩余为 $g+a+b+c+d$。征收关税后，国内价格由原来的 P_w 上升至 P_t，由于价格的上升，消费者的需求量由 OQ_2 减少到 OQ_4，消费量减少了 Q_4Q_2，供求之间的差额为 Q_3Q_4，由进口来弥补。在此情况下，消费者剩余由征税前的 $g+a+b+c+d$ 减少到 g，减少了 $a+b+c+d$。由此可见，进口关税的征收使消费者的利益受到了损害。

4）关税的税收效应

一般而言，征收关税就会增加政府的财政收入。当一国政府出于保护本国工业的目的，决定对某种商品征收关税时，只要其关税税率低于禁止性关税水平，该国的财政收入就会增加。征收关税所得的收入 = 进口量 × 关税税率。在图 2-1 中，政府的关税收入是 c 的部分。至于对福利的影响，则要视政府如何使用这部分税收而定。如果政府将关税收入全部用于补贴消费者，则可以抵销消费者的部分损失。

5）关税的贸易条件效应

如果征税国是一个大国，那么除了上述各种影响外，关税还会产生贸易条件效应。因为在大国情况下，征收关税会降低世界市场价格，即本国进口商在世界市场上购买进口商品的价格要降低。如果出口价格保持不变，则进口价格的下降意味着本国贸易条件的改善，贸易条件的改善对征税国有利。下面我们用图 2-2 来说明这种效应。

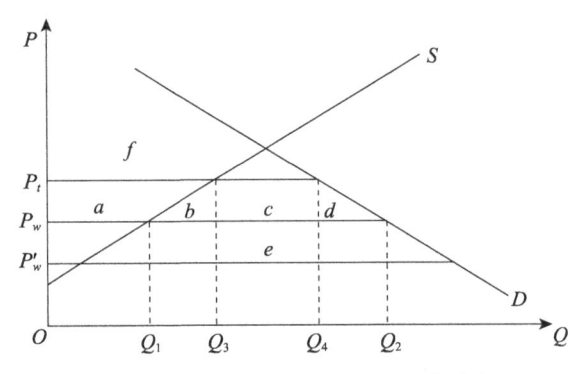

图 2-2　大国征收进口关税的经济效应

图 2-2 是大国征税前后的情形，征收关税后，国内价格由原来的 P_w 上升至 P_t，与此同时，世界价格也由 P_w 降至 P'_w，征税后的国内外价格之间的关系为 $P_t = P'_w + t$。与图 2-1 相比可以发现，对应于相同的关税 t，征税后国内价格在大国情形下的上涨幅度要小于小国情形下的上涨幅度。世界市场价格的下降部分抵销了关税的部分影响，减弱了关税对国内生产和消费的影响效应。图中征税后的进口量由 Q_1Q_2 下降到 Q_3Q_4，现在以新的价格 P'_w 进口，和征税前进口同样多的商品相比，征税后进口费用可节约 $(P_w - P'_w) \times Q_3Q_4 = e$ 的面积，e 的面积就表示征税国因贸易条件改善而获得的利益。

6）关税的净福利效应

从前面的分析中，我们已经看到，征收关税的影响是多方面的，而且各种影响对征税国的福利会产生不同的影响。要判断关税的净影响，必须综合考虑关税各种影响的福利效应。以下分两种情况分析关税的净福利影响。

首先，是小国情形。关税各种福利影响的净值 = 生产者剩余增加 − 消费者剩余损失 + 政府财政收入 = $a - (a+b+c+d) + c = -(b+d) < 0$。其中，$b$ 为生产扭曲，它表示征税后国内成本高的生产替代原来来自国外成本低的生产，从而导致资源配置效率下降所造成的损失；d 为消费扭曲，表示征税后因消费量下降所导致的消费者满足程度的降低在扣除消费支出的下降部分之后的净额。

其次，是大国情形。关税的净福利效应 = 生产者剩余增加 − 消费者剩余损失 + 政府财政收入 = $a - (a+b+c+d) + (c+e) = e - (b+d)$。当 $e > (b+d)$ 时，征税国净福利增加；当 $e < (b+d)$ 时，征税国净福利减少。所以，在大国情况下，关税的净福利效应是不确定的。它取决于贸易条件效应与生产扭曲和消费扭曲两种效应之和的对比。

2. 有效保护率与关税结构

前面的分析表明，征收关税有利于进口竞争品的生产者，一国进口关税水平越高，对国内相关工业的保护程度越高。这种关税效应是针对最终产品贸易而言的。在没有中间产品贸易介入的最终产品贸易条件下，关税的保护容易确定，它同关税税率成正比。但是，在生产国际化的今天，原料、零配件和组装件等中间产品的贸易量大为增加，显然，中间产品是进口还是国内自制，对一国的价值实现具有很大影响。因此，对最终产品征收关税所产生的效果是名义上的，称为名义保护率。如果对中间产品和最终产品都征收关税，关税的实际保护效果同名义保护效果可能是不同的。这里就提出了一个问题，一国实行贸易保护政策，究竟应该保护什么？是保护市场？还是保护产业？还是保护就业？有效保护论认为，保护的对象应该是基于生产要素所产生的附加价值，它等于最终产品的价格减去为生产这种商品投入的进口生产要素的成本。因此衡量一种商品被保护程度的最好指标是有效保护率。有效保护率是指关税对某一特定工业的保护程度，它是该行业生产或加工中增加的那部分产品价值（即附加价值）受保护的情况。

名义关税率对消费者很重要，因为它表明了关税导致的最终商品价格的增加量，而有效保护率对生产者很重要，因为它表明了关税对进口竞争品生产者的保护程度。有效保护率的计算公式为

$$\text{ERP}_j = (V'_j - V_j)/V_j \times 100\%$$

式中，ERP_j 为 j 行业（或产品）的有效保护率；V_j、V'_j 分别为征收关税前后 j 行业（或商品）的国内生产附加值。

有效保护率这一概念的提出是基于如下事实：按照生产过程中的加工程度，我们可将产品分成制成品、中间投入品和原材料等。对中间产品或原材料征收关税，将提高这些产品的价格，从而增加国内使用者的负担，导致生产成本上涨，使得那些使用中间产品或原材料的最终产品的关税所产生的保护效应降低，所以从中间产品或原材料使用者的角度看，对中间产品或原材料征收关税就相当于对生产征税，降低了国内生产的附加值。

为了说明关税结构对有效保护率的影响，举例如下：假设对进口汽车征收25%的从价税，每辆汽车价格为4 000美元，其中原材料等成本价格为2 000美元，则征税前每辆汽车的附加值为（4 000 − 2 000）= 2 000（美元）。对汽车征税后，每辆汽车的价格变为4 000×（1 + 25%）= 5 000（美元）。再假设对生产汽车的原材料征收10%的从价税，则每辆汽车的原材料成本变为2 000×（1 + 10%）= 2 200（美元）。因此，征收关税后，每辆汽车的附加值变为5 000 − 2 200 = 2 800（美元）。根据有效保护率的计算公式，汽车的有效保护率 =（2 800 − 2 000）/2 000×100% = 40%，高于汽车的名义保护率25%。

通过上例可知，有效保护率与对最终产品的名义保护率相关。在其他条件不变的情况下，最终产品的名义保护率越高，有效保护率也越高；反之亦然。在最终产品关税不变的前提下，随着中间产品关税的上升，最终产品的有效保护率下降。对国内生产将起到抑制作用。因而许多国家都有一个"瀑布式"的关税结构，对原材料制定非常低或零名义税率，随着加工程度越来越深，名义税率就越来越高。这就使得使用进口原材料生产的最终产品的有效保护率比名义保护率要大得多。

2.3.2 进口配额的经济效应

与关税相比，进口配额更有助于限制一国进口商品的数量。主要原因是，关税是通过

价格变动影响国内对进口品的需求,而配额则是限制商品的进口量或进口金额,因此配额对进口的限制更直接、更易于控制。另外,配额比关税更严厉,在征收关税的情况下,如果一国进口商试图进入课征关税的市场,那么只要在产品价格或质量上有竞争力,就有可能渗入该国的市场,但如果该国采取进口配额的限制,无论出口国生产的产品在价格上或在质量上有多强的竞争力,都不可能打入进口国的市场,因为进口的数量是确定的。因此通常认为,进口配额是比进口关税更加严厉的保护措施,对国内进口替代品的生产商来说,进口配额更受欢迎。

1. 配额的经济效应

配额所规定的进口量通常要小于自由贸易下的进口量,所以配额实施后进口会减少,进口商品在国内市场的价格要上涨。如果实施配额的是一个小国,那么配额只影响国内市场的价格,对世界市场的价格没有影响;如果实施配额的国家是一个大国,那么配额不仅导致国内市场价格上涨,而且会导致世界市场价格下降。这一点与前面分析的关税的价格效应一样,配额对国内生产、消费等方面的影响与关税也大体相同。下面用图 2-3 来说明进口配额对一国福利的影响。

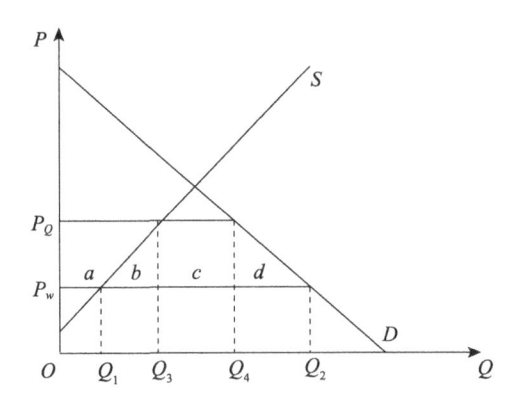

图 2-3 进口配额对一国福利的影响

图 2-3 中 P_w 为自由贸易条件下的世界市场价格,此时国内的供给量为 OQ_1,国内的需求量为 OQ_2,需求大于供给,供需之间的差额为 Q_1Q_2,只能通过从国外进口来弥补国内供给的不足。这时,该国政府对商品进口实行配额限制,即只允许相当于图中 Q_3Q_4 所示的数量进口。那么在 P_w 价格水平上,国内外总供给量为 $OQ_1 + Q_3Q_4$,仍低于国内需求 OQ_2,由于供不应求,国内市场价格必然上升,当价格上升到 P_Q 价格水平时,国内生产增加到 OQ_3,国内消费减少到 OQ_4,供求之间达到平衡。

此时,生产者剩余增加了 a,而消费者剩余减少了 $(a+b+c+d)$。与关税不同的是,实施配额不会给政府带来任何收入。综合起来,配额的净福利效应 = 生产者剩余增加 − 消费者剩余损失 = $a-(a+b+c+d)$ = $-(b+c+d)$。其中,b、d 分别为生产扭曲和消费扭曲,$(b+d)$ 为配额的净损失。至于 c,在关税情形下它表示政府的税收收入,因此可被抵消,在这里实际上是一种垄断利润，它的去向视政府分配配额的方式而定。

2. 进口配额的发放

现实中，分配进口配额常常要与进口许可证相结合，以限制某种商品的进口数量。许可证是由一国海关签发的允许一定数量的某种商品进入关境的证明。分配许可证的方法主要有三种：竞争性拍卖、固定的受惠和资源使用申请程序。

竞争性拍卖是政府通过拍卖的方式分配许可证，它使进口权本身有了价格，将进口一定数量商品的许可证卖给出价最高的需求者。一般而言，进口商所付购买许可证的成本要加到商品的销售价格上，这样一来，其作用就与关税的作用相同，会起到抑制需求的作用。在这种情况下，进口配额的净成本就是图 2-3 所示的 ($b+d$)。因此，也有人认为这种方式得到的拍卖收入也即另一名称的关税收入。政府便获得了进口配额的这部分收入 c。

固定的受惠是指政府将固定的份额分配给某些企业。通常根据现有进口某种产品的企业上一年度在进口该商品总额中的比重来确定。这种方法虽然比较简单，但也带来某些问题。一是这使得进口配额的实施成本更高。因为是免费发放，所以这部分收入 c 在征收关税或进行公开拍卖时本应属于政府的，现在却由进口商获得，那么实施进口配额的成本就增加了一项 c。进口商获得了进口许可证后，便可以用其购买进口品，在国内以更高的价格出售以获得利润，这部分利润即为配额租金。这种方式较之竞争性拍卖而言，就造成了配额租金由政府手中转移到进口商手中。二是它会造成一种市场垄断。进口配额本身就有一定的垄断性，而进口商又是免费获得的，这将有助于它们提高市场价格，形成垄断，不利于资源配置，与竞争性拍卖相比，它是缺乏效率的。

资源使用申请程序是指在一定时期内，政府根据进口商递交进口配额管制商品申请书的先后顺序分配进口商品配额的方法。这种方法给政府官员提供了利用职权谋取私利的机会。潜在的进口商会花费大量的精力抓紧时间递交申请表，贿赂政府官员以获取进口配额。这在经济学上称为寻租行为，因为它能给进口商带来垄断利润。因此这种方法造成了大量的浪费，是效率最低的。

由此可见，进口配额的发放方式不同，给国民经济福利带来的效果也不同，在以上的三种方式中，竞争性拍卖可能是分配进口配额的最好办法。因为在这种情况下，进口配额与关税对一国福利的影响是相同的，政府获得了有关的收入，有利于收入的再分配。

2.3.3 出口补贴的经济效应

非关税壁垒中另一类重要的政策措施是针对出口的，与配额等限制进口的做法不同的是，这类贸易政策措施的目的往往是鼓励或支持出口。其中，出口补贴就是最常用的一种手段。出口补贴是指一国政府为鼓励某种商品的进口，对该商品的出口给予的直接补助或间接补助。出口补贴的形式多种多样，有直接的，也有间接的。出口补贴的目的是降低本国出口商品的价格，提高其在国际市场上的竞争力，扩大商品出口。

出口补贴对国际贸易，乃至一国的福利水平会产生影响。出口补贴意味着对出口商品的优惠待遇，有助于出口规模的扩大。政府的刺激使本国厂商的出口规模超出了在没有任何政府干预下正常的商品出口规模，所以在量上，这种出口是"过度的"。这种过度出口意味着国内同一商品的供应低于正常规模，从而减少了消费者剩余。同时出口补贴还造成了政府支出的增加。因为出口补贴是由政府承担的，在其他支出不变的情况下，政府的总支出就会增加。而政府增加支出的主要来源是征税，因此出口补贴会加重纳税人的负担。下面用图2-4来说明这种影响。

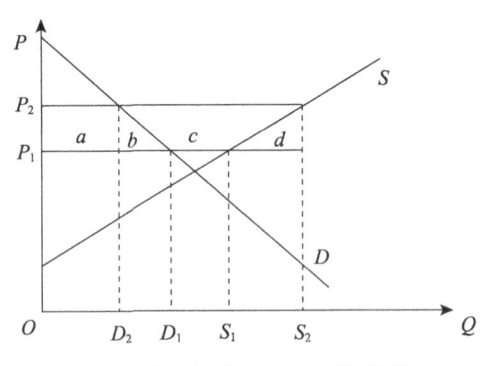

图2-4 出口补贴对一国经济的影响

图2-4中，P_1为自由贸易条件下世界市场的价格，此时国内的供给量为OS_1，需求量为OD_1，供给大于需求，出口量为D_1S_1。如果政府给予本国出口生产者每单位出口商品金额为(P_2-P_1)的出口补贴，则本国出口产品生产者可以以高于市场价格的成本进行生产，出口产品生产者的生产量由原来的OS_1增加到OS_2。出口产品生产者的产品一部分在国内销售，一部分在国外销售，但在国内销售的部分不享受政府补贴，于是在国内销售的价格必须能够弥补这部分产品的生产成本。图2-4中国内价格为P_2，高于补贴前的价格P_1。由于价格上升，国内消费减少至OD_2。这样，在国外销售的产品数量就会由原来的D_1S_1增加到D_2S_2。由此可见，出口补贴扩大了产品的出口，但是这种出口是过度的出口，是靠牺牲本国正常消费增加的出口。

出口补贴对出口国的福利水平也产生影响。出口补贴使本国的消费者面对的价格由P_1上升到P_2，消费者剩余减少，减少量为图2-4中$a+b$的面积。生产者剩余则增加了，增加的部分相对于图中$a+b+c$的面积。本国政府给予的补贴为$D_2S_2\times(P_2-P_1)$，也即图中$(b+c+d)$部分的面积。综合起来，出口补贴的净福利效果＝生产者剩余增加－消费者剩余损失－政府补贴＝$(a+b+c)-(a+b)-(b+c+d)=-(b+d)<0$。其中$b$是过度出口造成的损失，$d$是过度生产造成的损失，这里要注意的是，$b$损失了两次，而生产者只得到了一次，另一次变成了成本。因此从总体上看，出口补贴会造成一国福利水平下降。

既然出口补贴对一国的经济福利会产生负效应，那么为什么各国还要采取这种政策呢？实际上，在出口国看来，如果短暂的出口补贴损失或消费者福利损失，能够促成该国生产规模的扩大，进而获得规模经济效应，或者能够实现促进本国获得经济成长等长远利益，那么这种损失也许是值得的。

从进口国的角度看，出口补贴是一种威胁。因为接受补贴的产品都以低于成本的价格销售到国外市场，从而会挤垮进口国的同类企业。对此各国都采取一些措施，以反对因出口补贴带来的"不公平竞争"。关贸总协定规定，成员方可以对采取出口补贴的国家的出口商品征收抵消性关税，也即反补贴税。这样，就可以使外国因实行出口补贴而价格低廉的商品恢复到原来的价格水平，从而抵销出口补贴的效果。

2.3.4 倾销与反倾销

1. 倾销的含义及其分类

倾销是一种价格歧视行为，是指一国的产品以低于正常价值的水平进入另一国市场并因此对进口国工业造成损害的行为。所谓低于正常价值，是指某种产品从一国向另一国出口的价格低于下述价格之一：相同产品或类似产品在正常交易过程中供国内消费的可比价格；相同产品或类似产品在正常交易中向第三国出口的最高可比价格；产品在原产国的生产成本加上合理的推销费用和利润。

判断出口商是否构成倾销的依据是：进口国生产同类产品的企业是否受到低价进口品的冲击，以致其市场份额明显减少；进口国同类企业的利润水平是否明显降低；在低价进口品的冲击下，进口国的同类工业是否难以建立起来。但现实中常常产生一种矛盾，进口国总是要夸大外国产品冲击本国市场的程度，而出口商从自己的目的出发，总是尽量掩盖其倾销行为。

按倾销的目的、时间的长短等，可将倾销分为持续性倾销和掠夺性倾销。持续性倾销是指出口商以占领市场为目的持续地以低于正常价值的价格向国外市场销售商品。从消费者的角度看，这种持续性倾销意味着消费者可以享受低价商品，从而提高了进口国的实际收入水平。因此，持续性倾销对进口国的消费者有利，而不利于进口国同类产业的发展。掠夺性倾销是指为打败竞争对手，出口商以低于本国市场价格向国外市场销售商品，在消除竞争对手后，重新提高价格，控制市场。掠夺性倾销是有害的，由于企业降低价格是临时的和短暂的，因此消费者只能获得暂时性的低价利益，一旦竞争者退出市场，倾销者会重新提高价格，以获得垄断性的超额利润，由此消费者的实际收入水平不但不会上升，反而会下降。因此，掠夺性倾销通常被认为是一种追求垄断地位的行为。

2. 形成倾销的条件及其影响

厂商要采取倾销战略，必须具备以下三个条件。首先，市场是不完全竞争的。在完全竞争的市场条件下，每个厂商都是价格的承担者，因此它所面临的需求曲线是一条水平线，即任何一家企业销售量的变化都不会影响市场价格，且产品能够在不降价的条件下出清。但是作为采取倾销行为的企业，其必要的前提条件就是，该企业不是价格的接受者，而是在市场上具有一定的垄断力量，从而面临着一条向右下方倾斜的需求曲线。其次，企业在国内外市场所面临的需求弹性不同。在国内市场上，该垄断企业产品的需求弹性比较小。在国外市场上,由于消费者有多种产品可以选择,因此产品的需求弹性比较大。最后,国内和国外两个市场是完全隔离的,否则进口国市场上的低价商品将流回出口国。

下面我们根据上述三个条件,用图 2-5 来说明倾销是如何产生的。

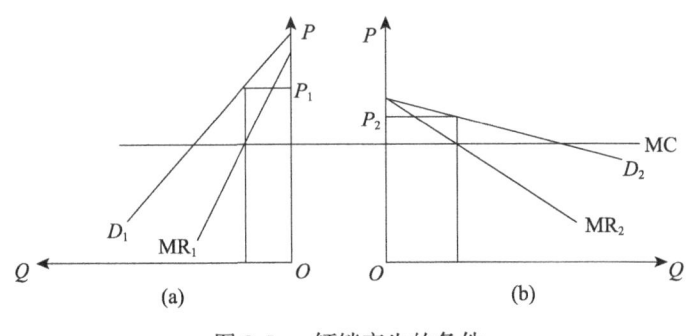

图 2-5　倾销产生的条件
(a)出口国;(b)进口国

图 2-5(b)表示进口国市场的情况。由于出口商在该市场上有一定的垄断能力,所以它面临的需求曲线是一条向右下方倾斜的曲线 D_2,相对于出口国国内的需求曲线,其弹性较大,相应的边际收益曲线为 MR_2,为追求利润最大化,出口商根据 $MR_2 = MC$ 的定价原则,把价格定在 P_2 水平上。

图 2-5(a)D_1 为出口国的需求曲线,相对于进口国的需求曲线,其弹性较小,对应的边际收益曲线为 MR_1,根据 $MR_1 = MC$ 的原则,出口国国内的价格为 P_1。$P_1 > P_2$。因此出口商能在他国以更低的价格倾销其商品。

3. 作为贸易保护主义的反倾销政策

由于倾销使进口国的同类企业的发展面临着严重的压力,甚至造成进口国同类产业难以起步的恶果,因此在国际贸易中,倾销被普遍认为是一种不公平的竞争手段,反倾销是被国际社会认可的、恢复公平贸易的政策行为。那些自认为被外商倾销所侵害的本国厂商可以通过向商业部提出申诉,寻求救助。如果它们申诉成功,政府一般会对外国厂商课以反倾销税。理论上说,其数额应为两种价格之间的差额,才能达到抵销不正当竞争或不公平竞争的目的。通过征收反倾销税,把进口商品价格提高到进口国国内市场价格的水平,从而保护了国内同类商品的生产者。

然而经济学家们对于单把倾销拿出来作为被禁止的行为一直不满。首先,针对不同市场制定不同价格是完全合法的商业策略——就和航空公司给学生、老年人和那些愿在飞机上度过周末的旅行者提供的价格折扣一样。其次,倾销的法律定义基本上源于其经济定义。由于要证明外国厂商在出口市场上比其国内的定价低是件困难的事,因此美国和其他一些国家就试着在估算这些外国产品的生产成本的基础上算出一个所谓的公平价格。这种"公平价格"准则严重干扰了正常的商业活动:一个正通过扩大生产和打入新市场来降低成本的厂商很可能愿意暂时蚀本销售。

尽管经济学家们对反倾销行为几乎都持否定意见，但是，自1970年以来，对倾销的正式指控和申诉却一直是有增无减，日益频繁。这究竟是对法律的一种愤世嫉俗的滥用，还是倾销的重要性日益上升的反映？答案是可能二者兼而有之。

2.4 WTO货物贸易规则

2.4.1 世界贸易组织概述

世界贸易组织的前身是关税与贸易总协定。GATT于1948年1月1日正式生效，其宗旨是通过削减关税和非关税壁垒，消除国际贸易中存在的差别待遇，从而促进国际贸易自由化。GATT自生效实施开始，先后开展了八轮多边贸易谈判。贸易谈判不仅使各成员的关税水平大幅削减，同时也为各种非关税壁垒逐步建立了贸易规则。1986年开启的乌拉圭回合（Uruguay Round）谈判是GATT历次谈判中取得成果最丰富的一次，它不仅将农产品和纺织品贸易谈判纳入多边贸易框架之内，同时也将多边贸易规则的范围扩展到服务贸易、知识产权以及与贸易有关的投资措施等领域。此外，乌拉圭回合谈判决定在1995年1月1日成立WTO以取代GATT。

WTO的宗旨主要包括以下四方面：提高居民生活水平，保证充分就业，提高居民实际收入和有效需求；扩大货物、服务的生产和贸易；以可持续发展的原则利用世界资源和保护环境；确保发展中国家尤其是最不发达国家在国际贸易增长中，享有与其经济发展水平相适应的利益和份额。在此宗旨的基础上，WTO的原则主要包括非歧视原则（最惠国待遇原则与国民待遇原则）、贸易自由化原则、透明度原则、公平贸易原则、发展中国家优惠待遇原则五方面内容。

WTO为其成员提供了统一的制度框架，以规范各成员的贸易政策及措施。WTO的制度框架由成员方达成的各类贸易协定构成，这些协定主要分为有关货物贸易的多边协议、服务贸易总协定、与贸易有关的知识产权协定，以及WTO争端解决机制与贸易政策审议机制五个方面。在此制度框架下，WTO履行其实施贸易协定、提供贸易谈判场所、解决贸易争端、审议贸易政策、协调与其他国际组织的关系的职能。

2.4.2 WTO与货物贸易有关的规则

WTO与货物贸易有关的规则主要体现在《关税与贸易总协定》及其附件中。根据各类协议的不同内容，可以分为特殊产品规则，技术、标准与安全规则，贸易救济规则以及非关税壁垒规则四个方面，如图2-6所示。WTO与货物贸易有关的各具体协议为《农业协议》《卫生和动植物检疫措施协议》《技术性贸易壁垒协议》《与贸易有关的投资措施协议》《反倾销协议》《补贴与反补贴协议》《保障措施协议》《海关估价协议》《装船前检验协议》《原产地规则协议》《进口许可证程序协议》《纺织品与服装协议》（2005年1月1日废止）。

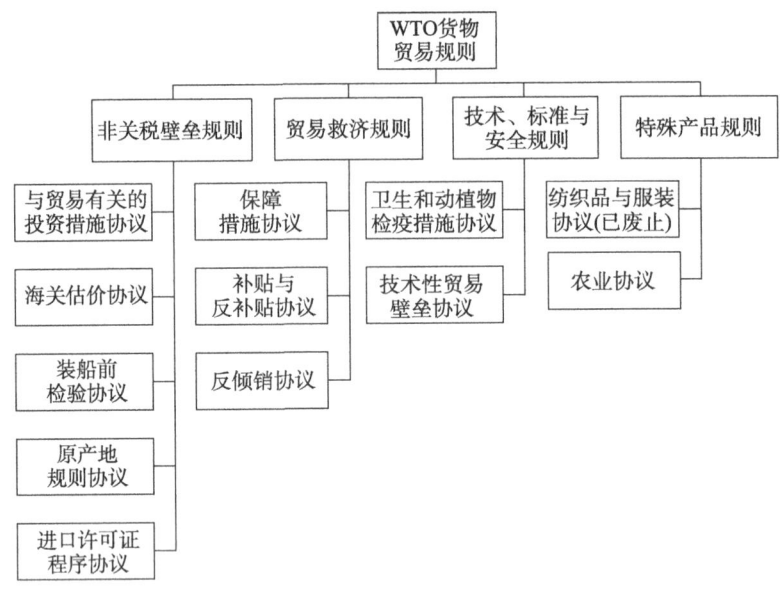

图 2-6　WTO 货物贸易规则结构

名词术语

关税　配额　有效保护率　倾销　补贴与反补贴　世界贸易组织　货物贸易规则

思考题

1. 已知一件衬衫的进口价为 10 元，生产每件衬衫需投入价值 5 元的棉纱和价值 3 元的尼龙。计算对衬衫、棉纱和尼龙分别征收 15%、6%、10% 的进口关税时，该国对衬衫的有效保护率。
2. 进口配额与进口关税有何异同？两种保护措施孰优孰劣？
3. 出口信贷可分为哪两种？试比较两者的异同。
4. 什么是出口补贴？间接补贴有哪几种形式？
5. WTO 的宗旨和原则是什么？
6. WTO 贸易救济规则主要包括哪些内容？

即测即练

自学自测　扫描此码

第 3 章 国际市场环境

本章学习目标：

1. 理解国际市场环境的概念；
2. 了解国际贸易决策者所需要的信息；
3. 掌握国际贸易调研的方法；
4. 理解市场特征调研的概念及内容；
5. 掌握国际贸易调研的资料筛选方法以及国际市场细分的概念。

引导案例

线上直播引爆全国食品市场

针对如何应对后疫情时代的市场变化、把握食品行业的新趋势，中国国际食品和饮料展览会举行了"中食在线创新汇"系列直播活动。众多食品行业的专家、学者、企业负责人、投资机构代表等悉数上线，开启了这场颇具前瞻性和权威性的食品大咖在线直播。

中国国际食品和饮料展览会系列线上直播活动自 2020 年 7 月 3 日首次推出以来，共进行了六场。众多行业人士共同分享前沿信息，解构市场动态，就食品行业品牌和渠道建设、AR（增强现实）、MR（混合现实）等技术在食品行业的应用以及餐饮、新消费背后的投资逻辑等话题进行了深入讨论。据统计，中食展线上直播在两个月的时间里吸引了近 10 万人次线上观看，平均观看时长达 42 分钟，有效实现了跨地域、全方位地连接展商与专业观众等食品业内人士。

专家指出，后疫情时代，食品行业的线下渠道地域性明显，跨区域扩张难度较大，渠道已经成为食品企业一个重要的竞争力，而多渠道战略将有助于企业高质量发展。

阅读以上案例，思考：
1. 什么是直播营销？
2. 如何理解利用直播营销新模式促进线上线下融合发展？

3.1 国际市场环境简述

企业是一个开放性系统。企业活动在市场（包括国内市场和国际市场）这个大舞台上的生存和发展要受到一系列因素的影响和制约。影响企业开展国际贸易的因素可以归结为两大类：一类称为可控因素，另一类称为非可控因素。

可控因素是指企业开展国际贸易活动时所能运用的各种手段，即产品、价格、促销和分销渠道四个主要方面。这四个方面显然是企业可以控制的。企业为了达到国际贸易目标，针对不同的市场需求可以开发不同的产品，制定相应的价格，开展形式各异的促销活动，选择符合各国国情的分销渠道，等等。

非可控因素即企业的外部环境。企业经营者的根本任务就是通过正确的决策，使企业内部的可控因素适应外部环境中的不可控因素，从而达到自身的种种营销目标。

与国内营销不同，开展国际贸易企业所面临的不可控因素由两个层次组成。一个层次是国内不可控因素，另一个层次是国际不可控因素。

影响国际贸易活动的国内不可控因素大致分为以下四种。

第一，政治因素。本国政府的政策、法令对企业的国际贸易活动将产生强烈的影响。如党的十一届三中全会以后，我国政府实行对外开放政策，接着党中央、国务院又确定了发展外向型经济的经济发展战略，党的十四届四中全会则进一步提出要发展社会主义市场经济，这一系列重大决策无疑为我国企业开展国际贸易创造了一个良好的政治环境。

第二，经济因素，即宏观经济因素。它是指本国经济处于繁荣阶段还是萧条阶段，或者说本国经济是处于高速发展阶段，还是处于暂时调整阶段。本国经济的高涨与衰退会对企业的国际营销活动在人、财、物各方面产生深刻的影响。

第三，文化因素。就国际贸易环境而言，文化因素是指本国传统文化的开放程度。开放是双向的，一个民族越容易接纳外来文化，也就越善于将自己的文化融入其他民族的文化。

第四，竞争状态。它是指本国同类企业的规模、发展速度以至整个竞争结构。很显然，国际营销的竞争对手不仅来自国外，而且也来自国内。

影响国际贸易的国际不可控因素大致可分为四种：文化环境、经济环境、政治环境、法律环境。国际贸易的真正困难在于如何适应国际不可控因素。一般而言，所谓的国际贸易环境，就是指企业国际贸易活动中所面对的国际不可控因素。国际贸易是指在一个以上国家（跨越国界）进行的把企业的产品或服务引导到消费者或用户中去的各种经营活动。有的国际贸易学专家从定义出发，认为国际贸易与国内营销的最根本区别就在于前者跨越了国界，而后者仅仅发生于国内，进而指出，国际贸易环境是构成国际贸易活动特有规律的全部基础。上述观点过于绝对，但是，研究国际贸易环境是开展营销活动必不可少的前提，这是因为：

第一，国际贸易环境是一个完全不同于本国营销环境的陌生世界。人们创造了自己的历史，国家和社会因我们而存在。国内环境无所不在，我们每时每刻生活在其中。当国内营销环境发生变化时，企业经营者会很快适应，并自动作出各种反应。人们不会对国内环境的任何方面感到奇怪，因为他们本身就是这一环境的成员。

然而人们一旦跨越国界，情况就发生了根本的变化。各国人民创造了不同的历史和社会，即各国人民选择了符合自己生活和发展的社会制度；继承和发扬了自己的传统文化，并引以为豪；经过自己的艰苦奋斗和辛勤劳动取得了程度不同的经济成就，因而处于不同的物质生活水平；为了维护民族自身的利益，各国政府还制定了一系列的政策法律。所有这一切对本国人民是自然而然的事情，但对一个外国人来说则是陌生的，甚至是难以理解的。

第二，国际贸易活动中人们必须排除"自我参照准则"（self-reference criterion）的干扰。随着人们生活经历的增加，各种经验必然会日益积累。经验系统一旦形成，并稳定下来，便会成为人们行为的准则。当人们遇到从前未曾经历过的事情时，这一点就显得尤为明显。国际贸易学中所谓的自我参照准则就是指那些经常被无意识参照的、在本国文化（此指广义文化）基础上建立起来的经验体系。

国内外营销环境截然不同，所以绝不能想当然地直接利用在国内生活工作中积累起来的经验来指导国际贸易实践。国际市场是一个崭新的世界。一个国际贸易工作人员如果不深入研究国际贸易环境，并时常提醒自己，就很容易不自觉地用从国内获得的经验来指导海外业务。实践证明，不能及时排除自我参照准则的干扰，是大部分国际贸易活动失败的主要根源。

3.2 国际贸易决策者所需信息

国际贸易调研的目的是为国际贸易决策提供科学依据。为了及时、准确地作出国际贸易决策，就必须深入了解以下几方面的信息。

3.2.1 目标市场的宏观环境信息

1. 有关的政治法律制度

有关的政治法律制度包括：该国的国际关系，政治稳定性，政府对经济事务的干预程度，税收制度，有关行业的相关政策法规，参加的国际公约和协定，劳工、广告、包装、环保、定价、消费者权益保护等方面的法律规定。

2. 外资、外贸政策

外资、外贸政策包括：外汇管理，相关产品的关税、配额、许可证以及其他非关税贸易壁垒的情况，对外资企业的政策，等等。

3. 宏观经济情况

宏观经济情况包括：经济制度的形成和特征、经济发展水平、基础设施、通货膨胀、国际收支和进出口贸易等情况，有关的行业标准和规范等。

4. 人口状况

人口状况包括：人口数量、密度、自然增长率和年龄结构，家庭的规模和数量，人均收入和收入的分配形式。

5. 自然环境

自然环境包括自然资源（如森林、矿产、土地、水利等资源条件）、地形、气候等。

6. 科学技术水平

科学技术水平指相关行业中科技的研究与应用水平。

7. 社会文化

社会文化指当地的语言、文字、文学艺术、交流方式、价值观念、社会组织、教育水平、生活习俗等。

3.2.2 目标市场的需求信息

（1）市场潜量以及每个子市场的总供求量、供求结构、供求特点及其变化趋势。

（2）如果目标市场是最终消费者，则需了解其人口构成情况、购买习惯、购买动机和禁忌偏好等。如果目标市场是组织购买者（如中间商或其他制造商），则需了解其数量、规模、地理分布、订货频率、资信等方面的情况。

3.2.3 影响企业国际贸易组合决策的信息

1. 国际市场产品信息

在目标市场上，消费者对产品的特殊要求、购买习惯（如购买的时间、地点、频率和方式等）、满足程度及原因分析，如消费者对产品质量、商标、包装装潢、功能设计等的要求和意见；产品的潜在消费者和潜在购买力情况；产品在生命周期中所处的阶段及发展趋势；该产品的替代品和互补品的情况；新产品的出现及更新换代周期。

2. 国际市场价格信息

在目标市场上，该产品的价格弹性和价格水平；其他同类产品的定价方法；顾客对不同企业产品价差的反应；互补品和替代品的价格水平及变化趋势；产品生命周期不同阶段中的价格调整；顾客对价格变动的心理承受能力和经济承受能力；产品从生产到消费过程中各层次中间商的加价幅度；东道国对进口产品价格的具体规定和限制，东道国在信贷条件、支付方式、销售条件等方面的习惯做法。

3. 国际市场分销渠道信息

产品到达东道国的过程中采用的运输方式（包括交通工具、运费、运输时间、包装要求、储存条件、保险金额及可靠性等）；产品出口涉及的出口商、进口商、批发商、零售商的使用成本、资信状况、销售条件、市场地位、经营范围以及能够提供的服务（如促销、融资、谈判、储运等）。

4. 国际市场促销信息

目标市场上各种促销手段的形式和可利用程度，各类传媒的特点、费用、目标受众、市场覆盖面以及使用效果，广告代理业的发达程度及工作效率，各类中间商所能起到的促销作用。

3.2.4 有关国际市场上竞争状况的信息

（1）目标市场上主要的竞争对手来自哪些国家，它们的经营范围及营销策略。
（2）这些竞争者在东道国所占的市场份额及未来的发展趋势。
（3）东道国在市场竞争、公平交易方面的有关法规。

从事国际贸易的企业除了根据各自企业的经营目标和决策目的，对上述各项信息中的相关部分进行深入了解和分析外，还应该明确企业自身的作用和情况。"知己知彼，百战不殆"。企业只有了解了自身的人、财、物等条件，分析自己在东道国的市场份额及销售潜力，并且明确了自己的产品在目标市场上的具体地位（如所处生命周期的阶段、产品的形象等），才能将有限的企业资源合理地配置于相应的国际贸易决策之中，获取最优的经济效益，不断地提高自己在竞争中的实力。

3.3 国际贸易调研方法

国际贸易调研与一般的市场调研差别不大，市场调研的一些基本原理及方法可以用于国际贸易调研，所不同的是国际贸易调研的难度要比一般的国内市场调研大得多。这是因为国际贸易的实施与调研的对象往往很少是同一个国家的人，而在国内市场营销调研中，两者是一致的。正是两者之间确确实实存在的语言距离、思维距离与空间距离，使国际贸易调研中对包括本国市场在内的国际市场的各个方面的跨文化比较分析研究显得尤为重要。

国际贸易调研的方法具体可以分成以下三种。

3.3.1 直接调查

直接调查是指企业确定调查目标后，由调查的实施者亲自对调查对象进行的调查。直接调查可以通过以下几种形式来进行。

1. 客户调查

如果企业已经有固定的业务往来客户，那么可以通过对客户的调查取得第一手资料。通过客户进行调查能够对有关商品、市场及消费者的信息了解得比较清楚。但是有时对方未必采取合作的态度，因此在调查时，要向对方讲明调查目的，同时尽量使调查的内容涵盖可能为双方带来利益的方面。鉴于此，企业在与客户签订买卖契约时，特别是给予对方以特约经销或独家经销权的时候，要事先约定客户有定期向生产企业提供资料、情报及协助市场调研的义务。

2. 海外出差调查

海外出差调查可以是专门为了达到某一目的亲赴目标市场实施调查，也可以是利用其他公务之便顺带进行调查。这种调查主要用于新产品的市场开拓、特定商品的销售、国际贸易渠道的选择、国际促销等方面。另外，市场环境在不断变化，当必须对现有的调查资料予以确认、补充或订正时，也经常采用这种方法。

专门海外出差调查在非必要的情况下，应尽量少使用。基于费用上的考虑，应更多地采用顺带调查。例如，利用企业参加代表团的出访机会、参加国际展销会的机会等对调查对象实施调查。顺带调查尽管在调查目标、调查内容上会受到一些制约，但是有时候也会有同当地行业或企业大范围接触、会谈的机会，反而会得到意想不到的资料与信息。至于参加国际展销会，由于能直接与同行业的众多企业及消费者（客户）接触，更应充分利用。

3. 通过国外子公司、驻外机构、驻外人员调查

企业在国外的子公司或驻外机构本身就是企业的一部分。国外子公司、驻外机构、驻外人员的一项基本任务就是定期为企业提供当地的市场资料。企业根据需要，可以直接令这些驻外机构及驻外人员就某一特定的内容进行调查。

以上三种形式的直接调查主要是通过访问调查、寄送调查表调查、电话调查、座谈会调查、实验调查等方法来实现。

3.3.2 间接调查

间接调查是根据一定的调查目标，收集、利用现已存在的各种资料，并以此为基础，了解调查对象的过去，把握调查对象的现在，推测调查对象的未来。间接调查所利用的现有资料又被称作第二手资料或间接资料。应该说，在国际贸易调研中主要采用的还是间接调查，因为间接调查和直接调查相比，所花时间和所需的费用较少，而且简便易行。

间接调查的首要问题是了解获取已存资料的途径，这在国际贸易调查中占有比较重要的地位。

3.3.3 委托调查

委托调查指委托人指定调查内容与调查要求，由受委托人即专门的调研咨询机构代为进行调查，委托人向受委托人支付一定的费用，获取所需的调查资料。

委托调查在国外比较盛行。企业缺少合格的专门调研人员以及为了节约成本，可以运用这种形式。另外，对于初次涉足某一国外市场的企业，由于对当地比较陌生，通过委托调查（委托当地的调研机构）也能取得比较好的效果。

企业在采用委托调查时，一般要和委托的调研机构签署有关合同，特别是在委托国外的调研机构时，更应如此。合同中要对费用、交付调查报告的时限、调查要求、调查内容等有明确的规定。受委托人负有对调查的各个方面，包括委托人、调查内容、调查报告等进行保密的义务。如果双方签署的合同中没有明确规定，按惯例，调查报告书在被送交给委托人之日起，6个月后可以由受委托人自由处理，甚至可以公开发表，这是企业在采用委托调查时必须予以注意的。

在采用委托调查时另外一个要考虑的方面是受委托人的选择。调研机构在国外数量众多，良莠不齐，但也不乏优秀者。例如，美国的兰德公司、赫德森研究所都是世界有名的调研机构。兰德公司在20世纪60年代，首创运用德尔菲法对自动化空间等技术的发展进行调研、预测，为美国的科研与技术开发带来了不可估量的效益。因此，选择的关键是在调查内容的重要性、难易程度与委托费用之间寻找平衡点。

3.4 市场特性调研

市场特性调研是为企业寻找目标市场服务的，包括的面最广，既包括整体市场特性调研，又包括个体市场特性调研。企业只有在对市场特性进行充分调研的基础上，才可能找到一个理想的目标市场。

3.4.1 地理特性

地理特性主要指目标市场的地理条件与自然资源条件。

1. 地理条件

地理位置、面积、地形、风土、气候是地理条件的主要内容。地理位置将直接影响产品的物流成本，风土、气候是关系产品是否适应市场及是否有销路的重要因素。例如，一般的彩色电视机在终年多雨潮湿的地区，图像会变得不清晰；雨衣在位于赤道的干旱地区根本就没有买主。

2. 自然资源条件

自然资源条件是指农林、矿产资源等条件。某一特定自然资源条件的优劣与产品的销路有密切的关系。一般来讲，正是因为缺少某种资源才形成了从外国购买某种产品的动机，它本身就是国际贸易的基础。自然资源的多与少还会对一个国家的工业发展形势产生影响，从而又影响到这一国家或地区的最终购买。

3.4.2 人口特性

人口是形成市场规模的一个最基本要素，是国际贸易调研的重点。人口特性主要包括人口结构、家庭规模、人口分布与人口密度等方面。

1. 人口结构

人口结构可以从性别、年龄等角度分析。性别、年龄的结构具有因地而异的显著特征。

不同的人口结构具有不同的消费水平及消费倾向。了解人口结构是为了使企业能正确选择商品的投向。

2. 家庭规模

不少消费品是以家庭为单位购买或消费、使用的。家庭数量及其规模的大小决定了某些商品的购买数量及其对商品的要求。例如，家具、厨房用品，甚至家电产品一般都是一家一套。而且家庭规模不同，所需的商品规格也有明显不同。目前，世界上的普遍倾向是家庭规模在变小，从而使家庭户数增加，其中发达国家的这种倾向比发展中国家更甚。

3. 人口分布与人口密度

任何一个国家或地区的人口分布与密度都是不均匀的。人口分布与人口密度对企业来说意味着目标市场的集中与分散程度，进而影响企业的国际贸易费用。目前，世界上人口密度高的地区在南亚、东亚以及中欧、西北欧、美国的东北部等；北纬60°以北的地区、撒哈拉大沙漠周围区域、南美的中部以及澳大利亚等是人口密度比较低的地区。

3.4.3 收入特性

收入是形成市场规模的另一个基本要素。企业研究的重点是消费者在除去各种税金及保险后的可支配收入。要推定目标市场的需求规模，必须进一步研究家庭收入、个人收入，特别是因年龄、产业、职业、地区不同而产生的收入差异。在对国外某一特定市场的具体收入情况难以掌握时，往往可以通过对国民生产总值（GNP）、国内生产总值（GDP）、人均国民收入、消费结构、恩格尔系数等指标的研究来进行推算。

3.4.4 文化、社会特性

不同的国家或地区由于其历史、自然、地理、政治、经济等因素的差异造成文化与社会特性的千差万别。对文化、社会特性的国际贸易调研包括民族、语言、宗教、教育状况等方面。

1. 民族

世界上的绝大部分国家是由多民族组成的，单一民族的国家为数不多。在多民族组成的国家里，由于民族的不同，消费者的特征也会呈现出不同的倾向，从而表现为多元化。企业要详细了解目标市场的民族构成、比重以及不同民族的特点，尤其是消费需求及其购买行为的特点。

2. 语言

语言与企业的国际贸易组合活动密切相关，它直接影响到进入目标市场的产品的商标、说明、促销等方面。一个国家同时使用两种以上语言的情况比比皆是。例如，印度的官方语言是印地语和英语（公用语），但是目前国内通行的语言达850种之多，连全国流通的纸币上也用了17种语言来表示。

3. 宗教

宗教与文化、人的日常生活具有密切的关系。从宗教这一途径了解和探索一个国家的文化与消费生活，往往会取得事半功倍的效果。宗教具有特定的推崇与禁忌，对信仰者具有明显的约束力，进而对消费者的购买也形成一股强大的制约力量。企业出口的产品无论是颜色、包装、商标，还是广告宣传，都必须符合当地宗教的推崇，避免宗教的禁忌，才有成功的希望。

4. 教育状况

教育状况主要包含教育制度与教育发展水平两个方面。教育制度决定了今后这个国家的教育发展方向及速度。教育发展水平一般以文盲率、义务教育年限、大学升学率等指标来体现。教育状况决定了一个国家消费者的文化素质。文化素质的高与低会导致对产品的不同需求，对各种促销活动也会有不同要求。

3.4.5 政治、经济特性

政治、经济特性是企业不得不掌握的一个决定市场特性的重要因素。

1. 政治特性

一个国家和地区的政治稳定性及动向对其经济、社会文化、国民生活有着巨大的影响，特别是对外贸易、外汇、吸引外国资本等政策最终是受这个国家的政治局面左右的。所以，以下两个方面是国际贸易调研的重点。

（1）政治体制及政治的稳定性。目前世界上的政治体制主要有君主立宪制、君主制和共和制。文人执政还是军人执政，属于结盟国还是不结盟国，国内民族冲突的潜在危险性、权力结构、政党的纲领等形成了一个国家政治稳定性的衡量指标。

（2）政治与经济的结合度。政治与经济的结合度是指政治与经济的关系密切程度。经济政策和经济发展计划的实施，受政治因素影响的强弱程度，在不同的国家里是有差别的。很多国家在经济政策的决策中起重要作用的是某些政治家或者领导人，这就要求企业必须了解这些重要人物的背景，是政治家出身，还是军人出身，或者是专家出身。通过背景判断政策决定的程序，推测政策的倾向。

2. 经济特性

经济特性是指经济的一般特性，由以下一些项目组成。

（1）一般经济指标。具体包括：国民生产总值、国民收入、生产指标、物价指数、工资指数、汇率的动向、国际收支动向、进出口统计、海外投资统计，等等。

（2）经济政策。具体包括：经济开发计划的具体内容、计划达成状况、经济政策和产业振兴政策、物价的动向，等等。

（3）产业特征。具体包括：产业就业人口，生产总额及动向，生产结构（轻工业、重、化学工业的内容），产业规格（工业规格、度量衡），工业所有权制度，农业、林业、渔业、畜牧业的生产与流通，各产业外国资本投资现状，等等。

（4）工业特征。具体包括：行业中制造业的生产与特征、劳动条件与工会运动，等等。

（5）贸易特征。具体包括：地区、商品贸易结构，特别是与企业有关的各国的贸易关系、贸易收支、国际收支等资料；目标市场的竞争状况（商品、国别）和竞争力；进出口的配额、许可证批准状况、进口许可证手续和单证（装船单证）；外汇管制、外汇市场的动向；信用证开证上的问题点、外汇银行的信用度；关税制度、税率和课税方法；特惠关税、非关税壁垒；通商条约、贸易协定、贸易政策及贸易保护的动向；进出口商的资格审查、登记制度；贸易习惯；国际商事仲裁制度；与贸易有关的法规；等等。

（6）交通特征。交通与物流息息相关，因而在国际贸易调研的内容中同样占有重要的地位。交通的优劣主要取决于运输是否具备长距离、大量、安全、高速、经济等条件。

选择一个最优的交通手段是企业的首要目标，它直接影响到产品的成本。目标市场目前最主要使用的交通手段是什么、各种交通手段的优劣是企业必须了解的内容。

国与国之间的产品转移，除了互相接壤的近邻国家之外，大部分要靠海上运输来完成。下列各项是必须掌握的基本情况：对象国的主要港口及港湾状况；主要航路及停靠港，至目的港所需天数、运费率、海上保险条件及费用等。此外，港湾设施的完善与否会影响到货物的装卸时间，从而对企业的履约产生影响。

3.5 国际市场细分概述

3.5.1 市场细分

市场细分（market segmentation）的概念是由温德尔·史密斯（Wendell R. Smith）教授于 20 世纪 50 年代中期首次提出的。这是一个选择目标市场的策略思想，已得到营销学界和企业界的普遍重视。

市场细分，是指企业按照某种标准将市场上的顾客划分成若干个顾客群，每一个顾客群构成一个子市场，不同的子市场之间，需求存在着明显的差异。市场细分是目标营销的基础。

市场细分概念的依据是顾客需求的异质性理论。由于顾客需求的差异程度，市场可分为同质市场（homogeneous market）和异质市场（heterogeneous market）。当顾客对产品的需求大致一致，而且对企业同一营销策略反应也十分相似时称为同质市场；当顾客对产品的质量、款式、价格等有不同要求，而且对企业的同一营销策略会作出不同反应时，称为异质市场。在异质市场上，具有类似需求的顾客群就构成了一个子市场（segment market）。

例如，可将服装市场根据不同性别顾客划分成男装市场和女装市场两个子市场，还可根据顾客年龄的差别划分成老年市场、中青年市场和少儿市场等。企业可根据市场、产品、竞争以及自身条件等因素，确定究竟选择哪一个或哪几个子市场作为目标市场。

3.5.2 国际市场细分

国际市场细分（international market segmentation）是市场细分概念在国际贸易中的运

用。国际市场细分具有两层含义。第一，世界上有众多的国家，企业究竟进入哪个（或哪些）市场最有利，这就需要根据某种标准（如经济、文化、地理等）把整个世界市场分为若干子市场，每一个子市场具有基本相同的营销环境。企业可以选择某一组或某几个国家作为目标市场。这种含义的国际市场细分称为宏观细分（macro segmentation）。第二，企业进入某一国外市场后，将发现该国的顾客需求也是千差万别，企业不可能满足该国所有顾客的需求，而只能将其细分为若干子市场，满足一个或几个子市场的需求，这种含义上的国际市场细分叫作微观细分（micro segmentation），也叫一国之内的细分（in-country segmentation）。无论是宏观市场细分还是微观市场细分，都是企业在国际贸易中赢得竞争优势、取得最佳经济效益的必由之路。归纳起来，市场细分的作用主要表现在如下几个方面。

（1）有利于企业发掘新的市场机会。通过市场细分，企业可以了解到顾客未满足的需求。这些未满足的需求正是企业新的市场机会。

（2）有利于针对目标市场制订适当的营销方案，使产品、价格、渠道、促销等策略更加适合目标市场的特点。

（3）有利于企业扬长避短，获得竞争优势。

3.5.3 国际市场宏观细分

前已述及，国际市场细分的第一层含义是宏观细分。宏观细分是微观细分的基础，因为只有首先确定进入的国家，然后才能进一步在某国进行一国之内的细分，即微观细分。因此，我们首先来讨论国际市场宏观细分的问题。本小节的讨论可以分为两个部分：一是国际市场宏观细分的过程，二是国际市场宏观细分的标准。

国际市场宏观细分过程可以分为下述几个步骤：

第一，确定划分世界市场的方法（即确定细分标准）；

第二，按照这种分类标准，将所有具有共同特点的国家划为一组，即构成一个子市场；

第三，了解满足每组需求对企业资源条件有哪些要求；

第四，根据本企业的特点，看看由本企业满足哪个或哪些子市场最适合，最有优势；

第五，从理论分析，要满足目标市场的需求应采取的措施；

第六，把这种理论上的策略和方法根据实际情况加以修正和调整。

让我们举例说明企业应如何应用上述细分过程。假设一个生产电子计算机的企业打算进入国际市场。应用上述细分过程，该企业将分六个步骤细分世界市场。

第一步：企业认为，应根据各国经济技术的发展水平和对电子计算机的需求来划分世界市场。

第二步：按照上述细分标准，可将世界电子计算机市场分成三个子市场。①需要简单、小型电子计算机（如第一代电子计算机）的市场；②需要中型电子计算机（如第二代电子计算机）的市场；③需要大型、复杂电子计算机的市场。

第三步：要满足第一个子市场，企业只要具备生产简单电子计算机的技术能力和生产能力即可；要满足第二个子市场，需要具备中等技术水平和生产能力；要满足第三个子市场，需要企业拥有生产现代大型电子计算机的尖端技术，有能力与国际商业机器公司等一流企业抗衡。

第四步：根据企业的资源条件，认为服务于第二个子市场最有利。

第五步：假设下述国家和地区属于第二子市场：韩国、印度、新加坡、中国香港、墨西哥、巴西、尼日利亚。为满足这些目标市场国家和地区的需求，公司可以在尼日利亚、巴西和韩国分别建立一个组装厂，其他国家和地区的需求可以通过从这三个国家进口而得到满足。

第六步：经过进一步调研，发现韩国比较缺乏科技人才，在韩国建厂难免出现效率低的现象。而印度的科技人才较多，可以把组装厂建在印度，再由印度向整个亚洲地区出口。

名词术语

国际市场环境　国际贸易调研　市场特征　国际市场细分

思考题

1. 影响企业开展国际贸易的因素主要有哪些？
2. 国际贸易决策者需要掌握哪些方面的信息？
3. 国际贸易调研的资料筛选分为哪些步骤？
4. 国际市场宏观细分的标准是什么？

即测即练

自学自测　扫描此码

第 4 章 国际商务谈判

本章学习目标：

1. 了解国际商务谈判的概念、形式与种类；
2. 理解商务谈判的重要性和谈判前的准备工作；
3. 熟悉商务谈判的基本方法、原则和策略；
4. 理解掌握国际商务谈判中询盘、发盘、还盘和接受四个基本程序的内容及条件；
5. 理解进出口合同生效的条件以及合同的形式与内容。

引导案例

首个区块链智能合约司法应用上线，新技术构筑网络诚信"智能防线"

2019年10月24日，区块链智能合约司法应用在杭州互联网法院上线，通过"自愿签约—自动履行—履行不能智能立案—智能审判—智能执行"的全流程闭环，实现网络数据和网络行为的全流程记录、全链路可信、全节点见证和全方位协作。

司法区块链解决了电子数据的认定难题，实现了电子数据在整个司法流程的可信流转。司法区块链智能合约则在解决了电子数据可信流转的基础上，切实化解网络空间协作难题，实现不同网络主体之间的可信协作，形成了嵌套部署、信用奖惩、多方协同、司法救济为一体的集合化功能体系。

本次司法区块链智能合约的应用，旨在通过司法治理机制设计和纠纷兜底处置，助推智能合约的执行效率，低成本高效率处理少数违约行为，减少人为因素干预和不可控因素干扰，打造互联网时代新的合同签署及履行形态，推动网络信用体系再造。

目前，大数据、区块链、人工智能、云计算等信息技术广泛应用于信用监管、电子商务等领域，并通过技术创新不断丰富网络诚信建设应用场景，织密"智能防线"，筑牢诚信基石，有效提高了网络空间的治理效率，有力推动了网络诚信的体系建设，让诚信逐步成为行走在网络空间里的通行证。

阅读以上案例，思考：
1. 什么是智能合约？
2. 相较于传统合同，智能合约在合同履行中有哪些优势？

4.1 国际商务谈判概述

4.1.1 国际商务谈判的概念

在社会生活中，人们之间的交往越来越频繁，需要处理的关系越来越复杂。于是，就需要一定的处理形式，谈判正是这种处理形式之一，而且已经渗透到了人类生活的各个领域。谈判就是指当事人为了实现一定的目标，而与实现目标的影响者就相互的权利和义务进行协商的过程。

商务谈判是指当事人为了完成某项交易或实现一定的经济目标，而与其他目标影响者就交易条件的达成进行协商的过程。它与一般谈判的区别就在于谈判的内容，商务谈判必须要达成一定的经济目标或某些交易条件。

国际商务谈判是指在国际商务活动中当事人为了达成某项交易或者实现一定的经济目标，而与其他目标影响者就交易条件的达成进行协商的过程。

4.1.2 国际商务谈判的特征

国际商务谈判既具有一般商务谈判的共性，又具有一定的特殊性。

国际商务谈判和一般商务谈判的共性主要体现在：①以经济利益为谈判的目的；②以经济利益作为谈判的主要评价指标；③以价格作为谈判的核心。

国际商务谈判的特殊性主要体现在：①谈判的内容广泛而复杂，涉及国际贸易、国际金融、国际保险、国际运输等一系列复杂的问题；②应按国际惯例行事；③影响谈判的因素复杂多样，人们的价值观念、思维方式、行为方式、语言及风俗习惯等各不相同，使得谈判的难度更大。

4.2 国际商务谈判的形式与种类

4.2.1 国际商务谈判的形式

国际商务谈判的形式主要有口头谈判形式、书面谈判形式和综合谈判形式。

口头谈判是双方的谈判人员在一起进行交谈协商的谈判形式。口头谈判的优点主要表现在：①双方可详尽地提出条件和各种不同的意见，便于考虑是否成交；②容易掌握谈判心理，争取对方，便于施展谈判技巧，等等。口头谈判的缺点主要表现在：①谈判期限较短，不能有更充分的时间考虑是否成交；②谈判人员的身份有时不易确定；③谈判的费用开支较大，如差旅费、招待费，等等。口头谈判形式主要适用于：①首次交易谈判；②长期谈判；③大宗交易谈判；④贵重商品谈判，等等。

书面谈判是谈判者之间通过信函、电报、电传等方式用文字进行的商谈。书面谈判的优点主要表现在：①双方有比较充足的时间考虑是否成交，利于决策；②利于把握合适的交易对象和机会；③双方容易将精力集中在交易条件的洽谈上，避免因谈判者的级别、身份不对等而影响谈判的开展和交易的达成；④节省谈判费用，等等。书面谈判的缺点主要表现在：①使用的文字较精练，甚至词不达意，容易引起争议和纠纷；②难以运用谈判的行为、语言技巧；③文件在传递中出现耽搁，往往会影响双方的联系，甚至会丧失交易时机，等等。书面谈判形式在国际商务谈判中使用得较为广泛。

综合谈判形式是谈判者同时以口头表达和文字说明的方式进行的谈判形式。这种形式兼具口头谈判形式和书面谈判形式的优点，是国际商务谈判活动中使用最为广泛的谈判形式。

4.2.2 国际商务谈判的种类

根据不同的分类标准，国际商务谈判可以分为以下不同的类型。

1. 个体谈判和集体谈判——谈判的人数规模不同

谈判各方只有一人参加的谈判为个体谈判；谈判各方都有多人参加的谈判为集体谈判。这种谈判分类的意义体现在谈判人员的选择、谈判的组织与管理等方面。

2. 双方谈判和多方谈判——谈判利益主体的数量不同

双方谈判是指只有两个利益主体参加谈判；多方谈判是指有两个以上的利益主体参加谈判。这种分类的意义在于利益关系协调的难易上。

3. 主场谈判、客场谈判和中立地谈判——谈判进行的地点不同

主场谈判是指对谈判的某一方来讲是在其所在地进行的谈判；相应地，对另一方来讲就是客场谈判。而中立地谈判是指在谈判双方所在地以外的地点进行的谈判。这种分类的意义是由于谈判地点使各方具有不同的身份，进而影响到谈判策略和战术的运用。

4. 让步型谈判、立场型谈判和原则型谈判——谈判各方采取的态度和方针不同

让步型谈判的态度和方针是把对方当作朋友，以让步的方式来达成协议以维护双方的关系。立场型谈判的态度和方针是把对方当作敌人，以强硬的立场来达成协议以获得更大的收益。原则型谈判的态度和方针是注意调和谈判各方的利益，以公平的标准设想各种使各方都有所获的方案来达成协议。这种分类的意义在于影响谈判策略和战术的运用。

5. 其他种类

如按谈判各方接触的方式不同可把谈判分为口头谈判和书面谈判；按谈判时间长短不同可把谈判分为短期谈判、中期谈判和长期谈判；按谈判的透明程度不同可把谈判分为公开谈判、半公开谈判和秘密谈判；等等。

值得注意的是，谈判的分类不能孤立地认识，谈判的分类标准是可以相互叠加的，对谈判分类的目的是突出某些特征，以便更好地把握谈判。

4.3 谈判准备

4.3.1 选择和了解谈判对象

1. 了解的内容

（1）了解谈判对象的合法资格。这主要体现在两个方面：一是谈判对象本身作为组织的组织资格，二是谈判对象人员的代表资格或签约资格。谈判对象组织的不同的法律性质对将来的责任是不同的，因此，我们必须搞清楚它是公司还是合伙企业，抑或是个人独资企业，是母公司还是子公司，抑或是分公司，我们还必须搞清楚对方的正确法定名称、注册地、主要营业地、国籍等。另外，我们还必须搞清楚对方谈判人员的代表资格，一个组织能够对外签约的只能是它的法定代表人或是其授权的人员，没有搞清楚对方人员是否有授权及其授权的权限、期限等，很可能使谈判的本方遭受损失。

（2）了解谈判对象的资信和履约能力。了解对方的资信和履约能力对将来合同的履行、谈判目标的实现都是至关重要的，否则也很可能给谈判的本方带来损失。

2. 了解的途径

（1）直接联系，要求对方提供有关的文件，如登记证明、资信证明、财务报表、授权委托书等。

（2）汇集和研读有关谈判对象的书面文字，如商品目录、报价单、单位介绍、相关交往的记录、个人的经历、著作、文章等。

（3）向曾与对方交过手的人进行调查。

（4）委托或雇用他人为自己提供所需要的资料。

4.3.2 分析谈判环境

1. 与谈判有关的环境

（1）有关政治、经济的形势，如会不会发生政局变动、两国关系是否紧张、国际经济形势的发展变化趋势、贸易管理措施等。

（2）有关目标市场的状况，如市场的需求总量、需求结构、需求的满足程度，产品的销售量、销售额、价格的变动情况以及市场的竞争情况等。

（3）有关法律、政策的规定，如有关国家的经济、金融和其他法律、法规、政治的相关规定。

值得注意的是，谈判内容不同，在收集资料的范围、深度、侧重点等方面应有所差别。

2. 资料的收集途径

与谈判有关的环境的资料可以从国内的有关单位或部门收集，也可以从国内在国外的机构及与本单位有联系的当地单位收集，还可以直接派员到对方国家进行考察和收集。

3. 收集资料的整理与分析

对收集来的资料要进行整理和分析，其目的有二：一是鉴别资料的真实性和可靠性。由于各种原因，资料的收集有时是片面的甚至是虚假的，只有对资料的真实可靠性进行鉴别才能进行正确的判断。二是在整理和分析资料的基础上，制订出具体的谈判方案与对策。

4.3.3 设定谈判目标，制订谈判计划

谈判计划是指导谈判人员进行谈判活动的纲领，在整个谈判活动中起着重要的作用。它的制订必须做到简明、具体、灵活。它的内容主要包括谈判目标、谈判议程、谈判策略等。

1. 谈判目标的确定

谈判目标是本方参加谈判的目的和标准。一般可分为三个层次：必须达到的目标、可以接受的目标和最高目标。必须达到的目标是最低目标，即使谈判没有达成，也不能不满足这一目标；可以接受的目标是在最低目标与最高目标之间的目标，谈判双方的讨价还价多在这一范围内开展；最高目标是本方在谈判中所追求的最理想的目标，如果要求超过这个目标，往往要冒使谈判破裂的危险。确定了谈判目标，谈判人员就有了明确的努力方向。

2. 谈判议程的安排

谈判议程的安排主要是说明谈判时间、地点的安排和双方就哪些内容展开谈判。

1）谈判时间的安排

谈判时间的安排是否恰当有时会对谈判结果产生很大的影响，谈判者应对选择和安排谈判时间给予足够的重视。一般在安排或选择谈判时间时要考虑以下几个因素：谈判的准备状况、谈判人员的身体和情绪状况、谈判的时机、谈判对方的情况等。

2）谈判地点的安排

谈判地点的确定也会影响谈判中的战术运用，因为主场谈判、客场谈判和中立地谈判各有利弊。在选择和安排谈判地时通常要考虑：谈判双方的实力对比、可选择的地点多少和特色、谈判双方的关系、谈判费用的支出等。

3）谈判议题的确定

凡是与本次谈判有关的、需要双方展开讨论的问题，都可以成为谈判的议题。谈判者应将与本次谈判有关的问题罗列出来，然后再根据实际情况，确定应重点解决的问题。安排谈判议题的先后顺序及每个问题讨论的时间长短很具有技巧性，可以说安排谈判议题本身就是一种谈判技巧，因此，谈判者在接到对方对谈判议题的安排方案时，要认真检查议题的安排是否合理，如果发现不妥之处，就应该提出异议，及时要求修改。

3. 谈判策略的选择

谈判策略的确定应建立在对谈判双方实力及其影响因素的细致而认真的研究和分析之上。谈判前，谈判者可组织有关人员根据本次谈判的具体外部环境、双方的具体情况以

及对对方在谈判中有可能提出的条件或建议进行讨论，并根据不同的情况选择相应的谈判策略。

4.3.4 组织谈判人员

1. 谈判人员的配备

在选择谈判人员时，应当考虑其道德品质、业务能力和心理素质，以最优的谈判个体构成谈判群体。

根据谈判的规模和复杂程度、谈判人员的自身素质、谈判时间和效率的要求等，组织适度规模的谈判群体。英国谈判专家比尔·斯科特提出，谈判班子以 4 个人为最佳，最多不能超过 12 个人，这是由谈判效率、对谈判组织的管理、谈判所需专业知识的范围和对谈判组织成员调换的要求决定的。

2. 谈判人员之间的分工

谈判人员在谈判中应该在主谈人的指挥下，互相密切配合，既要根据谈判的内容和个人的专长进行适当的分工，明确谈判人员的职责，又要在谈判中按照既定的方案彼此呼应，形成目标一致的谈判统一体。

谈判的陪谈人包括技术、法律、商务、财务、金融等方面的职能专家和记录人员，他们应当配合主谈人完成谈判任务。当然，随着谈判过程的变化，这些职能专家也可能成为某一方面问题的主谈人。

值得注意的是，谈判人员的相互配合，不仅在谈判桌上，在其他场合也一样需要。为了完成谈判任务，任何场合都需要谈判人员的相互配合。

4.4 谈判中的沟通

4.4.1 谈判的沟通过程

沟通是人们之间的一种分享信息的过程。谈判沟通是谈判者之间在谈判中的信息交换和信息共享的过程。在商务谈判中沟通是具有说服性的，一方有意识地传播有说服力的信息，从而试图有效地影响对方的行为和态度。在沟通过程中，涉及四个要素：传播关系、传播行为、传播符号和传播媒介。

1. 传播关系

由于有共同的兴趣、利益和需要，谈判的参与者就构成了谈判沟通过程中的传播关系。这种关系是一种直接的交流关系，谈判的参与者共享交流的信息，随着信息交流的进行，谈判的参与者对谈判利益的认识越来越接近，就有可能使谈判成功。

2. 传播行为

传播行为就是谈判者的整体行为。谈判者赋予信息以某种表现方式，语言的或非语言的方式，传递给其他的谈判参与者。

3. 传播符号

传播符号包括语言传播符号和非语言传播符号，它可以是语言、文字、图片，也可以是非语言的表情、姿态、动作以及其他可以凭各种感官所能感受到的东西。

4. 传播媒介

传播媒介是传播关系中的信息传播途径，可以分为大众传播媒介和个人间的传播渠道两种形式。在谈判中，谈判的参与者往往通过面对面的直接接触来进行信息的传递和交换，因此，个人间的传播渠道是谈判沟通中的主要传播渠道。

4.4.2 谈判中的语言沟通

1. 谈判语言的类型

谈判语言是多种应用语言的复合体，主要包括交际语言、专业语言、文学语言等。

1）交际语言

谈判活动实际上是人际交往行为之一，交际语言可以说是一种典型的谈判语言。它在谈判沟通中不涉及谈判实质性信息的传递，而只是表达谈判中的人际交往内容，因而它在表达中具有礼貌性、圆滑性、缓冲性等特点。谈判者必须使自己的语言表达文明礼貌、言辞得体，这样会使谈判各方处于一种尽可能友善的气氛中，容易使谈判成功；反过来，谈判中出言不逊、恶语伤人，则会引起谈判各方的不满和反感，从而会给谈判带来困难，甚至导致谈判破裂。

2）专业语言

专业语言是谈判语言中的主体语言，它在谈判者间传递谈判实质性的信息，具有专业性、规范性、严谨性、刻板性等特点。为使谈判各方的权利和义务确实落实、确保执行，只能用专业语言。

3）文学语言

它是谈判语言中的一种修饰语言，具有优雅、诙谐、生动、富有感染力等特点。文学语言一方面可以弥补专业语言刻板、生硬、单调的不足；另一方面又可以增强专业语言的说服力，使谈判进行得更为顺利。

2. 谈判语言的运用

谈判语言的运用必须考虑以下几个方面。

1）对象

谈判对象不同，谈判者运用的语言也应不同。根据职位高的与职位低的、年长的与年轻的、性格内向的与性格外向的、态度友好的与态度冷漠的等区别，要使用不同的谈判语言，做到有的放矢。

2）话题

谈判的整个过程是各种交谈内容的综合，因此，在谈判的不同阶段，针对不同的话题就应该运用不同的语言，该用交际语言的就用交际语言，该用专业语言的就用专业语言，这样才可能言辞切题。

3）气氛

谈判者应该把握各种谈判气氛，正确运用谈判语言以争取谈判过程的主动。根据不同的谈判气氛，谈判者应该考虑运用不同的谈判语言。

4）双方关系

在谈判中，谈判者以专业语言来明确各方的权利和义务，用交际语言或文学语言来维持和发展双方的关系，从而使双方由不熟悉转变为熟悉，进而向友好过渡。

5）时机

谈判语言的运用很讲究时机，时机是否选择得当，直接影响谈判语言的运用效果。

4.4.3 谈判中的非语言沟通

1. 非语言沟通的作用

非语言沟通是以非语言的符号传播谈判信息的过程。在传播学中，非语言符号是指语言、文字、图画以外的可以通过视觉、听觉、触觉、嗅觉感觉到的姿态、音容、笑貌、气味、颜色等概念的总称。有的时候，非语言符号能传送出比语言符号更为丰富、准确的信息。商务谈判沟通过程中的传播符号可以是语言也可以是非语言的。非语言符号在商务谈判沟通中有着不可或缺的作用，并且相当大部分的信息或含义是通过非语言传递的。非语言符号的作用主要体现在以下几方面。

（1）补充作用。它可以加强、扩大语言符号传播的信息。在谈判中，非语言符号伴随着语言的运用在不同程度上起着补充语言传送、扩大语言传送效果的作用。

（2）代替作用。当语言难以传递谈判者的观点或意图时，非语言符号的传递往往可以取得非常好的效果。

（3）否定作用。非语言符号可以否定语言符号传播的信息，传送出与语言符号完全不一致的含义。

2. 非语言沟通中的传播符号

谈判沟通中的非语言符号的主要形式有默语符号、体语符号、类语言符号、空间符号等。

（1）默语符号是词项或句子之间的间隙、停顿，也就是停顿语。适时、恰当地运用默语，可以使最简单的传播形式表达出含义丰富的内容。

（2）体语符号是通过个体的动作、表情、姿态、服饰等传播信息的非语言符号。体语符号主要有手语、手势语、目光语、表情语、身态语、道具语等。体语符号是深入了解个体个性和心理状态的有效途径。

（3）类语言符号是指有声而无固定语义的非语言符号，其表现形式主要有语调、重音等。类语言符号可以使语言符号传递的信息更为丰富。

（4）空间符号是以谈判空间环境及空间环境的变化传播信息的非语言符号。它可以表现为社会空间环境、谈判空间环境、谈判个体存在环境。

3. 非语言沟通在谈判中的运用

非语言沟通在谈判中的运用主要表现在两方面：一是本方有意识地利用其传递相应的信息，二是解读对方的非语言符号的意义。在解读时应特别注意非语言符号产生的特定的环境和背景。离开特定的环境或背景，非语言符号将由于缺乏具体的、确定的含义而呈现出无穷无尽的内容，而使非语言沟通难以进行。

4.5 进出口谈判与合同签订

4.5.1 交易磋商

交易磋商（business negotiation）是买卖双方就买卖商品的有关条件进行协商以期达成交易的过程。在国际贸易中，买卖双方通过彼此磋商，就各项交易条件取得一致协议后，交易即告达成，买卖合同就算成立，买卖双方即存在合同关系。因此，交易磋商直接关系到交易双方能否顺利履行合同，关系到双方的经济利益，是国际贸易中最重要的环节之一。

交易磋商主要涉及询价、发价、还价和接受四个环节。其中发价和接受是每笔交易不可少的两个基本环节。

1. 询价

询价也称作询盘（inquiry），是邀请发价（invitation to offer）最常见的一种。邀请发价是指交易一方向对方询问交易的有关条件，或就该项交易提出带有保留条件的建议。询价是一方为了试探对方对交易的诚意和了解其对交易条件的意见，其内容可以涉及价格、规格、品质、数量、包装、交货期限以及索取样品、商品目录等，而多数是询问价格，所以通常将询盘称作询价。询价可由希望交易的任何一方提出，其形式可以是口头形式，也可以是书面形式。询价对提出方来说是不具有法律约束力的，也不是每笔业务的必经程序，它只是起到邀请对方发价的作用。

2. 发价

1）发价的定义及构成发价的条件

发价（offer）是指交易一方向另一方提出购买或出售商品的各项交易条件，并表示愿意按这些条件与对方达成协议、订立合同的行为。提出发价的一方称为发价人，对方称为受价人。发价既可以以口头方式作出，也可以以书面方式或其他方式作出。

发价既是商业行为，又是法律行为，在合同法中称之为要约。发价可以是应对方的邀请发价作出的答复，也可以是在没有邀请的情况下直接发出。

根据《联合国国际货物销售合同公约》（以下简称《公约》）第 14 条第 1 款的规定："向一个或一个以上特定的人提出的订立合同的建议，如果十分确定并且表明发价人在得到接受时承受约束的意旨，即构成发价。一个建议如果写明货物并且明示或暗示地规定数量和价格，或者规定如何确定数量和价格，即为十分确定。"第15条第1款规定："发价于送达受价人时生效。"

从上述规定来看，构成一项有效的发价应具备以下四个条件。

（1）发价应向一个或一个以上特定的人提出。所谓"特定的人"，是指有名称的公司或有名有姓的个人。发价必须指定可以表示接受的受价人。受价人可以是一个，也可以指定多个。不指定受价人的发价，应视为发价的邀请。

（2）发价内容必须十分确定。所谓十分确定，是指在提出的订约建议中，至少应包括三个基本要素：货物、数量和价格。在规定数量和价格时，可以明示，也可以暗示，还可以只规定确定数量和价格的方法。

（3）发价应表明订约的意旨。发价必须表明严肃的订约意思，即发价应该表明发价人在得到接受时，将按发价条件承担与受价人订立合同的法律责任。发价只是订立合同的建议，如果根本没有"承受约束"的意思，就不能被认为是一项发价。例如在订约建议中加注"仅供参考""以……确认为准"等保留条件，都不是一项发价，只是邀请对方发价。

（4）发价应传达到受价人。发价只有被送达受价人时才生效。

2）发价的有效期

在国际货物买卖中，凡是发价都有有效期。发价人对发价有效期可以作出明确规定，也可做不明确规定。如果发价规定有效期，则该有效期从发价传达到受价人开始，到规定的有效期届满为止；如果发价没有规定有效期，则有效期在按法律规定的合理时间内有效。

在实际业务中，明确规定有效期的方法主要有下列几种。

（1）规定最迟接受期限。例如，"发价限10月15日复"。由于买卖双方所在地的时间大多存在差异，所以发价中应明确以何方时间为准。

（2）规定一段接受的期限。例如："发价3天有效""发价5天内复"。这种方法有一个如何计算"一段时间"的起讫时间问题。《公约》规定：采用函电成交时，如发价中规定了接受的具体期限，则这个期限应从电报发交时刻或信上载明的发信日期起算。如信上未载明发信日期，则从信封所载日期起算。采用电报、电传发价时，则从发价送达受价人时起算。如果期限的最后一天在发价人营业地是正式假日或非营业日，则应顺延至下一个营业日。

3）发价的撤回和撤销

《公约》第15条对发价生效时间做了明确规定："发价于送达受价人时生效。"那么，发价在送达受价人之前，如发价人改变主意，或情况发生变化，就必然会产生发价的撤回和撤销的问题。

在法律上，"撤回"和"撤销"属于两个不同的概念。撤回是指在发价尚未生效时，发价人采取行动阻止它的生效。而撤销是指发价已生效后，发价人以一定方式解除发价的效力。

《公约》第15条第2款规定："一项发价即使是不可撤销的，也可以撤回，只要撤回的通知在发价到达受价人之前或同时到达受价人。"

根据《公约》的规定，发价可以撤销，其条件是：发价人撤销的通知必须在受价人发出接受通知之前传达到受价人。但是，在下列情况下，发价不能再撤销：

（1）发价中注明了有效期，或以其他方式表示发价是不可撤销的。

（2）受价人有理由信赖该发价是不可撤销的，并且已本着对该发价的信赖行事。

这一款规定了不可撤销的两种情况：一是发价人规定了有效期，即在有效期内不能撤销。如果没有规定有效期，但以其他方式表示发价不可撤销，如在发价中使用了"不可撤销"字样，那么在合理时间内也不能撤销。二是受价人有理由信赖该发价是不可撤销的，并采取了一定的行动。

4）发价的失效

关于发价失效问题，《公约》第17条规定："一项发价，即使是不可撤销的，于拒绝通知送达发价人时终止。"这就是说，当受价人不接受发价的内容，并将拒绝的通知送到发价人手中时，原发价就失去效力，发价人不再受其约束。

此外，在贸易实务中还有以下几种情况造成发价的失效。

（1）受价人作出还价。

（2）发价人在受价人接受之前撤销该发价。

（3）发价中规定的有效期届满。

（4）其他方面的问题造成发价失效。这包括政府发布禁令或限制措施造成发价失效。另外，还包括发价人死亡、法人破产等特殊情况。

3. 还价

还价（counter offer）是指受价人不同意或不完全同意发价人在发价中提出的条件，而对发价提出修改意见。它可以用口头方式或者书面方式作出，一般与发价采用的方式相符。它可以针对价格，也可以针对品质、数量、履行期限、地点及方式等交易条件提出修改意见。从法律上讲，还价并非交易磋商的必经程序，但在实际谈判中，还价的情形还是很多的，有时一项交易须经多次还价，才最终达成协议、订立合同。

需要注意的是，还价是对发价的拒绝，还价一经作出，原发价即失去效力，发价人不再受原发价的约束。一项还价等于是受价人向原发价人提出的一项新的发价。还价作出后，还价的一方与原发价的发价人在地位上发生了变化，还价者由原来的受价人变成新发价的发价人，而原发价的发价人则变成了新发价的受价人。新受价人有权针对还价的内容进行考虑决定对还价是接受，还是拒绝，或者是再还价。

4. 接受

1）接受的定义及构成接受的条件

接受（acceptance）是指受价人接到对方的发价或还价后，同意对方提出的条件，愿意与对方达成交易，并及时以声明或行为表示出来，这在法律上称作承诺。接受在法律上产生的重要后果是合同成立。

按《公约》规定，一项有效的接受应符合下列条件。

（1）接受必须由特定的受价人作出。发价是向特定的受价人作出的，因此，只有发价中所指明的特定的受价人才能对发价表示接受。第三者作出的接受，只能视作一项新的发价。

（2）接受必须表示出来。接受的表示有两种方式：①用"声明"来表示。即受价人用口头或书面形式向发价人表示同意发价的内容，这是国际贸易中最常用的表示方法。②用行为来表示。用行为来表示接受通常是指由卖方发运货物或买方支付价款（包括汇付货款和开立信用证）来表示，也可以作出其他行为来表示，如开始生产所买卖的货物、为发价采购有关货物等。但这种表示接受的方式是根据该发价的要求或依照当事人之间确立的习惯做法而行事的，而且该行为必须在发价明确规定的有效期之内或在合理时间内（如果发价未规定有效期）才有效。缄默或不行动不构成接受。

（3）接受的内容必须与发价的内容相符。根据《公约》规定，一项有效的接受必须是同意发价所提出的交易条件，只接受部分条件，或对发价条件提出实质性修改，或提出有条件的接受，均不能构成有效接受，而只能视作还价。但在实际业务中，为了促进国际贸易的发展，适应现代商业的需要，尽量促使交易的达成，不要因为受价人在接受时所作出的一些添加、限制或更改而影响合同的成立，《公约》将接受中对发价条件的变更分为实质性变更（material alteration）和非实质性变更（non-material alteration）两类。对有关货物的价格、付款、货物质量和数量、交货时间和地点、一方当事人对另一方当事人赔偿责任范围或解决争端等的添加、限制或修改均为实质性变更发价的条件。实质性变更是对发价的拒绝，构成还价，因而接受无效，合同不成立。如果增加或变更的条件不属于上述内容的变更之列，则视为非实质性变更。附有这类非实质性变更的接受，除非发价人及时向受价人表示反对，否则，仍构成有效接受，合同成立。

（4）接受必须在发价有效期内送达发价人。发价中通常都有有效期，受价人必须在发价规定的有效期内作出接受的表示并送达发价人，才具有法律效力。若发价未规定有效期，则受价人必须在合理的时间内表示接受。

2）接受生效的时间

接受生效的时间是一种法律行为，这种法律行为何时生效，各国法律有不同的规定。英美法采用投邮生效的原则，即接受通知一经投邮或发出，接受立即生效。只要发出的时间在有效期内，即使接受的函电在邮途中延误或遗失，也不影响合同的成立。大陆法采用到达生效的原则，即接受通知必须到达发价人时才生效，如果表示接受的函电在邮途中延误或遗失，合同就不能成立。《公约》采纳的是到达生效的原则。《公约》明确规定接受必须送达发价人时生效。如果接受通知未在发价规定的时限内送达发价人，或者发价没有规定时限，而在合理时间内未送达发价人，接受则为无效。对口头发价必须立即接受，但情况有别者不在此限。

3）逾期接受

超过发价的有效期才到达的接受，为逾期接受。一般情况下逾期接受无效，应视为一项发价。但《公约》规定，如果发价人毫不迟延地用口头或书面通知受价人，确认该接受有效，则该逾期接受仍有接受的效力，也即合同于接受通知书到达时生效，而不是受价人收到确认通知后才生效。

如果接受的逾期是由于传递不正常而造成的，载有接受的信件和其他书面文件表明，如果传递正常，它本应在有效期内送达。对于这种逾期接受，除非发价人毫不迟延地通知受价人，发价因逾期而失效，否则该接受有效，合同于该接受到达时成立。

4）接受的撤回和修改

在接受送达发价人之前，受价人将撤回或修改接受的通知送达发价人，或两者同时送达，则接受可以撤回或修改。

接受一旦送达，即告生效，合同成立，受价人无权单方面撤销或修改其内容。

4.5.2 进出口合同的签订

1. 合同生效的条件

交易一方的发价一经对方有效接受，合同即告成立。根据各国合同法规定，一项合同，在买卖双方就交易条件通过发价和接受达成协议后，还需具备以下要件，才是一项有效的合同，才能得到法律上的保护。

1）合同当事人订立合同时必须有订立合同的行为能力

签订买卖合同的当事人主要为自然人或法人。按各国法律的一般规定，自然人签订合同的行为能力是指精神正常、有完全民事行为能力的人有订立合同的资格和能力；未成年人、精神病人订立的合同须受到限制。法人具有就其生产经营和业务范围内的签约行为能力，即越权的合同无效。

2）合同当事人意思表示真实

所谓意思表示，是指向外部表明愿意发生一定法律效果的意思的行为。意思表示真实是构成有效合同的先决条件之一。一方采取强制、威胁、暴力、诈骗手段，迫使对方就范，订立的合同在法律上是无效的。

3）合同必须有对价和合法的约因

国际货物买卖是互为有偿的交换，英美法系称之为"对价"（consideration），法国法称之为"约因"（cause）。"对价"是指当事人为了取得合同利益所付出的代价；"约因"是指当事人签订合同所追求的直接目的。在合同中一方所享有的权利，以另一方所负有的义务为基础，双方应互有权利和义务。卖方交付货物，买方受领货物并支付货款，如其中任何一方不按合同履行责任和义务，都负有向对方赔偿损失的责任。

4）合同的标的和内容必须合法

几乎所有国家的法律都要求当事人所订立的合同必须合法，并规定凡是违反法律、违反公共秩序或公共政策以及违反善良风俗或道德的合同，一律无效。

5）合同的形式必须符合法律规定的要求

各国法律对合同成立的形式要求不同。《公约》对国际货物买卖合同的形式，原则上不加以限制，无论是采用书面方式还是口头方式，均不影响合同的效力。我国在核准公约时做了保留，坚持订立国际货物买卖合同必须采用书面形式。

2. 合同的形式

我国合同法对于合同形式允许当事人采取口头、书面形式或法律许可的其他形式，但法律法规或当事人要求采用书面形式的应当采用书面形式。在进出口贸易中，无论是商品贸易，还是技术或服务贸易，我国法律一般都要求采用书面形式。

书面形式包括合同书、信件以及数据电文[如电报、电传、传真、电子数据交换（EDI）和电子邮件]等可以有形地表现所载内容的形式。采用书面形式订立的合同，既可以作为合同成立的证据，也可以作为履行合同的依据，还有利于加强合同当事人的责任心，使其依约行事。即使履约中发生纠纷，也便于举证和分清责任，故书面合同成为合同的一种主要形式。鉴于采用书面形式订立合同有许多好处，故有些国家的法律或行政法规甚至明文规定必须采用书面形式。

关于书面合同的名称，并无统一规定，其格式的繁简也不一致。在我国进出口贸易实践中，书面合同的形式包括合同（contract）、确认书（confirmation）、协议书（agreement）和备忘录（memorandum）等。其中以采用"合同"和"确认书"两种形式的居多。从法律效力来看，这两种形式的书面合同没有区别，只是格式和内容的繁简有所差异，合同又可分为销售合同（sales contract）和购买合同（purchase contract）。确认书是合同的简化形式，它又分为销售确认书（sales confirmation）和购买确认书（purchase confirmation）。

在我国对外贸易业务中，合同或确认书通常一式两份，由双方合法代表分别签字后各执一份，作为合同订立的证据和履行合同的依据。

3. 合同的内容

书面合同不论采取何种格式，其基本内容通常包括约首、基本条款和约尾三个组成部分。

1）约首部分

约首部分一般包括合同名称、合同编号、缔约双方名称和地址、电报挂号、电传号码等项内容。

2）基本条款

这是合同的主体，包括品名、品质规格、数量或重量、包装、价格、交货条件、运输、保险、支付、检验、索赔、不可抗力和仲裁等项内容。商定合同，主要是就这些基本条款如何规定进行磋商，达成一致意见。

3）约尾部分

约尾部分一般包括订约日期、订约地点和双方当事人签字等项内容。

为了提高履约率，在规定合同内容时应考虑周全，力求使合同中的条款明确、具体、严密和相互衔接，且与磋商的内容一致，以利合同的履行。

4.6 区块链技术应用

传统合同往往存在着被篡改、删除、伪造、泄露等问题，且当合同文件被破坏修改时难以复原，要想保证合同存证的安全和真实有效性，仍有许多问题亟待解决（图4-1）。

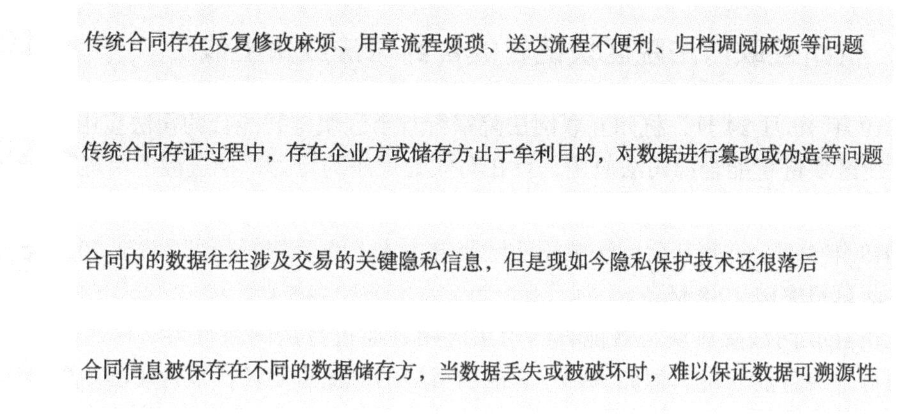

传统合同存在反复修改麻烦、用章流程烦琐、送达流程不便利、归档调阅麻烦等问题

传统合同存证过程中，存在企业方或储存方出于牟利目的，对数据进行篡改或伪造等问题

合同内的数据往往涉及交易的关键隐私信息，但是现如今隐私保护技术还很落后

合同信息被保存在不同的数据储存方，当数据丢失或被破坏时，难以保证数据可溯源性

图 4-1　传统合同问题

区块链数据具有不可删除和篡改的特性，在链上完成合同存证，为用户提供保真和溯源的功能，解决传统合同存证业务中安全性差、真实有效性低等痛点。具体优势体现在以下几个方面。

第一，全流程电子合同服务。提供实名认证、意愿认证、合同签订、电子签名和文档存证等全流程电子合同服务，提高签署效率，降低签署成本。

第二，存证同步，无法篡改。合同文件通过哈希值运算后在链上存证，一旦存证将同步到各联盟节点，无法篡改和伪造，增强了数据的可信度。

第三，去中心化，安全稳定。依托区块链去中心化的技术特性，存证服务高度去中心化，没有中心存储方，能够确保存证服务的安全与稳定。

第四，分布式存储，可溯源。合同文件在加密后将在链上进行分布式存储和容灾备份，即使被破坏或删除，也可溯源，提升数据的安全等级。

4.6.1　杭州互联网法院司法区块链正式上线运行

2018 年 9 月 18 日，杭州互联网法院宣布司法区块链正式上线运行，成为全国首家应用区块链技术定纷止争的法院。司法区块链让电子数据的生成、存储、传播和使用的全流程可信。

该区块链由以下三层结构组成。

一是区块链程序，用户可以直接通过程序将操作行为全流程记录于区块链，比如在线提交电子合同、维权过程、服务流程明细等电子证据。

二是区块链的全链路能力层，主要提供实名认证、电子签名、时间戳、数据存证及区块链全流程的可信服务。

三是司法联盟层，使用区块链技术将公证处、CA/RA（证书授权中心/数字证书注册中心）机构、司法鉴定中心以及法院连接在一起，形成联盟链，每个单位成为链上节点。

通过整体的完整结构，能够解决互联网上电子数据全生命周期的生成、存储、传播、使用，特别是生成端的全流程可信问题。

第 4 章　国际商务谈判

4.6.2　杭州互联网法院区块链智能合约司法应用上线

2019年10月24日，杭州互联网法院举行首个区块链智能合约司法应用新闻发布会，正式上线区块链智能合约司法应用，旨在高效处理违约行为，推进溯源治理，再造网络空间诚信。

2018年9月，杭州互联网法院司法区块链正式上线后不断升级，截至2019年10月22日，存证总量突破19.8亿条。

杭州互联网法院区块链智能合约司法应用，通过打造网络行为"自愿签约—自动履行—履行不能智能立案—智能审判—智能执行"的全流程闭环，设计司法治理机制和纠纷兜底处置助推智能合约的执行效率，高效处理少数违约行为，减少人为因素干预和不可控因素干扰，构建互联网时代下新的契约签署及履行形态，真正实现了网络数据和网络行为的全流程记录、全链路可信、全节点见证、全方位协作。

作为司法区块链的"2.0版"，智能合约是以数字形式定义能够自动执行合同条款的合约，实现了从生成智能合约、完成实人认证并签约、合同原文及智能合约上传至司法区块链、智能合约自动运行、合约无法执行后转入多元调解流程、纳入信用联合奖惩机制、立案、审判、执行的全流程智能化，形成了集嵌套部署、信用奖惩、多方协同、司法救济于一体的集合化功能体系。

以合同的履行为例，传统合同是由买家和卖家协商、签约的，它的履行依托当事人的个人信用，如果一方违约，另一方需花费大量时间和精力维权。而智能合约则把合同的条款编制成一套计算机代码，在交易各方签署后自动运行，合同各方所有的协商、签署、履行、纠纷等过程都将一字不漏且无法篡改地被记录在司法区块链。一旦当事人违约，将由调解机构介入进行纠纷多元调解程序，相关数据将进入司法区块链存证，若调解不成则在诉讼阶段推送至互联网法院诉讼平台。

目前，区块链智能合约司法应用已在部分网络购物合同里试点，下一步将努力实现在互联网法院集中管辖的范围内部署应用。

名词术语

国际商务谈判　询价　发价　还价　接受　合同　智能合约

思考题

1. 国际商务谈判的特征是什么？
2. 国际商务谈判的基本程序主要包括哪些环节？
3. 什么是发价的撤回与撤销？
4. 什么是接受？一项有效接受应具备哪些条件？
5. 相较于传统合同，智能合约在合同履行中有哪些优势？

即测即练

扫描此码 自学自测 练4

第 5 章 跨境电商

本章学习目标：

1. 知道跨境电商的定义、特征、分类和主要的跨境电商模式含义与代表平台；
2. 理解跨境电商交易基本流程；
3. 掌握主要的跨境电商平台——阿里巴巴国际站、亚马逊、敦煌网的注册规则、发布规则、交易规则、放款规则、评价规则和售后规则；
4. 熟悉出口时代与设备时代跨境电商平台模式和主要特点。

引导案例

蚂蚁区块链合同正式发布，"链签约"时代全面开启

合同服务经历了第一代纸质合同、第二代电子合同，正加速进入第三代合同——区块链合同，并将由此带来一种新型的企业签约方式——链签约。在链签约时代，合同更智能、合作更可信、商业更良性。2020年5月18日，蚂蚁区块链面向中小企业正式推出区块链合同服务，全面开启链签约时代。即日起，中小企业可使用蚂蚁区块链进行签约，实现数字化转型升级，助推复工复产。阿里巴巴宣布率先践行链签约，将在越来越多的对外合作中使用区块链合同进行签约，助推更具信任性的新契约商业。

蚂蚁区块链合同在区块链中设计和实现，继承了区块链的属性：合同签署后无法被篡改，也不会丢失；e签宝智能签约平台和区块链身份认证技术，杜绝了困扰百万企业的"萝卜章"问题。

在疫情后的复工复产中，中小企业对数字化合同需求成倍增长，但大多数企业还在使用没有完全电子化的电子合同，打印、盖章，这些传统流程一个也没有少。蚂蚁区块链将合同全生命周期在链上完成：链上签约、管理和履约。区块链合同和传统法律合同一样，但它由区块链中的程序来运行，相当于在合同里安装上一个自动化程序，让合同变得智能和可信。

目前蚂蚁区块链合同已在中小企业的人事、采购、租赁和金融合同等场景中落地应用，帮助百万企业实现办公数字化，共享数字经济红利。杭州住房保障局率先支持链上签约购房。一名受疫情影响无法从国外回来的用户通过链上签约完成了房产购买。租赁平台——

八戒租使用蚂蚁区块链合同后，合同管理成本下降 65%，业务转化率提升 600%，坏账率大幅降低。

阅读以上案例，思考：
1. 什么是区块链合同？
2. 蚂蚁区块链合同有哪些特点？

5.1 跨境电商概述

5.1.1 跨境电商的定义

跨境电商，是电子商务应用过程中一种较为高级的形式，是指不同国别或地区间的交易双方通过互联网及其相关信息平台实现交易。实际上就是把传统国际贸易加以网络化、电子化的新型贸易方式。跨境电商以电子技术和物流为手段，以商务为核心，把原来传统的销售、购物渠道转移到互联网上，打破国家与地区间的壁垒。生产厂商借助跨境电商实现了全球化、网络化、无形化、个性化、一体化服务。

海关总署公告 2014 年第 12 号《关于增列海关监管方式代码的公告》：增列海关监管方式代码"9610"，全称"跨境贸易电子商务"，简称"电子商务"，适用于境内个人或电子商务企业通过电子商务交易平台实现交易，并采用"清单核放、汇总申报"模式办理通关手续的电子商务零售进出口商品（通过海关特殊监管区域或保税监管场所一线的电子商务零售进出口商品除外）。

海关总署公告 2014 年第 57 号《关于增列海关监管方式代码的公告》：增列海关监管方式代码"1210"，全称"保税跨境贸易电子商务"，简称"保税电商"。适用于境内个人或电子商务企业在经海关认可的电子商务平台实现跨境交易，并通过海关特殊监管区域或保税监管场所进出的电子商务零售进出境商品[海关特殊监管区域、保税监管场所与境内区外（场所外）之间通过电子商务平台交易的零售进出口商品不适用该监管方式]。

海关总署公告 2016 年第 75 号《关于增列海关监管方式代码的公告》：增列海关监管方式代码"1239"，全称"保税跨境贸易电子商务 A"，简称"保税电商 A"。适用于境内电子商务企业通过海关特殊监管区域或保税物流中心（B 型）一线进境的跨境电商零售进口商品。国内 15 个试点城市，以及 2019 年新设的 22 个跨境电商综合试验区的城市，暂不适用"1239"监管方式开展跨境电子商务零售进口业务。

海关总署公告 2020 年第 75 号《关于开展跨境电子商务企业对企业出口监管试点的公告》：增列海关监管方式代码"9710"，全称"跨境电子商务企业对企业直接出口"，简称"跨境电商 B2B 直接出口"。适用于跨境电商 B2B（企业对企业）直接出口的货物。海关报关单位注册登记管理有关规定，向所在地海关办理注册登记。增列海关监管方式代码"9810"，全称"跨境电子商务出口海外仓"，简称"跨境电商出口海外仓"。适用于跨境电商出口海外仓的货物。

5.1.2 跨境电商特征

跨境电商作为新型的贸易模式，融合了国际贸易和电子商务两方面的特点，具有以下三个明显的基本特征：一是渠道上的现代性，即以现代信息技术和网络渠道为交易途径；二是空间上的国际性，即一个经济体成员境内向另一个经济体成员境内提供的贸易活动；三是方式上的数字化，即以无纸化为主要交易方式。

具体来讲，跨境电商具有以下特征。

1. 全球化

跨境电商依附于跨关税区域的网络，具有全球性和非中心化的特征。参加跨境贸易的各方通过网络在全世界范围内进行贸易，涉及有关交易的各方系统包括双方国家进出口公司系统、海关系统、银行金融系统、税务系统、运输系统、保险系统等。由于跨境电商基于虚拟的网络空间展开，互联网用户不需要考虑跨越国界就可以把产品尤其是高附加值产品和服务提交到市场；消费者不需太关注制造商所在地，只需接入互联网就可以实现交易。

2. 信息化

跨境电商以现代信息技术和网络渠道为交易途径，主要采用无纸化操作的方式。计算机通信记录取代了一系列的纸质文件，交易双方整个信息发送和接收过程实现了无纸化。为使无纸化贸易顺利进行及保障买卖双方的利益，拥有高效、安全的信息系统是重中之重。以跨境电商物流信息化为例，对跨境电商物流活动而言，物流信息承担着类似神经细胞的作用。跨境电商物流信息化是跨境电商企业（平台）通过采用电子数据交换技术、条码技术、射频识别技术、全球卫星定位系统（GPS）、地理信息系统（GIS）等现代信息技术把资源整合起来，提高整个供应链对市场的反应能力，从而为客户提供高效率、高水平的服务。

3. 复杂化

跨境电商具有更大的复杂性，主要表现在：一是信息流、资金流、物流等多种要素流动需紧密结合，任何一方面的不足或衔接不好，都会阻碍整体商务活动的完成；二是流程繁杂且不完善，国际贸易通常具有非常复杂的流程，牵涉到海关、检疫检验、外汇、税收、货运等多个环节，而电子商务作为新兴交易方式，在通关、支付、税收等领域的法规目前还不太完善；三是风险触发因素较多，容易受到国际经济政治宏观环境和各国政策的影响，需应对政治风险、市场汇率风险、维权风险、知识产权纠纷风险等。

5.1.3 跨境电商分类

基于不同的维度，跨境电商可以分成以下几类。

1. 按跨境物流的商品流通方向分类

按跨境物流的商品流通方向，跨境电商可以分为出口跨境电商和进口跨境电商。

1）出口跨境电商

出口跨境电商是国外买家访问国内商家的网店，然后下单购买，并完成支付，由国内的商家发国际物流至国外买家。

出口跨境电商其实起步相对比较早。例如 eBay、Amazon，国内的阿里巴巴国际站、敦煌网、DX、兰亭集势等，不管是国内还是国外，不管是 B2B 还是 B2C（企业对消费者），早在 20 世纪 90 年代就开始了。

出口跨境电商背靠传统外优势飞速增长，发端于 B2B，逐步向上下游延伸；B2C 近年兴起且呈现更高增速，行业形成平台、自营两大模式。全球经济不振、我国廉价商品广受欢迎、跨境出口提升外贸效率、资本助力等多重因素推动跨境出口快速发展。我国跨境电商贸易以出口为主。

2）进口跨境电商

进口跨境电商一般是国内消费者访问境外商家的购物网站选择商品，然后下单，由境外卖家发国际快递给国内消费者。

进口跨境电商可以分为直邮进口和保税进口两种。直邮进口需要依据个人邮递的物品纳税，其流程是与海关联网的电商平台，将产品的订单、支付凭证以及运单等数据传输给海关，经过海关审核后按照物品征税。这种模式的操作流程更加阳光化，同时信息也非常透明。保税进口就是商家将一些商品从国外提前批量进行采购，将产品运送到保税区备货，客户在网上订货后，商品可以在海关通关，从保税区发货。这种模式降低了电商企业的成本，货物是从国内发出，减少了消费者的等待时间。

2. 按交易主体分类

按照交易主体的不同，跨境电商分为以下三种基本类型：企业对企业的跨境电商、企业对消费者的跨境电商及消费者对消费者（C2C）的跨境电商。从跨境电商 B2C 看，移动端购物使消费者能够随时、随地、随心购物，极大地增加了跨境零售出口电商的机会。从跨境电商 B2B 方面看，全球贸易小额化、碎片化发展的趋势明显，移动技术的发展和跨境电商平台服务能力的提升，给中小外贸企业走向国际市场带来福音。当前，跨境电商 B2B 是我国出口跨境电商的主角，约占 80%，B2C 跨境电商增长迅速。

3. 按平台服务类型分类

按跨境电商平台服务类型，可以将跨境电商分为以下三类。

1）信息服务平台

信息服务平台为境内外会员商户提供网络营销平台，传递供应商或采购商等商家的商品或服务信息，促成双方完成交易。例如：阿里巴巴国际站、环球资讯网和中国制造网等。

2）在线交易平台

在线交易平台提供企业、产品、服务等多方信息展示，可以同时通过平台在线完成搜索、咨询、对比、下单、支付、物流、评价等全购物链环节。在线交易平台模式逐渐成为跨境电商中的主流模式。例如：敦煌网、速卖通和亚马逊等。

3）外贸综合平台

外贸综合平台为企业提供通关、物流、退税、保险、融资等一系列的服务，帮助企业完成商品进口或者出口的通关和流通环节，通过融资退税等帮助企业资金周转。例如：阿里巴巴一达通。

4. 按平台运营方式分类

按跨境电商平台的运营方式，可以将跨境电商分为以下三类。

1）第三方开放平台

平台型电商通过线上搭建商城，并整合物流、支付、运营等服务资源，吸引商家入驻，为其提供跨境电商交易服务。同时，平台以收取商家佣金和增值服务佣金作为主要盈利手段。例如：速卖通、敦煌网和阿里巴巴国际站等。

2）自营型平台

自营型电商通过在线上搭建平台，平台方整合供应商资源通过较低的进价采购商品，然后以较高的价格出售商品。自营型平台以商品差价作为盈利模式。例如：兰亭集势、米兰网和大龙网。

3）外贸电商代运营服务商模式

服务提供商能够提供一站式电子商务解决方案，并能帮助外贸企业建立定制的个性化电子商务平台，盈利模式是赚取企业支付的服务费用。例如：四海商舟和锐意企创等。

5.2 跨境电商的主要模式

按交易主体属性，可将跨境电商分为跨境电商 B2B、跨境电商 B2C 以及跨境电商 C2C。

5.2.1 跨境电商 B2B

跨境电商 B2B 是指分属不同关境的企业，通过电子商务平台实现商品交易的各项活动，并通过跨境物流实现商品从卖家流向买家以及相关的其他活动内容的一种新型电子商务应用模式。现已纳入海关一般贸易统计。

根据平台盈利方式，B2B 模式跨境电商平台可分为信息服务平台与交易服务平台。

1. 信息服务平台

模式介绍：通过第三方跨境电商平台进行信息发布或信息搜索完成交易撮合的服务，其主要盈利模式包括收取会员服务费用和增值服务费用。

会员服务即卖方每年缴纳一定的会员费用后享受平台提供的各种服务，会员费是平台的主要收入来源。目前该种盈利模式市场趋向饱和。

增值服务即买卖双方免费成为平台会员后，平台为买卖双方提供增值服务，主要包括竞价排名、点击付费及展位推广服务。竞价排名是信息服务平台进行增值服务最为成熟的盈利模式。

主要代表企业：阿里巴巴国际站、环球资源网。

2. 交易服务平台

模式介绍：能够实现买卖供需双方之间的网上交易和在线电子支付的一种商业模式，其主要盈利模式包括收取佣金以及展示费用。

佣金制是在成交以后按比例收取一定的佣金，不同行业采取不同的量度。买家可以通过真实交易数据准确地了解卖家状况。

展示费是上传产品时收取的费用，在不区分展位大小的同时，只要展示产品信息便收取费用，直接线上支付展示费用。

主要代表企业：敦煌网、大龙网。

5.2.2　跨境电商 B2C

跨境电商 B2C 是指分属不同关境的企业直接面对消费个人开展在线销售产品或服务，在电子商务平台上实现商品交易的各项活动，并通过跨境物流实现商品从卖家流向买家以及相关的其他活动内容的一种新型电子商务应用模式。

根据平台运营方式，出口电商 B2C 服务模式可分为开放平台与自营平台。

1. 开放平台

开放平台开放的内容涉及出口电商的各个环节，除了开放买家和卖家数据外，还包括开放商品、店铺、交易、物流、评价、仓储、营销推广等各环节和流程的业务，实现应用和平台系统化对接，并围绕平台建立自身开发者生态系统。

开放平台更多的作为管理运营平台商存在，通过整合平台服务资源同时共享数据，为买卖双方服务。

主要代表企业：eBay、亚马逊、速卖通。

2. 自营平台

自营平台是指出口电商对其经营产品统一生产或采购、产品展示、在线交易，并通过物流配送将产品投放到最终消费群体。

自营平台通过量身定做符合自我品牌诉求和消费者需要的采购标准，来引入、管理和销售各品牌的商品，以品牌为支撑点凸显自身的可靠性。自营平台在商品的引入、分类、展示、交易、配送、售后保障等整个交易流程各个重点环节管理均发力布局，通过互联网信息技术系统管理、建设大型仓储物流体系，实现对全交易流程的实时管理。

主要代表企业：兰亭集势、环球易购等。

5.2.3　跨境电商 C2C

跨境电商 C2C 是指分属不同关境的个人卖家对个人买家开展在线销售产品或服务，个人卖家与个人买家在电子商务平台上实现商品交易的各项活动，并通过跨境物流实现商品从卖家流向买家以及相关的其他活动内容的一种新型电子商务应用模式。

跨境电商C2C发展主流模式是海外代购，代表企业是淘宝全球购和洋码头。海外代购模式是指身在海外的人/商户为有需求的中国消费者在当地采购所需商品并通过跨国物流将商品送达消费者手中的模式。从业务形态上，海代模式大致可以分为以下两类：海外代购平台和朋友圈海外代购。

1. 海外代购平台

海外代购平台的运营重点在于尽可能多地吸引符合要求的第三方卖家入驻，自身不会深度涉入采购、销售及跨境物流环节。入驻平台的卖家一般都是有海外采购能力或者跨境贸易能力的小商家或个人，他们会定期或根据消费者订单集中采购特定商品，在收到消费者订单后再通过转运或直邮模式将商品发往中国消费者手中。

目前，网络平台海外代购主要有C2C、B2C两种服务模式，C2C模式指的是个人在大型购物网站的平台上搭建的私人代购店铺，如淘宝网上的海外代购店铺；而B2C模式指的是商家直接搭建的专业代购网站，如美国代购网、易趣网。其中，C2C模式又可以划分为两种不同的服务方式，一种为卖家依据消费者对品牌、型号、尺寸等产品相关信息的要求，在海外购买并以邮寄或者随身携带的方式入境。另一种为卖家提前将国外的热销产品购买至国内，并在网络店铺中展示产品并出售。

2. 朋友圈海外代购

微信（Wechat）是近几年兴起的一个为智能终端提供即时通信服务的免费应用程序。微信朋友圈代购是依靠熟人、半熟人社交关系从移动社交平台自然生长出来的原始商业形态。虽然社交关系对交易的安全性和商品的真实性起到了一定的背书作用，但受骗的例子并不在少数。随着海关政策的收紧，监管部门对朋友圈个人代购的定性很可能会从灰色贸易转为走私性质。在海外代购市场格局完成未来整合后，这种原始模式恐怕将难以为继。

5.3 跨境电商合同履行

跨境电商合同履行主要是指在跨境电商合同商订后，买卖双方所做的促使整个交易顺利完成的所有工作。它和网上交易磋商一样，属于整个跨境电商的业务流程中最主要部分。其中，履行出口合同的程序主要包括货（备货）、证（催证、审证、改证）、船（订舱）、款（制单结汇）四个密不可分的环节。目前，跨境电商出口合同履行主要是按照电子商务合同及第三方平台的规则组织出境业务的执行，具体流程主要包括买方付款、卖家发货、检验监管、平台报关和物流配送及信息跟踪。

5.3.1 买方付款

合同订立后，买方应在规定的时间期限内及时付款，以便卖家可以及时发货。买方可以选用合同订立时规定的付款方式。在第三方平台业务中，买方可以根据第三方平台的规则，按照跨境电商中常用的付款方式进行付款，例如各种信用卡、银行转账或第三方支付方式。第三方支付是随着互联网发展而兴起的、区别于传统支付方式的新型支付方式，它主要由独立的第三方机构通过与银行的合作，提供交易支付平台。在第三方支付中，买家在订购好商品后，先将货款打到交易支付平台的账户里，等收到货物并验货合格后，再通知第三方支付平台将货款付给卖家。目前，因第三方支付既满足了用户对便捷性和低费率的要求，又大大简化了小额出口业务的收款环节，已成为跨境电商小额贸易的主流支付方式。

5.3.2 卖家发货

一般情况下，卖家在备好货的前提下会选择合同中规定的物流模式将货物送达买家，如果合同中没有对物流模式进行规定，卖家会根据客户的要求或者自身的商业习惯或规则选取具体的物流模式。跨境电商卖家发货流程如图 5-1 所示。

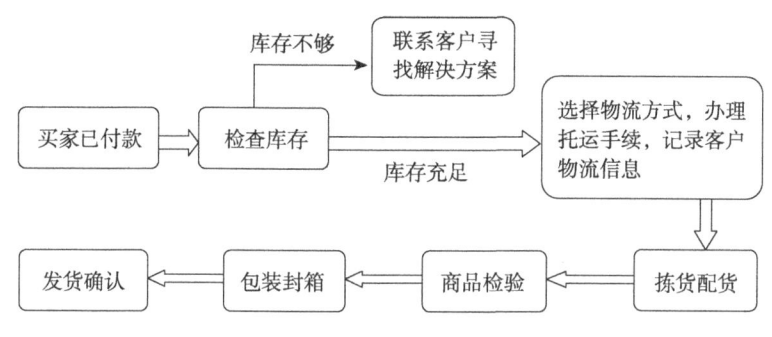

图 5-1 跨境电商卖家发货流程

在第三方平台的交易模式下，卖家需要根据平台针对特定商品设置的运费模板进行物流配送。以中国"保税区发货模式"为例，中国商家从国外大批量订购商品，邮寄到中国海关的保税区，等用户下单以后，将货物直接从保税区发出，在货物有问题的情况下还可以退换，这大大缩减了物流时间和成本，而且使售后也有了保障，极大地方便了有海外购物需求的消费者。

在大宗商品交易 B2B 模式下，卖家会选择等同于传统国际贸易的发货方式。在支付方式已经落实、货物已备妥后，卖家就要根据合同规定的运输方式（海运、空运或国际多式联运）履行交货义务，其具体工作是办理货物托运及发送装运通知等。

5.3.3 检验监管

检验检疫部门在货物进入海关监管仓库前会实施检验监管。虽然各个地区由于地方政府对跨境商品的报检手续方面因政策不同而有所不同，但大体流程是基本一致的，包括以下步骤。

1. 备案审核

首先，从事跨境电商业务的企业需要在检验检疫部门办理备案手续并做好备案审核。

备案主要指从事跨境电商业务的企业在跨境电商平台进行登记，向检验检疫机构提供企业及其产品的基础信息。企业信息主要包括：企业基本信息，与经营范围相对应的资质证明文件以及进出口企业质量诚信经营承诺书（包括对进出口商品的质量保证、不合格商品的召回承诺等）。产品信息主要有品牌、HS 编码、规格型号、原产国别、供应商名称等。此外，卖家还需要根据不同的商品风险等级，提交商品符合性申明、质量检测报告、质量安全评估报告等。

2. 检验检疫

为有效控制产品的质量安全风险，在做好备案工作后，需要由法定检验机构或第三方检验检疫机构来对产品质量安全进行合格评定。凡属法定检验的出口货物，必须根据国家有关进出口商品检验检疫方面的法规，在规定的时间和地点向检验检疫机构报检。经检验检疫合格后，由检验检疫机构发给检验合格证书，海关才予以放行，否则不得出口。

需要说明的是，对于大多数以邮政包裹的方式运送的跨境电商产品可以不用提供检验检疫许可证。因为跨境电商食品大多通过邮政包裹的方式运送，不是传统的集装箱方式，很难对单独包裹提供检验检疫许可证。但为了避免客户索赔，卖家应当严格按照平台可售的商品类目选品，在平台上详细告知消费者产品基本信息。对于食品类产品，其信息至少包括产品名称、品牌、配方或配料表、是否转基因产品、原产国、产品适用的生产标准国别、贮存条件、使用方法等，在产品的外包装上附有可查证产品基本信息的中文标识和标签，还可以在包裹里面附上一份打印好的产品英文说明标签，让国外客户在收到包裹的时候能够了解该产品的保质期和储存条件等情况。

5.3.4　平台报关

与传统贸易不同，出口跨境电商企业向海关申办报关业务主要是通过电子商务通关服务平台与海关互联网对接的形式来进行。具体步骤如下。

（1）企业向海关办理注册登记手续。

（2）平台数据对接。在进行报关申报前，需要相关的企业包括电子商务企业或个人、支付企业及物流企业通过电子商务平台提交订单、支付和物流等信息，之后再将以上信息通过电子商务通关服务平台与海关互联网对接，也可以由海关人员将信息通过电子商务通关服务平台与海关互联网对接。

（3）申报。我国海关对于跨境电子商务进出境申报的时间有规定。出口申报时间为货物运抵海关监管场所后，装货 24 小时前。企业和个人在向海关申请的同时，应分别按照一般进出口货物和进出境邮递物品有关规定办理征免税手续。

5.3.5　物流配送和信息跟踪

进出境货物或物品在办理完进出境申报、单证审核、货物查验和关税征免等手续后，即可被海关准予放行。发货人将与当地的物流相配合将商品配送到收货人的手中，收货人可以通过电子交易平台查询物流跟踪信息。当商品到达消费者手中并完成签收之后，整个物流配送过程才算结束。

对于小额跨境电商 B2C 出口业务来说，如果采用海外仓运营方式，则在合同履约、物流配送等方面会简化很多。

以亚马逊海外仓配送模式下的出口履约环节为例，第一，跨境电商卖家根据自己对产品销量，以及淡旺季的判断，向仓库发送库存。第二，客户在平台下单后，海外仓会自行发货。第三，等海外仓库成功发货后收汇。第四，后期根据库存来补充库存。第五，售后的退换货一般由海外仓工作人员完成。

5.4 跨境电商的通关与报关

5.4.1 跨境电商进口通关和基本流程

1. 中国跨境电商的进口通关新政

在出现跨境电商之前，一般贸易、国际邮件、商业快件是三种合法的通关形式。海关对进口实物按"是否有贸易属性"区分为"货物"与"物品"两类，纳入不同的监管框架和制度流程。海关对入境清关的基本原则是对个人物品实行抽检查验，只有在超出"自用、合理"范围等情况下，才有申报纳税等海关手续。海关对一般贸易项目则按"一关三检"进行监管，即根据不同货物征收关税、增值税、消费税，商品须申请商品检验、动植物检验和卫生检疫。进口单位只有向海关提交必备单证及完成税费缴交后才能够顺利清关。

随着跨境电商的发展，进口包裹数量剧增，海关查验压力增大，通关效率下降。相当一部分跨境电商进口货物清关出现"蚂蚁搬家""灰色清关"困难。于是，中国政府积极出台相关政策以加快通关便利化改革，按照海关总署 2018 年第 194 号公告文件精神，2019 年 3 月 31 日之后，所有操作跨境电商零售进口业务的跨境电商企业都必须是境外注册企业（不包括在海关特殊监管区域或保税物流中心内注册的企业）。

为便于跨境电商的发展，各地监管部门都开始实施"单一窗口"制度，单一窗口为跨境电商企业、物流企业、支付机构提供统一的数据申报入口。实现海关商检与电商、支付、运输渠道及仓储企业的系统对接，多方协同作业、信息共享。

跨境电商有两种基于电子化的通关模式——保税备货进口通关和直购进口集货通关。

在企业完成相关信息备案后，只要"三单"（电商企业提供的订单、支付企业提供的支付清单、物流企业提供的物流运单，简称三单）信息一步到位，便自动合成清单、集中向海关申报，实现跨境电商进口的"一次申报"，通关效率高。单一窗口数据传送流程如图 5-2 所示。

2. 保税备货通关和直购进口集货通关的基本流程

1）保税备货通关基本流程

保税备货通关是一种"先备货后接单"的模式，属于 B2B2C 方式（供应商对企业对消

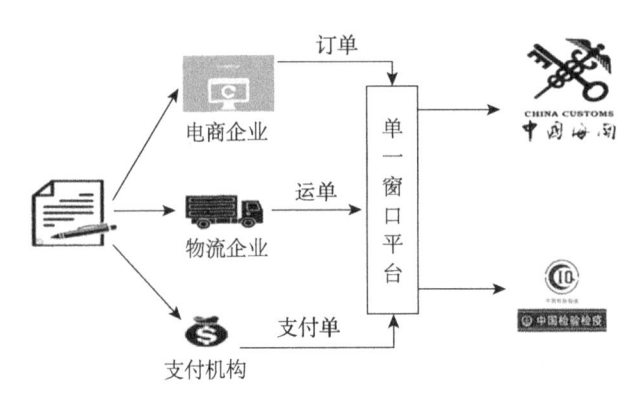

图 5-2　单一窗口数据传送流程

费者），分为两个环节。第一个环节（B2B）就是电商企业先将境外商品批量备货至海关监管下的保税仓库。第二个环节（B2C）就是等国内消费者下单支付后再从保税区直接发出，在海关、国检等监管部门的监管下实现快速通关。

跨境电商保税备货模式适用的海关监管方式有两种情况：宁波、上海、杭州、福州、平潭、郑州、深圳、重庆、广州、天津这 10 个试点城市适用的监管方式代码为 1210（保税电商），其他城市适用的监管方式代码为 1239（保税电商 A）。

保税电商 B2B2C（1210）备货通关基本流程如图 5-3 所示。

图 5-3　保税电商 B2B2C（1210）备货通关基本流程

（1）申请保税。跨境电商企业在开展保税进口业务前，需要在电子口岸中心完成包括电子注册、企业备案、数据对接等前期准备工作，以获得保税资格。

（2）保税备货。跨境电商企业通过集中海外采购，统一由海外发至国内保税仓库，当消费者网上下单时由物流公司直接从保税仓库配送至客户。

（3）出区通关。备货在保税仓库的货物经电商平台买家下单后，平台自动获得消费者个人身份信息与个人订单信息，当地物流企业也会收到货物运送的运单信息，支付企业收到了该订单的支付单信息，以上"三单"（订单、运单、支付单）通过海关跨境通关系统"单一窗口"平台完成"三单对碰"，海关放行后提货出监管区发国内快递至顾客手中。

（4）后期核销。买家收货后，物流企业将收货信息推送到单一窗口平台，电商企业接到核销通知后办理跨境账册的后期核销工作。

2）直购进口集货通关的基本流程

"直购进口"是一种"先下单后发货"的模式。直购进口集货通关是商家将多个已售出商品，在海外分拨中心进行集货打包，将同一目的地的物品，以海运、空运、邮运等方式直接运输进境，集货到海关监管下的保税仓库，通过电商服务平台和海关通关管理系统对订单、支付单、运单等信息进行申报，并按税率缴纳关税，实现快速通关。由于直购进口可从海外直接发货,在商品种类的多样性上具有优势,比较适用于代购类、品类较宽泛的电商平台以及海外电商。

直购进口集货通关基本流程如图 5-4 所示。

前期准备 > 口岸通关 > 园区通关

图 5-4　直购进口集货通关基本流程

（1）前期准备。该环节的前期准备与保税备货通关模式基本一致,经营跨境直邮业务的电商企业,在开展直邮业务前,需要在电子口岸中心向海关和国检部门办理电商企业与商品的备案,并选择通关服务代理企业。

（2）口岸通关。在平台获得买家订单后,跨境电商卖家需要在商品运抵前向国检和海关办理预报。货物运抵一线口岸后,电商卖家需在货物通过口岸检验后,在跨境电商通关服务平台"个人物品申报单管理"界面进行 EDI 申报。

（3）园区通关。该环节包括间隔时间较短的入区通关与出区通关工作。直邮进口商品运抵目的地跨境园区之后,需要在园区办理入区通关所需的报检与通关手续（审核 EDI 数据）。和保税备货通关不同的是,直购集货通关在入区通关时不需要验核通关单。在出区通关环节,直购集货通关和保税备货通关的货物在海关放行前都需要缴纳跨境电商综合税。

集货直邮模式是跨境直邮模式的升级版,是 B2C 模式下的常用物流模式。集货直邮模式指消费者购买境外商品之后,供应商集中发货到海外仓,货物经过包裹,由国际转运公司发货,然后在完成境内清关后配送到消费者手中。

3. 检验检疫职责

检验是对进出口商品的品质、数量、规格、包装等进行检查验证的行为,有些特殊商品还要进行性能、安全、卫生等检查。检疫是对进出境货物、交通工具、人员、旅客携带物等等进行有害生物及其媒介物、土壤、动植物疫病、传染病等疫情疫病检查。

4. 行邮税与跨境电商综合税

1）行邮税

行邮税是行李和邮递物品进口税的简称,是海关对入境旅客的行李物品及个人邮递物品征收进口税。

通过直购进口方式购买商品,国外商品每人每次限值 1 000 元,港澳台商品每人每次限值 800 元。邮包内仅有一件物品且不可分割的,如超出规定限值,经海关审核确属个人自用的,可以按照个人物品规定办理通关手续,应征税额在人民币 50 元（含 50 元）以下的,海关予以免税。

2）跨境电商综合税

根据财关税〔2016〕18 号公告,自 2016 年 4 月 8 日起,我国实施跨境电子商务零售（B2C）进口税收政策,对符合从其他地区或国家进口的、《跨境电子商务零售进口商品清单》范围内的以下商品,征收跨境电商综合税。

（1）所有通过与海关联网的电子商务交易平台交易，能够实现三单比对的跨境电子商务零售商品。

（2）未通过与海关联网的电子商务交易平台交易，但快递、邮政企业能够统一提交三单信息，并承诺承担相应法律责任进境的跨境电子商务零售进口商品。

我国自 2019 年 1 月 1 日起，调整跨境电商零售进口税收政策，提高享受税收优惠政策的商品限额上限，扩大清单范围。

税收政策的调整，一是将年度交易限值由每人每年 20 000 元提高至 26 000 元，今后随居民收入提高相机调高。二是将单次交易限值提高至 5 000 元，同时明确完税价格超过单次交易限值但低于年度交易限值，且订单下仅一件商品时，可以自跨境电商零售渠道进口，按照货物税率全额征收关税和进口环节增值税、消费税，交易额计入年度交易总额。在限值以内进口的跨境电子商务零售进口商品，关税税率暂设为 0；进口环节增值税、消费税取消免征税额，暂按法定应纳税额的 70%征收。

5.4.2 跨境电商出口报关和基本流程

报关是履行海关进出境手续的必要环节之一。报关是进出境运输工具的负责人、货物和物品的收发货人或其代理人，在通过海关监管口岸时，依法进行申报并办理有关手续的过程。

报关涉及的对象可分为进出境的运输工具和货物、物品两大类。由于性质不同，其报关程序各异。运输工具如船舶、飞机等通常应由船长、机长签署到达、离境报关单，交验载货清单、空运单、海运单等单证向海关申报，作为海关对装卸货物和上下旅客实施监管的依据。而货物和物品则应由其收发货人或其代理人，按照货物的贸易性质或物品的类别，填写报关单，并随附有关的法定单证及商业和运输单证报关。如属于保税货物，应按"保税货物"方式进行申报，海关对应办事项及监管办法与其他贸易方式的货物有所区别。

1. 跨境电商 B2C 出口报关

1）一般出口模式

一般出口模式指跨境电商企业根据境外消费者的网购订单，直接从境内起运订单商品，从跨境电商零售出口监管场所申报出口，并配送给消费者的跨境电商零售出口业务。

一般出口模式，采用"清单核放、汇总申报"的方式，电商出口商品以邮、快件方式分批运送，海关凭清单核放出境，定期把已核放清单数据汇总形成出口报关单，电商企业或平台凭此办理结汇、退税手续。

一般来说，跨境电商出口报关需要经过以下六个步骤。

第一，海外消费者在海外直接下单，跨境电商企业在跨境电商服务平台上备案。

第二，货物售出后，电商、物流、支付企业向"跨境电商服务平台"提交订单、支付单、运单三单信息。

第三，"跨境电商服务平台"完成三单比对，自动生成货物清单，并向中国电子口岸发送清单数据。

第四，货物运往跨境电子商务监管仓库。
第五，海关通过"跨境电商服务平台"审核，确定单货相符后，货物放行出口。
第六，跨境电商企业凭报关单向税务局申请退税。
跨境电商一般出口流程如图 5-5 所示。

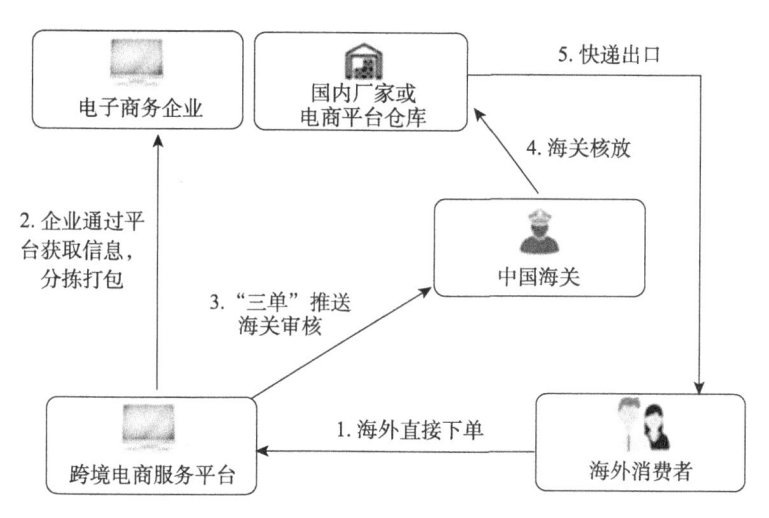

图 5-5　跨境电商一般出口流程

2）保税出口模式

跨境电商 B2C 保税出口模式，简称"保税电商"，俗称"备货模式"。其海关监管代码为 1210。1210 要求开展区域必须是跨境贸易电子商务进口试点 10 个城市的特殊监管区域。卖家将出口商品批量备货至海关监管下的保税仓库，消费者下单后，电商企业根据每笔订单办理海关通关手续，在保税仓库完成贴面单和打包，经海关查验放行后，由电商企业委托物流配送至消费者手中。其优点是可以提前批量备货，从而可以降低国际物流成本，而且通关效率高，售后服务响应快。其缺点是因使用保税仓库备货，占用资金大。一般适用于业务规模大，且可从空运过渡到海运的大批量订单。

2. 跨境电商 B2B 出口报关

1）跨境电商 B2B 出口报关新政

跨境电商出口从 B2C 向 B2B 大货模式延伸，丰富了跨境电商出口模式。针对这一跨境电商出口新模式，我国政府相继出台一些优惠待遇或财政补贴的激励政策。截止到 2018 年 7 月 14 日，国务院分三批共批准包括杭州、宁波、天津、北京等 35 个城市作为跨境电商综合试验区。各试验区也积极抓住机遇建成"单一窗口"网络平台帮助企业实现通关、征退税、结汇等一条龙操作，引入阿里巴巴一达通、浙江融易通等外贸综合服务平台，让广大中小企业赶上了"互联网+出口"的风口。2015 年 10 月 20 日，《中国（杭州）跨境电子商务综合试验区海关监管方案》通过了海关总署的批准，杭州启动了全国首批跨境电商 B2B 出口试点。根据方案，杭州海关对跨境电商实行"清单核放、集中纳税、代扣代缴"的通关新模式，实现跨境电商进出口 B2B、B2C 试点模式全覆盖，同时申报模式更加简化。

第 5 章　跨境电商

79

2）跨境电商 B2B 出口报关基本流程

跨境电商 B2B 出口报关基本流程如图 5-6 所示。

前期准备 → 准备报关资料 → 出口报关

图 5-6　跨境电商 B2B 出口报关基本流程

（1）前期准备。目前，跨境电商出口海关监管方式仍为"一般贸易"（代码 0110），通关手续仍按现行传统贸易项下的申报规则进行申请。但跨境电商企业、电商交易平台、电商服务企业都需要事先在"单一窗口"平台进行备案、商品上传跨境电商平台等相关前期准备。

（2）准备报关资料。在获取海外订单后，卖家在报关之前需要准备好报关资料，比如基本的发票、装箱单、合同、代理报关委托书、报关单等，委托报关单位根据监管条件进行报关操作。

（3）出口报关。代理单位在核对资料后通过"单一窗口"平台提交"电子报文"即可完成出口申报手续。电子申报成功后，"单一窗口"系统后台会自动将相关数据同时发送给海关、国检，并将退税申报发给税务，将收汇信息发给外管，实现数据化全申报。单一窗口数据化全申报示意图如图 5-7 所示。

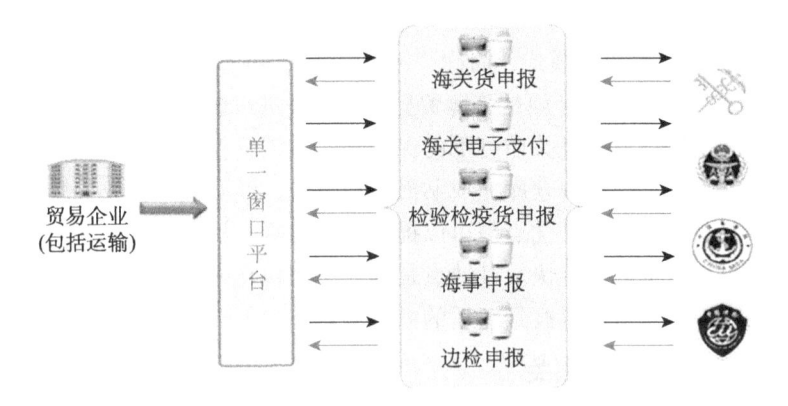

图 5-7　单一窗口数据化全申报示意图

5.4.3　跨境电商零售报关流程

电子商务企业或其代理人应提交《中华人民共和国海关跨境电子商务零售进出口商品申报清单》（以下简称《申报清单》），出口采取"清单核放、汇总申报"方式办理报关手续。

所谓"清单核放、汇总申报"，是指跨境电商零售商品出口后，电子商务企业或其代理人应当于每月 10 日前（当月 10 日是法定节假日或者法定休息日的，顺延至其后的第一个工作日，第 12 月的清单汇总应当于当月最后一个工作日前完成），将上月（12 月为当月）结关的《申报清单》依据清单表头同一收发货人、同一运输方式、同一运抵国、同一出境口岸，以及清单表体同一 10 位海关商品编码、同一申报计量单位、同一币制规则进行归并，汇总形成《中华人民共和国海关出口货物报关单》向海关申报。

《申报清单》《中华人民共和国海关进（出）口货物报关单》应当采取通关无纸化作业方式进行申报。

《申报清单》的修改或者撤销，参照海关《中华人民共和国海关进（出）口货物报关单》修改或者撤销有关规定办理。

1. 报关流程

1）申报

发货人根据出口合同的约定，按时、按质、按量准备好货物后，向运输公司办理租船订舱手续，准备向海关办理报关手续，或委托专业（代理）报关公司办理报关相关手续。

若委托专业（代理）报关公司代理申报，卖家应该在货物出口之前在出口岸就近向专业（代理）报关企业办理委托报关手续。接受委托的专业（代理）报关企业向委托单位收取正式的报关委托书，报关委托书以海关要求的格式为准。

提前准备好报关用的单证能够保证出口货物的顺利通关。一般来说，报关所需的单证包括以下几种。

（1）进口货物报关单。一般填写一式两份（北京海关要求报关单为三份）。报关单填报项目要准确、齐全、字迹清楚，不能用铅笔；报关单内各栏目，凡海关规定有统计代号的，以及税则号列及税率一项，由报关员用红笔填写；每份报关单限填报四项货物；如发现情况有误或其他情况需变更填报内容的，应主动、及时向海关递交更改单。

（2）出口货物报关单。一般填写一式两份（北京海关要求三份）。填单要求与进口货物报关单基本相同。如因填报有误或需变更填报内容而未主动、及时更改的，出口报关后发生退关情况，报关单位应在三天内向海关办理更正手续。

（3）随报关单交验的货运、商业单据。任何进出口货物通过海关，都必须在向海关递交已填好的报关单的同时，交验有关的货运和商业单据，接受海关审核诸种单证是否一致，并由海关审核后加盖印章，作为提取或发运货物的凭证。随报关单同时交验的货运和商业单据有：海运进口提货单；海运出口装货单（需报关单位盖章）；陆、空运运单；货物的发票（其份数比报关单少一份，需报关单位盖章等）；货物的装箱单（其份数与发票相等，需报关单位盖章）等。

需要说明的是如海关认为必要，报关单位还应交验贸易合同、订货卡片、产地证明等。另外，按规定享受减、免税或免验的货物，应在向海关申请并已办妥手续后，随报关单交验有关证明文件。

（4）进出口许可证。进出口许可证是由国家有关机关给进出口商签发的允许商品进口或出口的证书。进出口许可证制度是我国及世界各国普遍采用的对外贸易管制手段之一。采用进出口许可证制度，商品的进出口都要在申领了许可证以后，方可对外签订合同或办理订货手续，没有许可证，一律不准进出口。进出口许可证的主要内容包括：商品名称、规格、数量、进出口商国别、期限、总值、运输方式、贸易方式和支付方式等等。

（5）商检证书。海关指示报关单位出具商检证书，一方面是监督法定检验商品是否已经接受法定的商检机构检验；另一方面是取得进出口商品征税、免税、减税的依据。根据《中华人民共和国进出口商品检验法》以及《商检机构实施检验的进出口商品种类表》规定，凡列入该种类表的法定检验的进出口商品，均应在报关前向商品检验机构报验。报关时，对进口商品，海关凭商检机构签发的检验证书或在进口货物报关单上加盖的印章验收。

除上述单证外，对国家规定的其他进出口管制货物，报关单位也必须向海关提交由国家主管部门签发的特定的进出口货物批准单证，由海关查验合格无误后再予以放行。诸如食品卫生检验，药品检验，动植物检疫，文物出口鉴定，金银及其制品的管理，珍贵稀有野生动物的管理，进出口射击运动、狩猎用枪支弹药和民用爆破物品的管理，进出口音像制品的管理等均属此列。

在申报的时候，需要注意两点事项：出口货物的报关时限为装货的 24 小时以前，不需要征税费、查验的货物，自接受申报起 1 日内办结通关手续。

2）查验

查验是指海关对实际货物与报关单证进行核对，查验申报环节所申报的内容与查证的单、货是否一致，并查证是否存在瞒报伪报和申报不实等问题。海关通过查验可以对申报审单环节提出的疑点进行验证，为征税、统计和后续管理提供监管依据。

海关查验货物后，要填写验货记录，内容包括查验时间、地点、进出口货物的收发货人或其代理人名称、申报货物情况、货物的运输包装情况（如运输工具的名称，集装箱号、尺码和封号）、货物名称、规格型号等。

需要检查的货物自接受申报起 1 日内开出查验通知单，自具备海关查验条件起 1 日内完成查验，除需缴税外，自查验完毕 4 小时内办结通关手续。

根据《中华人民共和国海关法》（以下简称《海关法》）的有关规定，进出口的货物除国家另有规定外，均应征收关税，关税由海关依照海关进出口税则征收。需要征税费的货物，自接受申报 1 日内开出税单，并于缴核税单 2 小时内办结通关手续。

3）放行

对于一般出口货物，在发货人或其代理人如实向海关申报，并如数缴纳应缴税款和有关规费后，海关在出口装货单上盖"海关放行章"，出口货物的发货人凭以装船起运出境。

若申请出口货物退关，发货人应当在退关之日起 3 天内向海关申报退关，经海关核准后方能将货物运出海关监管场所。

4）汇总征税

海关放行后，在出口退税专用报关单上加盖"验讫章"和已向税务机关备案的海关审核出口退税负责人的签章，退还报关单位。报关单的有关内容必须与船公司传送给海关的舱单内容一致，才能顺利核销退税。对海关接受申报并放行后，由于运输工具配载等原因，部分货物未能装载上原申报的运输工具的，出口货物发货人应及时向海关递《出口货物报关单更改申请单》及更正后的箱单发票、提单副本，进行更正，这样报关单上内容才能与舱单上内容一致。

2. 报关时需提交的单证

（1）进出口货物报关单。一般进口货物应填写一式二份；需要由海关核销的货物，如加工贸易货物和保税货物等，应填写专用报关单一式三份；货物出口后需国内退税的，应另填一份退税专用报关单。

（2）货物发票。要求份数比报关单少一份，对货物出口委托国外销售，结算方式是待货物销售后按实销金额向出口单位结汇的，出口报关时可准予免交。

（3）陆运单、空运单和海运进口的提货单及海运出口的装货单。海关在审单和验货后，在正本货运单上签章放行退还报关员，凭此提货或装运货物。

（4）货物装箱单。其份数同发票，但是散装货物或单一品种且包装内容一致的件装货物可免交。

（5）出口收汇核销单。一切出口货物报关时，应交验外汇管理部门加盖"监督收汇"章的出口收汇核销单，并将核销编号填在每张出口报关单的右上角处。

（6）海关认为必要时，还应交验贸易合同、货物产地证书等。

（7）其他有关单证。包括：

①经海关批准准予减税、免税的货物，应交海关签章的减免税证明，北京地区的外资企业需另交验海关核发的进口设备清单。

②已向海关备案的加工贸易合同进出口的货物，应交验海关核发的"登记手册"。

3. 报关时需要注意的事项

《海关法》第十一条规定：进出口货物收发货人、报关企业办理报关手续，必须依法经海关注册登记。未依法经海关注册登记，不得从事报关业务。报关企业和报关人员不得非法代理他人报关，或者超出其业务范围进行报关活动。

报关时需注意以下事项。

（1）进口单证（装箱单、发票、贸易合同）等所有单证一定要与实际货物一致。

（2）装箱单、发票、贸易合同等单证上的货物品名一定要一样，并且和实际货物的品名一致。

（3）装箱单上的货物重量和体积要与提单上的一致，并且要和实际货物一致。

（4）合同上面要有合同号，发票上面要有发票号。

（5）是木质包装的需要在木质包装上有IPPC（国际木质包装检疫措施标准）标识。

（6）从韩国和日本进口货物，还要有非木质包装证明。

（7）凡进口下列九类商品必须提前5天预申报：汽车零件、化工产品、高科技产品、机械设备、药品、多项食品、多项建材、钢材和摩托车零配件。

（8）凡进口旧印刷机械，机械进口年限不能超过10年，超过10年国家不允许进口。

（9）凡进口发电机组，工作实效不能超过15 000小时，年限不能超过8年。

（10）旧医疗器械，国家不允许进口。

5.4.4 关检融合

1. 关检融合历程

根据海关总署 2018 年第 60 号公告,自 2018 年 8 月 1 日起将执行新版《中华人民共和国海关进出口货物报关单填制规范》。从 2018 年 8 月 1 日起,全国所有关区全面切换为新报关单,报关单、报检单将合并为一张报关单。关检融合统一申报如图 5-8 所示。

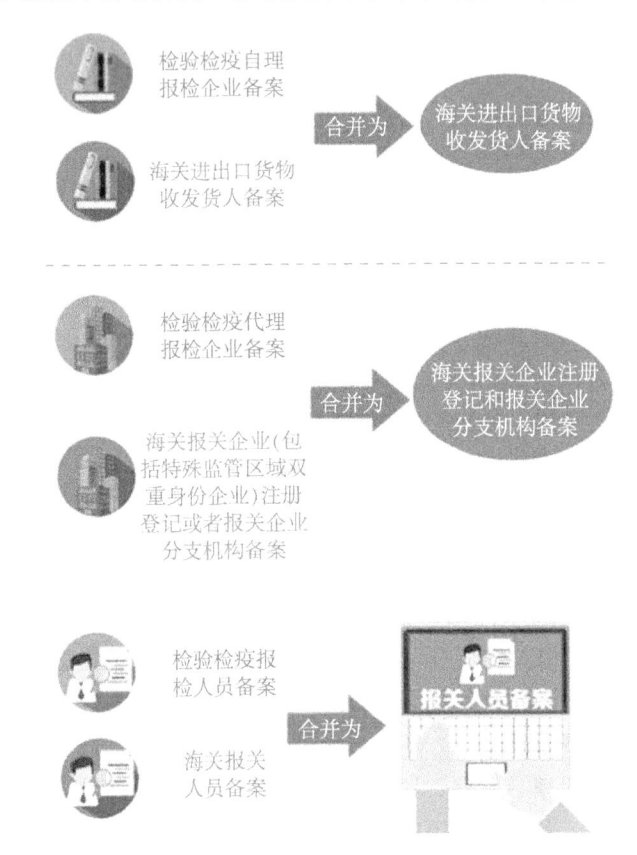

图 5-8 关检融合统一申报

2. 对外贸企业的影响

(1)更为快捷。整合查验流程和海关国检流程,在单一窗口平台下企业能够明显感受到报关时间缩短,对外贸易更加便利。其中,简化过程中关键的一项就是申报项目:原报关、报检共 229 个申报项目合并精简至 105 个,统一了国别(地区)、港口、币制等 8 个原报关、报检共有项的代码,其中 7 个采用国家标准代码或与国家标准建立对应关系。海关简化整合进口申报随附单证,将原报关、报检 74 项随附单据合并整合成 10 项,102 项监管证件合并简化成 64 项。

(2)海关申报系统和 QP(quick pass,快速报关/通关系统)客户端使用产生变化。过去海关申报端为单一窗口（报关）、"互联网+海关"和QP，检验检疫申报端为单一窗口（报检）、九城、信诚通和榕基，而现在关检融合后统一的系统为单一窗口和"互联网+海关"。

通过一系列改革，关检融合能真正实现"统一申报单证、统一作业系统、统一风险研判、统一指令下达、统一现场执法"。

3. 新报关单变化

新版报关单组成如图5-9所示。

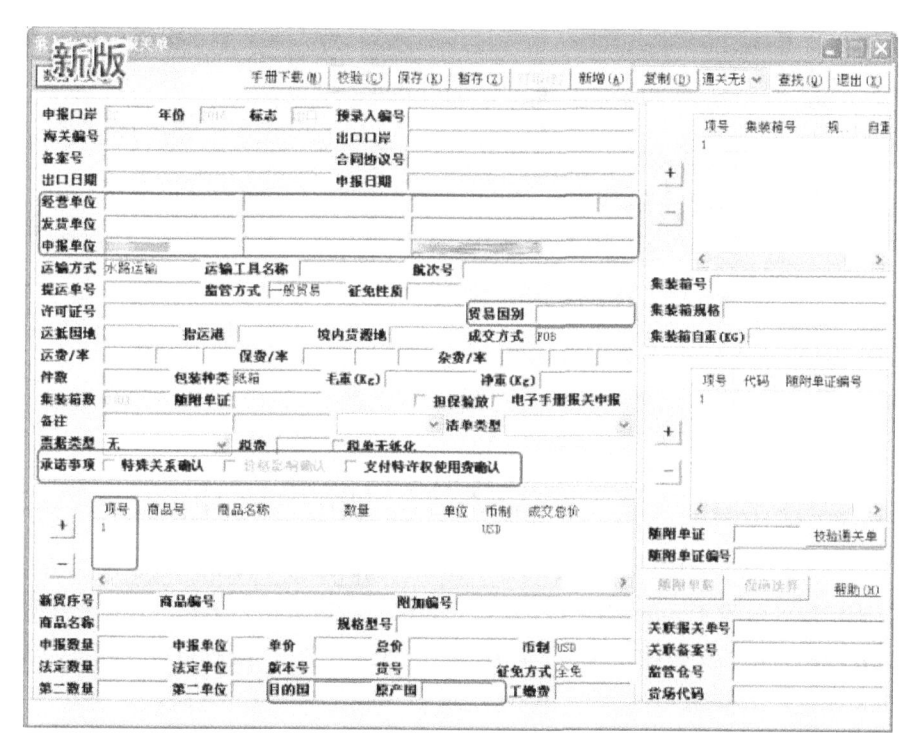

图5-9 新版报关单组成

1）新报关单的进入方式变化

现在主要通过两种方式进入新报关单：第一，从"单一窗口"标准版门户网站（图5-10）进入登录界面，也可通过各地方电子口岸"单一窗口"门户进入新版报关单；第二，在"互联网+海关"门户网站（http://online.customs.gov.cn/）选择"进出口货物申报"（图5-11）。

要使用新报关单，首先要进行用户注册管理，然后进行企业资质备案并办理卡介质。其中，过去使用的企业资质（进出口货物收发货人资质、申报单位资质、报关人员资质）已经进行合并，对于新企业需一次注册报关报检备案，对于存量单一资质企业需补全资质备案。

2）新增境外收发货人填制

境外收发货人通常指签订并执行出口贸易合同中的买方或合同指定的收货人，境外发货人通常指签订并执行进口贸易合同中的卖方。对于AEO（经认证的经营者）互认国家（地区）企业，应填报AEO编码。

图 5-10 "单一窗口"标准版门户网站

图 5-11 "互联网+海关"门户网站

其中，特殊情况下无境外收发货人的，名称及编码填报"NO"。内销、后续补税的情况如可以确定境外收发货人的需要如实填报。名称一般填报英文名称，检验检疫要求填报其他外文名称的，在英文名称后填报，以半角括号分隔。AEO编码填报样式按照海关总署发布的相关公告要求填报。

3）新版进口报关单申报项目主要变化

（1）新版报关单增加了境外收发货人、经停港/指运港、出/入境口岸等申报项目。其中境外收发货人名称一般填报英文名称，检验检疫要求填报其他外文名称的，在英文名称后填报，以半角括号分隔。

（2）包装种类：必填项。新版包装种类由"运输包装"和"其他包装"两部分组成。运输包装是指提运单所列货物件数单位对应的包装；其他包装是指货物的各类内包装及植物性铺垫材料等。要求从外到内全部申报详细。所有包装要求提供具体材质，如不能简单申报"托盘"，而应该注明具体材质，如再生木托、纸箱、塑料袋。

（3）经停港填报进口货物在运抵我国关境前的最后一个境外装运港。新版报关单指运港填报出口货物运往境外的最终目的港；最终目的港不可预知的，按尽可能预知的目的港填报。

（4）新版报关单中入境口岸填报进境货物从跨境运输工具卸离的第一个境内口岸的中文名称及代码；出境口岸填报装运出境货物的跨境运输工具离境的第一个境内口岸的中文

名称及代码。

新版进口报关单申报项目主要变化如图 5-12 所示。

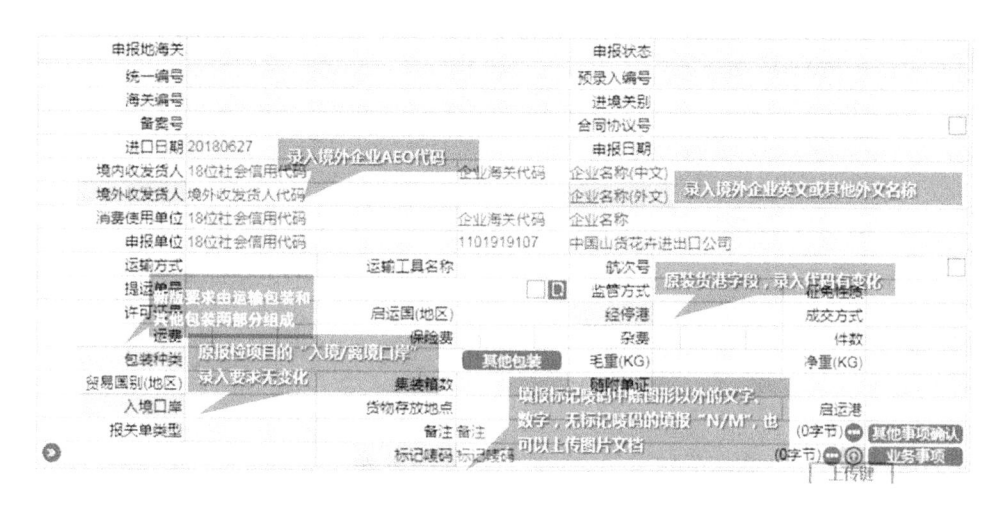

图 5-12　新版进口报关单申报项目主要变化

4）报关单代码

新版报关单代码更为优化，启运国（地区）代码将采用国家标准修订的《国别（地区）代码表》，由 3 位英文构成。币制代码则根据新修订的《货币代码表》采用 3 位字母。例如：币制为美元，"币制"应录入"USD"而非原海关代码"502"或原检验检疫代码"840"（图 5-13）。

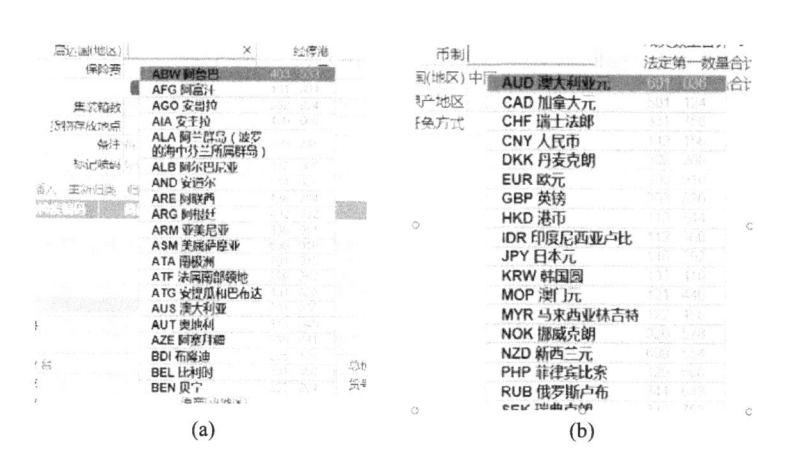

(a)　(b)

图 5-13　新版报关单代码
（a）启运国（地区）代码；（b）币制代码

5）原报检资料

原报检所涉及的企业资质、B/L 号（提/运单号）、特殊业务标识等内容也整合入当前申报界面，如图 5-14 所示。

第 5 章　跨境电商

图 5-14　企业资质、B/L 号、特殊业务标识

6）商品编码

在新版报关单中，商品编码由 10 位改为 13 位。前 8 位为原商品税则编码，9、10 位为原监管附加编码，11~13 位为检验检疫附加编码。为了提高工作效率，减少因确认检验检疫附加编码所浪费的时间，凡 2018 年 8 月 1 日起申报的货物，客户应根据货物实际情况，提供新的 13 位商品编码（一般前 10 位由海关 HS 客户提供，后 3 位由于同一 HS 有不同区分，参照 HS 编码 10 位转换 13 位对照表，请客户提供）。商品编码如图 5-15 所示。

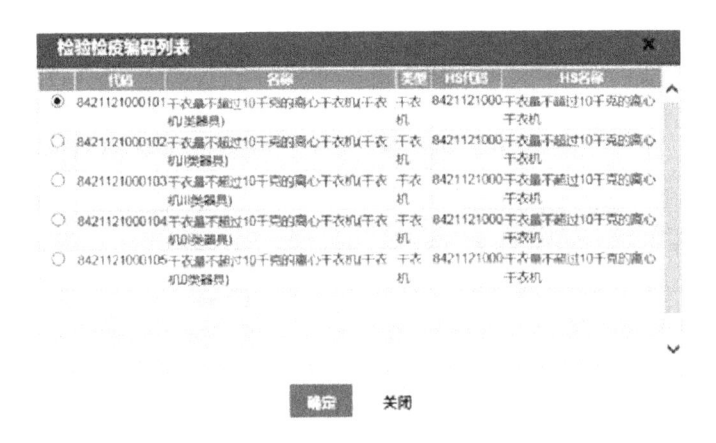

图 5-15　商品编码

此外，需要注意以下事项。

（1）成交方式：必填项。海关系统只能填报三种成交方式：FOB、CIF、CNF（成本加运费）。FOB 免填运费、保费。CIF 需要填写运费和保费。CNF 需要填写运费，免填保费。

（2）新版报关单境内货源地移到表体部分，每个品名都必须填写。涉及多个货源地的单证，客户需将货源地准确填写在对应品名后的"境内货源地"栏中。境内货源地填写按海关规定的《国内地区代码表》选择填报相应的国内地区名称。

（3）自 2018 年 8 月 1 日起，部分商品增设第二法定计量单位，报关时需同时申报。

新版进口报关单示例：

天津五河商业贸易有限公司（法人统一社会信用代码是91120116681867186Y）进口原产于美国（代码为USA）的一批全棉毛毯，规格为ART NO.H666（H.S编码为5802303000，计量单位：千克，毛重为5 125千克，净重为5 000千克），从纽约（代码为USA309）装船，水路运输（代码为2）至天津新港（代码为CHN185），存放于本企业的M仓库。经营单位委托天津丰吉报关有限公司（91120106144301670R）于2018年9月20日向新港海关（关区代码为0202）申报。该批货物运费为1 000美元，保险费为1 000美元（图5-16）。

中华人民共和国进口货物报关单

预录入编号：I20180000100444869		海关编号：02022018110 0109149			
境内收货人（91120116681867186Y） 天津五河商业贸易有限公司	进境关别（0202） 新港海关	进口日期 20180920	申报日期 20180920		备案号
境外发货人 VICTORY CO.,LTD	运输方式（2） 水路运输	运输工具名称及航次号 NANXING V.086	提运单号 APL51865		货物存放地点 M仓库
消费使用单位（911101053442506790） 天津爵巅贸易有限公司	监管方式（0110） 一般贸易	征免性质（101） 一般征税	许可证号		启运港（USA309） 纽约（美国）
合同协议号 HX050264	贸易国（地区）（USA） 美国	启运国（地区）（USA） 美国	经停港（USA309） 纽约（美国）		入境口岸（CHN185） 天津新港客运码头
包装种类（22） 纸制或纤维板制盒/箱	件数 250	毛重（千克） 5125	净重（千克） 5000	成交方式（3） FOB	运费 USD/1000/3	保费 USD/1000/3	杂费
随附单证及编号 随附单证2：提/运单；发票；代理报关委托协议（纸质）；企业提供的其他					
标记唛码及备注 N/M					
项号	商品编号	商品名称及规格型号	数量及单位	单价/总价/币制	原产国（地区）	最终目的国（地区）	境内目的地	征免
1	5802303000	全棉毛毯 ART NO.H666	5000千克 50000.0000 2500件	20.0000 美元	美国 （USA）	中国 （CHN）	(12079/120116)滨海新区 （塘沽其他）天津市滨海新区	照章征税 （1）
特殊关系确认：否	价格影响确认：否	支付特许权使用费确认：否		自报自缴：是	
报关人员　报关人员证号02001630　电话13712973260 申报单位（91120106144301670R）天津丰吉报关有限公司		兹申明对以上内容承担如实申报，依法纳税之法律责任 申报单位（签章）		海关批注及签章	

图5-16　中华人民共和国进口货物报关单

对于出口报关单：出境口岸按海关规定的《国内口岸编码表》选择填报装运出境货物的跨境运输工具离境的第一个境内口岸的中文名称及代码；采取多式联运跨境运输的，填报多式联运货物最初离境的境内口岸中文名称及代码；过境货物填报货物离境的第一个境内口岸的中文名称及代码；从海关特殊区域或保税监管场所出境的，填报海关特殊区域或保税监管场所的中文名称及代码。其他无实际进出境货物，填报货物所在地的城市名称及代码。

5.5 区块链技术应用

2019 年是区块链技术落地产业应用推广的元年，2019 年 10 月 20 日在深圳举行的"2019 区块链技术应用落地和商用探索峰会"获得圆满成功。

BAT（百度、阿里巴巴、腾讯）等互联网巨头明显增加了参与区块链的应用场景，加大了 BaaS 平台推广力度。蚂蚁区块链大力推广 10 大落地场景的应用，包括司法区块链、合同存证、供应链金融、电子票据、商保快赔等，2019 年上半年蚂蚁区块链创新大赛历时半年，成功完成了区块链推广和项目孵化；2018 年腾讯区块链电子发票上线一周以来，开出了 600 万张发票，2019 年 10 月，深圳市区块链电子发票开票量突破 1 000 万张，在 2019 年 10 月 21 日发布了《2019 腾讯区块链白皮书》。同时，Libra 的横空出世使得使区块链被更多公众认知，进一步助推行业发展。

1. 京东区块链技术

1）《区块链金融应用白皮书》

2018 年 4 月 2 日，由京东金融研究院和工信部下属中国信通院云计算和大数据所共同撰写的《区块链金融应用白皮书》（以下简称"白皮书"）正式发布。

白皮书总结了已经落地、经过实践检验的，或条件成熟、未来将付诸实践的 10 个金融场景中区块链技术应用。这 10 个场景应用以联盟链为主，体现了区块链在物流、信息流和资金流等多方面的支撑，既涉及 C 端也涉及 B 端，既涵盖场内也涵盖场外，既有国内实践也有国际应用，既能实现对传统流程的改造也能服务于创新，是对当前金融区块链应用做的一次全面梳理、归纳和展望（图 5-17）。

图 5-17 10 个金融场景中区块链技术应用

在白皮书所列举的 10 个金融场景中，大都存在参与节点多、验真成本高、交易流程长三类共同特性，并因此造成业务的效率低、信用风险较高等问题。区块链的分布式记账、不可篡改、内置合约等特性可以为金融业务中的痛点提供解决方案。

白皮书提到，区块链技术与金融领域结合的深度和广度还远未饱和，应用前景广阔。但也不可否认，区块链技术还存在诸如安全稳定性风险、交易风险、数据信息安全风险、信用的技术背书风险、扩展应用的安全漏洞风险等，其在金融领域的进一步推广取决于网络安全、业务处理性能、交易一致性等方面的改善。

2）物流+区块链技术应用联盟

2018年5月，由京东无界物流创新中心主办的"创新引领，智链无界"区块链技术研讨会暨"物流+区块链技术应用联盟"会上，成立了国内首个"物流+区块链技术应用联盟"。"物流+区块链技术应用联盟"旨在搭建国内外区块链技术互动平台，联合政府部门和相关机构共同推动建立区块链在物流行业统一的应用技术标准，解决区块链技术共性、关键性问题，助力区块链技术在物流行业创新发展。

京东物流部门曾表示，区块链技术为整个物流行业提供完善的可追溯和可识别系统，从货物生产到仓储，从货物配送到管理，都被完整囊括在区块链系统中。区块链技术为跨境物流等在复杂的国际供应链体系中安全交易、有效沟通提供了应用空间，这也是京东物流高度重视区块链应用与创新的关键原因。

3）智臻链区块链服务平台

2018年7月初，京东向部分企业开放智臻链区块链服务平台内测。8月初，京东"智臻生活"正式上线微信，这也是全球首家上线的通过区块链技术打造的可追溯商品的聚合小程序。"智臻生活"微信程序如图5-18所示。

2018年8月17日，京东自主研发的区块链服务平台——智臻链正式发布，其兼容多种底层链、云服务，支持一键部署，这一发布标志着京东向全社会全面开放京东区块链技术和应用。京东的智臻链平台包括应用层、接口层、服务层、区块层和资源层，具备一键部署、开放兼容多种底层、可信身份链认证、企业动态组网、水平扩展、轻量级网关等能力。现场演示中，在智臻链上，企业可以在30秒内部署一套企业级区块链平台。

京东在2016年11月成立Y事业部，开始研究区块链技术以及应用场景的探索，京东区块链的应用场景包括供应链、金融、政务及公共领域、保险防欺诈、大数据安全等领域（图5-19）。

图5-18 "智臻生活"微信程序

商品溯源是京东区块链技术落地的首个应用，据了解，京东区块链已经与500多家品牌商达成合作，有超过1.2万多的SKU（标准产品单位）、12亿条以上的追溯数据。

除了阿里、京东外，苏宁国际也上线了区块链溯源系统，但像京东这样，为溯源商品单开一个消费入口的还是首创。与其他巨头不同的是，京东选择在品牌商、监管机构、第

第5章 跨境电商

图 5-19　京东区块链应用场景

三方认证机构逐步部署联盟链节点，形成社会化的区块链防伪与追溯网络，全面实现消费升级。

在智臻链的发布现场，京东表示区块链是京东智能供应链的战略重要部分。京东将坚定不移地开放自身的区块链技术和经验积累，立足中国，服务全球，并将携手全球合作伙伴，在接下来的三年中全力建设全球首个应用级区块链生态联盟，共同打造全行业的区块链应用生态。

京东通过开放合作来与对手竞争，争夺更多的合作对象。京东在 2017 年正式对外开放区块链防伪追溯技术平台，并参与组建了一系列的区块链合作联盟。

4）电商电子证照区块链应用平台

2018 年 9 月，京东发布了国内首个电商电子证照区块链应用平台。该平台联合宿迁市市场监督管理局、京东商城、益世商服二方，成功部署区块链节点，并实际应用于京东平台商家入驻执照申领、审核、变更等环节。目前宿迁市境内入驻京东商城商家营业执照信息已成功上链。

通过区块链电子证照的积极探索，不仅商家可以更快速地完成入驻的资质审核，而且为监管部门提供了更多政务协同应用场景的思路。

5）《京东区块链技术实践白皮书（2019）》

2019 年 4 月 9 日，京东发布《京东区块链技术实践白皮书（2019）》，总结了京东区块链在五大类应用场景中的技术实践，介绍了一系列落地案例。同时，白皮书还介绍了京东区块链的技术优势、体系架构与未来规划。

白皮书指出，京东区块链的技术架构分为 JD Chain 和 JD BaaS 两部分。其中，JD Chain 作为核心引擎，聚焦解决区块链底层的关键技术问题，建立拥有中国自主知识产权的技术生态。JD BaaS 是企业级服务平台，提供灵活易用和可伸缩的区块链系统管理能力，支持企业级用户在公有云、私有云及混合云环境快速部署，降低企业使用成本，促进应用落地。

2. 阿里巴巴区块链技术应用

1）阿里原创保护平台引入区块链技术

2019 年，阿里原创保护平台引入区块链技术，已保护超 4 亿张图片、超 200 万条短视频、超 10 万张设计手稿。

2019 年，在阿里商业操作系统和阿里知识产权保护体系赋能下，已有 5 000 家 C2M（顾客对工厂）工厂接受了数字化改造，超 9 000 万新品在天猫发布，比 2018 年增长 80%。

2020 年，阿里不断创新完善知识产权保护体系，让知识产权成为数字经济时代商业增长的加速器和经济发展的助推器。同时，阿里持续用新技术、新模式协助执法机关围剿线下假货生产源头，联合全社会挤压制售假者的生存空间，不惜一切代价让制售假者倾家荡产。

2）考拉海购升级商品全链路溯源系统

2020 年 3 月 16 日，阿里巴巴旗下考拉海购升级商品全链路溯源系统。由于引入了蚂蚁金服的区块链技术，用户通过支付宝扫描区块链二维码，就可以查看商品备案、过关和物流每一个环节信息。

据悉，更新后的考拉海购应用将在消费者完成购买后的订单页面提供溯源图标，在原有的方位吊牌上，新增了区块链二维码和防伪指纹图。阿里巴巴提供的一份资料显示，此举将解决传统跨境商品踪迹难查，商品和物流信息不匹配，物流链条责任难究等问题。

所谓区块链，是指通过去中心化和去信任的方式集体维护一个可靠数据库的技术方案。其具有不可撤销、不可篡改和加密安全性的特征，所以这项技术可以被应用于全链路溯源。换句话说，考拉海购此举相当于将每个商品单独绑定了一张不可篡改的"身份证"。

考拉海购供应链质量经理赵杰臣表示，区块链对溯源最大的意义，是让消费者知道自己的商品从哪儿来、去过哪儿、到哪儿去，用技术让信息更透明。

本次考拉海购上线的区块链溯源已经覆盖自营商品，后续平台商家和海外直邮也将使用区块链技术，未来计划覆盖 62 个国家和地区，2 897 个品类和 7 432 个品牌。

2019 年 9 月，阿里巴巴集团以 20 亿美元全资收购考拉。此次升级的溯源系统是在阿里巴巴收购完成后研发的。对于考拉业务，阿里巴巴方面称，其一直以来都采取"品牌授权、官方直采""全链路溯源"等模式保证正品。

2020 年 3 月 11 日，考拉海购发起成立品质联盟，推动进口商品质量标准建立，并为消费者、商家和供应商提供正品及品质鉴定。

3. 腾讯区块链技术应用

2015 年，腾讯建立了区块链团队。自 2016 年起，腾讯开始了区块链底层技术的自研，先后成立了金融区块链合作联盟、开发联盟链云服务 BaaS、上线基于区块链技术的银行间联合贷款清算平台。

在经历一定时间的研发后，腾讯于 2017 年完成了底层技术完整积累，目前已进入商业应用阶段，进入供应链金融、腾讯微黄金、物流信息、法务存证、公益寻人等多个领域。

在 2017 年的腾讯全球合作伙伴大会上，腾讯云正式发布 BaaS，并表示这套解决方案会结合腾讯在大数据、征信、身份认证、AI（人工智能）和第三方支付等方面的能力，在智能合约、供应链金融与供应链管理、跨境支付/清算/审计等场景下提供区块链服务。

2017年，腾讯发布的《腾讯区块链方案白皮书》披露了其区块链整体架构：底层是自主研发的 Trust SQI 平台，中层的 Trust Platform 是构建区块链应用平台产品，顶层的 Trust Application 则是用来向最终用户提供区块链应用。

不同于蚂蚁金服选择蚂蚁公益平台作为首次区块链技术试水，腾讯在区块链方面的动作主要集中在供应链金融领域，主要推动者为其牵头设立的微众银行。2018年8月，深圳基于腾讯区块链技术，在深圳国贸旋转餐厅开出全国首张区块链发票（图5-20），这"宣告着深圳成为全国区块链电子发票的第一个试点城市，也意味着纳税服务正式开启区块链时代"。

图 5-20　全国首张区块链电子发票

此后，区块链电子发票相继在深圳市招商银行、平安银行、沃尔玛门店、国大药房和微信支付商户平台开通。进入2019年，区块链电子发票上线深圳地铁、出租车、机场大巴等交通场景，并扩大到万科等物业行业。

腾讯宣布自己做的是"可信区块链"，旨在"打造数字经济时代信任基石"，它以"开放共享"为理念，但有效降低企业运营综合成本、提高运营效率，才是腾讯区块链的根本目标。

2019年10月30日，深圳市区块链电子发票开票量突破1 000万张，这是继2018年8月全国首张区块链电子发票在深圳诞生以来的又一个里程碑。一年多的稳扎稳打、苦练内功，使得区块链电子发票以"深圳速度"加速推进，开票场景不断扩大，上链企业越来越多。

第1 000万张区块链电子发票在深圳开出，其开票企业表示，在上线区块链电子发票后，体验到了不少便利，如区块链电子发票按需使用，无须定期往返税务局领购发票，大大减轻了公司办税人员的工作负担，提升了工作效率；免费用票，也让企业降低了额外的财务成本；此外，用户在平台上购物时，自行申请开票，无须人工干预，减少了企业人力投入。

深圳市区块链电子发票经过一年多落地应用，截至2019年10月，已接入企业超过7 600家，开票数量突破1 000万张，开票金额超70亿元。区块链电子发票被广泛应用于金融保险、零售商超、酒店餐饮、停车服务等上百个行业。

2019年10月21日，《2019腾讯区块链白皮书》在深圳发布。白皮书整体介绍了腾讯的区块链方案，包括Trust SQL区块链底层平台与腾讯云TBaaS，并详细展示了4个腾讯的区块链最佳实践，包括区块链电子发票、微企链、至信链和区块链银行汇票。

云链结合程度表示了企业整体的数字化转型与创新程度。云计算是数字经济的水和电，是数字生态最重要的基石，而区块链是跨产业数字生态联动的连接器，能够有效地将企业可靠可信地链接起来。

通过云链结合，腾讯云区块链团队落地了一批有影响力的项目与解决方案。腾讯云动产质押解决方案将腾讯云区块链技术与仓单质押融资场景充分融合，结合智能仓储、智慧物联网、人工智能、大数据分析等技术能力，有效解决传统仓单质押融资过程中的身份信任、风险管控以及效率低下等问题。

2020年1月1日，深圳市税务局在前海率先实现了纳税人全面使用电子发票。在新技术创新应用上，深圳显示了其先行示范区的优势与魄力，为"区块链+税务"提供宝贵的经验。

名词术语

跨境电商　跨境电商交易流程　跨境电商平台　阿里巴巴国际站　智臻链区块链服务平台　蚂蚁金服的区块链技术　区块链电子发票

思考题

1. 简述跨境电商的概念。
2. 简述跨境电商交易流程。
3. 区块链技术的发展会对跨境电商发展产生哪些重要影响？

即测即练

自学自测　扫描此码

第 6 章 商品条件

本章学习目标：

1. 掌握进出口商品品质的表示方法以及计算货物数量的方法；
2. 熟悉国际货物买卖合同中品质条款的基本内容与规定方法以及国际贸易中常用的计量方法；
3. 了解出口货物包装的种类、作用及其标志；
4. 熟练运用出口合同中的包装条款。

引导案例

纸贵科技与天水市林业局打造的全国首款区块链苹果"天水链苹"

"天水链苹"是在天水市林业局的主导下，由纸贵科技提供区块链解决方案和技术支持，帮助天水秦安苹果打造的高科技加持的区块链苹果品牌。甘肃天水秦安镇是国内优质果品生产基地，苹果品质优良，当地农民大多以种植苹果为主要收入来源。但由于地理位置偏僻，加之农民不太会使用互联网销售渠道，导致大部分苹果滞销，影响果农收入。

为实现农产品升级，帮助果农创造更高的价值收益，纸贵科技用硬科技区块链技术赋能，为苹果打造专属"身份证"，利用区块链技术，将苹果的"出生地"（即果园产地）、采摘时间、检测等环节的信息记录上链，实现从果园到餐桌信息的透明、可追溯。在帮助天水秦安镇苹果拓展销售渠道的同时，借助高科技的加持打造区块链苹果品牌，为科技兴农以及未来农产品的创新营销模式奠定基础。

区块链溯源在农业中的应用，既能帮助地区特色农产品实现增值，更能有效解决农产品供应到消费信息的不对称问题，对于现代化农业的建设具有重要意义。此次与天水市政府部门的携手，只是纸贵科技将区块链溯源应用在农产品领域的一个开始，未来，纸贵科技会提供更加多样的区块链溯源解决方案，帮助各类产品实现升级，开拓更广阔的销售通路。

阅读以上案例，思考：什么是区块链溯源？它对现代农业建设有哪些重要意义？

6.1 商品品质

6.1.1 商品品质的含义

商品品质指的是商品外观形态与内在质量的综合，前者是商品的感觉要素，是人们通过感觉器官可以直接获知的，如商品的味道、触感、音质、色泽、大小、造型等。后者是商品的性能和规格，主要包括商品的物理性能、化学成分、生理特征、技术要求等，通常需借助仪器测试才能获得，如药品各种成分的含量、药理作用效果、卫生安全标准等。

6.1.2 商品品质的重要性

1. 从业务角度看

品质是双方交易的物质内容，是交易赖以进行的物质基础和前提条件。因此买卖双方在磋商和签订进出口合同时，一定要明确、具体地订明商品的品质，并尽可能使用国际上通用的说法，避免履约时产生麻烦。同时，在我国成为贸易大国的背景下，要大力提高我国出口商品的质量。因为品质的优劣直接影响商品的使用价值和价格，它是决定商品使用效能和影响商品市场价格的重要因素。在当前国际市场竞争空前激烈的情况下，许多国家都把提高商品质量作为非价格竞争的一个重要组成部分，它是加强对外竞销的重要手段之一。因此，在出口贸易中，不断改进和提高出口商品的质量，不仅可以增强出口竞争能力，扩大销路，提高售价，为国家和企业创造更多的外汇收入，而且还可以提高出口商品在国际市场的声誉，反映出口国的科学技术和经济发展水平。当然，在进口贸易中，也要严格把好进口商品质量关，使进口商品适应国内生产建设、科学研究和人民生活的需要，从而维护国家和人民利益，提高企业经济效益。

2. 从法律角度看

从法律上看，合同中的品质条件既是构成商品描述的重要组成部分，也是交易双方进行交易的依据。在合同中规定标的物的具体品质，关系到买卖双方在货物交接方面的权利。在国际货物买卖业务中，如果卖方所交货物不符合约定的品质规定，则买方有权提出索赔，甚至拒收货物或撤销合同。《联合国国际货物销售合同公约》规定卖方交货必须符合约定的质量，如卖方交货不符合约定的品质条件，买方有权要求损害赔偿，也可要求修理或交付替代货物，甚至拒收货物和撤销合同。所以为了方便合同履行，减少或避免合同争议，交易双方有必要在合同中明确规定合适的品质条款。

6.1.3 对进出口商品品质的基本要求

如上所述，商品品质的高低不仅关系到买卖双方的权益，还关系到商品、企业以至国家的声誉，因此，必须认真对待。以下分别简述进口和出口业务中对商品品质的基本要求。

1. 对进口商品品质的要求

在进口贸易中，必须严格把好品质关。进口商品品质应顺应国内经济建设、科学研究、国防建设、人民生活、安全卫生以及环境保护等方面的要求。在洽购商品时，应充分了解国外卖家所提供的商品的品质等级，分析该商品与我国同类商品的品质差异，不进口品质低劣的商品。选购进口商品时，还应考虑我国国内现实的消费水平，不应盲目追求高规格、高档次、高品质而造成不必要的消费损失。在订立合同时，还应注意对商品品质要求的严密性，避免因疏忽而造成损失。在货物到达时，严格品质检验，杜绝不符合合同规定品质的商品进入国门。根据我国有关法规的规定，尤其要防止进口危害国家安全或者社会公共利益的商品、破坏生态环境的商品，以及对人民生命和健康产生危害的商品。

2. 对出口商品品质的要求

对于出口商品，应根据"以质取胜"的基本战略，坚持"品质第一，信誉第一"的指导思想，重视科技开发，加强新产品的研制，提高出口商品的技术含量，努力做到按国际标准来组织生产。同时，也要加强出口商品的检验工作，严格把好出口商品的品质关。为了适应国际贸易发展的需要，有利于对我国出口商品生产企业按照 ISO 9000 系列标准进行质量体系评审，我国制定了《出口商品生产企业质量体系评审管理办法》，并于 1994 年 4 月 28 日颁布。该办法规定，由国家商检局（2001 年起改为国家质量监督检验检疫总局）统一管理对出口商品生产企业质量体系的评审工作，凡取得评审合格证书的出口商品生产企业必须接受商检局的监督检查。对于买卖合同约定和外国政府要求或按我国有关规定应提供质量体系评审合格证书的生产企业的出口商品，商检局则凭生产企业评审合格证书进行出口检验。这有助于我国全面加强对出口商品的质量管理，从而有利于保证出口商品质量符合国际市场的要求。同时，必须做好以下几方面的工作。

（1）强化出口商品生产厂商或销售商的品质观念。不断提高商品信誉，严格把守品质检验关，凡品质不过关的商品，绝不轻易出口。商品必须具备产品应当具备的使用性能，符合在产品和/或包装上注明的用途、标准，符合产品的说明、实物样品等方式表明的品质状况。

（2）发展适销对路的商品出口。要重视对不同目标市场、不同时期消费者需求的研究，把握不同层次消费需求的特点及其变化方向，发展我国传统优势商品的品种，提高这些商品的品质性能，同时开拓新的商品样式品种，使我国出口商品的品质具有较强的市场适应性、针对性、竞争力。

（3）实行出口商品品质许可证制度。对符合产品标准、技术要求的出口商品颁发品质许可证，对生产出口商品的企业进行监督检查，不符合出口标准的企业严禁其产品出口。目前我国已先后制定并公布了对机电、陶瓷、服装、纺织、畜产、煤炭、玩具等产品出口的品质许可和监督办法。

（4）出口商品品质应符合进口国的有关法律规定和要求。许多国家政府对进口商品品质制定了严格的品质、卫生、安全管理办法，不符合其规定的商品一律不得进口。了解和熟悉各国对进口商品的品质规定，使我国出口商品的品质符合这些规定，有利于我国商品的出口。

（5）适应国外自然条件、季节变化和销售方式。由于各国自然条件和季节变化不同，销售方式各异，商品在运输、装卸、存储和销售过程中，其质量可能发生某种变化。因此，注意自然条件、季节变化和销售方式差异，掌握商品在流通过程中的变化规律，使我国出口商品质量适应这些方面的不同要求，也有利于增强我国出口商品的竞争能力。

6.1.4 合同中的品质条款

1. 品质条款的基本内容

品质条款是合同中的一项主要条款，它是买卖双方对商品质量、规格、等级、标准、牌号等的具体规定。卖方以约定品质交货，否则买方有权提出索赔或拒收货物，以至撤销合同。合同中的品质条款也是商检机构进行品质检验、仲裁机构进行仲裁和法院解决品质纠纷案件的依据。因此，规定好品质条款有着很重要的意义，不仅是构成合同的主要交易条件之一，也是买卖双方交接货物的依据。

由于品质条款的基本内容包括商品的品质、规格、等级、标准和商标、牌号，所以表示商品质量的方法不同，合同中品名质量条款的内容也各不相同。在凭样品买卖时，合同中除了要列明商品的名称外，还应订明凭以达成交易的样品的编号，必要时还要列出寄送的日期。在凭文字说明买卖时，应针对不同交易的具体情况在买卖合同中明确规定商品的名称、规格、等级、标准和商标、牌号或产地名称等内容。在以说明书和图样表示商品质量时，还应在合同中列明说明书、图样的名称、份数等内容。

例1：品质：应严格符合卖方于2019年5月18日提供的样品。

样品号：BNT003长毛绒玩具熊，尺码28英寸。

Quality: to be Strictly as per Sample Submitted by Seller on l8th May, 2019.

Sample Number: BNT003 Plush Toy Bear Size 28.

例2：品质：2365C型多梭箱织布机，详细规格如所附文字说明与图样。

Quality: Multi-shuttle Box Loom Model 2365C.

Detail Specifications as per attached descriptions and illustrations.

2. 品质机动幅度条款

品质机动幅度条款主要是针对某些初级产品而言的。由于这类商品品质不稳定，在合同中规定品质时，允许卖方交货品质指标在一定幅度内机动掌握。经常采用的方法有以下几种。

第一，规定范围，例如：白布，幅宽35~36英寸。

第二，规定极限，例如：籼米的含水率最高为15%，杂质最高为1%，碎粒最高为30%。

第三，规定上、下差。例如：灰鸭毛含绒量18%，上下2%。

只要卖方交货在允许的幅度内，买方就无权拒收。在品质机动幅度内，一般均按合同价格计价，而不另做调整。但有些商品，买方也可根据合同规定适当调整价格，所依据的合同条款被称为品质增减价条款。如玉米，水分9%±1%，价格±1.5%。

如果是凭样品买卖的商品，为了避免争议和便于履行合同，卖方可要求在品质条款中加订"交货品质与样品大致相同"等类似条款。

3. 品质公差条款

品质公差条款主要是针对工业制成品而言的。它是指国际同行业所公认的或买卖双方认可的产品的品质误差。即卖方所交付的货物品质可以高于或低于合同规定品质的最大限度。这种误差的存在是绝对的，它的大小是由科技发展程度及生产水平所决定的。所以，只要卖方所提供的货物品质在公差范围内，也认为是符合合同，买方不能拒收或因此要求调整价格。如果国际上无公认的误差，或公差不明确，则应在合同中具体规定公差的内容。例如，尺码或重量允许有"正负3%~5%的合理公差"，钢管：6 m ± 50 mm，均算合格。

4. 正确运用各种表示品质的方法

不同的商品其表示品质的方法不同。一般地，凡能用科学指标说明其品质的商品，可用规格、等级、标准的方式表示；品质稳定、规格划一在市场上树立良好形象的商品，可采用牌名、商标；凡具有地方风味和特色的产品，则可凭产地名称；复杂的机器设备，用说明书表示更合适；至于凭样品买卖，通常用于品质不易稳定或具有独特性质的商品，一般商品很少采用。此外，凡能用一种方法表示品质的，一般不宜用两种或两种以上的方法来表示。如同时采用文字说明和实物样品表示品质，则要求交货品质既要与样品一致，又要符合文字说明的规定，有时难以办到，会影响合同履行和企业信誉。

5. 品质条件要有科学性和合理性

为了便于合同的履行和维护自身的利益，在规定品质条款时，应注意其科学性和合理性。

1）要从实际出发，防止品质条件偏高或偏低

在确定出口商品的品质条件时，既要考虑国外市场的实际需要，又要考虑国内生产部门供货的可能性。凡外商对品质要求过高，而我们又实际做不到的不应接受。对于品质条件符合国外市场需要的商品，合同中的品质规格不应低于实际商品，以免影响成交价格和出口商品信誉。但也不应为了追求高价，而盲目提高品质，以致浪费原材料，给生产部门带来困难，甚至影响交货，对外造成不良影响。总之，要根据需要和可能，实事求是地确定品质条件，防止出现偏高或偏低现象。

2）要合理地规定影响品质的各项重要指标

在品质条款中，应有选择地规定各项质量指标。凡影响品质的重要指标，不能出现遗漏，而且应将其订立明确。对于一些无关紧要的条件，不宜订入，以免条款过于烦琐。

3）要注意各质量指标之间的内在联系和相互关系

各项质量指标是从各个不同的角度来说明品质的，各项指标之间有内在的联系，在确定品质条件时，要通盘考虑，注意它们之间的一致性，以免由于某一质量指标规定不科学和不合理而影响其他质量指标，造成不应有的经济损失。例如，在荞麦品质条件中规定"水分不超过1.7%，不完善粒不超过6%，杂质不超过3%，矿物质不超过0.15%"，显然，此项规定不合理，因为对矿物质的要求过高，这与其他指标不相称，为了使矿物质符合约定

的指标，需要进行反复加工，其结果必然会增加卖方的成本。

4）品质条件应明确、具体

为了便于检验和明确责任，规定品质条件时，应力求明确、具体，不宜采用诸如"大约""左右""合理误差"之类的笼统、含糊字眼，以免在交货品质问题上引起争议。但是，也不宜把品质条件订得过死，给履行交货义务带来困难。一般来说，对一些矿产品、农副产品和轻工业品的品质规格的规定，要有一定的灵活性，以利于合同的履行。

此外，还应争取加入降低货物被拒收风险的条款，如：

规定禁止买方拒绝条款。这是一种只准买方索赔损失，但是不能拒收货物的条款。

规定违约后的价格调整条款。这是一种允许卖方在一定百分比内灵活交货而不被拒收的条款。在这一百分比内的货物偏差，买方只可要求货价调整而不能拒收。但如超出这一百分比，买方有权拒收。如规定"大豆水分最高8%，实际交货含水量每增减1%，合同价减增1%"。

规定装运港检验证书为最终条款。运输途中的事故是导致货物不符的重要原因，有时卖方会怀疑买方出具的进口检验证书的公正性。因此，规定以装运港检验证书为交货和处理纠纷的最终依据可减少这方面的卖方风险。

6.2 商品数量

如果说品质条款是要求卖方按"质"履行交货义务的话，那么数量条款则要求卖方按"量"履行交货义务。在国际贸易中，商品的数量是货物买卖合同中主要条件之一，合同中的数量条款是双方交接货物的数量依据。因为货物不仅表现为一定的"质"，同时也表现为一定的"量"。没有"量"的规定，就无从确定卖方应交付多少金额货款。所谓数量，是指以一定的度量衡为单位表示的货物重量、个数、长度、面积或成分百分率。从内容看，数量可分为数和量两部分。

6.2.1 约定商品数量的意义

商品的数量是国际货物买卖合同中不可缺少的主要条件之一。《联合国国际货物销售合同公约》规定，按约定的数量交付货物是卖方的一项基本义务。如卖方交货数量大于约定的数量，买方可以拒收多交的部分，也可以收取多交部分中的一部分或全部，但应按合同价格付款。如卖方交货数量少于约定的数量，卖方应在规定的交货期届满前补交，但不得使买方遭受不合理的不便或承担不合理的开支，即使如此，买方也有保留要求损害赔偿的权利。

由于交易双方约定的数量是交接货物的依据，因此，正确掌握成交数量和订好合同中的数量条件，具有十分重要的意义。买卖合同中的成交数量的确定，不仅关系到进出口任务的完成，而且还涉及对外政策和经营意图的贯彻。正确掌握成交数量，对促成交易的达成和争取有利的价格，也具有一定的作用。

6.2.2 数量的计算

1. 常见的度量衡制度

在国际贸易中要确定计量单位和计量方法,有必要先了解国际度量衡制度。因为同一计量单位会由于不同的度量衡制度而有很大不同,例如:重量单位吨,有公吨、长吨、短吨之分,1 公吨等于 0.984 2 长吨和 1.102 3 短吨。所以,了解并熟悉不同的度量衡制度,关系到货物的计量单位是否符合进口国有关计量单位使用习惯和法律规定等问题。目前,国际上通常使用的度量衡制度有公制、英制、美制、国际单位制四种不同的计量单位,所以合同中有必要说明所采用的度量衡制度。

为解决由于度量衡制度不一带来的麻烦,促进国际贸易的发展,1960 年国际计量大会通过了以公制为基础的国际单位制,并加以大力推广,在标准化浪潮的推动下,已为多数国家所接受。1985 年我国颁布的《中华人民共和国计量法》中规定:我国采用国际单位制,国际单位制和国家选定的其他计量单位为国家法定计量单位。所以外贸出口业务中,除合同规定需采用公制、英制或美制计量单位外,也可以使用我国法定计量单位。

2. 计量单位

商品买卖的数量通常有以下六种计量单位。

1) 重量

这种计量单位通常用于农作物及其天然物,如油、肉、谷物、黄金等,其常用单位有:千克、吨、磅、盎司等。

2) 个数

这种计量单位通常用于工业制成品及杂货类商品。如服装、车辆、活牲畜、玩具等,常用的计量单位有:只、罗、令、台、套、打、箱、头、辆、袋等。

3) 面积

这种计量单位常用于玻璃、地毯、皮革等交易中,单位有:平方米、平方英尺、平方码、平方英寸等。

4) 长度

这种计量单位多用于布匹、绳索、电缆的交易中,单位有:码、米、英尺等。

5) 体积

这种计量单位仅用于木材、天然气等商品,单位有:立方米、立方码、立方英尺、立方英寸等。

6) 容积

这种计量单位多用于谷物及流体货物,如小麦、玉米、汽油、化妆品等,单位有:公升、加仑等。

3. 重量的计量方法

在进出口贸易中,计算数量的方法有六种,它们分别是按重量、体积、容积、长度、个数和面积计量。具体采用何种方法,要视商品的性质、包装种类、运输方法、市场习惯等决定。其中重量方法是最常用的，它还可具体分为以下几种。

1）按毛重计量

毛重是指商品本身的重量加上包装物的重量。这种计量方法一般用于低值商品，如大米、大豆、饲料等。当采用毛重作为计算价格的基础时，这种计价方法被称作"以毛作净"（gross for net）。由于这种计重方法直接关系到价格的计算，因此在销售上述种类的商品时，不仅在规定数量时，须明确"以毛作净"，规定价格时，也应加注此条款。

例如：中国东北大豆，每公吨 300 美元 FOB 大连，以毛作净。
China Northeast Soybean, USD 300 FOB Dalian per metric ton, Gross for Net.

2）按净重计量

净重指商品本身的重量，即毛重扣除皮重。这是贸易中最常用的计量方法，通常计算价格时也以净重为标准，如《联合国国际货物销售合同公约》第 56 条规定："如果价格是按货物的重量规定的，如有异议，应按净重确定。"在采用净重计量时，如何去除皮重，国际上有下列几种做法。

（1）按实际皮重。它是将整批商品的包装逐一衡量算出每一件包装的重量和总重量。

（2）按平均皮重。如果商品所使用的包装材料和规格较统一，重量相差不大，就可以从全部商品中抽取几件，测量出实际皮重后取其平均值，再乘以总件数，就可算出全部皮重。近年来，在包装标准化的推广下，这种用平均皮重计算净重的做法已广为使用。

（3）按习惯皮重。比较规格化的包装，其重量已被市场所公认，可不必过秤，按公认重量即可。

（4）按约定皮重。即买卖双方事先约定包装重量，不再对商品皮重进行称量。

3）按公量计重

有些商品经济价值较大但含水量却极不稳定，如羊毛、生丝、棉纱等，为准确计算这类商品的重量，通常采用公量计量的办法。即用科学办法抽出商品所含水分，再加标准水分重量，求得公量。计算公式如下：

公量 = [实际重量 × （1 + 标准回潮率）] / （1 + 实际回潮率）

例如：生丝、羊毛公认的标准回潮率为 11%。今出口羊毛 10 公吨，假设抽取 10 千克来测验其实际回潮率，用科学方法去掉货物中水分后，若净剩 8 千克羊毛，则实际回潮率（含水量与干量之比）等于 2 ÷ 8 = 25%，故公量 = 10 × （1+11%）÷ （1+25%）= 8.88（公吨）。

4）按理论重量计重

按理论重量计重适用于有固定规格和尺寸的商品，如马口铁、钢板等。只要规格一致，其重量大致相同，根据件数即可推算出重量。

5）法定重量和净净重

毛重、净重、净净重都是国际贸易中用来计量商品重量的方法。通常商品都需要包装，而有些包装是直接用来包装商品，与商品形成一体，旨在促销商品，如内包装；有些包装则用于商品最外层，旨在方便储存、运输和装卸，如外包装。习惯上把包括外包装在内的商品重量称为毛重，以毛重扣除包装重量后即为净重，而再从净重中扣除内包装重量就是净净重，也称实物净重，它是纯商品的重量。例如，水果糖是以净重计算重量，它通常包括糖纸的重量;而有些贵重金属、化工原料等,往往以"净净重"计算重量。法定重量实际上就是指净重,它是海关依法征收从量税时,作为计税基础的计量方法。

6.2.3 合同中的数量条款

合同中的数量条款,主要包括成交商品的具体数字和计量单位。为保证卖方按"量"交货,数量条款的规定应明确具体,特别是计量单位要统一,不应使用含糊不清的计量概念。在交货品种多样化时,逐一规定每一品种的数量是十分重要的,而不应只规定笼统的总数。对机电设备,必要时还应规定随主机的辅机、附件、配套的产品、配件和安装修理工具等;对以重量计算的交易,还要规定计算重量的方法,如毛重、净重、公量等。

数量条款是合同的主要条款之一。卖方应承担按合同规定的数量交货的义务,但在实际业务中,许多商品,如散装谷物,以体积、容积计量的油类货物等,由于受本身特性、运输或包装条件及计量工具的限制,在交货时很难按合同规定的数量交货。为此,对于一些数量难以严格限定的商品,如大宗农副产品、矿产品以及某些工业制成品,买卖双方应事先在合同中规定数量机动幅度,允许卖方交货数量在一定范围内灵活掌握。

1. 对进口商品数量的掌握

为了正确地掌握进口商品的成交数量,一般需要考虑下列因素。

(1)国内的实际需要。在洽购进口商品时,应根据国内生产建设和市场的实际需要来确定成交量,避免盲目进口。

(2)市场行情变化。在洽购进口商品时,还应根据国际市场行情变化情况确定成交数量,当市场行情发生对我方有利的变化时,应适当扩大成交数量;反之,则应适当控制成交数量。

2. 数量机动幅度条款

有些出口商品,例如矿砂、化肥、食糖、粮食等,由于其本身特性或因自然条件的影响或受包装和运输工具的限制,实际交货数量往往难以完全符合合同规定的交货数量,为避免争议,可以订立数量机动幅度条款。只要卖方交货数量在约定的增减幅度范围内,就属于按合同规定的数量交货,买方不得以交货数量不符为由而拒收货物或提出索赔。

国际货物买卖合同中的数量机动幅度条款一般是指溢短装条款(more or less clause),即在国际货物买卖合同的数量条款中明确规定可以增减的百分比,但增减的幅度以不超过规定数量的百分比为限。溢短装条款的内容包括:可溢装或短装的百分比,溢短装的选择权,溢短装部分的作价。

6.3 商品包装

商品包装是商品生产和商品流通的中介,凡需要包装的商品,只有通过包装才能起到保护商品和促销商品的作用,也才能真正实现商品使用价值。

国际贸易中的货物,除少数不必包装可直接装入运输工具中的散装货和在形态上自成件数、无须包装或略加捆扎即可成件的裸装以外，绝大多数商品都需要有适当的包装。

包装条款（packing terms）是外贸合同的主要条款之一。《联合国国际货物销售合同公约》第 35 条规定，卖方交付的货物必须按照合同方式装箱或包装。如果卖方交付的货物，未按合同规定的方式装箱或包装，就构成违约。

所以我们必须下功夫研究包装材料、包装容器、包装方法，从而做好包装工作，使出口商品的包装符合科学、经济、牢固、美观、适销和多创外汇的要求。

6.3.1 运输包装

运输包装又称大包装、外包装，它是指将货物装入特定容器，或以特定方式成件或成箱的包装。其主要作用在于保护商品，防止在储运过程中发生货损货差。科学合理的包装应能最有效地保护商品，最大限度地避免运输中各种外界条件（气候、装卸作业等）对商品可能产生的影响；方便检验、计数和分拨；符合经济原则，有利于节省舱容、运费和包装费用。

1. 对运输包装的要求

国际贸易中的商品，一般都需要通过长途运输才能到达收货人和消费者手中。为了保证长途运输中的货物不受外界影响和安全到达，就需要有科学合理的运输包装。一般来说，国际贸易商品的运输包装比国内贸易商品的运输包装的要求更高。因此，我们制作出口商品的运输包装时，应当体现下列要求。

1）必须适应商品的特性

每种商品都有自己的特性，例如，水泥怕潮湿，玻璃制品容易破碎，流体货物容易渗漏和流失等，这就要求运输包装相应具有防潮、防震、防漏、防锈和防毒等良好的性能。

2）必须适应各种不同运输方式的要求

不同运输方式对运输包装的要求不同，例如，海运包装要求牢固，并具有防止挤压和碰撞的功能；铁路运输包装，要求具有不怕振动的功能；航空运输包装，要求轻便而且不宜过大。

3）必须考虑有关国家的法律规定和客户的要求

各国法律对运输包装的规定不一，例如美国政府宣布，从 1998 年 12 月 17 日起，凡未经处理的中国木制包装箱和木制托架，一律不准入境，以免带进天牛（即甲虫）而危害美国森林。又如有些国家禁止使用柳藤、稻草之类的材料做包装用料，以防止异国病虫害的引入和传播；有些国家对包装标志和每件包装的重量，有特殊的规定和要求。此外，如果客户就运输包装提出某些特定的要求，也应根据需要和自身条件予以考虑。

4）要便于各环节相关人员进行操作

运输包装在流通过程中需要经过装卸、搬运、储存、保管、清点和查验，为了便于这些环节的有关人员进行操作，包装的设计要合理，包装规格和每件包装的重量与体积要适当，包装方法要科学，包装上的各种标识要符合要求，这就需要根据不同商品实现运输包装标准化。因为标准化的运输包装，既易于识别、计量和查验，又便于装卸、搬运和保管。

5）要在保证包装牢固的前提下节省费用

运输包装成本的高低和运输包装重量与体积的大小，都直接关系到费用开支和企业的经济效益。因此，在选用包装材料、进行包装设计时，在保证包装牢固的前提下，应注意节约。比如：选用量轻、价廉而又结实的包装材料，有利于降低包装成本和节省运费；包装设计合理，可以避免用料过多或浪费包装容量；包装方法科学，也有利于节省运费。此外，还要考虑进口国家的关税税则。对输往实行从量征税的国家的货物进行包装，就不宜采用重且大的包装；对输往从价征税的国家的出口包装，就不宜采用价格昂贵的包装，以免遭受损失。

2. 运输包装的种类

根据商品在运输、装卸过程中的不同要求，运输包装可分为单件运输包装和集合运输包装两种。

1）单件运输包装

单件运输包装指货物在运输过程中作为一个计件单位的包装。单件运输包装从不同角度又可分为以下几种。

（1）箱。不能紧压的货物通常装入箱内，按照材质的不同，箱又分为木箱、柳条箱、纸箱、瓦楞纸箱、漏孔箱等。

（2）包。凡可以紧压的商品，如羽毛、羊毛、棉花、布匹、生丝等，可以先经机压打包，压缩体积，然后再以棉布、麻布包裹，外加铁箍和塑料带，捆包成件。

（3）袋。粉状、颗粒状和块状的农产品及化学原料，常用袋装。袋又可分为麻袋、布袋、塑料袋、纸袋等。

（4）桶。液体、半液体以及颗粒状货物，可用桶装。桶有木桶、铁桶、塑料桶等。

此外，还有瓶、罐、坛、篓、钢瓶等包装形式。

2）集合运输包装

集合运输包装又称为成组化运输包装，是指在单位运输包装的基础上，为了适应运输、装卸工作现代化的要求，将一定数量的单件包装组合或装入一个大的包装容器内。集合运输包装又分为集装包/袋、托盘、集装箱等。在国际贸易中当我们计算集装箱数量时，常常把20英尺的货柜作为计算国际标准集装箱的计量单位，即 TEU（twenty-foot equivalent unit）。

3. 运输包装的标志

运输包装的标志是货物包装的一个组成部分，用标准、鲜明、简洁的图案、文字、数字书写、压印、刷制在运输包装物的外面，以资识别和提醒操作时注意。按作用可将运输包装的标志分为运输标志、指示性标志和警告性标志三种。

1）运输标志

运输标志又称"唛头"或"唛"，其主要作用是便于在装卸、运输、仓储、检验和交接过程中识别、点数，防止错发错运。因此，联合国欧洲经济委员会在国际标准化组织和国际货物装卸协调协会的支持下，制定了一套运输标志向各国推荐使用。该标准运输标志的内容包括：

（1）收货人或买方名称的英文缩写字母或简称（English abbr. letter and shortened form of name concerning consignee or buyer）；

（2）参考号（consignor's code），如运单号、订单号或发票号；

（3）目的地（destination）；

（4）件号（package number），包括每件货物的顺序件号和总件数。

例如：X.Y.Z.……收货人代号

HNFC201908……参考号

LONDON……目的地

1/500……顺序件号/总件数

2）指示性标志

指示性标志又称注意标志，是提示人们在装卸、运输和保管过程中需注意的事项，一般都以简单、醒目的图形和文字在包装上标出。2000年7月17日，国家质量技术监督局批准发布了GB 191—2000（等效采用ISO 780—1997）《包装储运图示标志》强制性国家标准，并于2000年12月1日开始实施。指示性标志示例如图6-1所示。

1. 易碎物品 运输包装件内装易碎品，因此搬运时应小心轻放		2. 禁用手钩 搬运运输包装时禁用手钩	
3. 向上 表明运输包装件的正确位置是竖直向上。		4. 怕晒 表明运输包装件不能直接照射	
5. 怕辐射 包装物品一旦受辐射便会完全标志或损坏		6. 怕雨 包装件怕雨淋	
7. 重心 表明一个单元货物的重心		8. 禁止翻滚 不能翻滚运输包装	
9. 此面禁用手推手 搬运货物时此面禁放手推车		10. 堆码层数极限 相同包装的最大堆码层数，n表示层数极限	
11. 堆码重量极限 表明该运输包装件所能承受的最大重量极限		12. 禁止堆码 该包装件不能对堆码并其上也不能放置其他负载	

图6-1 指示性标志示例

图示标志的颜色一般为黑色，通常避免采用红色和橙色，由生产单位在货物出厂前标打。在文字使用上，最好采用出口国和进口国的文字，以方便货物交接。

3）警告性标志

警告标志（warning mark）又称危险品标志。它是指在装有爆炸品、易燃物品、腐蚀物品、氧化剂和放射物质等危险货物的运输包装上用图形或文字表示各种危险品的标志。其作用是警告有关人员按货物的特性采取相应的防护措施。一些国际组织，如国际海事组织、国际铁路合作组织和国际民航组织都制定了危险品安全运输规则。1956年联合国通过了危险货物运输的"橙皮书"，将危险品划分为9大类21小类，并规定了统一的危险品标志。此外，联合国政府间海事协商组织也规定了一套《国际海运危险品货物标志》，这套规定在国际上已被许多国家采用，有的国家进口危险品时，要求在运输包装上标打该组织规定的危险品标志，否则不准靠岸卸货。常用的警告性标志如图6-2所示。

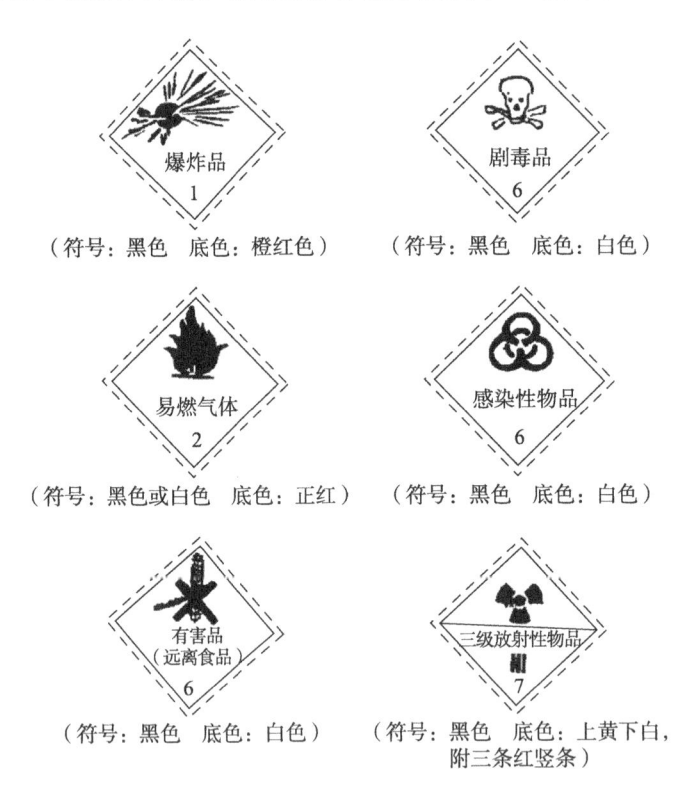

爆炸品 1
（符号：黑色　底色：橙红色）

剧毒品 6
（符号：黑色　底色：白色）

易燃气体 2
（符号：黑色或白色　底色：正红）

感染性物品 6
（符号：黑色　底色：白色）

有害品（远离食品）6
（符号：黑色　底色：白色）

三级放射性物品 7
（符号：黑色　底色：上黄下白，附三条红竖条）

图6-2　常用的警告性标志

上述运输包装上的各类标志，都必须按有关规定标打在运输包装上的明显部位，标志的颜色要符合有关规定的要求，防止褪色、脱落，使人一目了然，容易辨认。

6.3.2　销售包装

销售包装通常又称小包装或内包装，是指直接接触商品、随商品进入零售市场和消费者见面的包装。销售包装除了必须具备保护商品的性能外还要具备美化和宣传的作用，以吸引顾客，促进销售。销售包装作为一种竞争手段，已在许多工业制成品，尤其是日用消费品的销售中占有重要的地位，是直接影响商品的外销价格的一个重要因素。因此，在设计制作销售包装时应体现以下要求：便于陈列展销；便于识别商品；便于携带和使用；具有艺术吸引力。

1. 销售包装内容与作用

在销售包装上，一般都附有装潢画面、文字说明和条形码标志，便于消费者了解商品，并引起购买兴趣。为了方便出口，销售包装上的文字说明应简明扼要，突出商品的性质，便于消费者理解和使用；而装潢画面则应突出美观大方的主题，以利于促进销售商品。在销售工作中要密切注意进口地的民族习惯、宗教信仰及其爱好。例如：西班牙喜欢黑色；日本则视鸭子为吉祥物；许多国家对食品、化妆品包装强调必须注明生产日期和使用有效期；等等。销售包装应当达到 AIDMA（attention、interest、desire、memory、action）促销标准，要足以引起消费者的注意，从而产生兴趣，进而产生购买欲望，即使当时不买也会给消费者留下深刻的印象，终归会有一天让消费者购买。

2. 销售包装的种类

根据商品的特征和形状，销售包装可采用不同的包装材料和不同的造型结构与样式。常见的销售包装有以下几种。

1）挂式包装

这是可在商店货架上悬挂展示的包装，其独特的结构如吊钩、吊带、挂孔、网兜等，可充分利用货架的空间陈列商品。

2）堆叠式包装

这种包装通常指包装品顶部和底部都设有吻合装置使商品在上下堆叠过程中可以相互咬合，其特点是堆叠稳定性强，大量堆叠而节省货位，常用于听装的食品罐头或瓶装、盒装商品。

3）便携式包装

包装造型和长宽高比例的设计要适合消费者携带使用，如有提手的纸盒、塑料拎包等。

4）一次用量包装

一次用量包装又称单份包装、专用包装或方便包装，是以使用一次为目的的较简单的包装。如一次用量的药品、饮料、调味品的包装等。

5）易开包装

包装容器上有严格的封口结构，使用者不需另备工具即可容易地开启。易开包装又分为易开罐、易开瓶和易开盒等。

6）喷雾包装

在气性容器内，当打开阀门或压按钮时，内装物由于推进产生的压力能喷射出来的包装，叫喷雾包装。例如香水、空气清新剂、清洁剂等包装。

7）配套包装

将消费者在使用上有关联的商品搭配成套，装在同一容器内的销售包装，叫配套包装。

如工具配套袋、成套茶具的包装等。

8）礼品包装

礼品包装是专作为送礼用的销售包装。礼品包装的造型应美观大方，有较高的艺术性，有的还使用彩带、花结、吊牌等。它的装饰除了给消费者留下深刻印象外，还必须具有保护商品的良好性能。使用礼品包装的范围极广，如糖果、化妆品、工艺品、滋补品和玩具等。

3. 物品的条形码

目前，商品条形码已被公认是国际通用的"身份证"，是国际市场的"入场券"。它是一种利用光电扫描阅读设备为计算机输入数据的特殊代码语言，由一组带有数字的黑白及粗细间隔不等的平行条纹所组成，用以表示一定信息的图形，这些信息包括商品的品名、规格、价格、制造商等。由于是采用扫描录入信息，条形码技术显示出了操作简单、准确快捷、经济性好的众多优点，在商店自动销售系统和商品信息电子数据交换中被广泛使用，涉及领域还扩展到邮电、银行、图书、仓库运输、医疗、办公自动化等部门的管理中。

在国际上通用的商品上的条形码有两种：一种是通用于北美地区的 UPC（universal product code）条码，常用于包装、销售、记账和数据处理等方面。另一种是世界广泛采用的 EAN（European article number）条码，由国际物品编码协会统一分配和管理，1991 年 4 月我国正式加入该协会，并被分配以"690""691"和"692"来表示我国的国别号。因此标有以上号码为前缀的条形码的商品，即表示是中国出产的商品，如图 6-3 所示。

图 6-3　条形码示例

6.3.3　定牌生产和中性包装

定牌生产和中性包装是国际贸易中的通常做法。在我国出口业务中，一些出口企业有时应客户的要求，采用这些做法。

1. 定牌生产

定牌生产（original equipment manufacture）又称为授权贴牌生产，是指卖方按买方要求在其销售的商品或包装上标明买方指定的商标或牌号。卖方同意采用定牌，是为了利用买主（包括生产厂商、大百货公司、超级市场和专业商店）的经营能力和它们的企业商誉或名牌声誉，以提高商品售价和扩大市场销售量。

在我国出口贸易中，如果外商订货量较大，且需求稳定，在不违反国际贸易中配额限制和普惠制规定的原产地证明原则下可适当使用定牌生产。采用定牌生产时，除非另有约定，在我国出口商品和/或包装上均需标明"中国制造"（MADE IN CHINA）字样。

2. 中性包装

中性包装（neutral packing）指在商品的内外包装上既不标明生产国别、地名和厂商名称，也不标明原有商标和牌号。中性包装包括无牌中性包装和定牌中性包装。前者是指包装上既无生产国别、地名和厂商名称，又无商标或品牌；后者是指包装上仅有买方指定的商标或品牌，而无生产国别、地名和厂商名称。采用中性包装，是为了打破某些进口国的贸易壁垒以及适应转口贸易等特殊需要，是出口商促进出口的一种手段。但近年来受到种种限制，因而不宜经常采用。

6.3.4 合同中的包装条款

包装条款一般包括包装材料、包装方式、包装规格、包装标志和包装费用负担等内容。在规定包装条款时，应体现以下要求。

1. 必须明确具体

诸如"习惯包装""适合海运包装""卖方惯用包装"之类的术语，由于缺乏统一解释，容易引起纠纷与争议，因此除非买卖双方对包装方式的具体内容经事先充分交换意见或由于长期的业务交往已取得一致认识，否则在合同中不宜采用笼统的规定方法。

2. 必须考虑商品特性、所采用的运输方式及有关国家和地区的现行法律规定

包装条款需要与有关国家规定相符合，例如：有些国家为防止动植物传染病发生，禁止采用麻袋、稻草、原棉、报纸作为包装的衬垫物；有的国家对内外包装上使用的标签（tag）、印记（marking）等也往往有规定；很多国家对轮船、飞机、火车所载货物的单件长度、重量、宽度等有明确要求，不符合要求的不能装运。

3. 必须明确何方提供运输标志

包装上的指示性标志、警告性标志等，一般不需要在合同中规定，由卖方根据实际情况自行刷制。但合同中应明确规定运输标识（唛头）由谁决定。按照国际贸易惯例，唛头一般由卖方决定，也可不订入合同，或只订明"卖方标识"，由卖方设计后通知买方。如果买方要求在合同订立以后由其指定，则应具体规定指定的最后时限，并订明若到时尚未收到有关唛头的通知，卖方可自行解决。

4. 必须订明包装费用由何方负担

包装费用一般包括在货价中，不另计价，在包装条款中无须订明。比如"以毛作净"条款就是把包装材料计入货价中。但如果买方要求特制包装，导致包装费用超出正常的包装费用，使产品成本增加，则需要明确规定超出的包装费用由何方负担。若按买方提供材料包装，还需规定这些包装材料运送的方法、时间，送交包装延误的责任及相应费用的负担；若由买方承担包装费用，就应注明买方支付这部分费用的时间和方法。

6.4 区块链技术应用

2020年6月17日，"2020国金消费资产总链全球发布会"成功落幕，大会期间，由国金公链推出的全民直采链来提供源头直采的国金消费资产总链一号资产包"丹溪红曲封坛链酒"隆重登场并以国金智提卡的形式正式开卖。随着购买国金智提卡订单的接踵而至，全民直采供应链平台也拉开了试运营的序幕。

全民直采链是基于国金公链底层区块链构建的，是国内最大的区块链全纬度产品溯源、分布式源头直采供应链平台，致力于优化传统供应链多层次、中间化结构，解决企业产品销售难、产品溯源无保障等难题。当下，全民直采链已进入试运营状态，平台所有商品将以国金智提卡的形式进入全国上链商品总库进行流转，部分商品将进入国金消费资产总链进行销售。全面直采区块链溯源如图6-4所示。

此次会议中，"丹溪红曲封坛链酒"以其珍贵的价值以及区块链溯源体系验证下的尊贵品质俘获了众人的心，全民直采链区块链溯源模块也借此初露锋芒。区块链溯源是全民直采链平台核心功能模块之一，每件进入平台的源头商品都将被赋予一个独立的"国金哈希码"，一物一哈希一码记录商品从原产地到消费者的全链路信息。区块链溯源配合国金公链体系独创的可视化技术，平台使用者通过"扫一扫查看"即可轻松追溯到商品的源头信息（图6-5）。此外，每件商品被查询的次数、时间及地点等实时数据也将同步上链并向各查询用户共享展示。

图6-4　全面直采区块链溯源

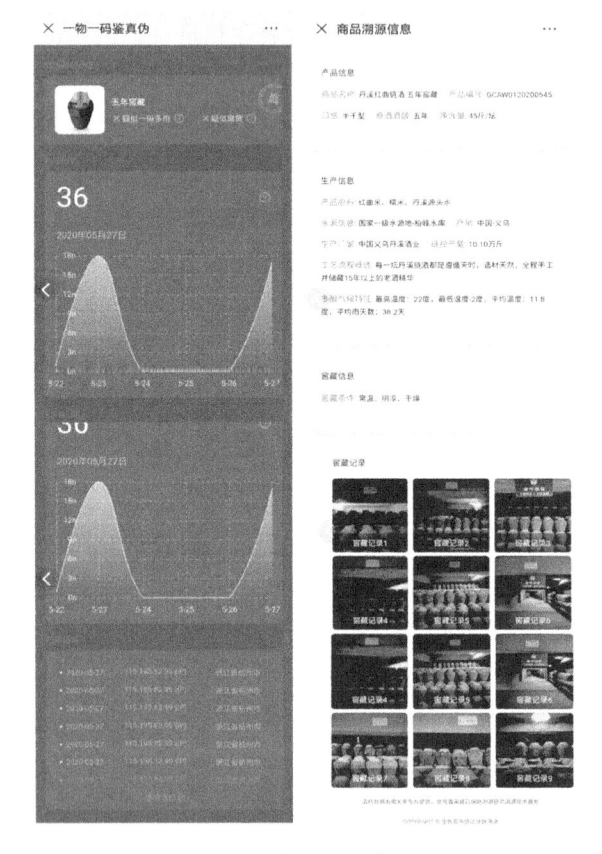

图6-5　商品溯源信息

目前，以"丹溪红曲封坛链酒"为代表的首批源头商品已进入全民直采链平台流通，并完美地实现了商品从源头直采、链上流转及终端销售等全链路可溯源、可查验功能。未来，国金公链在不断提高全民直采链平台服务与技术水平的同时，还将引入更多实体企业，构筑国内区块链领域最大的供应链平台。

名词术语

品质机动幅度　品质公差　公量　溢短装条款　定牌　中性包装　商品溯源

思考题

1. 品质条款在合同中的法律地位如何？约定品质条款应注意哪些事项？
2. 表示品质的方法多种多样，应如何结合商品特点合理选择和运用？
3. 数量条款在合同中的法律地位如何？约定数量条款应注意哪些事项？
4. 在某些大宗商品交易中为什么要约定溢短装条款？溢短装的选择权应由谁掌握？
5. 搞好出口商品包装和订好包装条款有何重要意义？
6. 何谓"条形码"？在我国出口商品包装上使用条形码标志的意义何在？
7. 何谓"中性包装"？在国际贸易中为什么会出现中性包装？
8. 运输包装依据其用途可以分为几类？试举例说明。
9. 区块链技术对商品溯源有哪些重要影响？并举例说明。
10. 2017 年 5 月，我国某进出口公司与印度尼西亚某进口公司达成一笔大理石交易，合同中品质条款规定：纯黑色、晶墨玉、四边无倒角、表面无擦痕，允许买方到工厂验货，7 月交货。签约后，由于品质要求苛刻，加工难度大，数量小，价格又低，交货期限还紧，工厂都不愿意接受。交货期一拖再拖，后经多方努力，终于交出一批货物。货物到后经检验不合格，买方提出索赔。从此案中我们可以汲取哪些教训？
11. 我国某出口公司与日本进口商按每公吨 500 美元 CIF 东京成交农产品 200 公吨，合同规定：每袋包装 25 公斤，双线新麻袋包装，信用证付款。该公司安排货物装运出口并办妥了结汇手续。事后对方来电称：该公司所交货物扣除皮重后实际到货不足 200 公吨，要求按净重计算价格，退回因短量多收的货款。我公司则以合同未规定按净重计价为由拒绝退款。试分析我公司做法是否可行？为什么？
12. 2002 年世界杯期间，日本某进口商为了促销运动饮料，向中国出口商订购一批 T 恤衫，要求以红色为底色，并印制"韩日世界杯"字样，此外不需印制任何标识，以在世界杯期间作为促销手段随饮料销售赠送现场球迷，合同规定 2002 年 5 月 20 日为最后装运期，我方组织生产后于 5 月 25 日将货物按质按量装运出港，并备齐所有单据向银行议付货款。然而货到时由于日本队止步于 16 强，日方估计到可能的积压损失，以单证不符为由拒绝赎单，在多次协商无效的情况下，我方只能将货物运回以在国内销售减少损失，但是在货物途经海关时，海关认为由于"韩日世界杯"字样及英文标识的知识产权为国际足联所持有，而我方外贸公司不能出具真实有效的商业使用权证明文件。因此，海关以侵犯知识产权为由扣留并销毁了这一批 T 恤衫。试分析海关的处理是否正确，从本案中我们可以汲取哪些教训？

即测即练

自学自测　扫描此码

第 7 章 国际贸易术语和商品价格

本章学习目标：

1. 了解《国际贸易术语解释通则》中关于国际贸易术语的相关解释；
2. 掌握交接货物、费用负担、风险划分等方面买卖双方各自承担的责任、义务，并能够在实际中正确运用；
3. 熟悉商品的作价方法，学会计算并合理运用佣金与折扣，掌握成本核算方法；
4. 掌握订立国际货物买卖合同价格条款的主要方法。

引导案例

交行成功上线国际贸易单一窗口金融区块链平台

2020年7月，交通银行在厦门成功上线国际贸易单一窗口金融区块链平台"海运费境内外汇划转支付场景"，并于上线当日为上海悦东国际货运代理有限公司厦门分公司成功办理了海运费境内外汇划转业务。

该业务场景是全国首个纳入单一窗口平台并运用区块链技术进行非贸业务（海运费业务）支付的场景。该系统整合了海关、税务、外汇局、自贸区电子口岸（单一窗口）的资源，利用区块链分布式账本、不可篡改和智能合约等技术，将税务局发票系统、厦门国际贸易单一窗口、银行、船代、货代、付款企业链接在一起。厦门地区物流企业可与交行完成签约，通过厦门国际贸易单一窗口发起付汇业务，形成电子化申请，银行在线审核无误后即可完成业务办理。此项业务的成功上线，实现了政府信息、银行服务和产业链的融合，让海运费支付真正意义上实现全流程线上化操作，大大提高了企业外汇支付效率，有效助力厦门智慧城市建设。

中国国际贸易"单一窗口"是国家口岸办推广的政府服务平台，旨在通过电子口岸平台共享数据信息，实施职能管理，同时优化通关流程，提高申报效率，降低企业成本，促进贸易便利化。截至2020年7月，交行已实现与深圳、上海、四川、江苏、福建、厦门六地地方版单一窗口对接，大力推进与标准版单一窗口对接工作，支持企业通过单一窗口在线办理跨境购付汇、贸易融资等业务，有效提升了贸易便利化水平。

阅读以上案例，思考：区块链技术的广泛应用对国际贸易的发展起到哪些积极的作用？

7.1 贸易术语概述

7.1.1 国际贸易中商品单价

在国内商业活动中，商品的单价通常是指每计量单位商品的价钱。但是，在国际贸易中，商品的单价内涵要丰富得多。"USD 500 Per SET CIF San Francisco"是一份国际货物买卖合同中对商品单价的规定，其中 USD 为计价货币美元的国际代码，500 是单位计价金额，Per SET 为商品计量单位，CIF San Francisco 是贸易术语（trade terms）。国际贸易中商品的单价由计价货币、单位金额、计量单位、贸易术语四个部分组成。何为贸易术语，它起什么作用？

7.1.2 贸易术语的含义和作用

国际贸易中的买卖双方分处两国，远隔两地，在卖方交货和买方接货的过程中，将会涉及以下诸多问题。
（1）卖方在什么地点、以什么方式交货？
（2）谁负责安排运输并承担运费及有关费用？
（3）谁负责为货物进行投保并支付保险费？
（4）谁负责办理货物在出口国的出口手续并支付必要的出口税、费？
（5）谁负责办理货物在进口国的进口手续并支付必要的进口税、费？
（6）货物在运输途中可能发生的损坏或灭失的风险由谁承担？

上述问题是每笔交易都必须明确的，但如果每笔交易中买卖双方都要对上述问题逐项进行磋商，将耗费大量的时间和费用，并将影响交易的达成。在国际贸易的长期实践中，逐渐形成了各种不同的贸易术语。通过使用贸易术语，就可解答上述问题，既可节省交易磋商的时间和费用，又可简化交易磋商和买卖合同的内容，有利于交易的达成和贸易的发展。贸易术语的内涵非常丰富，一方面，它确定了交货的各项条件，说明了在交接货物、费用负担、风险划分等方面买卖双方各自承担的责任、义务；另一方面，贸易术语也表示了商品交易价格的构成因素，因此按不同的贸易术语成交时交易的价格会因构成因素的差别而有所不同。

贸易术语，又称贸易条件、价格术语（price terms），是指用一个简短的概念或几个字母的英文缩写来表示商品的价格构成、说明交货地点、明确在货物交接过程中买卖双方的有关费用、风险和责任的划分的专门用语。

贸易术语的作用主要有：①简化交易磋商内容，缩短磋商时间，节省费用；②有利于买卖双方核算商品价格和成本；③有利于解决履约当中的争议。

7.1.3 关于贸易术语的国际惯例

贸易术语在实际业务中得到了广泛的使用,但由于不同国家和地区在法律制度、贸易惯例和习惯做法上的不同,存在对同一贸易术语的不同解释和做法,反而在一定程度上阻碍了国际贸易的发展。为了避免在理解上的分歧和争议,某些国际组织、商业团体、学术机构试图对贸易术语做统一的解释。于是,陆续出现了一些有关贸易术语的解释和规则。这些解释和规则为较多国家的法律界和工商界所熟悉、承认和接受,就成为有关贸易术语的国际贸易惯例。其中在国际贸易业务实践中影响较大的主要有三个:国际法协会(International Law Association)制定的《1932年华沙—牛津规则》(*Warsaw-Oxford Rules 1932*)、美国一些商业团体制定的《1941年美国对外贸易定义修订本》(*Revised American Foreign Trade Definition 1941*)、国际商会制定的《国际贸易术语解释通则》(*International Rules for the Interpretation of Trade Terms*, INCOTERMS)。本章关于贸易术语的介绍将以对我国国际贸易实践影响最大的《国际贸易术语解释通则》为基础来进行。

1. 1932年华沙—牛津规则

1928年国际法协会在波兰华沙举行会议,以英国贸易习惯及判例为基础,制定了关于CIF买卖合同的统一规则,共22条,称为《1928年华沙规则》。后经1930年纽约会议、1931年巴黎会议和1932年牛津会议,将前"华沙规则"修订为21条,定名为《1932年华沙—牛津规则》,并沿用至今。该规则对CIF买卖合同的性质做了说明,并具体规定了在CIF买卖合同中买卖双方所承担的费用、责任和风险。

2. 1941年美国对外贸易定义修订本

1919年,美国九个大商业团体制定了《美国出口报价及其缩写条例》(*The U.S. Export Quotations and Abbreviations*)。后来因国际贸易习惯的变化,在1940年举行的美国第27届全国对外贸易会议上对该定义做了修订,并于1941年7月31日经美国商会、美国进口商协会和美国全国对外贸易协会所组成的联合委员会通过,称为《1941年美国对外贸易定义修订本》。1990年,根据形势发展的需要,该条例再次做了修订,命名为《1990年美国对外贸易定义修订本》。

该修订本对六种贸易术语做了解释:Ex(point of origin)——原产地交货;FOB(free on board)——在运输工具上交货;FAS(free along side)——运输工具旁边交货;C&F(cost and freight)——成本加运费;CIF(cost, insurance and freight)——成本加保险费、运费;Ex Dock(named port of importation)——目的港码头交货。

《1941年美国对外贸易定义修订本》在美洲国家有较大影响。由于它对贸易术语的解释,特别是对FOB和FAS两种贸易术语的解释与其他国际惯例的解释有所不同,因此,我国外贸企业在与美洲国家进出口商进行交易时,应予特别注意。

3.《国际贸易术语解释通则》

国际商会自20世纪20年代初即开始对重要的贸易术语做统一解释的研究,1936年提出了一套解释贸易术语的具有国际性的统一规则。随后，国际商会为适应国际贸易实践的不断发展，于 1953 年、1967 年、1976 年、1980 年、1990 年、2000 年、2010 年和 2020 年对 INCOTERMS 先后进行 8 次修订和补充。

7.2 《2020 通则》简介

为适应国际贸易实务的最新发展，在《2010 通则》的基础上，2016 年 9 月，国际商会正式启动了《2020 通则》的起草工作，并在全球进行了广泛的意见征询和研讨。2019 年 9 月，国际商会正式向全球发布《2020 通则》，该规则于 2020 年 1 月 1 日生效。由于《国际贸易术语解释通则》本身不是法律，对国际贸易当事人不产生必然的强制性约束力，《2020 通则》的生效并不意味着《2010 通则》会自动作废。国际贸易惯例在适用的时间效力上并不存在"新规取代旧法"的说法，当事人在订立贸易合同时仍然可以选择适用《2010 通则》甚至《2000 通则》，因此可以料想未来的两三年内《2010 通则》仍将在贸易合同中扮演重要角色。但由于《2020 通则》总结了近十年来贸易领域的新变化，内容更清晰简洁，操作性和指导性进一步加强，更符合当前国际贸易业务的实际，应当引起广大国际贸易从业人员和相关专业的学生的注意。

7.2.1 《2020 通则》的新变化

在《2010 通则》的基础上，《2020 通则》在以下几个方面进行了调整。

（1）《2020 通则》中 FCA（货交承运人）术语下就提单问题引入了新的附加机制。根据该新引入的附加选项，买方和卖方同意买方指定的承运人在装货后将向卖方签发已装船提单，然后再由卖方向买方做出交单（可能通过银行）。现行的 FCA 术语中存在的一个主要问题是该术语的效力在货物装船前就已经随货交承运人而截止，这就导致卖方无法获得已装船提单。但是在一般情况下，已装船提单是银行在信用证项下要求的常见单据，因此对 FCA 规则的修订充分考虑到这一市场上的实际情况。值得注意的是，即使采用该附加选项，卖方并不因此受买方签署的运输合同条款的约束。

（2）各个贸易术语项下买卖双方的费用承担在《2020 通则》A9（卖方承担）和 B9（买方承担）中详细载明，该部分为每一个贸易术语都提供了"一站式费用清单"。也就是说，除了在具体规定有关义务的条款中对承担该义务产生的费用成本进行分配以外，还新加入将买方、卖方各自承担的费用成本一并汇总的部分。例如，在 FOB 贸易术语项下，取得交付或运输相关单据产生的成本除在说明该项义务的 A6/B6 部分载明外，在汇总费用承担的 A9/B9 部分也有载明。

（3）《2020 通则》中 CIF 和 CIP 术语所规定的最低保险范围发生变化。CIF 术语继续要求卖方购买符合 LMA/IUA《协会货物保险条款》(C) 条款要求的货物保险。但是，在适用 CIP 术语的贸易中，最低保险范围已经提高到《协会货物保险条款》(A) 条款的要求（即"一切险"，不包括除外责任）。这一修订的原因在于 CIF 更多地用于海上大宗商品贸易，

CIP 作为多式联运术语更多地用于制成品。

（4）《2020 通则》规定，当采用 FCA、DAP、DPU 和 DPP 术语进行贸易时，买卖双方可以使用自有运输工具，而《2010 通则》推定使用第三方承运人进行运输。

（5）为了反映作为目的地的交货地点可以是任何地方而不仅仅是终点，《2020 通则》用贸易术语 DPU 取代了《2010 通则》中的贸易术语 DAT（delivered at terminal）。

DPU 的全称是 delivered at place unloaded，即目的地卸货后交货。根据《2020 通则》规定，"目的地卸货后交货"是指卖方在指定目的地或者指定目的地内的约定交货点，将货物从抵达的载货运输工具上卸下，交由买方处置，即为交货。卖方承担将货物运送到指定目的地以及卸载货物的一切风险。DPU 是唯一要求卖方在目的地卸货的贸易术语。因此，卖方应当确保其可以在指定地组织卸货。如果双方不希望卖方承担卸货的风险和费用，则不应使用 DPU 规则，而应使用 DAP 规则。DPU 可适用于任何运输方式，也可适用于使用多种运输方式的情形。

（6）《2020 通则》中每个国际贸易术语项下的 A4 和 A7 部分都明确规定了与安全有关的义务的分配规则，为履行该义务产生的费用的承担方式也在 A9/B9 部分载明。例如，FOB 术语项下的 A4 部分载明"卖方必须遵守任何与运输安全有关的要求，直至交付"。这些规定反映了当前国际贸易领域对安全问题日益增长的关注。

（7）《2020 通则》将《2010 通则》中各规则首部的"使用说明"升级为"用户注释"。用户注释阐明了《2020 通则》中各术语的基本原则，如何时适用、风险何时转移及费用在买卖双方间的划分等；旨在帮助用户有效及准确地选择适合其特殊交易的术语，并就受《2020 通则》制约的合同或争议提供部分需要解释问题的指引。

7.2.2 《2000 通则》《2010 通则》和《2020 通则》比较分析

2020 年 1 月 1 日，《2020 通则》正式生效，但在国际贸易合同的签订中，《2010 通则》，甚至《2000 通则》仍然可以使用。三个不同版本的《国际贸易术语解释通则》无论在贸易术语的数量及结构，还是买卖双方承担的风险和责任等方面均存在一定差异。因此，有必要将上述三个版本的《国际贸易术语解释通则》进行比较（表 7-1~表 7-3），明确不同版本中各贸易术语的具体含义及买卖双方各自的权责划分，避免因为混淆而导致贸易风险的增加。

表 7-1 《2000 通则》中贸易术语解释

分类	名称	交货地点	运输合同	保险合同	风险转移	出口结关	进口结关	运输方式
E 组	EXW 工厂交货	卖方工厂	买方	买方	交货时	买方	买方	各种运输
F 组	FCA 货交承运人	货交承运人（买方指定）	买方	买方	交货时	卖方	买方	各种运输
	FAS 船边交货	指定装运港船边	买方	买方	交货时	卖方	买方	海运、内河
	FOB 船上交货（装运港）	指定装运港船上	买方	买方	装运港船舷	卖方	买方	海运、内河
C 组	CFR 成本加运费	装运港船上	卖方	买方	装运港船舷	卖方	买方	海运、内河

续表

分类	名称	交货地点	运输合同	保险合同	风险转移	出口结关	进口结关	运输方式
C组	CIF 成本加保险费加运费	装运港船上	卖方	卖方	装运港船舷	卖方	买方	海运、内河
	CPT 运费付至	货交第一承运人	卖方	买方	交货时	卖方	买方	各种运输
	CIP 运费加保险费付至	货交第一承运人	卖方	卖方	交货时	卖方	买方	各种运输
D组	DAF 边境交货	边境指定地点	卖方	卖方	交货时	卖方	买方	各种运输
	DEQ 码头交货（目的港）	指定目的港码头	卖方	卖方	交货时	卖方	买方	海运、内河
	DES 船上交货（目的港）	指定目的港船上	卖方	卖方	交货时	卖方	买方	海运、内河
	DDU 完税后交货（指定目的地）	指定目的地（卸完货）	卖方	卖方	交货时	卖方	买方	各种运输
	DDP 完税后交货（指定目的地）	指定目的地（不卸货）	卖方	卖方	交货时	卖方	买方	各种运输

表 7-2 《2010 通则》中贸易术语解释

分类	名称	交货地点及风险转移	运输合同	保险合同	出口结关	进口结关
仅适用于水上运输方式	FOB 船上交货（装运港）	指定装运港船上	买方	买方	卖方	买方
	FAS 船边交货	指定装运港船边	买方	买方	卖方	买方
	CFR 成本加运费	指定装运港船上	卖方	买方	卖方	买方
	CIF 成本加保险费加运费	指定装运港船上	卖方	卖方	卖方	买方
适用于任何运输方式	EXW 工厂交货	卖方工厂	买方	买方	买方	买方
	FCA 货交承运人	货交承运人（买方指定）	买方	买方	卖方	买方
	CPT 运费付至	货交第一承运人	卖方	买方	卖方	买方
	CIP 运费加保险费付至	货交第一承运人	卖方	卖方	卖方	买方
	DAT 运输终端交货	指定港口或目的地的运输终端	卖方	买方	卖方	买方
	DAP 目的地交货	指定目的地	卖方	买方	卖方	买方
	DDP 完税后交货（指定目的地）	指定目的地	卖方	买方	卖方	卖方

表 7-3 《2020 通则》中贸易术语解释

分类	名称	交货地点及风险转移	运输合同	保险合同	出口结关	进口结关
仅适用于水上运输方式	FOB 船上交货（装运港）	指定装运港船上	买方	买方	卖方	买方
	FAS 船边交货	指定装运港船边	买方	买方	卖方	买方
	CFR 成本加运费	指定装运港船上	卖方	买方	卖方	买方
	CIF 成本、保险费加运费	指定装运港船上	卖方	卖方	卖方	买方
适用于任何运输方式	EXW 工厂交货	卖方工厂	买方	买方	买方	买方
	FCA 货交承运人	货交承运人（买方指定）	买方	买方	卖方	买方
	CPT 运费付至	货交第一承运人	卖方	买方	卖方	买方
	CIP 运费加保险费付至	货交第一承运人	卖方	卖方	卖方	买方
	DAP 目的地交货	指定目的地	卖方	买方	卖方	买方
	DPU 卸货地交货	指定目的地	卖方	买方	卖方	买方
	DDP 完税后交货（指定目的地）	指定目的地	卖方	买方	卖方	卖方

从表 7-1～表 7-3 可以看出，在《国际贸易术语解释通则》现行的三个版本中，《2010 通则》在贸易术语的数量、分类标准及买卖双方风险划分等诸多方面均进行了一定的调整；《2020 通则》修改内容比较有限，将 DAT 术语改为 DPU 术语，使交货变得更加便利。此外，《2020 通则》充分考虑了货运的安全问题及根据货物的性质和运输灵活安排保险的需要，将 CIP 术语下保险险别调整为 ICC（A），并新增了安保条款等。

7.2.3 《2020 通则》主要特点

（1）增加提单选项。为满足信用证方式下卖方交单要求，FCA 贸易术语增加一个附加选项：买方可以指示承运人在完成货物装运后向卖方签发装船提单，卖方在通过信用证结算时提交提单等单据以获取货款。

（2）扩大保险范围。将 CIP 贸易术语的保险范围由最低险别调整为《协会货物保险条款》（A）条款。

（3）明确了自有运输工具的合理使用权。在 DAP、DPU 和 DDP 贸易合同中，允许卖方使用自己的运输工具；在 FCA 贸易合同中，买方也可以使用自己的运输工具。

（4）使买卖双方费用划分更加清晰。对费用划分条款进行修订，以便提供给用户一站式费用列表，使买方或卖方得以在一个条款中找到其选择贸易术语所对应的所有费用，进一步明确了买卖双方费用的分摊。

（5）使目的地交货更为便利。用 DPU 替代 DAT，交货地点不仅仅局限于运输终端，只要卖方确保其交货地点允许卸载货物即可。

（6）补充安保要求。将与运输安全相关的安保要求明确规定在各贸易术语的"运输合同"及"出口清关"中，并在费用划分条款中对因安保要求而增加的成本作出明确的规定。

7.3 贸易术语

虽然《2020 通则》已经正式生效，但目前在国际贸易实践中《2010 通则》应用仍然十分广泛。

7.3.1 对 FOB 术语的解释

FOB 的全称是 free on board（…named port of shipment），即船上交货（……指定装运港），习惯上称为装运港船上交货。

"船上交货（……指定装运港）"是指卖方以在指定装运港将货物装上买方指定的船舶或通过取得已交付至船上货物的方式交货。货物灭失或损坏的风险在货物交到船上时转移，同时买方承担自那时起的一切费用。该术语仅适用于海运或内河运输。

1. 买卖双方的义务

采用这一术语，买卖双方各自承担的基本义务概括如下：

1）卖方义务

（1）提供符合合同的货物，在合同规定的日期或期间内，在指定装运港，将货物按港口惯常方式交至买方指派的船上或以取得已在船上交付货物的方式交货，并给予买方充分通知。

（2）负责取得出口许可证或其他官方文件，办理货物出口清关。

（3）承担货物在装运港交到船上之前的一切费用和风险。

（4）负责提交商业发票和证明货物已交至船上的通常单据，或具有同等效力的电子信息。

2）买方义务

（1）负责租船订舱，支付运费，并给予卖方关于船名、装船地点和要求交货时间的充分通知。

（2）负责取得进口许可证或其他官方文件，办理货物进口清关以及必要时的过境手续。

（3）承担货物在装运港交到船上之后的一切费用和风险。

（4）接受卖方提交的与合同相符的单据，受领符合合同的货物，按合同规定支付货款。

2. 使用 FOB 术语应注意的问题

在买卖合同中，卖方的基本义务是交付符合合同的货物。以 FOB 术语成交的合同属装运合同，卖方应按合同规定的装船期和装运港，将货物装上船。但这一术语中订立运输合同、安排船只是买方的义务，买方应租船订舱，将船名、装船时间等及时通知卖方，以便卖方备货装船。这就存在船货衔接的问题，如果处理不好这一问题，发生"货等船"或"船等货"的情况，势必影响合同的正常履行。

按有关法律和惯例对买卖双方义务的规定，如果买方按期派船到装运港并给予了卖方充分的通知，而卖方因货未备妥未能及时装运，则卖方应承担未按合同履约的后果，包括负担空舱费（dead freight）或滞期费（demurrage）；如果买方延迟派船导致卖方不能按合同规定时间装船交货，则由买方承担由此产生的损失和费用。

7.3.2 对 CFR 术语的解释

CFR 的全称是 cost and freight（…named port of destination），即成本加运费（……指定目的港）。

"成本加运费（……指定目的港）"，是指卖方在船上交货或以取得已经这样交付的货物方式交货。货物灭失或损坏的风险在货物交到船上时转移。卖方必须签订合同，并支付必要的成本和运费，将货物运至指定的目的港。

CFR 术语要求卖方办理出口清关手续。该术语仅适用于海运或内河运输。CFR 术语可能不适合于货物在上船前已经交给承运人的情况，例如，用集装箱运输的货物通常是在集装箱码头交货。此类情况下，则应使用 CPT 术语。

1. 买卖双方的义务

采用这一术语，买卖双方各自承担的基本义务概括如下：

1）卖方义务

（1）提供符合合同的货物；租船订舱，支付货物运至目的港的运费；在合同规定的时间和港口，将货物装上船，或以取得已装船货物的方式交货。交货后及时通知买方。

（2）承担货物在装运港交到船上之前的一切费用和风险。

（3）负责取得出口许可证或其他官方文件，办理货物出口清关。

（4）负责提供商业发票以及证明货物运至约定目的港的通常的运输单据，或具有同等效力的电子信息。

2）买方义务

（1）接受卖方提供的与合同相符的单据，受领符合合同的货物，按合同规定支付货款。

（2）承担货物在装运港交到船上之后的一切风险。

（3）负责取得进口许可证或其他官方文件，办理货物进口清关以及必要时的过境手续。

2. 使用 CFR 术语应注意的问题

1）卖方应及时发出充分的装船通知

在以 CFR 术语达成的交易中，卖方仅负责办理货物的出口运输，不负责办理货物自装运港至目的港的货运保险，而货物在装运港装上船之后，风险即由买方承担。因此，卖方应在装船后及时向买方发出装船通知，以便买方及时投保。按有关法律及惯例的规定，如果货物在运输途中受损，而卖方未及时发出装船通知导致买方漏保，那么卖方不能因货物已装上船，风险已转移为由免除责任。

2）CFR 贸易术语的变形

CFR 贸易术语的变形是指在 CFR 术语后添加词句，用来说明在程租船运输下卸货费用由谁负担的问题。在按 CFR 术语成交，货物采用班轮运输时，其在装运港的装货费用和在目的港的卸货费用均包含在班轮运费中，由支付运费的卖方负担。而大宗货物通常采用程租船运输，船方通常按照"不负担装卸费用"（free in and out，F.I.O.）条件出租船舶，卸货费不包括在运费中。买卖双方必须在合同中明确卸货费由谁负担，这在实践中是通过 CFR 贸易术语的变形来说明的。

（1）CFR liner terms（CFR 班轮条件），是指卸货费用按班轮办法处理，由支付运费的一方承担，即卖方负担卸货费。

（2）CFR landed（CFR 卸到岸上），是指由卖方负担卸货费，包括因船不能靠岸，需将货物用驳船运至岸上而支出的驳运费在内。

（3）CFR under tackle（CFR 吊钩下交货），是指卖方负责将货物从船舱吊起卸到船舶吊钩所及之处（码头上或驳船上）的费用。在船舶不能靠岸的情况下，租用驳船的费用和货物从驳船卸到岸上的费用，由买方负担。

（4）CFR Ex ship's hold（CFR 舱底交货），是指货物运到目的港后，由买方自行启舱，并负担货物从舱底卸到码头的费用。

传统观点认为，CFR 术语变形仅用来说明卸货费用的负担，不影响买卖双方交货地点和风险界限的划分。为避免因理解不同而导致的争执，买卖双方应在销售合同中明确规定贸易术语的变形仅限于费用的划分。

3）合同中尽可能指定装运港

由于 CFR 贸易术语风险转移和费用转移的地点不同，虽然合同通常都会指定目的港，但不一定都会指定装运港，而装运港是风险转移给买方的地方。如果装运港对买方具有特殊意义，特别建议双方在合同中尽可能准确地指定装运港。

7.3.3　对 CIF 术语的解释

CIF 的全称是 cost, insurance and freight（…named port of destination），即成本、保险费加运费（……指定目的港）。

"成本、保险费加运费"是指卖方在船上交货或以取得已经这样交付的货物方式交货。货物灭失或损坏的风险在货物交到船上时转移。卖方负责运输，并支付必要的成本和运费，以将货物运至指定的目的港。

卖方还必须办理买方货物在运输途中灭失或损坏风险的海运保险。因此，由卖方订立保险合同并支付保险费。买方应注意到，CIF 术语只要求卖方投保最低限度的保险险别。如果买方需要更高的保险险别，则需要与卖方明确地达成协议，或者自行作出额外的保险安排。

CIF 术语要求卖方办理货物出口清关手续。该术语仅适用于海运和内河运输。CIF 术语可能不适合于货物在上船前已经交给承运人的情况，例如，用集装箱运输的货物通常是在集装箱码头交货。此类情况下，则应使用 CIP 术语。

1. 买卖双方的义务

采用这一术语，买卖双方各自承担的基本义务概括如下。

1）卖方义务

（1）提供符合合同的货物；负责租船订舱，支付至目的港的运费；在合同规定的日期或期间内，在装运港将货物装上船或以取得已装船货物的方式交货。交货后及时通知买方。

（2）承担货物在装运港交到船上之前的一切费用和风险。

（3）负责办理货物运输保险，支付保险费。

（4）负责取得出口许可证或其他官方文件，办理货物出口清关。

（5）负责提供商业发票、保险单和货物运至约定目的港的通常的运输单据，或具有同等效力的电子信息。

2）买方义务

（1）接受卖方提供的与合同相符的单据，受领符合合同的货物，并按合同规定支付货款。

（2）承担在装运港交到船上之后的一切费用和风险。

（3）负责取得进口许可证或其他官方文件，办理货物进口清关及必要时的过境手续。

2. 使用 CIF 术语应注意的问题

1）象征性交货

交货方式有两种：实际交货（physical delivery）和象征性交货（symbolic delivery）。实

际交货是指卖方要在规定的时间，将符合合同规定的货物交给买方或其指定人。象征性交货是指卖方只要按期在约定地点完成装运，并向买方提交包括物权证书在内的有关单证，就算完成了交货义务，无须保证到货。

CIF 是一个典型的象征性交货术语。在这种交货方式下，卖方凭单交货，买方凭单付款。只要卖方如期向买方提交了合同规定的全套单据（种类、名称、内容、份数相符），即使货物在运输途中损坏或灭失，买方也必须履行付款义务。相反，如果卖方提交的单据不符合要求，即使货物完好无损地到达目的地，买方仍有权拒付货款。

CIF 术语的这一性质，使得 CIF 合同成为一种"单据买卖"合同。卖方必须保证所提交的单据完全符合合同的要求，否则，将无法顺利收回货款。但是，只提交符合合同的单据并不意味着就可以顺利地得到货款，卖方的基本义务是交付与合同相符的货物，在此基础上，再向买方交付规定的单据，才算完成交货义务。如果卖方提交的货物不符合要求，即使买方已经付款，仍然可以根据合同的规定向卖方提出索赔。

但在实践中，有可能发生通过贸易合同的条款规定而改变 CIF 象征性交货性质的问题。因此，在与买方签订 CIF 合同时，一定要对"货到付款"或要求卖方保证货物在某一期限到达等限制性条款进行充分考虑，以免带来不必要的风险损失。

2）卖方办理保险的责任

在 CIF 合同中，卖方负有为货物办理货运保险的责任，而从风险角度讲，货物在装运港装上船以后的风险是由买方承担的。因此，卖方是为了买方的利益而办理货运保险的。根据《2020 通则》规定，如果合同中没有另外规定，卖方只需按最低责任的保险险别投保；如果买方需要投保更多险别，则需要与卖方明确达成协议，或者自行作出额外的保险安排。最低保险金额应为合同规定的价款加 10%（即 110%），并以合同货币投保。在实际业务中，我国外贸企业在同国外客户洽谈交易采用 CIF 术语时，一般都在合同中具体规定保险险别、保险金额、适用的保险条款，以明确责任。

3）CIF 贸易术语的变形

按《2020 通则》规定，卖方负担从装运港到目的港的正常运费。如果卖方根据运输合同产生了在目的港内指定地点与卸货相关的费用，除非双方另有约定，卖方无权另行向买方追偿该项费用。但在贸易实践操作中双方会通过贸易术语变形来约定卸货费用到底由谁来负担。

CIF 贸易术语变形包括以下几种。

（1）CIF liner terms（CIF 班轮条件），是指卸货费用按班轮条件处理，由支付运费的一方（卖方）负担。

（2）CIF landed（CIF 卸到岸上），是指卖方负担将货物卸到目的港岸上的费用，包括驳船费和码头费。

（3）CIF under tackle（CIF 吊钩下交货），是指卖方负担将货物从舱底吊至船边卸离吊钩为止的费用。

（4）CIF Ex ship's hold（CIF 舱底交货），是指货物运到目的港后，由买方负担将货物从舱底起吊卸到码头的费用。

同样，CIF 术语的变形传统上被认为是仅限于说明卸货费用的划分，不影响交货地点和风险划分界限，但为了避免分歧，应在销售合同中明确规定出来。

7.3.4　FOB、CFR、CIF 术语比较

FOB、CFR、CIF 术语是国际贸易中普遍使用的三种贸易术语。这三种术语均只适用于海运或内河航运，要求卖方在装运港完成交货，承担货物在装运港装上船之前的一切风险和费用，所以被统称为"装运港交货术语"。这三种术语的异同点如下。

这三种术语具有以下相同点。

（1）适用的运输方式相同：均只适用于海运或内河航运。

（2）交货地点相同：均在装运港船上完成交货。

（3）风险划分界限相同：均以货物交到船上划分风险。

这三种术语具有以下不同点。

具体的责任划分、费用负担、价格构成不同。

（1）FOB（成本价）：卖方只负责在装运港交货，不负担出口运输、保险及运费、保险费。

（2）CFR（成本加运费）：卖方负责办理货物出口运输并支付运费。

（3）CIF（成本加保险费、运费）：卖方负责办理货物出口运输、保险并支付运费、保险费。

根据《2020 通则》规定，FOB、CFR、CIF 三种术语仅适用于海运和内河航运方式，即港至港的运输。如果出口方处于内陆，采用这三种贸易术语进行交易时，出口方就必须承担货物从其所在地运至装运港的风险和费用。即使出口方处于港口，在使用集装箱运输、多式联运和滚装运输时，"货交到装运港船上为界"的风险划分标准也没有实际意义。尤其是集装箱运输已成为当今世界国际贸易中的主要运输方式，当出口方将货物（整箱货或拼箱货）交给承运人时，出口方实际上已失去了对货物风险的控制，而如果要求出口方承担货物装上船前的风险，显然是不合适的。因此，在这种情况下，不适合采用以货交装运港船上为界划分风险的 FOB、CFR、CIF 三种术语。为了适应国际货物运输中集装箱运输和多式联运的发展，如果合同当事人无意采用装运港船上交货，可相应地采用 FCA、CPT、CIP 术语取代 FOB、CFR、CIF 术语。

7.3.5　对 FCA 术语的解释

FCA 的全称是 free carrier（…named place of delivery），即货交承运人（……指定交货地点）。

"货交承运人（……指定交货地点）"是指卖方只要将货物在指定的地点交给由买方指定的承运人，并办理了出口清关手续，即完成交货。需要说明的是，交货地点的选择对于在该地点装货和卸货的义务会产生影响。若卖方在其所在地交货，则卖方应负责装货，若卖方在任何其他地点交货，卖方不负责卸货。该术语既可适用于任何运输方式，也可适用

于多种运输方式。

"承运人"指签约承担运输责任的一方，在运输合同中承诺通过铁路、公路、空运、海运、内河运输或上述运输的联合方式履行运输或由他人履行运输。若买方指定承运人以外的人领取货物，则当卖方将货物交给此人时，即视为已履行了交货义务。

1. 买卖双方的义务

采用这一术语，买卖双方各自承担的基本义务概括如下。

1）卖方义务

（1）提供符合合同的货物，在合同规定的时间、地点，将货物交给买方指定的承运人，并及时通知买方。

（2）负责取得出口许可证或其他官方文件，办理货物出口清关。

（3）承担货交承运人之前的一切费用和风险。

（4）负责提供商业发票和证明货物已被交付的通常单据，或具有同等效力的电子信息。

2）买方义务

（1）订立自指定地点将货物运至目的地的合同，支付运费，将承运人名称及有关情况及时通知卖方。

（2）承担货交承运人后的一切费用及风险。

（3）负责取得进口许可证或其他官方文件，办理货物进口清关及必要的过境手续。

（4）接受卖方提交的与合同相符的单据，受领符合合同的货物，按合同规定支付货款。

2. 使用 FCA 术语时应注意的问题

1）交货地点

采用 FCA 术语，合同中交货地点的规定影响装卸货义务的承担。

（1）如在卖方所在地交货，卖方负责装货。即当卖方将货物装上买方的运输工具时，完成货物交付义务。

（2）如在卖方所在地以外的其他地方交货，卖方不负责卸货。即当货物已装上卖方的运输工具并抵达指定交货地点，已做好从卖方的运输工具上卸载的准备，交由买方指定的承运人或其他人处置之时，完成货物交付义务。

以 FCA 进行的货物销售可以仅指定交货地在卖方所在地或其他地方，而不具体说明在该指定地点内的详细交货点。但是，特别建议双方还应尽可能清楚地指明指定地方范围内的详细交货点。详细的交货点会让双方均可清楚货物交付的时间和风险转移至买方的时间；该详细交货点还标志了买方承担费用的地点。如果详细的交货点未予以指明，则卖方有权选择"最适合卖方目的"的地点作为交货点，风险和费用从该地点开始转移至买方，从而可能使买方承担风险。因此，买方最好选择明确详细交货点。

2）安排运输

FCA 术语适用于任何运输方式，包括多式联运。根据《2010 通则》规定，卖方对买方没有订立运输合同的义务。但是，在应买方要求并由其承担风险和费用的情况下，卖方必须向买方提供卖方拥有的买方安排运输所需的任何信息，包括与运输有关的安全要求。如已约定，卖方必须按照惯常条款订立运输合同，由买方承担风险和费用。但同时，卖方必须在完成交货之前遵守任何与运输有关的安全要求。

3）已装船批注的提单

FCA 术语可适用于多式联运的贸易。如果货物是在内陆地点由买方的运输工具接载，那么由于船舶无法抵达该内陆交货地点装运货物，则无法签发已装船批注提单。但是，通常由于银行托收或信用证的要求，卖方发现他们需要含有已装船批注的提单进行结算。为满足卖方用 FCA 术语销售时对已装船批注提单的可能需求，《2020 通则》首次提供了可选机制。双方可以选择由买方指示承运人签发已装船批注提单给卖方。但是，如果在买方承担费用与风险情况下，承运人已经向卖方出具了提单，卖方必须将该单据提供给买方，以便买方用该提单从承运人处提取货物。当然，双方也可以约定卖方将提交给买方一份仅声明货物已收妥待运而非已装船的提单，则不需要选择该方案。此外，应强调的是，即使采用该可选机制，卖方对买方也不承担运输合同条款下的义务。最后，如采用该可选机制，内陆交货及装船的日期将可能不同，这将可能对信用证下的卖方造成困难。

7.3.6 对 CPT 术语的解释

CPT 的全称是 carriage paid to（…named place of destination），即运费付至（……指定目的地）。

"运费付至（……指定目的地）"是指卖方向其指定的承运人交货，但卖方还必须支付将货物运至目的地的运费，亦即买方承担交货之后的一切风险和其他费用。CPT 术语要求卖方办理出口清关手续。该术语适用于任何运输方式，包括多式联运。

1. 买卖双方的义务

采用这一术语，买卖双方各自承担的基本义务概括如下。

1）卖方义务

（1）提供符合合同的货物；订立将货物运至目的地的合同并支付运费；在合同规定的时间、地点将货物交给承运人；及时通知买方。

（2）负责取得出口许可证或其他官方文件，办理货物出口清关。

（3）承担货交承运人前的一切风险。

（4）向买方提供商业发票、通常的运输单据，或具有同等效力的电子信息。

2）买方义务

（1）负责取得进口许可证或其他官方文件，办理货物进口清关及必要时的过境手续。

（2）承担货交承运人后的一切风险和费用。

（3）接受卖方提交的与合同相符的单据，受领符合合同的货物，按合同规定支付货款。

从以上买卖双方义务划分可知，CPT 术语下的卖方义务仅比 FCA 术语下多了办理出口运输，因此 CPT 的价格构成中含有出口运费，即 CPT 价 = FCA 价+运费。而在交货地点、风险划分上，两者是相同的。

2. 使用 CPT 术语时应注意的问题

1）风险划分

CPT 术语虽然要求卖方负责办理货物的运输并支付运费，但并不要求卖方承担运输途中的风险和由此产生的额外费用。卖方只承担货物交给承运人控制之前的风险，在多式联运情况下，承担货物交给第一承运人之前的风险。

2）装运通知

采用 CPT 术语时，买卖双方要在合同中规定装运期和目的地，以便于卖方选定承运人，订立将货物运至目的地的运输合同。卖方将货物交给承运人后，应及时向买方发出货已交付的通知，以便于买方及时为货物投保，以及在目的地受领货物。

3）明确交货地点

合同中尽可能精准地确定交货地和目的地，或交货地和目的地内的具体地点。对于多个承运人各自负责自交货地到目的地之间不同运输路程的常见情形，尽可能精准地确定交货地或交货点（如有）对于满足上述情形的需要尤为重要。在这种情形下，若双方没有约定具体的交货地或交货点，则默认的立场是当卖方在某个完全由其选择且买方不能控制的地点将货物交付给第一个承运人时，风险即发生转移。如双方希望风险的转移发生在稍晚阶段（例如，在某海港、河港或者机场），或者甚至发生在稍早阶段（例如，在某个与海港或河港有一段距离的内陆地点），则需要在销售合同中明确约定，并谨慎考虑在货物灭失或损坏时如此做法的后果。

7.3.7 对 CIP 术语的解释

CIP 的全称是 carriage and insurance paid to（…named place of destination），即运费和保险费付至（……指定目的地）。

"运费和保险费付至（……指定目的地）"是指卖方向其指定的承运人交货，但卖方还必须支付将货物运至目的地的运费和保险费，亦即买方承担卖方交货之后的一切风险和额外费用。按照 CIP 术语，卖方必须办理买方货物在运输途中遭遇灭失或损坏风险的保险。因此，由卖方订立保险合同并支付保险费。CIP 术语要求卖方办理出口清关手续。该术语可适用于各种运输方式，包括多式联运。

1. 买卖双方的义务

1）卖方义务

（1）提供符合合同的货物；订立将货物运往指定目的地的合同并支付运费；在合同规定的时间、地点，将货物交给承运人；及时通知买方。

（2）承担货交承运人前的一切风险。

（3）按照合同的约定投保货物运输险并支付保险费。

（4）负责取得出口许可证或其他官方文件，办理货物出口清关。

（5）提交商业发票和通常的运输单据，或具有同等效力的电子信息。

2）买方义务

（1）负责取得进口许可证或其他官方文件，办理货物进口清关及必要时的过境手续。

（2）承担货交承运人后的一切风险。

（3）接受卖方提交的与合同相符的单据，受领符合合同的货物，按合同规定支付货款。

2. 使用 CIP 术语时应注意的问题

1）保险险别

按 CIP 术语成交的合同，卖方要办理货运保险并支付保险费，但货物从交货地点运往目的地的运输途中的风险由买方承担，所以卖方的投保属于代办性质。根据《2010 通则》规定，卖方要按双方协商确定的险别投保，如买卖双方未约定具体投保险别，则按惯例卖方投保最低险别即可。但《2020 通则》规定，卖方需要投保符合《伦敦保险协会货物保险条款》（A）款或其他类似条款下的范围广泛的险别，而不是符合《伦敦保险协会货物保险条款》（C）款下的范围较为有限的险别。

2）价格的确定

按价格构成，CIP 价 = CPT 价 + 保险费 = FCA 价 + 运费 + 保险费。因此，卖方对外报价时，要认真核算运费和保险费，并要预测运费和保险费的变动趋势等情况，以免价格报低，造成损失。

3）交货地和目的地

在 CIP 贸易术语使用中，货物的交货地或交货点用于确定货物的风险转移，目的地或目的点是作为卖方承诺签订运输合同运至的地点，因此这两个地点都很重要。特别建议买卖双方在销售合同中尽可能精准地确定交货地和目的地，或交货地和目的地内的具体地点。对于多个承运人各自负责交货地到目的地之间不同运输路程的常见情形，尽可能精准地确定交货地和目的地尤为重要。

此外，《2020 通则》还介绍了其他 5 种贸易术语，这几种贸易术语在实际业务中应用较少，可根据实际情况加以适当应用。

7.3.8　对 EXW 术语的解释

EXW 的全称是 Ex works（…named place），即工厂交货（……指定交货地点）。

根据《2010 通则》规定，"工厂交货（……指定交货地点）"是指当卖方在其所在地或指定的地点（如工场、工厂或仓库等）将货物交给买方处置时，即完成交货。卖方不需要将货物装上任何前来接货的运输工具，需要办理清关时，卖方也无须办理出口清关手续。

1. 买卖双方的义务

采用这一术语，买卖双方各自承担的基本义务概括如下。

1）卖方义务

（1）提供符合合同的货物；在合同规定的时间、地点，将未置于任何运输车辆上的货物交给买方处置。

（2）承担交货前货物灭失或损坏的一切风险。

（3）提交商业发票或同等效力的电子信息。

2）买方义务

（1）在合同规定的时间、地点，受领卖方提交的货物，按合同规定支付货款。

（2）承担受领货物后的一切风险和费用。

（3）负责取得出口、进口许可证或其他官方文件，办理货物出口、进口的一切海关手续。

2. 使用 EXW 术语应注意的问题

EXW 是卖方承担责任最小的术语，使用时需要注意以下问题。

（1）卖方对买方没有装货的义务。如果卖方装货，也是由买方承担相关的风险和费用。

（2）卖方没有安排出口通关的义务。卖方只有在买方要求时，才有义务协助办理出口。因此，在买方不能直接或间接地办理出口手续时，不应使用该术语，而应使用 FCA。

（3）该贸易术语既适用于任何运输方式，也适用于多种运输方式。

（4）买方仅有限度地承担向卖方提供货物出口相关信息的责任。但是，卖方则可能出于缴税或申报等目的，需要这方面的信息。

7.3.9 对 FAS 术语的解释

FAS 的全称是 free alongside ship（…named port of shipment），即船边交货（……指定装运港），通常称之为装运港船边交货。

"船边交货（……指定装运港）"是指卖方在指定的装运港将货物交到船边（例如，置于码头或驳船上）时，即完成交货。货物灭失或损坏的风险在货物交到船边时发生转移，同时买方承担自那时起货物灭失或损坏的一切风险。该术语仅适用于海运或内河运输。

1. 买卖双方的义务

采用这一术语，买卖双方各自承担的基本义务概括如下。

1）卖方义务

（1）提供符合合同的货物；在合同规定的时间和装运港口，将货物交到买方所派船只的旁边，并及时通知买方。

（2）承担货物交至装运港船边前的一切费用和风险。

（3）负责取得出口许可证或其他官方文件，办理货物出口清关。

（4）负责提交商业发票和通常的交货凭证，或具有同等效力的电子信息。

2）买方义务

（1）负责订立自指定装运港运输货物的合同并支付运费；将船名、装货地点、要求装货时间及时通知卖方。

（2）受领卖方交付的货物，按合同规定支付货款。

（3）承担受领货物后的一切费用和风险。
（4）负责货物进口清关。

2. 使用 FAS 术语应注意的问题

（1）船边交货。采用 FAS 术语，卖方在约定的时间将合同规定的货物交到指定的装运港买方指派的船只的旁边，完成交货义务。买卖双方承担的风险和费用均以船边为界划分。如果买方所派的船只不能靠岸，卖方要负责用驳船把货物运至船边，仍在船边交货，而装船的责任和费用由买方承担。

（2）对 FAS 术语的不同解释。根据《2020 通则》规定，FAS 是"装运港船边交货"术语，只适用于海运和内河航运。而《1941 年美国对外贸易定义修订本》中规定，FAS 是 free along side 的缩写，意为"运输工具旁边交货"，适用于任何运输方式。因此，同北美国家的交易中如果使用 FAS 术语，应在 FAS 后加上"vessel"字样，以明确表示"船边交货"。

（3）当货物装在集装箱里时，卖方通常将货物在集装箱码头移交给承运人，而非交到船边。此时，FAS 术语不适用，而应当使用 FCA 术语。

7.3.10　对 DPU 术语的解释

《2020 通则》中 DAT 术语被删除，由 DPU 术语代替，主要修改原因是为了强调卸货地不一定是"终点站"。

DPU 的全称是 delivered at place unloaded，汉译为卸货地交货，是指卖方在指定的目的地卸货后完成交货。卖方承担将货物运至指定的目的地的运输风险和费用。DPU 适用于铁路、公路、空运、海运、内河航运或者多式联运等任何形式的贸易运输方式。

7.3.11　对 DAP 术语的解释

DAP 的全称是 delivered at place（…named place of destination），即目的地交货（……指定目的地）。

"目的地交货（……指定目的地）"是指卖方在指定目的地将处于抵达的运输工具之上，且已做好卸货准备的货物交由买方处置，即完成交货。卖方承担将货物运送到指定地点的一切风险。该术语适用于任何运输方式或多式联运。

1. 买卖双方的义务

采用这一术语，买卖双方各自承担的基本义务概括如下。

1）卖方义务

（1）提供符合合同的货物；在合同约定日期或期限内，将货物运至目的地，在指定目的地将处于抵达的运输工具之上，且已做好卸货准备的货物交由买方处置。

（2）承担目的地交货前货物灭失或损坏的一切风险。

（3）负责取得出口许可证或其他官方文件，办理货物出口清关。

（4）提交商业发票、使买方得以在目的地受领货物的提货单或通常的运输单证，或同等效力的电子信息。

2）买方义务

（1）接受卖方提交的单据，在目的地受领货物，按合同规定支付货款。

（2）承担在目的地受领货物后的一切风险和费用。

（3）负责取得进口许可证或其他官方文件，办理货物进口清关。

2. 使用 DAP 术语应注意的问题

在 DAP 贸易术语下，卖方需要将符合合同规定的货物在合同规定的期限内运到指定交货地点，并在货物仍置于运输工具之上准备卸货的情况下交给买方或其代理人处置。在货物交给买方或其代理人处置之前，所有出口清关、运输与保险、目的港或到达站卸货以及卸货后转运到最终目的地等手续均由卖方办理，由此产生的费用及风险也由卖方承担。买方或其代理人在指定地点接收卖方交付的货物后，需自行办理进口清关手续及卸货工作并承担由此产生的相关费用及风险。在同一运输方式下，DAP=DAT+进口国转运工作（如果需要），即在目的地为进口国指定地点时增加了卖方在终点站卸货后继续将货物转运至买方指定地点（如买方仓库）的责任、费用及风险。

7.3.12 对 DDP 术语的解释

DDP 的全称是 delivered duty paid（…named place of destination），即完税后交货（……指定目的地）。

"完税后交货（……指定目的地）"是指卖方在指定的目的地，将仍处于抵达的办理交货运输工具上，但已经完成进口清关，且已做好卸货准备的货物交买方处置时，完成交货。卖方必须承担将货物运至目的地的一切风险和费用，并且有义务完成货物出口和进口清关，支付所有出口和进口关税和办理所有海关手续。DDP 术语下卖方承担最大责任。若卖方不能直接或间接地取得进口许可证，则不应使用此术语。该术语 DDP 适用于任何运输方式或多式联运。

1. 买卖双方的义务

DDP 术语要求卖方在规定期限内，承担一切风险、费用，将货物运至指定的进口国目的地，将在运输工具上尚未卸下，但做好卸货准备的货物交给买方，完成交货义务。卖方承担最大的责任，等于送货上门。

DDP 术语下的买方，只需在指定的目的地约定地点受领货物，按合同支付货款。并可在卖方请求且由卖方负担风险和费用的情况下，协助卖方取得货物进口所需的进口许可证或其他官方文件。

2. 使用 DDP 术语应注意的问题

在 DDP 贸易术语下，卖方需要将符合合同规定的货物在合同规定的期限内运到进口国指定交货地点，并在货物仍置于运输工具之上准备卸货的情况下交给买方或其代理人处置。在货物交给买方或其代理人处置之前，所有出口清关、运输与保险、进口清关、进口国国内转运等手续均由卖方办理，由此产生的费用及风险也由卖方承担。买方或其代理人在指定地点（营业处所或仓库）等着货到并安排卸货即可。

7.3.13 贸易术语的选择

由于贸易术语既表示交货条件又表示价格构成，因此在实际贸易中选择合适的贸易术语是非常重要的。在选择贸易术语时主要考虑以下因素。

1. 考虑所使用的运输方式

《2020通则》将贸易术语按照运输方式进行了分类，例如：FOB、CFR和CIF术语只适用于海洋运输和内河运输，而不适用于空运、铁路和公路运输。如果买卖双方拟使用空运、铁路和公路运输，则应选用FCA、CPT和CIP术语。在我国，集装箱运输和多式联运方式不断扩大和发展，为适应这种发展趋势，可以适当扩大使用FCA、CPT和CIP术语。

2. 考虑运费、保险费

各种贸易术语的价格构成各不相同，运费、保险费是构成价格的一部分，因此，在选用贸易术语时，应考虑运费、保险费的因素。一般来说，在出口贸易中，我方应争取选用CIF和CFR术语。在进口贸易中，应争取选用FOB术语。对FCA、CPT和CIP术语的选用也应按上述原则掌握。这样有利于节省运费和保险费的外汇支出，并有利于促进我国对外运输事业和保险事业的发展。

另外，在选用贸易术语时，还应注意运费变动的趋势。当运费看涨时，为了避免承担运费上涨的风险，出口时应选用FOB术语，进口时应选用CIF或CFR术语。如因某种原因，采用由我方安排运输的贸易术语时，则应对货价进行调整，将运费上涨的风险考虑到货价中去。

3. 考虑结算条件

贸易术语的选择还需要结合国际贸易价款的结算方式来考虑。比如，当采用信用证方式结算时，由于银行是通过对单据的控制来达到对货物的控制，因此要求出口方提供的单据里有代表货物所有权的运输单据，故买卖双方不能采用如FAS这种卖方无法取得运输单据的贸易术语。当采用托收方式结算时，卖方应该争取采用自身办理运输和保险的贸易术语如CIP或CIF，以便在买方拒绝付款的情况下能够掌握货物的主动权，减少损失。

4. 考虑办理进出口货物清关手续的难易程度

在国际贸易中，关于进出口货物的清关手续，有些国家规定只能由本国的当事人安排或代为办理。因此，若某出口国政府规定，进口方不能直接或间接办理出口清关手续，则不宜按EXW条件成交，而应选用FCA条件成交；若进口国当局规定，卖方不能直接或间接办理进口清关手续，则不宜采用DDP术语，而应选用D组的其他术语成交。

5. 考虑货物的特点

在国际贸易中，进出口货物的品种繁多，不同类别的货物具有不同的特点，对运输方面的要求各不相同，运费开支的大小也有差异。有些货物价值较低，但运费占货价的比重较大，对这类货物，出口应选用 FOB 术语，进口选用 CIF 或 CFR 术语。此外，成交量的大小，也涉及运输安排的难易和经济核算的问题。

6. 考虑实际需要，灵活掌握

选用贸易术语时，也要根据实际需要，做到灵活掌握。例如，有些国家为了支持本国保险事业的发展，规定在进口时，须由本国办理保险，我方为表示与其合作的意向，出口也可采用 FOB 或 CFR 术语。又如，我国在出口大宗商品时，国外买方为了争取到运费和保险费的优惠，要求自行办理租船订舱和保险，为了发展双方贸易，也可采用 FOB 术语。在进口贸易中，如果进口货物的数量不大，也可采用 CIF 贸易术语。

7.4 商品价格

进出口商品价格如何确定是国际货物买卖中交易双方最为关心的一个问题，关系到贸易利益的最终实现。对于进出口业务人员而言，掌握商品的价格是一项复杂而又十分艰巨的工作，为了做好这项工作，必须充分考虑影响国际贸易商品价格的各种因素、选择合适的计价货币和作价方法、熟悉主要贸易术语的价格构成与换算方法、适当运用与价格有关的佣金和折扣，合理地制定国际贸易货物买卖合同中的价格条款。

7.4.1 价格的掌握

在进出口业务中对进出口商品作价，首先要充分了解影响价格的主要因素，选择有利的计价货币，再根据国际市场行情，用适当的作价方法来确定价格。

1. 成交价格的影响因素

国际贸易中影响商品成交价格的因素有很多，综合起来主要有以下几种。

（1）商品质量。价格的确定首先要考虑商品本身的质量情况。和国内市场一样，国际市场上也是秉承按质论价的原则，即质量优者高价，质量次者低价。品质的优劣、档次的高低、包装的好坏、式样的新旧、商标和品牌的知名度等因素，都影响货物的价格。

（2）运输距离。运输距离是影响价格的不容忽视的一个因素，运输距离的远近决定了运输费用的高低，尤其在一些附加值较低、运输距离较远的商品贸易中运输费用甚至成了商品价格的重要组成部分。

（3）交货条件。交货条件主要由交易双方所选择的贸易术语来决定，按照哪种贸易术语成交，即表明买卖双方需承担哪些交易费用、风险和责任，例如 CFR 术语的卖方要比 FOB 术语的卖方多承担海洋运费，因此贸易术语是核算报价的基础。

（4）支付条件。支付方式的不同，也会给交易双方带来不同的费用和风险。例如，选用信用证方式支付时由于卖方面临风险较小而买方需预支开证保证金，因而买方会压低价格；选用汇付、托收等方式支付时由于卖方收回货款依赖于买方的商业信用，因而面临的风险较大，尽管银行费用比信用证方式要低但卖方应把增大的风险考虑到货价中去，可据此适当抬价。此外，在定价和报价时还应将汇率变动的风险、远期收款的垫款成本等也考虑到货价中去。

另外，诸如成交数量的大小、季节性需求的变化、交易双方谈判实力的强弱、企业的经营意图和市场战略等都会对商品价格的最后确定产生一定的影响。

2. 合同中的计价货币

计价货币是指国际贸易货物买卖合同中规定用来计算价格的货币。计价货币不同于支付货币，后者是指用来清算债权债务的货币，通常与计价货币是同一种，也可以另行规定。在国际贸易中，计价货币的确定十分重要。

（1）在选择计价货币时，应尽量采用可自由兑换的货币。根据贸易双方的协商，在不与双方国家相关规定冲突的情况下，合同的计价货币可以选择出口国货币、进口国货币或第三国货币。被用来计价的货币一般都是可以在国际外汇市场上自由买卖的可自由兑换货币，如美元（USD）、欧元（EUR）、英镑（GBP）、瑞士法郎（CHF）、日元（JPY）、港币（HKD）等，选择这些货币，有利于转移汇价风险。

（2）对于可自由兑换货币的币值而言，货币存在硬币（hard currency）与软币（soft currency）之分。所谓硬币，是指币值较稳定且趋于升值的货币，而软币是指汇价较疲软且趋于贬值的货币。从理论上讲，出口采用硬币计价较有利，而进口采用软币计价较有利。

案例分析 7-1

出口选硬币

一家美国公司与一家瑞士公司于某年 9 月签订了一笔进口合同，合同以瑞士法郎计价、以美元支付，共 50 000 瑞士法郎，约定第二年 2 月交货。签合同时 1 瑞士法郎折合 0.662 美元，交货时 1 瑞士法郎折合 0.702 美元。由于瑞士法郎升值美国进口公司需比签订合同时多支付给瑞士出口公司 2 000 美元，即（0.702×50 000）－（0.662×50 000）=2 000（美元）。

案例分析 7-2

进口选软币

一家美国公司与一家日本公司于某年 1 月签订了一笔出口合同，合同以美元计价和支付，共 3 000 美元，约定当年 12 月交货。签合同时 1 美元折合 124.85 日元，交货时 1 美元折合 104.566 日元。由于美元贬值，日本进口公司在兑换美元用于支付合同价款时比签订合同时节省 60 852 日元，即（124.85×3 000）-（104.566×3 000）= 60 852（日元）。

3. 商品的作价方法

在国际货物买卖合同中，对商品的价格可根据不同情况采取不同的作价方法。

1）固定价格

固定价格是指买卖双方在合同中明确约定价格并在履约时按此价格交货付款，这是国际贸易中最常见的方法，即使合同价格与合同交货当时的价格差别很大，双方也必须如期履行合同。采用这种作价方法时买卖双方必须对价格的走势进行仔细分析，以免市场价格发生重大变化造成损失。

2）暂不固定价格

如果买卖双方在签订合同时，商品的价格走势难以确定，为了减少价格风险，可以签订"活价合同"，不确定具体价格只规定具体价格的作价时间和定价方法。例如：按提单日的国际市场价格计算。

3）部分固定价格，部分暂不定价

在大宗交易和分批交货的情况下，买卖双方为了避免承担远期交货部分的价格变动的风险，也可采用部分固定价格、部分非固定价格的做法或分批作价的方法。这样可以解决买卖双方作价方法方面的分歧并照顾到双方的利益，有利于早日签订合同。

4）暂定价格

在订立合同时，买卖双方先规定一个初步价格，作为开立信用证和初步付款的依据。待双方确定正式价格后，再根据多退少补的原则最后清算。例如：单价暂定每公吨 1 000 美元 CIF 纽约，以货物到达目的港时的平均市场价计价，以暂定价格开立信用证。

5）滑动价格

在某些生产周期长的机器设备和原料性商品的交易中，商品价格容易受到原材料价格、工资水平等的变动的影响而发生大的变动，导致卖方承担一定的价格风险，为了保障双方的利益，通常会在这类商品的买卖合同中采用"价格调整条款"，即买卖双方只约定初步价格，再按原材料价格和工资变化来调整最后价格。

7.4.2 价格的换算

1. 进出口商品价格的构成

1）进口商品的价格构成

进口商品的价格构成主要包括以下部分：进口货物的 FOB 价、运费、保险费、进口税费、目的港码头捐税、卸货费、检验费、仓储费、国内运杂费、其他杂费、佣金和预期利润等。

2）出口商品的价格构成

出口商品的价格构成主要包括以下部分：采购成本、包装费、国内运输费用、仓储费、检验费、运费、出口税费、装船费、银行费用、其他杂费、佣金和预期利润等。

2. 不同贸易术语间的价格换算

出口商品价格具体包括哪些部分决定于国际货物买卖合同中所采用的贸易术语，贸易术语反映了交货条件，不同的交货条件下出口商所承担的费用不同。在合同的磋商过程中经常出现买方要求卖方按照不同贸易术语报价的情况，为了做到准确快速地报价，就必须了解贸易术语之间的价格换算问题。现以 FOB、CFR、CIF 三个最常用的贸易术语为例介绍不同贸易术语间的价格换算。

1）FOB 价换算为其他价格

FOB 价 = 出口前出口商支付的一切费用 + 利润

CFR 价 = FOB 价 + 海外运费

CIF 价 =（FOB 价 + 海外运费）/（1 − 投保加成 × 保险费率）

2）CFR 价换算为其他价格

FOB 价 = CFR 价 − 海外运费

CIF 价 = CFR 价 + 海外保险费 = CFR 价/（1 − 投保加成 × 保险费率）

3）CIF 价换算为其他价格

FOB 价 = CIF 价 ×（1 − 投保加成 × 保险费率）− 海外运费

CFR 价 = CIF 价 − 海外保险费 = CIF 价 ×（1 − 保险加成 × 保险费率）

案例分析 7-3

A 公司将某商品按 per M/T USD 1 200 FOB Dalian 对外报价，国外客户要求把贸易术语改成 CIF San Francisco，已知海外运费为 Per M/T USD130，投保加成为 110%，保险费率为 1%。根据 FOB 价与 CIF 价之间的换算公式可以得出

CIF 价 =（1 200 + 130）/（1 − 110% × 1%）= 1 344.8（美元）

改报的价格为 per M/T USD 1 344.8 CIF San Francisco。

3. 不同计价货币间的价格换算

计价货币的选择也是贸易双方磋商的一个重要内容，因此在发盘、还盘的过程中不仅涉及不同贸易术语间的价格换算，也常常出现不同计价货币间的价格换算。

1）底价为人民币改报外币

以我国中国银行公布的人民币的买价进行折算，即

外币价格 = 人民币底价 ÷ 人民币对外币买价

案例分析 7-4

A 公司出口某商品以人民币对外报价：RMB 2 000 Per M/T CIF London。若改报为美元应报多少？已知人民币对美元的外汇牌价为 USD 100=RMB 676.320 0/684.520 0。

根据换算公式可以得出

2 000 ÷ 676.32 × 100 = 295.718（美元）

改报的价格为 295.718 美元。

2）底价为外币改报人民币

以我国中国银行公布的人民币的卖价进行折算，即

人民币价格＝外币价格×人民币对外币的卖价

案例分析 7-5

A 公司出口某商品以英镑对外报价：GBP 15 per dozen CIF London。若以人民币报出，应报多少？已知人民币对英镑外汇牌价为 GBP 100 = RMB 964.800 0/993.500 0。

根据换算公式可以得出

$$15 \times 993.5 \div 100 = 149.025（元人民币）$$

改报的价格为 149.025 元人民币。

7.4.3 佣金与折扣

佣金（commission）和折扣（discount）直接关系到货物的价格。正确运用佣金和折扣，能够扩大货物的销售，调动进口商的积极性。

1. 佣金

佣金，是代理人或经纪人为委托人进行交易而收取的报酬。在国际货物买卖中，往往表现为出口商付给销售代理人、进口商付给购买代理人的酬金。因此，它适用于与代理人或代理商签订的合同。

佣金的表示方法有三种：明佣、暗佣和双头佣。明佣是指在国际货物买卖合同中明确规定了佣金，佣金是商品价格的组成部分，如 USD 1 000 per M/T CIF London including 3% commission 或简写成 USD 1 000 per M/T CIF C3% London。暗佣不在价格中标出，而是由买卖双方另行约定，由一方当事人按约定另付。双头佣是指向买卖双方均收取的佣金。佣金的比例一般在 1%～5% 之间。

佣金的计算方法一般由贸易当事人协商决定，可以按成交金额约定的百分比计算、按发票总金额作为基数计算；也可以把 FOB 总值作为基数计算或者直接按成交商品的数量来计算。我国各进出口公司一般按发票金额计算，计算公式如下：

发票金额 = 净价 + 佣金

单位货物佣金额 = 含佣价 × 佣金率

含佣价 = 净价 /（1 – 佣金率）

案例分析 7-6

A 公司对外报价 USD 200 per M/T FOB C2% Dalian，国外客户要求佣金增至 5%，并按 CFR 贸易术语报价，已知单位运费为 USD 22，应报价多少？

根据已知条件可以得出

$$CFR\ C5\% = [200 - (200 \times 2\%) + 22] / (1 - 5\%) = 229.473\ 7\ (美元)$$

2. 折扣

折扣是指卖方给予买方的价格减让,一般是按原价给予一定的百分比减让。它是一种优惠,是加强对外竞销的一种手段,包括现金折扣(cash discount)、数量折扣(quantity discount)、功能折扣(functional discount)、季节折扣(seasonal discount)、折让(allowance)等多种形式。

在国际贸易中,折扣通常在合同价格条款中用文字明确表示出来。例如:USD 350 per Metric ton CIF San Francisco including 2% discount 或 USD 350 per metric ton CIF San Francisco less 2% discount。

折扣通常以成交额或发票金额为基础计算,在买方支付货款时预先扣除。计算公式如下:

$$单位货物折扣额 = 原价(含折扣价) \times 折扣率$$
$$卖方实际净收入 = 原价(含折扣价) - 单位货物折扣额$$
$$折实售价 = 原价(含折扣价) \times (1 - 折扣率)$$

案例分析 7-7

A 公司对外报价 HKD 2500 Per metric ton CIF Hong Kong including 2% Discount,则其折实售价 = 2 500 × (1 - 2%) = HKD 2 450。

7.4.4 合同中的价格条款

1. 价格条款的基本内容

进出口合同中的价格条款,一般包括商品的单价和总值两项。商品的单价通常由计量单位(吨、长吨或短吨)、单位金额、计价货币(美元、日元或英镑等)和贸易术语(如 FOB、CFR 伦敦)4 个部分组成,例如:

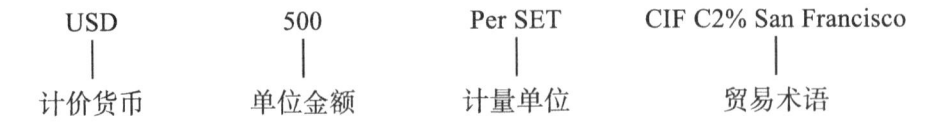

USD	500	Per SET	CIF C2% San Francisco
计价货币	单位金额	计量单位	贸易术语

总值也就是一批货物的总价,是单价同数量的乘积。

2. 订立价格条款应注意的问题

(1)价格水平要适中,防止过高或过低,要争取合理利润,但不能扰乱正常的国际市场价格。

（2）根据实际交货情况选用适当的价格术语。

（3）选用有利的计价货币，一般出口选硬币，进口选软币。

（4）对数量机动幅度部分、品质公差和包装费用等问题对价格的影响，应明确约定，如未约定则按默认条件处理。

（5）在采用固定作价有困难的情况下要灵活选用其他作价办法，尽量促进贸易达成。

（6）价格条款涉及的各项内容都应力求准确、完整，避免争议。

7.5 区块链技术应用

2019年11月7日，上海国际贸易单一窗口"区块链+"新闻发布会在国家会展中心（上海）举行。

发布会上，上海市商务委（市口岸办）会同上海海关、中国人民银行上海总部、上海市药品监督局、中国银行上海市分行等，共同发布并推出了上海国际贸易单一窗口"区块链"多项应用成果。

7.5.1 基于区块链技术的跨境人民币贸易融资服务

在中国人民银行上海总部积极推动和各金融机构的支持下，上海国际贸易单一窗口新增跨境人民币贸易融资服务，依托单一窗口平台大数据优势，采用区块链技术，解决贸易融资过程中信息不对称这一核心问题，降低金融机构融资风险，压缩进出口企业融资成本。平台采用区块链技术，实现了分布式账本、数据防篡改和信息可追溯，为进口医疗器械和药品等行业上下游企业提供从源头到消费的"端到端""可视化"供应链信息服务，提高了监管效率和精准度，有效降低了监管成本和减轻了企业负担。

7.5.2 基于区块链技术的保税展示展销智慧监管和服务

目前，在保税展示业务的通关和保税监管过程中存在大量重复输入和数据核实等问题。上海海关、虹桥商务区管委会以及市商委共同推动技术创新，打造基于区块链的"6+365"保税展示展销智慧监管和服务系统，将首先服务于进博会保税展示展销业务。该系统利用区块链分布记账、共享账本、不可篡改、多方验证等优势技术特点，不仅为企业减少了数据重复提交工作，提高运作效率，还通过上下游交叉验证提高了数据准确性和业务真实性，实现海关保税展示"无感"监管，同时引入税务、银行、保险、物流等关联机构上链，为参与"6+365"保税展示展销的进口贸易商提供更加可靠、便捷的金融、物流等全程一站式服务。

7.5.3 基于区块链技术的中小企业应用服务市场

为进一步提升上海国际贸易中心集聚效应和服务能级，满足广大中小企业的个性化需求，上海国际贸易单一窗口在公共服务全覆盖的基础上，以区块链技术整合了多家提供优质贸易服务的第三方服务商，开设"中小企业应用市场"，中小微企业通过上海国际贸易单一窗口一个平台、一个用户名，就可以自助办理云通关、云检测、云退税以及金融、物流等贸易相关服务。

政企双方代表还共同签署了《上海电子口岸区块链联盟倡议书》，标志着上海电子口岸区块链联盟正式成立。

通过区块链去中心化和分布式共享账本技术，不仅能够提升上海口岸查验部门的监管水平，更能促进国际贸易各相关方信息共享和业务协同水平。

目前，上海国际贸易单一窗口拥有"监管+服务"的10大功能板块、53项地方应用，对接22个部门，覆盖监管全流程及国际贸易主要环节。平台将区块链技术延伸推广到数字金融保险、数字供应链、物联网、智能制造等商业环境领域，为广大企业免费提供国际贸易相关的公共服务。世界银行专家高度评价上海国际贸易单一窗口，认为其功能的复杂性和业务处理量都已名列世界前茅并向全球推广。

名词术语

价格术语　象征性交货　佣金

思考题

1. 简述FOB、CIF、CFR、FCA、CPT、CIP术语的含义，应用FOB、CIF、CFR术语时应注意哪些问题？

2. 某公司对外报价某商品每箱50美元CIF纽约，国外要求改报CFR纽约价，并给予5%的佣金，设保险费率为1.05%，按发票金额的110%投保，应报多少美元？

3. 我国某贸易公司出口箱装货物一批，报价为每箱35美元FOB青岛，客户要求改报CIF伦敦价。已知该货至伦敦的海运费为每箱5美元，按CIF金额的110%投保海运一切险，保险费率为0.8%。试计算应报的CIF伦敦价。

4. 卖方按CIF价出口一批货物，船在途中触礁沉没，货物遭损失，卖方要求我方赔偿，卖方应如何处理？为什么？

5. 我国A公司以FOB条件出口一批圣诞节玩具，合同签订后接到买方来电称租船较困难，委托我方代为租船，有关费用由买方承担，我方在规定的装运港口无法租到合适的船舶，且买方又不同意改变装运港，因此，到装运期满时，货物仍未装船。买方因销售季节即将结束，便来电以我方没有按期租船履行交货义务为由撤销合同，我方应如何处理这种问题呢？

6. 我国某公司以CFR条件出口一批瓷器，我方按期在装运港装船后，即将有关的单据寄交买方支付货款。过后，业务员发现忘记向买方发装船通知。此时买方已经来函向我方提出索赔，因为货物在运输途中因海上风险而损毁。我方能否以运输途中的风险应由买方承担为由，拒绝买方的索赔？

7. 我国 A 公司向法国 S 贸易公司出口一批轻工产品。合同规定 CIF Marseille，7 月 15 日前装运，采用信用证方式支付货款。卖方收到买方开来的信用证后，及时办理装运手续，装船完毕获得全套货运单据后，拟向议付行交单办理手续。此时，卖方收到买方来电，得知载货船只在航行中遭遇意外事故、大部分货物受损的消息。试分析：①卖方可否及时收回货款？②买方应如何处理此事？

8. 我方以 FCA 贸易术语从意大利进口布料一批，双方约定最迟的装运期为 4 月 12 日，由于我方业务员的疏忽，意大利出口商在 4 月 15 日才将货物交给我方指定的承运人。当我方收到货物后，发现部分货物有水渍，据查是由于货交承运人前两天大雨淋湿所致。据此，我方向意大利出口商提出索赔，但遭到拒绝。问：我方的索赔是否有理？为什么？

9. 2018 年 8 月，美国某贸易公司与我国江西省某出口公司签订合同购买一批日用瓷具，价格条件为 CIF 旧金山。我国出口公司随后与某运输公司（以下简称承运人）签订将货物运至装运港宁波的运输合同。10 月初，我国出口公司将货物备妥，装上承运人派来的货车。途中由于驾驶员的过失发生了车祸，耽误了时间，错过了规定的装船日期。我国出口公司立即与美方公司洽商要求将装船期延展半个月，并告知对方两集装箱瓷具可能受损。美方公司回电同意延期，但要求货价降低 5%。我国出口公司回电据理力争，最终无奈作出让步，受震荡的两箱货物降价 2.5%，其余降价 1.5%，为此受到货价、利息等有关损失共计达 15 万美元。除承运人赔偿损失 5.5 万美元外，我国出口公司实际损失 9.5 万美元。试分析本案中，我国出口公司在贸易术语选择上是否恰当？为什么？

即测即练

第 8 章 货物交付

本章学习目标：

1. 了解有关国际货物运输方面的基本知识；
2. 掌握运输方式的选择；
3. 掌握合同中装运条款的规定；
4. 掌握各种装运单据的运用。

引导案例

顺丰速运探索区块链技术　助力高效抗疫

中国第二大快递服务提供商顺丰速运（SF Express）正在探索在COVID-19疫情期间使用区块链运输关键物资的问题，该技术也被认为有助于追踪医疗物资来源和检查医疗产品的质量。

顺丰将区块链作为主要的新兴技术之一，与大数据和人工智能一起，帮助一线医务人员和援助供应商在疫情期间提供运输支援，特别是用于药品和食品的运输，这两者都需要保证来源和质量的高标准与可靠性。

顺丰速运看重区块链技术分布式存储、可溯源、不可逆等特性，因此大力推进区块链技术在疫情防控预警体系、物资溯源体系建设等方面的应用。它将区块链与大数据相结合，以构建一个物流网络来支持货物的追踪、验证和准确记录。顺丰表示，该系统将能够确定供应优先级，并降低假冒或未经许可的产品被分发的风险。

并且，当在疫情期间或遇到重要交付事件时，顺丰大数据解决方案能够在海量数据中，根据物资方或干系人需求，提供重点信息运营分析功能，例如抓取物资滞留情况、重点地区滞留情况、送达地区防疫物资催派等。另外，在每一批物资派送后，需要事后挖掘营运问题，从整个快递网络协同来深层次分析多环节存在的异常并积极推动改善。

另据报道，阿里巴巴集团（Alibaba Group）和华为（Huawei）等中国知名技术公司正集中精力提供人工智能解决方案，以增强公共卫生危机的诊断解决能力。

目前，世界卫生组织与主要的区块链和科技公司合作，推出了一个基于分布式账本技术的平台，用于共享与新冠疫情流行有关的数据。同时，世界各国都在积极利用区块链技术共享数据、共同抗击疫情。截至2020年2月中旬，针对本次疫情已开发多达20种新的基于区块链的应用程序。中国已经启动了其中的一些应用程序，有一些应用是与省级政府合作开发的。

阅读以上案例，思考：区块链技术将如何影响供应链及物流？

8.1 装运条款

在国际贸易合同中，装运条款是否周密恰当，对合同履行影响重大。装运条款主要包括装运时间（time of shipment）、装运港（地）和目的港（地）、分批装运和转运等内容。

8.1.1 装运时间

在国际贸易中，存在着"交货时间"（time of delivery）和"装运时间"两种不同的提法。在使用FOB、CIF、CFR以及FCA、CIP、CPT术语达成的交易中，"交货时间"和"装运时间"在一定意义上是一致的，在实际业务中，人们往往把它们当作同义词来使用。至于E组与D组术语，"装运时间"和"交货时间"则是两个完全不同的概念，绝不能混淆或相互代替使用。

其具体的规定方法，最常用的有以下四种。

1. 规定某月装运

在国际贸易中，装运时间一般不是确定某一个具体日期如某月某日，而是确定一段期间（a period of time）。卖方可在这一段期间内的任何时候装运出口。使用最广的是规定在某月装。例如：20××年3月装（Shipment during March，20…）。

2. 规定跨月装运

有时所规定的一段可供装运的期间，可从某月跨到下月，甚至更后的月份。卖方可在这个期间内任何时间装运出口。例如：20××年2/3月装（Shipment during Feb./Mar.20…）。

3. 规定在某月月底或某日前装运

即在合同中规定一个最迟装运的期限，这个最迟装运期限，既可以是某一月份的月底，也可以是某一天。例如：20××年5月底或以前装运（Shipment at or before the end of May 20…）；不晚于20××年6月底装运（Shipment not later than the end of June 19…）；20××年7月15日或以前装运（Shipment to or before July 15th 20…）。

4. 规定在收到信用证后若干天内装运

对某些外汇管制较严的国家和地区的出口交易，或对买方资信情况不够了解，或专为买方特制的出口商品，为了防止买方不按时履行合同而造成损失，在出口合同中可采用在收到信用证后一定时间内装运的方法规定装运时间，以保障出口企业的利益。例如：收到信用证后 45 天内装运（Shipment within 45 days after receipt of L/C）。

但是，在采用此种装运期的规定时，必须同时规定有关信用证开到的期限。例如：买方必须最迟于 6 月 15 日将有关信用证开抵卖方（The Buyers must open the relative L/C to reach the Sellers before June 15th），如不订明信用证开到期限，则可能由于买方拖延或拒绝开证，使卖方无法及时安排生产、包装、装运，而陷于被动。

以上四种规定装运时间的方法是最常见的方法。在实践中个别情况也有使用规定在某一约定的日期装运、具备某一条件（如接到确认样品通知书等）后确定装运期以及使用近期装运术语等做法。可是，国际货运情况错综复杂，不可控因素很多，要保证在选定的某一天将货物装运较难做到，所以，在实际业务中极少使用。至于近期装运的术语，较为多见的有："迅速装运"（prompt shipment）、"立即装运"（immediate shipment）、"尽快装运"（shipment as soon as possible）三种。对近期装运术语的含义，在各国、各地区和各行业中并无统一的解释。目前，国际商会《跟单信用证统一惯例》（UCP600）第三条中规定：除非确需在单据中使用，银行对诸如"迅速""立即""尽快"之类词语将不予置理。此外，在政局动荡、船只缺乏、舱位难得或政府限制出口甚严、不易取得出口许可证时，为防止订约后交货困难而造成被动，可在规定装运期的同时附加如下条款："以取得舱位为准"（subject to shipping space available）、"获得出口许可证为准"（subject to approval of export licence）等。

总之，装运时间的规定应根据市场的需要、商品的性质和当时的运输条件、生产供应的可能和买卖双方的特定情况和要求等，进行全面考虑，慎重对待。

8.1.2　装运港（地）和目的港（地）

1. 装运港（地）

在国际贸易中，装运港或装运地一般由卖方提出，经买方同意后确定。在实际业务中，应根据合同使用的贸易术语和运输方式正确选择与确定装运地点。在出口贸易中，为便于履行交货义务，节省开支，原则上应选择靠近产地、交通便捷、费用低廉、储存仓库等基础设施比较完善的地方。在使用 FOB、CIF 或 CFR 贸易术语进行交易时，应选择海轮能够直接进入载运货物的港口为装运港。在采用集装箱多式联运的情况下，一般应以有集装箱经营人收货站的地方作为装运地点。如交易数量较大或货物来源分散，集中在一个地点有困难，则可争取在两个或两个以上的地点装运。在进口业务中，对于对方提出的装运港或装运地必须是我国政府允许进行贸易往来的国家和地区的港口或地方，其装载条件应当是良好的，其中包括港口设施、泊位数量、吃水深度、吞吐能力、装卸设备、工作效率、费用水平、管理水平、港口惯例等。如果装载条件不理想，就不能贸然接受。而对于按 FOB 条件成交，由我方派船接运的，对装运港的选择则更应慎重，以免造成无法停泊装货，被迫迟延装期，甚至临时更改装运港的被动局面。

在国际贸易中，买卖合同通常只规定一个装运港或装运地，如"装运港：上海"（port of shipment：Shanghai）；有时按实际业务需要，例如货物分散在多处，或磋商交易时尚不能确定在何处发运货物,也可规定两个或多个港口或地方的名称;必要时甚至可做笼统规定。以下是出口合同中规定两个或两个以上装运港或装运地的示例:装运港:青岛和上海(port of shipment:Qingdao and Shanghai);装运港:青岛/大连/上海(port of shipment:Qingdao/Dalian/Shanghai);装运港:中国港口(port of shipment:China ports)。

当买卖合同中规定两个或多个装运地,或对此仅做笼统规定时,凡由卖方负责安排运输的 CFR、CIF、CPT、CIP 合同,可由卖方于实际装运货物时在合同规定的范围内任意选定装运港或装运地;凡由买方负责安排运输,即由买方派定接运船舶或指定承运人的 FAS、FOB、FCA 合同,则卖方应在合同规定的装运时间前的一段适当的时间,或者按合同规定的时限将选定的装运港或装运地通知买方,以便买方凭以办理派船接运或指定承运人等事宜。

应当指出,装运港或装运地并非每笔交易都必须明确规定,例如 CFR 和 CIF 的路货(cargo afloat)交易,就不一定要规定装运港。

2. 目的港(地)

在国际货物买卖合同中,通常需规定目的港或目的地。为便于安排运输,CIF、CFR 合同,均需规定目的港。而在 CIP、CPT 合同中,则需规定目的地。以 FOB、FCA 条件订立的出口合同虽由买方安排运输,但为防止买方把货物运往政策上不允许的国家或地区,或者我方与该国或地区的其他客户订有包销或独家代理协议的,或者有其他业务经营上的原因(例如不同地区的做法不同),为防止产生与政策或专营权相抵触或不符我方经营意图的情况,也需要明确规定目的港或目的地,在必要时,还可在合同中明确作出只能销往何处,或不能销往何处的规定。在实践中,目的港或目的地通常由买方提出,经卖方同意后确定。在实际业务中,与装运地点一样,一笔交易,通常只规定一个目的港或目的地,如"目的港:纽约"(port of destination:New York);有时按实际业务需要,例如买方有不同的使用地或销售地,而商订合同时尚不能确定供何处使用和销售,也可规定两个或两个以上的目的港或目的地,个别的甚至也有做笼统规定的。由买方在装运期开始前适当时间通知卖方,凭以安排装运。以下是出口合同中规定两个或两个以上目的港或目的地的示例:目的港:伦敦/利物浦(prot of destination:London/Liverpool);目的港:伦敦/利物浦/曼彻斯特(prot of destination:London/Liverpool/Manchester)。

在出口业务中,我方决定可否接受国外客户提出的目的港和目的地时,通常应考虑以下问题。

(1)应贯彻我国的有关政策,不得以我国政府不允许进行贸易往来的国家和地区的港口或地方作为目的港或目的地。

(2)对目的港或目的地的规定,应力求明确具体,对于按 C 组术语达成的交易尤为重要,一般不要使用"欧洲主要港口"(European main ports,EMP)、"非洲主要港口"(African main ports,AMP)之类笼统的规定方法。

(3)凡以非集装箱的一般海上运输方式交运的交易,货物运往的目的港无直达班轮或航次较少的,合同中应规定允许转运的条款。

（4）目的港必须是船舶可以安全停泊的港口，力求避免把正在进行战争或有政治动乱的地方作为目的港或目的地。

（5）对内陆国家的出口交易，采用 CFR 或 CIF 条件通过海上运输货物的，应选择距离该国目的地最近的、我方能够安排船舶的港口为目的港。除非多式联运承运人能够接受全程运输，否则一般不接受以内陆城市为目的地。

（6）规定的目的港和目的地，如有重名，应明确国别与所处方位。因为，世界各国城市、港口重名者甚多，如维多利亚（Victoria），全世界有 12 个；的黎波里（Tripoli）在地中海沿岸的利比亚和黎巴嫩两个国家都拥有一个，波特兰（Portland）、波士顿（Boston）、悉尼（Sydney）也不止一个，个别的甚至在同一个国家内也有重名的。

（7）正确使用"选择港"（optional ports）。即允许收货人在预先提出的两个或两个以上的卸货港中，在货轮驶抵第一个备选港口前，按船运公司规定的时间，将最后确定的卸货港通知船运公司或其代理人，船方负责按通知的卸货港卸货。按一般航运惯例，如果货方未在规定时间将选定的卸货港通知船方，船方有权在任何一个备选港口卸货。买卖合同中规定"选择港"的数目一般不超过三个；备选港口必须在同一条班轮航线上，而且是班轮公司的船只都停靠的港口；在核定价格和计算运费时，应按备选港口中最高的费率和附加费计算。如成交的价格是按一般条件商定的，则在买卖合同中应明确规定因选择港而增加的运费、附加费均由买方负担。现将国际货物买卖合同中规定选择港的方法举例如下：CIF 伦敦/汉堡/鹿特丹，任选（CIF London/Hamburg/Rotterdam optional）。

8.1.3 分批装运和转运

1. 分批装运

分批装运又称分期装运（shipment by instalments），是指一个合同项下的货物先后分若干期或若干批装运。在国际贸易中，有的交易因为数量较大，或是由于备货、运输条件、市场需要或资金的限制，有必要分期分批交货、到货者，则可在进出口合同中规定分批装运条款。按照某些国家的合同法规定，如合同中未对分批装运作出规定，买卖双方事先也没有特别约定或习惯做法，则卖方不得分批装运。但国际商会制定的《跟单信用证统一惯例》（UCP600）规定：

（1）除非信用证另有规定，允许分批装运。

（2）装于同一航次同一条船上的同一合同项下的货物，即使装运的地点、时间不同，只要运往同一目的地，将不视为分批装运。表明使用同一运输工具并经由同次航程运输的数套运输单据在同一次提交时，只要显示相同目的地，将不视为部分发运，即使运输单据上表明的发运日期不同或装运港、接管地或发送地点不同。

（3）信用证规定在指定的时间段内分期支款或分期发运，任何一期未按信用证规定期限支取或发运时，信用证对该期及以后各期均告失效。

2. 转运

转运（transhipment）的本意是指从装运港（地）至卸货港（地）的货运过程中进行转装或重装，包括运输工具和运输方式的转变。一般来说，允许转运对卖方比较主动，但要增加费用支出。而货物在转运时有可能损耗或散失，而且易使运程延迟，所以是否允许转运或在何地转运往往是买卖合同的重要条款。

随着运输工具的不断改进和大型化，集装箱、集装箱船、混装船、母子船的涌现和推广使用，以及各种新的运输方式层出不穷，尤其是多式联运方式的日益广泛运用，转运在实际业务中几乎已成为经常发生，甚至不可避免的事。《跟单信用证统一惯例》（UCP600）对转运作出新的规定："转运是指在信用证规定的装货港到卸货港之间的运输过程中，将货物从一船卸下并再装上另一船的行为"；"提单可以表明货物将要或可能被转运，只要全程运输由同一提单涵盖"；"即使信用证禁止转运，注明将要或可能发生转运的提单仍可接受，只要其表明货物由集装箱、拖车或母子船运输"。简言之，真正被禁止的转运仅指海运中港至港、非集装箱货物运输的转运。

8.1.4 其他条款

在国际货物买卖合同中，除了规定上述装运条款以外，还规定装船通知条款、装卸时间、装卸率、滞期速遣条款，对美国贸易时还规定了 OCP（陆上运输通常可到达的地点）条款等。以下将简单介绍这些条款。

1. 装船通知

装船通知是装运条款中一项重要的内容。它可以明确买卖双方的责任，共同协作完成好运输工具与货物的衔接工作，并按时办理货物运输保险。特别是以 CFR 和 CPT 成交时，装运通知具有很重要的意义。

2. 装卸时间、装卸率等条款

通常在定程租船的大宗买卖合同中，会规定装卸时间、装卸率、滞期速遣费条款。

（1）装卸时间指允许完成装卸任务所约定的时间。装卸时间的规定可有以下几种方法。

①按连续日（running days；consecutive days）计算。所谓连续日指午夜 0:00 后连续 24 小时的时间。即便是星期日、节假日或雨雪日也不扣除。这对租船人十分不利，所以很少使用。

②按晴天工作日（weather working days）计算。即按正常的工作日，除去周日、节假日或者由于天气因素（如风、雪、雷、雾、冰雹等）影响不能进行装卸工作的时间。

③按工作日（working days）计算。即按港口习惯，周日和节假日除外。

④按连续 24 小时晴天工作日（weather working days of 24 hours）计算。

除此之外，有时还有按"港口习惯速度尽快装卸"规定办理的，这种方法容易产生争议，尽量少用。

（2）装卸率（load/discharge rate）是指每日装卸货物的数量。装卸率的高低关系到运费的水平，并且会影响到货价，所以必须从各个港口实际情况出发，掌握实事求是的原则。

8.2 运输方式

8.2.1 海洋运输

国际贸易海洋运输的经营方式主要有班轮运输和租船运输（shipping by chartering）两大类，前者又称定期船运输，后者称不定期船运输。

1. 班轮运输

1）班轮运输的特点和条件

（1）具有"四定"的特点，即固定航线，固定港口，固定船期和相对固定的费率。这是班轮运输的基本特点。

（2）运价内已包括装卸费用，货物由承运人负责配载装卸，承运人和托运人双方不计滞期费和速遣费。

（3）以签订货单（shipping order，S/O）的方式订舱，船、货双方的权利、义务与责任豁免，以船方签发的提单条款为依据。

2）班轮运价的计算标准和方法

（1）班轮运价和运价表。运费是承运人为承运货物而收取的报酬。班轮运价是按照班轮运价表的规定计算的。不同的班轮公司或不同的轮船公司有不同的运价表，但它都是按照各种商品的不同积载系数、不同的性质和不同的价值结合不同的航线加以确定的。班轮运价表一般包含下列几部分内容。

①说明及有关规定。说明运价表的适用范围、计价货币、计价单位以及有关规定。

②港口规定及条款。如对某些国家或地区的港口在签发提单时须按该港口习惯加盖印章，则印章条款优先于印刷条款。

③货物分级表。列明各种货物所属运价等级和计费标准，以（利）便托运人查找托运货物所属等级。

④航线费率表。列明不同航线、不同等级货物的基本运费率。

⑤附加费率表。列明各种附加费按基本费率的一定百分比计收或按运费吨——绝对数增收。

⑥冷藏货费率表及活牲畜费率表。列明各种冷藏货物和活牲畜的计算标准及费率。

（2）班轮运费的计算标准。

①按货物的毛重计收。在运价表中以"W"（weight）字母表示。一般以每一公吨为计算单位，吨以下取两位小数，也有按长吨或短吨计算的。

②按货物的体积计收。在运价表中以"M"（measurement）字母表示。一般以一立方米为计算单位，也有按 40 立方英尺为一尺码吨计算。

③按货物的毛重或体积计收。在运价表中以 W/M 字母表示，以其较高者计收运费。按

惯例凡一重量吨货物体积超过一立方米或40立方英尺者即按体积收费；相反，一重量吨货物体积不足一立方米或40立方英尺者，按毛重计收。如机器、零件或小五金工具常按此办法计算。

④按货物的价格计收运费，又称从价运费。在运价表中以"Ad.Val"或"A.V."（拉丁文 Ad Valorem）表示。一般按商品FOB货价的百分之几计算运费。按从价计算运费的，一般都属高值货物。这是因为船运公司在运输时，在积载和保管方面需要采取特殊照顾和安全措施，承担较大责任。如要求承运人承担超过提单限额责任赔偿，托运人除按从价计付运费外，还应在托运单证上申报FOB货价，并另加付货价1%的保值附加费。

⑤按货物重量或体积或价值三者中选最高的一种计收。在运价表中以"W/M or A.V."表示。也有按货物重量或体积计收，然后再加收一定百分比的从价运费。在运价表中以"W/M Plus A.V."表示。

⑥按货物的件数计收。如汽车、火车头按辆（per unit）；活牲畜如牛、羊等论头（per head）计费。

⑦大宗低值货物按议价运费（open rate）计收。如粮食、豆类、煤炭、矿砂等。上述大宗货物一般在班轮费率表内未规定具体费率。在订舱时，由托运人和船运公司临时洽商议订。议价运费比按等级计算运费低。

⑧起码费率（minimum rate）。按每提单上所列的重量或体积所计算出的运费，尚未达到运价表中规定的最低运费额，则按最低运费计收。

应当注意，如果不同商品混装在同一包装内，则全部运费按其中较高者计收。同一票商品如包装不同，其计费标准及等级也不同。托运人应按不同包装分别计算毛重及体积，才能分别计收运费，否则全部货物均按较高者收取运费。另外，同一提单内有两种或两种以上不同货名，托运人应分别列出不同货名的毛重或体积，否则全部货物均将按较高者收取运费。

（3）班轮运价的构成。班轮运价由基本费率（basic freight rate）和各种附加费（additionals or surcharges）所构成。基本费率，即班轮航线内基本港之间对每种货物规定的必须收取的费率，包括各航线等级费率、从价费率、冷藏费率、活牲畜费率及议价费率等。附加费是由于客观情况的变化，运输费用大幅度增加，为弥补损失而额外加收的费用。即除基本费率外，规定另外加收的费用。附加费名目繁多，而且随着客观情况的变动而变动。以下介绍常见的几种附加费。

①燃油附加费（bunker adjustment factor or bunker surcharge，BAF or BS）。这是因燃油价格上涨而加收的费用，也是目前加在基本费率上的一项主要附加费。费率从百分之几到百分之几十不等。计算运费时必须予以足够的重视。

②港口附加费（port surcharge）。由于有些港口设备差、装卸效率低、费用高，增加船舶成本开支而加收的附加费。

③港口拥挤附加费（port congestion surcharge）。由于港口拥挤，船舶需长时间等泊，为弥补船期损失而规定收取的附加费。该项附加费随港口拥挤程度的变化而调整。如港口恢复正常，该项附加费即可取消，所以变动性很大。

④货币贬值附加费（currency adjustment factor，CAF）。为弥补因运费的货币贬值造成的经济损失而收取的费用。一般随着货币贬值的幅度按基本费率的百分之几收取。

⑤绕航附加费（deviation surcharge）。由于某种原因，船舶不能按正常航线而必须绕道航行，从而增加航运开支，为此加收的附加费。这是一种临时性的附加费，一般如正常航道恢复通行，该项附加费即取消。

⑥转船附加费（transhipment surcharge）。对运往非基本港的货物，需在中途港转运至目的港，为此而加收的附加费。转船附加费有的规定为每吨增加一个绝对金额，有的按基本费率的百分比加收。

⑦直航附加费（direct additional）。对运往非基本港的货物，一次货量达到一定数量时，可以安排直航卸货，为此需加收直航附加费。

⑧选卸港附加费（additional for optional destination）。由于贸易上的原因，在货物托运时尚不能确定具体卸货港，需要在两个或两个以上的卸货港中选择，为此而加收的费用。这种选择，货方必须在该航次中船舶抵达第一卸货港 48 小时前向船方宣布。选择港货物的运费按选卸港中计费高的费率计算，如实际选择了费率低的港口卸货，多收部分运费不予退回。

⑨超重超长附加费（heavy lift, long length additional）。一件货物的毛重（gross weight）达到或超过规定重量，视为超重货物；一件货物的长度达到或超过规定长度，视为超长货物。因为这类货物装卸、配载困难，增加开支，为此要加收超重、超长附加费。该项附加费随货物重量的加重或长度的加长而相应增多。

班轮附加费名目繁多，但各种附加费的计算办法，主要有两种。一种是以百分比表示，即在基本费率的基础上增加一个百分比；另一种是用绝对数表示，即每运费吨增加若干金额，可以与基本费率直接相加计算。

班轮运价的计算公式为

$$F = F_b + \sum S$$

式中，F 为运费总额；F_b 为基本运费；S 为各项附加费。

基本运费是所运货物的数量（重量或体积）与规定的基本费率的乘积。即

$$F_b = f \cdot Q$$

式中，f 为基本费率；Q 为货运量（运费吨）。

附加费是指各项附加费的总和。在多数情况下，附加费是按基本运费的一定百分比计算，其计算公式为

$$\sum S = (S_1 + S_2 + \cdots + S_n) F_b = (S_1 + S_2 + \cdots + S_n) fQ$$

式中，$S_1 + S_2 + \cdots + S_n$ 为各项附加费率。

代入运费计算公式，可得

$$F = F_b + \sum S = fQ + (S_1 + S_2 + \cdots + S_n) fQ = (1 + S_1 + S_2 + \cdots + S_n) fQ$$

如附加费以绝对数表示，则附加费总额为

$$\sum S = (S_1 + S_2 + \cdots + S_n) Q$$

代入运费计算公式：
$$F = F_b + \sum S = fQ + (S_1 + S_2 + \cdots + S_n)Q$$

运费计算实例如下。

案例分析 8-1

以 CFR 价格条件进口加拿大温哥华一批罐头水果汁。重量为 8 公吨，尺码为 10 立方米，求该批货物总运价。

解：（1）查出水果汁准确译名为"Fruit Juice"。

（2）从有关运价本中的"货物分级表"（Scale of Commodity Classification）查找相应的货名。在此以相应运价本查到该货为 8 级，计算标准为 M，即按尺码吨计算运费。

（3）查中国—加拿大航线等级费率表（Scale of Class Rates for China—Canada Service），得 8 级货物相应之基本费率为每吨 219 元。

（4）查得燃油附加费 20%。

（5）计算：
$$F = F_b + \sum S = (219 + 219 \times 20\%) \times 10 = 262.8 \times 10 = 2\,628（元）$$

2. 租船运输

租船运输又称不定期船（tramp）运输。它与定期船运输不同，船舶没有预定的船期表、航线、港口，船舶按租船人（charterer）和船东（ship owner）双方签订的租船合同（charter party）规定的条款行事。也就是说，根据协议，船东将船舶出租给租船人使用，以完成特定的货运任务，并按商定运价收取运费。在租船的条件下，船舶的所有权没有转移，只有使用权的转移，所以租船也是一种无形贸易。

1）租船运输的特点

（1）以运输货值较低的大宗货物为主，如粮谷、饲料、矿砂、煤炭、石油、化肥、木材及水泥等，而且一般都是整船装运。据统计，国际海上货运总量中，租船运输约占 4/5。由此可见，租船在海上运输中的重要性。

（2）租船运输无固定航线、固定的装卸港口和固定的船期，而是根据租船人的需要和船东的可能，由双方当时洽商租船运输条件，并以租船合同形式加以肯定，作为双方权利与义务的依据。

（3）租船运价受租船市场供求法则的制约，船多货少时运价就低；反之则高。与商品市场价格一样，租船运价经常变动。因此，对租船市场行情的调查与研究具有重要意义。

2）租船市场和代理

租船市场是供船东出租船舶和租船人租赁船舶进行洽商的场所。国际上最大的散杂货船舶市场在英国伦敦，设在波罗的海商业航运交易所（The Baltic Mercantile And Shipping Exchange）；散装粮船主要在美国纽约；特种专业化船舶多在欧洲：有挪威的奥斯陆、瑞典的斯德哥尔摩和德国的汉堡。由于租船业务比较复杂，所以大都通过中间人。租船市场上的中间人按其代表的对象不同分为两种：一种是代表船东的经纪人（ship broker）；另一种是代表租船人的租船代理（chartering agent）。在实际业务中，两者不截然分开，一般两方面的业务都做。租船代理和船舶经纪人在船东和租船人之间起搭桥牵线、促成交易的作用。

租船代理的作用如下。

第一，为委托人提供最合适、最有利的对象。因为他们有广泛的业务渠道和专业知识，最了解船舶和货运供需情况，可以选择最合适的对象洽租。

第二，提供市场行情。他们熟悉世界各国港口情况和有关法律，以及租船合同条文的解释等，可以随时向当事人提供资讯。

第三，为当事人双方斡旋解决困难。由于租船过程中对运价和租船合同各种条款经常要进行讨价还价，在执行合同中也会不时发生纠纷，有了代理，就可以从中调解斡旋，以获得双方满意的解决。

第四，交易达成以后，通常由代理或经纪人根据双方同意的条件，草拟租船合同。有时，在授权的情况下，代表委托方在合同上签字。

3）租船方式

国际上使用较广泛的租船方式主要有三种：定程租船、定期租船和光船租船。

（1）定程租船（voyage charter），又称程租船或航次租船，是指由船舶所有人负责提供船舶，在指定港口之间进行一个航次或数个航次，承运指定货物的租船运输。定程租船就其租借方式的不同可分为单程租船、来回航次租船、连续航次租船。

（2）定期租船（time charter），是指由船舶所有人将船舶出租给承租人，供其使用一定时期的租船运输。承租人也可将此定期租船充作班轮或程租船使用。

（3）光船租船（bare bat charter），又称净船期租船，是指船舶所有人将船舶出租给承租人使用一定期限，船舶所有人提供的是空船，承租人要自己任命船长、配备船员，负责船员给养和船舶经营管理所需的一切费用。这种租船方式往往是卖船先兆。光船租赁方式实际上属于财产租赁。光船租船合同是财产租赁合同而不是海上运输合同。

就外贸企业来说，使用较多的租船方式是程租船，主要用于运输量较大的大宗初级产品，如粮食、油料、矿产品和工业原料等。

8.2.2　铁路运输

铁路运输（rail transport）是指利用铁路进行国际贸易货物运输的一种方式。对内陆国家间的贸易，铁路运输比较重要。铁路运输的优点是不受气候影响，速度快，运量大，风险小。

1. 国内铁路运输

铁路运输在我国非常普及。我国幅员辽阔，边境线长，陆上与我国接壤的国家和地区就有十多个。我国与这些国家和地区进行贸易，并通过这些国家和地区与更远的陆上国家进行贸易，而铁路运输对此具有重要的意义。同时，运抵我国港口和国境站的进口货物运到内地要货部门，和我国遥远内地的出口货物运至港口和国境站，以及国内各地的出口商品生产原料和包装材料运至加工的生产地点，这些都要通过铁路来运输。

内地供应港澳地区的出口货物由产地经铁路运往香港九龙，先由发货人将货物托运到深圳北站，由当地外贸运输公司办事处接货后，再办理港段铁路托运手续，由香港中国旅行社收货后转交给香港或九龙买方，外贸出口公司则凭外运公司签发的货物收据办理结汇。

2. 国际铁路联运

国际铁路联运是指由两个或两个以上不同国家铁路当局联合起来完成一票货物的铁路运送。它使用一份统一的国际联运票据，由铁路部门经过两国或两个以上国家铁路进行全过程运输，由一国铁路向另一国铁路移交货物时不需发、收货人参加，它通常是依据有关的国际条约进行的。

3. 中欧班列

中欧班列是指按照固定车次、线路等条件开行，往来于中国与欧洲及"一带一路"沿线各国的集装箱国际铁路联运班列。在"一带一路"倡议下，为了开展与沿线国家的经贸合作，我国已经铺划了西、中、东三条通道中欧班列运行线：西部通道由我国中西部经阿拉山口（霍尔果斯）出境，中部通道由我国华北地区经二连浩特出境，东部通道由我国东南部沿海地区经满洲里（绥芬河）出境。目前，在西、中、东三条通道中，中欧班列运行线路包括：重庆—杜伊斯堡、成都—罗兹、郑州—汉堡、苏州—华沙、武汉—捷克和波兰、长沙—杜伊斯堡、义乌—马德里、哈尔滨—俄罗斯、哈尔滨—汉堡、保定—白俄罗斯明斯克、西宁—安特卫普、广州—莫斯科、青岛—莫斯科、长春—汉堡等，共27条运行线路，累计开行班列数量已近2万列。

自古以来，亚欧各国人民就相互交流，互通有无。起源于2 000多年前的古丝绸之路是连接亚洲和欧洲及东西方文明的纽带，促进了亚欧各国经贸往来。亚欧之间的物流通道传统上以海运为主，空运和陆运为辅。中欧班列以其运距短、速度快、安全性高的特征，以及安全快捷、绿色环保、受自然环境影响小的优势，已经成为国际物流中陆路运输的骨干方式。中欧班列物流组织日趋成熟，班列沿途国家经贸交往日趋活跃，国家间铁路、口岸、海关等部门的合作日趋密切，这些有利条件，为铁路进一步发挥国际物流骨干作用，在"一带一路"建设中将丝绸之路从原先的"商贸路"变成产业和人口集聚的"经济带"起到重要作用。

8.2.3 航空运输

航空运输是指利用飞机运送进出口货物，它是一种现代化的运输方式。它的特点是交货速度快、时间短、安全性能高，货物破损率小，节省包装费、保险费和储藏费，航行便利，不受地面条件限制，可以通往世界各地，将货物运至收货人所在地或接近收货人所在地的机场。

在国际贸易中，航空运输特别适合于易腐商品、鲜活商品和季节性强的商品的运输。

航空运输的运营方式主要有以下几种。

（1）班机运输（scheduled airline）。班机是指定期开航的定航机，有固定始发站、到达站和途经站。一般航空公司都使用客货混合型飞机，一些较大的航空公司也在某些航线上开辟有全货机航班运输。

（2）包机运输（chartered carrier）。包机运输可分为整架包机和部分包机两种形式。

整架包机是指航空公司按照事先约定的条件和费率，将整架飞机租给租机人，从一个或几个航空站装运货物至指定目的站的运输方式。它适合于运输大宗货物。

部分包机是指由几家航空货运代理公司或发货人联合包租整架飞机，或者由包机公司把整架飞机的舱位分租给几家航空货运代理公司。它适合于一吨以上不足整机的货物运输，运输费率较班机为低，但运送时间较班机要长。

（3）集中托运方式（consolidation）。航空集中托运是指航空货运代理公司把若干批单独发运的货物组成一批向航空公司办理托运，填写一份总运单将货物发运到同一目的地，由航空货运代理公司在目的站的代理人负责收货、报关，并将货物分别拨交于各收货人的一种运输方式。这种托运方式，可争取较低的运价，在航空运输中使用较为普遍。

（4）航空急件传送方式（air express service）。航空急件传送是目前货机航空运输中最快捷的运输方式。它不同于航空邮寄和航空货运，而是由一个专门经营此项业务的机构与航空公司密切合作，设专人用最快的速度在货主、机场、收件人之间传送急件，特别适用于急需的药品、医疗品械、贵重物品、图纸资料、货样及单证等的传送，被称为"桌到桌运输"（desk to desk service）。

8.2.4　集装箱运输

集装箱（container）又名"货箱"，亦称"货柜"。按原文字面的含义理解，可以将它看作是"容器"。但并非所有的容器都可以称为集装箱。它必须是用来周转货物的容器。国际标准化组织（ISO）根据集装箱在装卸、堆放和运输过程中的安全需要，在货物集装箱的定义中，提出了以下作为一种运输工具的货物集装箱的基本条件。

第一，能长期地反复使用，具有足够的强度。

第二，途中转运不用移动箱内的货物，可以直接换装。

第三，可以进行快速装卸，并可以从一种运输工具直接方便地换装到另一种运输工具。

第四，便于货物的装满与卸空。

第五，具有一立方米以上的内容积。

1. 集装箱的种类和规格

目前在国际航运上使用的集装箱多为20英尺和40英尺集装箱。但近年来，集装箱向大型化方向发展，如美国总统轮船公司采用53英尺型集装箱。我国通常采用的规格为：$8'\times 8'\times 20'$和$8'\times 8'\times 40'$两种。

为了便于统计计算，目前国际上都以20英尺集装箱作为计算衡量单位，以TEU表示，意即"相等于20英尺单位"。在统计型号不同的集装箱时，将集装箱的长度一律换算成20

英尺单位加以计算。

2. 集装箱运输货物的分类

（1）整装箱（full container load，FCL）。这种装箱方式是指货主自行将货物装满整箱后，以箱为单位向承运人进行托运。这种情况是货主有足以装满一个或几个整箱的货源时所采用的装箱方式。除有些较大的货主自己备有集装箱外，一般都是货主向承运人或集装箱租赁公司租用一定数量的集装箱，当空箱运到货主的工厂或仓库后，在海关人员的监督下，由货主把货物装入箱内，加锁、铅封后交给承运人并取得场站收据（dock receipt，D/R），凭以换取提单或运单。

（2）拼装箱（less than container load，LCL）。这种装箱方式是指承运人（或其代理人）接受货主托运的数量不足装满整箱的小票货托运后，根据货物的性质和目的地进行分类整理，把去同一目的地的货物集中到一定数量，拼装入箱。由于箱内不同货主的货物拼装在一起，所以叫拼箱货。在一个货主的货物不足装满整箱的情况下采用这种方式。拼装箱的分类、整理、集中、装箱（拆箱）、交货等均由承运人在码头集装箱货运站或内陆集装箱转运站（inland contain depot）进行。

整箱货和拼箱货都会在提单上注明，例如：

FCL/FCL 整箱装、整箱接，发货人一个，收货人一个。

FCL/LCL 整箱装、拼箱接，发货人一个，收货人多个。

LCL/FCL 拼箱装、整箱接，发货人多个，收货人一个。

LCL/LCL 拼箱装、拼箱接，发货人和收货人都是多个。

3. 集装箱运输的关系人

随着集装箱运输的逐步发展、成熟，有别于传统运输方式的管理方法和工作机构也相应地发展起来，形成一套适应集装箱运输特点的运输体系。主要包括以下关系人。

（1）经营集装箱货物运输的实际承运人。其包括经营集装箱运输的船运公司、联营公司、公路集装箱运输公司、航空集装箱运输公司等。

（2）无船承运人。在集装箱运输中，经营集装箱货的揽货、装箱、拆箱、内陆运输及经营中转站或内陆站业务，但不掌握运载工具的专业机构，称为无船承运人。它在承运人和托运人之间起到中间桥梁作用。

（3）集装箱出租公司。这是随着集装箱运输发展而兴起的一种新兴行业。它专门经营集装箱的出租业务。

（4）联运保赔协会。这是一种由船运公司互保的保险组织。对集装箱运输中可能遭受的一切损害进行全面统一的保险。这是集装箱运输发展后所产生的新的保险组织。

（5）集装箱码头（堆场）经营人。这是具体办理集装箱在码头的装卸、交接、保管等工作的组织。它受托运人或其代理人以及承运人或其代理人的委托提供各种集装箱运输服务。

（6）集装箱货运站（container freight station，CFS）。在内陆交通比较便利的大中城市设立的提供集装箱中转、交接或其他运输服务的专门场所。

（7）货主。

4. 集装箱运输的费用

集装箱运输的基本运费与一般传统的班轮一样，也是根据商品的等级不同规定有不同的费率。但在最低运费（minimum freight）的计算和最高运费（maximum freight）的规定方面有其特殊的计算规则。

1）最低运费的计算

（1）拼箱货的最低运费。与传统班轮的最低运费的规定基本相同。即在每一航线上，各规定一个最低运费额。任何一批货运，其运费金额低于规定的最低运费额时，均需按最低运费金额计算。

（2）整箱货的最低运费。与拼箱货的规定不同。整箱货的最低运费的标准不是金额，而是运费吨。凡以整箱托运的货运，为避免运费的收入不够运输成本，对不同规格的集装箱分别规定计收运费的最低应计收的重量吨和尺码吨。如实际运费低于最低运费，则运费按最低运费标准计算。

2）最高运费的计算

最高运费的规定是集装箱运输所独有的特点。这是因为一个集装箱有时装几种货，而其中部分货重的衡量方法不明（多数由于托运人未提供或申报），且计费等级和费率又不相同，最高运费就是为计算这部分货物的运费而规定的。最高运费的标准是运费吨，主要是尺码吨，至于货物重量可以通过地秤衡量，而且重量货以最大载重量计算，无须另做规定。

此外，一些运输部门为了招揽生意，一般规定一个比一般费率要低的包箱费率，即不管装多少、装什么货物，统一按一个费率收取一个箱子货物的运费。这样既方便了运费计算，又反映了集装箱现代运输的要求。

集装箱除了上述基本运费外，另外还有一些运输服务与管理费用，诸如拆箱和装箱费、滞期费、堆存费、交接费等，这些费用的负担，视托运条件、当地规定和习惯做法而各不相同。

8.2.5 国际多式联合运输

国际多式联合运输（简称多式联运）是在集装箱运输的基础上产生并发展起来的新型的运输方式，也是近年来在国际运输上发展较快的一种综合连贯运输方式。联合国国际多式联运公约给国际多式联运做了如下比较全面、明确的定义："国际多式联运是按照多式联运合同，以至少两种不同的运输方式，由多式联运经营人将货物从一国境内接管货物的地点运至另一国境内指定交付货物的地点。"

根据以上描述，多式联运有以下六个特点。

（1）要有一个多式联运合同。

（2）必须使用一份全程多式联运单据。

（3）必须是至少两种不同运输方式的连贯运输。

（4）必须是国际货物运输，这是区别于国内运输和是否适合国际法规的限制条件。

（5）必须由一个多式联运经营人，对全程的运输负总的责任。

（6）必须是全程单一运费费率。

近年来，随着我国"一带一路"建设的推进，海铁联运的优势进一步凸显。海铁联运是进出口货物由铁路运到沿海海港直接由船舶运出，或是货物由船舶运输到达沿海海港之后，由铁路运出，只需"一次申报、一次查验、一次放行"就可以完成整个运输过程的一种运输方式。

海铁联运既要依靠设施设备的无缝对接，又离不开高效率的运输管理。相对于公路运输，铁路运输具有降低运输成本、减少石油消耗、减少污染气体排放、缓解港城交通拥堵等优势，经济效益和社会效益兼备。

海铁联运是一个综合性的系统工程。既涉及海关、商品检验、卫生检验、动植物检疫机构等行政性的政府部门，也涉及铁路、港口、短途公路运输、堆场、电子数据交换（EDI）网络管理等企业性质的合作部门。

在整个运输过程中，海铁联运经营人对全程负责，作为总承办方，需要同铁路运输公司和船公司或其代理分别签署分包合同，并做好有关衔接安排，保证货物及时运到海铁联运提单列明的交货地点。由于在海铁联运中，铁路运输公司和船公司分别是分包方，两个公司在一票海铁联运货中并没有直接关系，因此，需要海铁联运经营人在两个运输区段的衔接处给予特别的关注，确保装货后的重箱在经铁路运抵港区后，能够及时、完好地进入船公司指定堆场。如果发生运输过失，海铁联运经营人将首先向买卖双方承担全部责任，然后向铁路运输公司或船公司进行追偿。

近年来，我国海铁联运发展迅速。铁路不但是陆路丝绸之路的主通道，也为海上丝绸之路的扩展和延伸提供了支持。铁路和海上丝绸之路的连接，共同构成亚欧大陆一体化经济带的整体物流网络。

8.2.6 大陆桥运输

所谓大陆桥运输（land bridge transport），是指使用横贯大陆的铁路、公路运输系统为中间桥梁，把大陆两端的海洋连接起来的运输方式。从形式上看，其是海陆的连贯运输，但实际上已在世界集装箱运输和多式联运的实践中发展成多种多样。

大陆桥运输一般都是以集装箱为媒介，因为采用大陆桥运输，中途要经过两装两卸，如果采用传统的海陆联运，不仅增加运输时间，而且大大增加装卸费用和货损货差；以集装箱为运输单位，则可大大简化理货、搬运、储存、保管和装卸等操作环节。同时集装箱是经海关铅封，中途不用开箱检验，而且可以迅速直接地转换运输工具，故采用集装箱是开展大陆桥运输的最佳形式。

大陆是相对于海洋而言的，没有海运的多式联运都不能称为大陆桥运输。海运是大陆桥运输必不可少的组成部分。

目前，世界上主要的大陆桥运输线有以下几种。

1. 西伯利亚大陆桥

这条大陆桥利用俄罗斯西伯利亚铁路作为陆地桥梁，把太平洋远东地区与波罗的海和黑海沿岸以及西欧大西洋口岸连接起来。此条大陆桥运输线东自海参崴的纳霍特卡港起，横贯欧亚大陆，至莫斯科，然后分三路，一路自莫斯科至波罗的海沿岸的圣彼得堡港，转船往西欧、北欧港口；一路从莫斯科至俄罗斯西部国境站，转欧洲其他国家铁路（公路）直运欧洲各国；另一路从莫斯科至黑海沿岸，转船往中东、地中海沿岸。所以，从远东地区至欧洲，通过西伯利亚大陆桥有海—铁—铁、海—铁—公路和海—铁—海三种运送方式。

2. 北美大陆桥

美国有两条大陆桥运输线，一条是从西部太平洋口岸至东部大西洋口岸的铁路（公路）运输系统，全长约 3 200 千米；另一条是西部太平洋口岸至南部墨西哥湾口岸的铁路（公路）运输系统，全长 1 000 千米左右。

3. 新亚欧大陆桥

1990 年 9 月 11 日，我国陇海—兰新铁路的最西段乌鲁木齐至阿拉山口的北疆铁路与苏联土西铁路接轨，第二座亚欧大陆桥运输线全线贯通，于 1992 年 9 月正式通车。此条运输线东起我国连云港，西至荷兰鹿特丹，横跨亚欧两大洲，连接太平洋和大西洋，穿越中国、哈萨克、俄罗斯，与第一条运输线重合，经白俄罗斯、波兰、德国到达荷兰。

大陆桥运输具有运费低廉、运输时间短、手续简便的优点，是一种经济、快速、高效的运输方式。

另外，OCP（overland common points）运输是美国大陆桥运输的形式之一，"OCP"意即"内陆地区"，所谓"内陆地区"的含义，根据美国费率规定，以美国西部 9 个州为界，也就是以落基山脉为界，其以东地区，均为内陆地区范围，这个范围很广，约占美国全国 2/3 地区。按 OCP 运输条款规定，凡是经过美国西海岸港口转往上述内陆地区的货物，如果按 OCP 条款运输，就可享受比一般直达西海岸港口更为低廉的优惠内陆运输费率，一般约低 3%～5%。相反方向，凡从美国内陆地区启运经西海岸港口装船出口的货物同样可按 OCP 运输条款办理。同时，按 OCP 运输条款，还可享受比一般正常运输更低的优惠海运运费，每吨约低 3～5 美元。

采用 OCP 运输条款时必须满足以下条件。

第一，货物最终目的地必须属于 OCP 范围内，这是签订运输条款的前提。

第二，货物必须经由美国西海岸港口中转。因此，在签订贸易合同时，有关货物的目的港应规定为美国西海岸港口，即按 CFR 或 CIF 美国西海岸港口条件。

第三，在提单备注栏内及货物唛头上应注明最终目的地 OCP××城市。

例如，我国出口至美国一批货物，卸货港为美国西雅图，最终目的地是芝加哥。西雅图是美国西海岸港口之一，芝加哥属于美国内陆地区城市，这笔交易就符合 OCP 规定。在贸易合同和信用证内的目的港可填写"西雅图"括号"内陆地区"，即"CIF Seattle（OCP）"，但在提单上除填写目的港西雅图外，还必须在备注栏内注明"内陆地区芝加哥"字样，即"OCP Chicago"。

8.2.7 其他运输

1. 公路运输

公路运输又称汽车运输，是以公路为运输线，利用汽车等陆路运输工具将货物从甲地运往乙地的运输方式。它是对外贸易运输和国内货物流程的主要方式之一，是车站、港口和机场集散物资的重要手段，具有灵活、简便、快捷的特点。对于装货点多、零星，偏僻的乡村、深山、矿区等道路崎岖难行，现货易腐品需随产随运，特种商品需专车运送，装卸货地点近以及外销货物限期出运等情况，都可利用汽车运送的优点进行装运。其缺点是运量不大，费用偏高。我国与毗邻国家如俄罗斯、朝鲜、缅甸、尼泊尔等国均有公路相通，与这些国家的贸易可采用公路运送方式。通过深圳文锦渡去香港的公路，将内陆公路运输与香港海运、空运连接起来，便于内陆物资外运。

2. 内河运输

内河运输是水上运输的重要组成部分，它是连接内陆腹地与沿海地区的纽带，在运输和集散进出口货物中起着重要的作用。

我国拥有四通八达的内河航运网，长江、珠江等主要河流中的一些港口已对外开放，同一些邻国还有国际河流相通，这就为我国进出口货物通过河流运输和集散提供了十分有利的条件。

3. 管道运输

管道运输是货物在管道内借助高压气泵的压力输往目的地的一种运输方式，主要适用于运输液体和气体货物。它具有固定投资大、建成后运输成本低的特点。

管道运输在美国、欧洲的许多国家以及石油输出组织的石油运输方面起到了积极的作用。我国管道运输起步较晚，但发展很快。迄今为止，我国不少油田有输油管道直通海港。我国到朝鲜也早已铺设管道，向朝鲜出口的石油，主要通过管道运输。

4. 邮政运输

目前，国际上经营邮政快递业务的有 DHL、UPS、FedEx、TNT 四大快递巨头，在全球各有优势。另外，还有各国邮政联合创办的 EMS，我国于 1980 年开办 EMS 业务。通过 30 多年的不断探索，其已成为中国速递业的佼佼者。尚未与我国建立 EMS 业务联系的国家和地区的特快专递邮件，则通过 TNT 的合作来补充 EMS 网络的不足，使我国特快专递邮件可以通达世界 200 多个国家与地区。例如从中国出发，FedEx 和 UPS 的强项在美洲线路、日本线路，TNT 在欧洲、西亚、中东有绝对优势，DHL 则是去日本、东南亚、澳洲有优势。

8.3 运输单据

运输单据是指承运人收到货物后证明货物已装上运输工具、已发运或已由承运人接受监管的单据,是交接货物、处理索赔与理赔以及向银行结算货款的重要凭据。

8.3.1 海运提单

1. 海运提单的定义

海运提单（ocean bill of lading）简称提单,是目前海运业务使用最广泛和主要的运输单据。它是由船长或船运公司或其代理人签发的,证明已收到特定货物,允诺将货物运至指定的目的港,并交付给收货人的凭证。海运提单也是收货人在目的港据以向船运公司或其代理提取货物的凭证。

提单内容由正面事实记载和提单背面条款两部分组成。各船运公司所制定的提单,其主要内容大致相同,见表 8-1。

表 8-1 海运提单（BILL OF LADING）

Shipper 金诚贸易有限公司		B/L No.		
Consignee TO ORDER || Combined Transport BILL OF LADING			
Notify Address || For delivery of goods please apply to：			
Pre-carriage by	Place of Receipt	:::		
Ocean Vessel Voy. No "菊花"	Port of Loading 青岛	:::		
Port of Discharge 纽约	Place of Delivery	Final Destination for the Merchant's Reference only		
Container, Seal No.& Marks & Nos. L S T NEW YORK SY –2001-897 NOS：3000	No. of Package & Description of Goods 300 吨 2001 年产红小豆	Gross Weight Kgs 300 吨		Measurement m²
FREIGHT & CHARGES 运费已付	Revenue Tons.	Rate Per	Prepaid	Collect
Ex. Rate：	Prepaid at	Payable at	Place and date of issue 青岛 2001 年 9 月 28 日	
^	Total Prepaid	No.of Original B(s)/L 两份	Stamp & Signature	

LADEN ON BOARD. THE VESSEL
Date
   By ＿＿＿＿＿＿＿＿＿＿
   (TERMS CONTINUED ON BACK HERE OF) (KENWA. STANDARD)

2. 海运提单的性质

1）作为货物收据

签发提单就表示承运人已按提单所载的内容收到货物。提单作为货物收据（receipt for goods）,并不以将货物装船为条件。

2）作为运输合同的证明

提单本身不是货物运输合同，因为在班轮运输中，船运公司或其代表签发装货单，同意承运托运人的货物时，运输合同即告成立，而提单是在这以后才签发的。但它可以作为运输合同的证明（evidence of contract）。

3）作为物权凭证

提单代表着提单上所记载的货物，提单持有人可以凭提单请求承运人交付货物；而承运人或船长也必须按照提单上所载内容，将货物交付给收货人。因此，提单具有物权凭证（documents of title）的性质。它可通过合法手续转让。转让提单即意味着转让物权。

3. 海运提单的种类

提单可以按各种不同要求进行分类。

（1）按货物是否已装船分为已装船提单和备用提单。

①已装船提单（on board or shipped B/L），指货物已全部装船、凭大副收据签发的提单。提单上除其他项目外，必须注明船名和装货日期。根据国际商会《跟单信用证统一惯例》（UCP600）第 20 条规定，如信用证要求海运提单作为运输单据，银行将接受注明货物已装船或已装指名船舶的提单。

②备运提单（received for shipment B/L），又称"收讫待运提单"，是指货物在船到港前进入承运人指定仓库后，承运人应托运人的要求而签发的提单。在集装箱运输中，当集装箱进入集装箱货运站或集装箱堆场后，即签发备运提单。买方一般不愿意接受备运提单，因货尚未装船，无法估计货到卸港的具体日期。一般做法是：待货物装船后，可凭备运提单调换已装船提单，或由承运人在备运提单上加注已装××船字样和装船日期，并签字盖章使之成为已装船提单。在国际贸易中，备运提单通常是不能结汇的。

（2）按运输方式分为直达提单、转船提单和联运提单。

①直达提单（direct B/L），指由同一船舶将货物从起运港运达目的港所签发的提单。凡信用证规定不准转运者，必须出具中途不转船的直达提单。直达提单上不得有"转船"或"在某某港转船"的批注。但如果提单条款内印有承运人有权转船的"自由转船条款"，而无转船批注，这种提单也被视为直达提单。

②转船提单（transhipment B/L），指货运全程至少两艘轮船承运。就是说，从装运港装货的轮船，不直接驶往目的港，需要在中途港换装另一只船运往目的港，甚至不止一次换船。在这种情况下，就要签发"转船提单"。

③联运提单（through B/L），指货物经海/海、海/陆或陆/海联运，承运人出具一张包括运输全程的提单。在国际多式联运中所使用的"多式联运提单"，是由船运公司或其代理人签发的、涉及两种或两种以上不同运输工具的联运提单。

（3）按提单抬头分为指示提单、记名提单和不记名提单。

①指示提单（order B/L），指在提单上收货人一栏内只填写"凭指示"（To Order）或"凭××指示"（To Order of...）字样的提单。其中，"凭××指示"的提单又有"凭托运人指示"（To the Order of Shipper）、"凭收货人指示"（To the Order of Consignee）和"凭进口方银

行指示"（To the Order of the ×× Bank）等几种。指示提单是一种可转让单据。提单持有人可以用背书（endorsement）的方式将其转让给第三者而无须取得原单签发人的认可。

②记名提单（straight B/L），指在提单上收货人一栏内具体填写某一特定的人或公司名称的提单。根据此种提单，承运人只能将货物交给提单上已指定的收货人。托运人原则上不得将记名提单背书转让。但提单指定的收货人有时可通过办理类似财产转让手续进行转让。有些国家准许记名提单的收货人凭担保提货，从而使银行及托运人都失去安全收汇的保障。因此，银行一般不愿接受这种提单，故在国际贸易中不经常使用，一般多用于展览品或贵重物品。

③不记名提单（bearer B/L），指提单上未指明具体收货人，仅记载应向提单持有人交付货物的一种提单。承运人交付货物仅凭提单不凭人，任何持有提单的人均可提货。不记名提单不加背书即可转让，手续简便。但由于对买卖双方的风险都比较大，因此在国际贸易中较少使用。

（4）按提单有无批注分为清洁提单和不清洁提单。

①清洁提单（clean B/L），指在装船时货物外表状况良好，承运人在签发提单时未加"货损"或"包装不良"等情况批注的提单。依据国际商会《跟单信用证统一惯例》（UCP600）第27条规定，银行只接受清洁提单。清洁提单也是提单转让时所必备的条件。

②不清洁提单（unclean B/L 或 foul B/L），由于承运人须对承运货物的外表负责，因此在装船时，若发现货物包装不牢、破残、渗漏、玷污、标识不清等现象，大副将在收货单上对此加以批注，并将其转移到提单上，这种提单称为不清洁提单。不清洁提单是不能结汇的。为此，托运人应把外表状况有问题的货物进行修补或更换。但有时托运人向承运人出具"保函"（letter of indemnity），要求承运人签发清洁提单。这种做法是不可取的，承运人和托运人对此要承担相关的责任。

（5）按提单的格式分为简式提单和全式提单。

①简式提单（short form B/L），指提单上只有正面必要的项目和条款而无背面条款的提单。这种提单多用于租船合同下的货物运输。此类提单上往往注明"所有条款与条件按照×月×日签订的租船合同"（All Terms and Conditions as Per Charter Party Dated ××）字样。如果是在班轮运输条件下签发简式提单，一般在提单上加注"各项条款及例外条款以本公司正规的全式提单内所印的条款为准"（Subject to the Terms and Conditions，Provisions and Exceptions as Contained in the Carriers Regular Long Form B/L）。简式提单与全式提单在法律上具有同等效力，按惯例可被银行接受。

②全式提单（long form B/L），指不仅在提单正面而且在提单背面详细列有承运人和托运人的权利、义务条款的提单。国际贸易业务中经常使用的是全式提单。

（6）按船舶营运方式分为正本提单和副本提单。

①正本提单（original B/L），是指提单上有承运人、船长或其代理人签章并注明发运日期的提单。这种提单在法律上是有效的单据。正本提单上必须标明"正本"（original）字样。正本提单一般一式三份，也有一式二份、四份和五份的，以便托运人遗失其中一份，可凭其他各份提单提货，其中一份完成提货手续后，其余各份自动失效。根据 UCP600 规定，

银行接受唯一的正本提单，或如果以多份正本出具，提单中须表明全套正本的份数。

②副本提单（copy B/L），通常指的是提单（即正本提单）的复制件。副本提单即提单上没有承运人签字，副本提单正面注有"副本"（copy）和（或）"不可转让"（non-negotiable）的字样，且通常没有背面条款。副本提单没有提单的性质和法律效力，只供工作上参考使用，但它对启运港、中转港和目的港的代理人和载货船舶是不可缺少的文件，是货方、船方和港方联系与安排工作的凭证之一。

（7）其他提单。

提单除按上述各种标准进行分类外，业务中经常遇到以下几种提单。

①过期提单（stale B/L），指错过规定的交单日期或者晚于货物到达目的港日期的提单。前者是指卖方超过提单签发日期后 21 天才到银行议付的提单，后者是指货已到但提单未到。《跟单信用证统一惯例》（UCP600）规定，如信用证无特殊规定，银行将拒绝接受在运输单据签发日后超过 21 天才提交的单据。后者是在近洋运输时容易出现的情况，故在近洋国家间的贸易合同中，一般都订有"过期提单可以接受"（stale B/L is acceptable）的条款。

②倒签提单（antedated B/L），指承运人签发提单时倒填签发日期的提单。提单签发日期应为该批货物全部装船完毕的日期。但有时由于种种原因，不能在合同或信用证规定的装船期内装运，又来不及修改信用证，为符合合同或信用证装运期的规定而采用倒签日期的做法。此种做法属不合法行为，有巨大风险，业务中应当避免。

③舱面提单（on deck B/L），又称甲板货提单，是指货物装于露天甲板上承运，并于提单注明"装于舱面"（on deck）字样的提单。在贸易实践中，有些体积庞大的货物以及某些有毒货物和危险物品不宜装于舱内，只能装在船舶甲板上。货物积载于甲板承运，遭受灭失或损坏的可能性很大，除商业习惯允许装于舱面的货物如木材，法律或有关法规规定必须装于舱面的货物，承运人和托运人之间协商同意装于舱面的货物外，承运人或船长不得随意将其他任何货物积载于舱面承运。如果承运人擅自将货物装于舱面，一旦灭失或损坏，承运人不但要承担赔偿责任，而且还将失去享受的赔偿责任限制的权利。但是，如果签发的是表明承、托双方协商同意的，注有"on deck"字样的舱面提单，而且实际上也是将货物积载于舱面，那么，只要货物的灭失或损坏不是承运人的故意行为造成的，承运人仍可免责。否则即使货物装在甲板上而没有批注，承运人对此也要像装舱内货一样负责。

为了降低风险，买方一般不愿意把普通货物装在舱面上，有时甚至在合同和信用证中明确规定，不接受舱面提单。银行为了维护开证人的利益，对这种提单一般也予以拒绝。

④集装箱提单（container B/L），是集装箱货物运输下主要的货运单据，由负责集装箱运输的经营人或其代理，在收到货物后签发给货物托运人的凭证。它与普通提单的作用和法律效力基本相同，但也有其特点。

a. 集装箱提单的装运地和目的地可以是港口，也可以是内陆城市。而海运提单只能是港口。

b. 海运承运人或多式联运经营人，包括无船公共承运人均可签发集装箱提单。而海运提单只能由船运公司或船舶承租人等海运人签发。

c. 集装箱提单上不出现"On Deck"字样，但承运人对装在甲板上的集装箱如同装在舱内一样负责，而不必注明 On Deck。

d. 集装箱提单上没有"装船"（shipped on board）字样，即不是"已装船提单"，提单上一般不载明船名或装船日期，它是收讫待运提单，但提单上却没"收讫待运"字样。在多式联运时，一般用场站收据换取集装箱提单后即可结汇。而海运提单一般为"已装船提单"，并载明船名、装船日期，凭"大副收据"换取提单后进行结汇。

e. 整箱货提单上所列明的货物件数可以是集装箱的数目，也可以是每箱内的货物件数，一般注有"STC"条款。

在整箱货运输时，装箱工作一般是由托运人完成的，承运人收到的仅仅是外表状况良好、铅封完整的集装箱，至于箱内装有何物，一无所知。因此，承运人一般在提单上加有一个条款：Said To Contain××, Shipper's Load, Count and Seal，以此免除承运人的责任。若提单上只载明箱子的数目，而没有载明箱内的具体货物件数或其价值，遇有货损时，箱内货物的件数和有关价值，以实际损失得到赔偿。

f. 铅封完好交货条款。在整箱货运输时，承运人在铅封完好无损时接货；在交货时以铅封完好无损完成其任务，并解除所有责任。因此，整箱货的交接以铅封完好与否来确定承运人的责任。

⑤电子提单（electronic B/L），是指通过电子数据交换系统传递的有关海上货物运输合同的数据。电子提单不同于传统提单，它是无纸单证，即按照一定规则组合而成的电子数据。各有关当事人凭密码通过 EDI 进行电子提单相关数据的流转，既解决了因传统提单晚于船舶到达目的港，不便于收货人提取货物的问题，又具有一定的安全性，因而有着广阔的应用前景。

鉴于电子提单是个新生事物，为规范使用，1990 年 6 月在巴黎举行的国际海事委员会第 34 届大会通过了《国际海事委员会电子提单规则》。同《国际海事委员会海运单统一规则》一样，该规则是一个民间规则，没有强制力，须经运输合同双方协议适用才有效力。

4. 海运提单的主要条款

1）提单正面的主要条款

（1）托运人提供并填写的部分。其包括托运人、收货人、通知人、货物名称、标志和号数、件数、毛重、尺码等项。如果填写不正确，托运人要赔偿承运人由此引起或造成的一切灭失、损害和费用。

（2）承运人印就的文字部分，内容有：

①外表状况良好条款。说明外表状况良好的货物已装在上列船上，并应在上列卸货港或该船所能安全到达并保持浮泊的附近地点卸货。

②内容不知条款。说明重量、尺码、标志、号数、品质、内容和价值是托运人所提供的，承运人在装船时并未核对。

③承认接受条款。说明托运人、收货人和本提单的持有人接受并同意本提单和其背面所载的一切印刷、书写或打印的规定、免责事项和条件。

2）提单背面的主要条款

提单背面印定的条款规定了承运人与货方之间的权利、义务和责任豁免，是双方当事人处理争议时的主要法律依据。各航运公司的提单大都规定按承运人所在国家法律处理。由于承运人包括船东和租船人，因此签发提单时适用法律条款都具体规定国名。

5. 有关海运提单的国际公约简介

为了统一规定海上运输中承运人和托运人的权利与义务，国际上签署了若干公约。其中关于提单的国际公约现有三个文件：1924 年的《关于统一提单若干法律规定的国际公约》，简称"海牙规则"（The Hague Rules）；1968 年《布鲁塞尔议定书》，简称"维斯比规则"（The Visby Rules）；1978 年《联合国海上货物运输公约》，简称"汉堡规则"（The Hamburg Rules）。

8.3.2　海运单

海运单（sea waybill，SWB）是近十几年越来越多被各国采用的，在近海贸易中用来代替海运提单的一种运输单据。海运单是海上运输合同和货物由承运人接管或装船，以及承运人保证据以将货物交给单证所载明的收货人的一种不可流通的单证，因此又称为"不可转让海运单"（non-negotiable Sea waybill）。海运单具有以下三个基本作用。

（1）承运人收到由其照管的货物的收据。

（2）运输契约的证明。

（3）在解决经济纠纷时作为货物担保的基础。

海运单有别于海运提单。海运单不是物权凭证，故而不可转让。收货人不凭海运单提货，而是凭到货通知提货。因此，海运单收货人一栏不可签"To Order"字样，而应填写实际收货人的名称和地址，以便货物到达目的港后通知收货人提货。近年来，欧洲、北美和某些远东、中东地区的贸易界越来越倾向于使用不可转让的海运单，主要是因为海运单能方便进出口商及时提货，简化手续，节省费用，还可以在一定程度上减少以假单据进行诈骗的现象。另外，由于 EDI 技术在国际贸易中的广泛使用，不可转让海运单更适用于电子数据交换信息。1990 年，国际海事委员会通过《国际海事委员会海运单统一规则》，该规则适用于不使用可转让提单的运输合同，适用于全部海运的运输合同和含有海运的多式联运合同。

8.3.3　铁路运输单据

1. 国际铁路货物联运单

国际铁路货物联运单是国际铁路联运的主要运输单据，它是参加联运的发送国铁路管理层与发货人之间订立的运输契约，其中规定了参加联运的各国铁路和收发货人的权利与义务。当发货人向始发站交付货物并付清应由发货人负责的一切费用后，始发站在运单及副本上加盖日期戳记，证明货物已经被接受承运，运输合同即生效。运单正本随同货物到达终点站，并交收货人。运单副本由发货人凭以结汇。

2. 承运货物收据

承运货物收据（cargo receipt）是我国内地向港、澳地区出口货物时所使用的运输单据。当出口货物装车发运后，对外贸易运输公司即签发一份承运货物收据给托运人，以此作为办理结汇的凭证。承运货物收据也是据以提货的保证。

8.3.4 航空运单

采用航空运输方式时，当发货人把货物交由承运人之后，承运人要签发航空运单（air waybill）给发货人。航空运单有正本三份，副本可根据要求制作若干份。第一份正本交发货人，作为发货人向银行办理收取货款的单据之一；第二份正本由承运人留存；第三份随货走，在目的站交收货人，作为收货人核收货物的依据。航空运单不是物权凭证，不能背书转让。收货人不是凭航空运单而是凭航空公司的提货通知单提货。海关在检查货物与有关单证相符后放行。收货人在领取货物后，须在随货的航空运单上签收。

8.3.5 国际多式联运单据

国际多式联运单据（multimodal transport document, MTD；或 combined transport document, CTD），也称为国际多式联运提单（multimodel transport B/L or combined transport B/L），是指证明国际多式联运合同以及证明多式联运经营人接管货物，并负责按照合同条款交付货物的单据，它是适应国际集装箱运输需要而产生的，在办理国际多式联运业务时使用。

1. 国际多式联运单据的性质

（1）它是国际多式联运经营人与托运人之间订立的国际多式联运合同的证明，是双方在运输合同中确定权利和责任的准则。在国际多式联运成立后签发国际多式联运单据，因此，这个是运输合同，而是运输合同的证明。

（2）它是国际多式联运经营人接管货物的收据。国际多式联运经营人向托运人签发国际多式联运单据表明已承担运送货物的责任并占有了货物。

（3）它是收货人提取货物和国际多式联运经营人交货的凭证。收货人或第三人在目的地提取货物时，必须凭国际多式联运单据换取提货单（收货记录）后才能提货。

（4）它是货物所有权的证明。这里指可转让的多式联运单据，与传统提单相似，具有物权凭证功能。单据人可以押汇、流通转让。银行、承运人可以通过占有多式联运单据取得有条件的货物的占有权。

2. 国际多式联运单据的种类

按是否可以转让分为两类：可转让的多式联运单据和不可转让的多式联运单据。

可转让的多式联运单据又可分为指示多式联运单据（order MTD）和不记名多式联运单据（bearer MTD）两类。不可转让的多式联运单据一般为记名多式联运单据（straight MTD）。

8.4 区块链技术应用

区块链与大数据相结合,构建一个物流网络来支持货物的追踪、验证和准确记录,确定供应优先级,并降低假冒或未经许可的产品分发到区域的风险。同时,基于区块链技术的智能合约可以有效地防止货物交付中的延期付款,并使得单方面改变原始合同的行为变得不可能。

8.4.1 UPS申请区块链专利,探索物流交付技术应用

拥有百年历史的交付巨头联合包裹服务公司(UPS)认为,区块链技术可以帮助简化整个供应链中的包裹递送物流。2018年8月,总部位于美国佐治亚州的UPS提交了一项专利申请,旨在整个国际供应链业务中利用区块链和分布式账本技术。目前,UPS的国际供应链内包含了多个不同的物流承运商,虽然它们都很擅长优化包裹路线以提高效率、降低成本,但是在某些情况下,很多物流服务提供商只是将货运单元沿着不同的支路/分段从原点运输到目的地。不同物流服务商运输网络之间很少有协作,因此运输网络的整体效率其实并不高。此外,由于缺乏协作性,客户很多特殊物流处理需求也无法得到满足。

UPS希望通过区块链系统解决上述问题,在一些实例中,该系统使用了分布式账本自动配置不同物流服务商的网络路线。一旦包裹被扫描到包裹设施中,该系统将会根据全网内的运输服务提供商的服务产品自动选择最优路线,在包裹前往目的地的过程中,有关货物的信息会被记录在区块链分类账中,系统就能判断、评估不同服务提供商是否履行了各自服务产品的义务。区块链技术将简化整个供应链中的包裹物流递送流程。

该专利作者指出,只要货物在某个特定网络内完成送达,即不同的运输服务提供商认真履行了自己的义务,这个物流网络就会根据智能合约向供应链中的不同服务商支付费用。如果是基于公有链网络,那么该系统甚至可以使用比特币和以太坊等加密货币进行支付。

8.4.2 鹿特丹港区块链"首次"完成集装箱交付

2019年7月,第一个无纸化、即时融资、全门对门跟踪集装箱已通过基于区块链的DELIVER.AMRO平台从韩国通过鹿特丹港从蒂尔堡的三星SDS仓库运抵。

AMRO、鹿特丹港和三星SDS表示,它们已经证明了区块链技术能够实现互操作性,并且集成的集装箱跟踪和跟踪所需的货物文档处理和融资都可以以可信、安全和无纸化的方式完成。

三星SDS欧盟/独联体副总裁罗伯特·范德瓦尔(Robert van der Waal)表示,Deliver已经清楚地展示了其巨大的潜力。"第一批使用该平台的货物使我们对大规模实施的可能性有了很好的了解。作为货物接收者,我们受益于实时信息和提前提供数字化货物文档。我们可以更有效地重新设计流程,使我们能够基于实时事件和可信数据采取行动。最终,这将加强我们对客户的服务主张。"

最终目标是建立一个开放、独立和全球性的货运平台。这将提高供应链的透明度和效率，从长远来看，可能会节省数百万欧元的成本。

国际货运辗转经过很多人，涉及数百次沟通，跟踪集装箱的成本占移动集装箱成本的 20%，而 2017 年的网络攻击揭示了今天的系统在面临黑客攻击时有多么脆弱。但是通过构建区块链，将简化流程并节省数十亿美元。基于区块链的平台能安全可靠地记录是什么人在什么时候处理货物的，从而能更有效地管理这些信息。集装箱信息管理如图 8-1 所示。

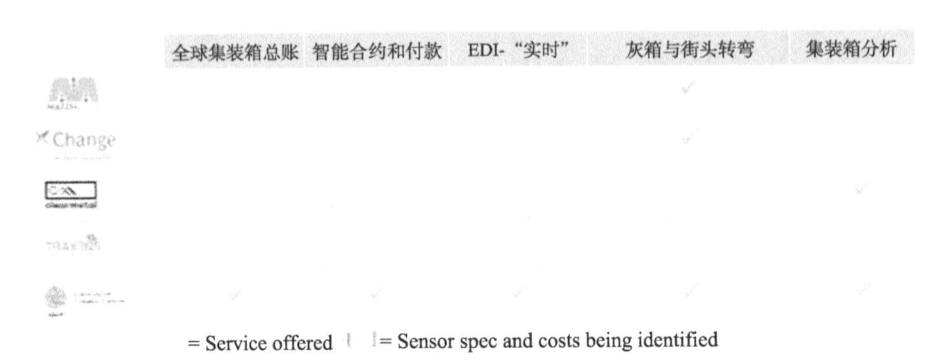

	全球集装箱总账	智能合约和付款	EDI-"实时"	灰箱与街头转弯	集装箱分析
					✓
Change					
					✓

= Service offered　　= Sensor spec and costs being identified

图 8-1　集装箱信息管理

在集装箱中，区块链技术还有更多的应用：单据、记账凭证与多重签名技术，通过共识算法，确认合约的有效。集装箱贸易涉及多方，是典型的区块链应用场景，所以，也采用区块链技术实现多重签名和合约确认。

这仅仅只是一个开始，美国、新加坡、荷兰和中国广东省的海关和港口管理部门以及"其他一些航运公司"都对此感兴趣，未来还有一段路要走。

8.4.3　联邦快递正式加入了区块链运输联盟并制定了一套行业标准

2019 年 7 月，全球最具规模的快递运输公司联邦快递（FedEx）加入了区块链运输联盟（BiTA），并且已经开始努力将区块链技术整合到日常运营中。

联邦快递已经开始为区块链技术的使用制定一套行业标准，作为创始成员加入了 BiTA，并且已经开始测试使用区块链技术。

联邦快递公司推出了一个使用区块链的试点项目，利用区块链技术解决储存数据的争端。并且该项目希望建立一个永久分类账的数据，以缓解通过联邦快递发送和接收货物的客户之间的纠纷。

同时，区块链平台将允许客户更有效地追踪包裹，而且不仅是在联邦快递拥有包裹的时候，甚至在联邦快递接走包裹之前和之后都能进行实时追踪。

名词术语

装运时间　装运港和目的港　分批转运　班轮运输　租船运输　集装箱运输　国际多

式联运　海运提单　区块链物流技术

思考题

1. 谈谈交货及装运的概念。
2. 确定交货时间时应注意什么？
3. 合同中规定装运港（地）和目的港（地）应注意什么？
4. 什么是分批装运？什么是转运？
5. 买卖合同中的装运条款应注意什么？
6. 班轮运输和租船运输的特点是什么？
7. 简述提单的定义、性质、作用、种类、主要条款。
8. 简述集装箱运输的发展。
9. 集装箱运输中使用区块链技术有哪些优势？
10. 按 CFR 价格出口洗衣粉 100 箱，该产品内包装为塑料袋，每袋 0.5 千克，外包装为纸箱，每箱 100 袋，箱的尺寸为：长 47 cm，宽 30 cm，高 20 cm，基本运费为每尺码吨 HKMYM367，另收燃油附加费 33%，港口附加费 5%，转船附加费 15%，计费标准为 "M"。试计算该批商品的运费。
11. 倒签提单构成侵权遭巨额索赔案：我国某公司与瑞士某公司签订出售某农产品 3 500 公吨的合同，每公吨 CIF 鹿特丹 24 英镑，总值 84 000 英镑。装船日期为 2015 年 12 月至 2016 年 1 月，对方以不可撤销的即期信用证进行支付。我国某公司在租船装运时，因原订货船临时损坏，在国外修理，不能在预定时间到达我国口岸装货，临时改派香港某公司期租船装运，但又因连日风雪，直到 2016 年 2 月 11 日才装完货，2 月 13 日开航。我国某公司为了取得符合信用证所规定的装船日期（即 2015 年 12 月 1 日—2016 年 1 月 31 日）的提单，要求外轮代理公司按 2016 年 1 月 31 日签发提单，并以此提单向我银行办理议付。货物到达鹿特丹，买方聘请律师上船查阅航行日志，查出提单的签发日期是伪造的，立即凭证向当地法院起诉，并由法院发出扣船通知，船由外轮公司以 30 000 英镑担保放行。我方经 4 个月的谈判，共赔偿 20 000 英镑，买方才撤回上诉而结案。我方既损失了外汇，又对外造成了不良影响。试分析我方为什么要倒签提单？倒签提单有什么危害性？

即测即练

第 9 章 货物运输保险

本章学习目标:

1. 理解承保时应遵循的原则；
2. 了解海上货物运输保险所保障的范围；
3. 掌握我国海洋货物运输保险险别的基本内容；
4. 掌握伦敦保险协会海运货物保险条款的基本内容；
5. 掌握货物可能面临的各种风险和由此产生的各种损失和费用；
6. 能够运用所学知识分析相关业务案例。

引导案例

全球首个航运保险区块链平台上线

2017 年 9 月，安永携手区块链专业公司 Guardtime 在北京宣布创建全球首个航运保险区块链平台。这一区块链平台在安永与马士基集团、美国保险标准协会、微软、MS 阿姆林、韦莱韬悦和信利集团的通力合作下，经过为期 20 周的概念验证后正式上线。

该平台将保险客户、保险经纪、保险公司和第三方机构通过分布式分类账户相连。分布式分类账户包含了客户信息、风险类别和风险敞口等，此外也包含了保险合同相关信息。区块链平台功能包括：创建并维护源自多方的资产数据；将数据与保险合同相关联；接收信息，并就对定价或业务流程产生影响的信息作出响应；联结客户资产、交易和支付信息；获取并验证最新的客户通知和损失数据。

这一区块链平台的出现对航运保险是重大利好。航运保险生态链较为复杂，往往涉及跨国业务。由于参与方众多，信息传输需时较久、各类文件和复印件繁多、交易量大、对账困难。这些业务特性均可能导致数据透明度降低，加大合规与精准风险敞口管理的难度。该区块链平台将不同的数据和流程连接在一起，可减少数据不一致的问题，降低出错率。

保险科技在转变与提高保险公司运营效率和风险管控水平、减少成本、改善用户体验方面具有巨大潜力。航运保险区块链平台的上线为亚太保险市场进一步创新奠定了坚实基础。目前的保险业务流程过于烦琐，且极易产生各种问题。保险公司可以利用这一区块链平台，提高数据透明度、减少手动数据输入、降低对账难度及行政成本，以提高效率、增加利润。

阅读以上案例，思考：区块链技术的应用为国际贸易货物运输保险解决了哪些重要问题？

9.1 货物运输保险概述

什么是保险？从语文学意义上，保险是指对危险的保障（guarantee）；从经济学意义上，保险是一种经济补偿（economic compensation）制度。保险可分为财产保险（property insurance）、责任保险（liability insurance）、保证保险（guarantee insurance）和人身保险（personal insurance）四类。货物运输保险属于其中的财产保险范畴。

9.1.1 货物运输保险的概念

货物运输保险（cargo transportation insurance）是指被保险人（the insured）为应付各种自然灾害和意外事故对一批或若干批货物向保险人（insurer）（保险公司）按一定的金额投保一定的险别，并缴纳保险费（insurance premium），保险人承保（accepting insurance）后，如果所承保的货物在运输过程中发生约定范围内的损失，保险人就应当按保险合同的规定给予被保险人以经济补偿。它属于财产保险类，是以在运输过程中的各种货物作为保险标的的保险。

9.1.2 货物运输保险的原则

保险的基本原则（basic principles of insurance）是投保人（被保险人）和保险人（保险公司）签订保险合同、履行各自义务，以及办理索赔和理赔工作所必须遵守的基本原则。与国际贸易有密切关系的保险基本原则主要有最大诚信原则、可保利益原则、补偿原则、代位追偿权原则、近因原则以及重复保险分摊原则。

1. 最大诚信原则

最大诚信（utmost good faith）原则也称最高诚信原则，是指投保人和保险人在签订保险合同时以及在合同有效期内，双方不但要保持最大限度的诚实而且应恪守信用，不得相互欺骗和隐瞒。最大诚信原则是货物运输保险原则中比较特殊的法律原则，它是对保险合同双方诚信的一种较高的要求。在各种保险业务中，保险合同的签订都必须以合同双方的"最大诚信"为基础；合同中的一方如果以欺骗或隐瞒的手段诱使他人签订合同，一经发现，合同另一方即有权解除合同，可要求对已有损失给予补偿。

一般而言，被保险人在最大诚信原则下有以下三项基本义务。

1）告知

告知（disclosure）是指投保人在签订保险合同前或签订保险合同时，把其所知道的或在通常业务中应当知道的有关保险标的主要事实（material facts）如实告知保险人，以使保险人判断是否同意承保或决定承保条件。如果投保时被保险人对主要事实故意隐瞒，则称为不告知（non-disclosure）。对于不告知的法律后果，《中华人民共和国海商法》规定：如果被保险人的不告知是故意所为，保险人有权解除合同，并且不退还保险费，合同解除前发生的保险事故，造成损失的，保险人不负赔偿责任；如果被保险人的不告知不是故意所为，保险人有权解除合同或者要求相应增加保险费。保险人解除合同的，对于合同解除前发生的保险事故造成的损失，保险人应当负赔偿责任。

2）陈述

陈述（representation）是指被保险人在磋商保险合同或在合同订立前对其所知道的有关保险标的的情况，向保险人所做全面的、详细的说明。如所做的陈述不真实，即为错误陈述。陈述可以在保险合同订立之前撤回或更正。陈述的方式可以是口头的，也可以是书面的。但书面形式的陈述与保险单内所记载的内容不同，后者可被一种明示保证，被保险人必须严格遵守，如有违反，不管其重要性如何，保险人均有权自违反之日起解除合同。

3）保证

保证（guarantee），也称担保，是指被保险人在保险合同中保证要做或不做某一事情；保证某种情况的存在或不存在；或保证履行某一条件。如货物不用15年以上船龄的旧船或阿拉伯国家所控制黑名单上的船装运，货物必须是合法的等。经保险双方同意写进保险单中的条款，称为明示保证；保险单内虽未明文规定，但按法律或惯例，被保险人应该保证对某种事情的作为或不作为谓之默示保证。对于保证条件，被保险人必须严格遵守，如有违反，保险人可自保证被违反之日起不再履行其应负的责任。

案例分析 9-1

卖方公司按照CIF向保险公司投保一切险，但是由于海运单上没有详细注明买方地址，只写明了进口商的名称，导致货物到达后，船运公司无法通知进口商提货。在未与卖方公司的货运代理联系的情况下，自行决定将该批货物运回起运港。在运回途中因为轮船渗水，有10%货物受到海水浸泡。货物运回起运港后，卖方公司没有将货物卸下，而是在海运单上补充进口商的详细地址后，又将货物运回目的港。提货时进口商发现货物已损坏，所以只提取了剩余未损坏的90%的货物，其余的货物又运回起运港。卖方公司发现货物损坏后，凭保单向保险公司提出索赔，要求赔偿10%损坏的货物。保险公司经过调查发现，货物的损坏发生在第二次航行，而不是第一次航行。试问保险公司是否应该对此货物的损失负责？

分析：此案例涉及了最大诚信原则。保险公司有权拒绝赔付，因为：第一，保险事故不属于保险单的承保范围，案例中被保险人只对货物运输的第一次航行投了保险，但是货物是在由目的港至起运港的第二航次中发生风险损失的，即便该损失属于一切险的承保范围，保险人对此也不予负责；第二，被保险人向保险人提出索赔时明知是不属于投保范围的行为导致的损失，只是想将损失转嫁给保险人，这有悖于最大诚信原则。

2. 可保利益原则

保险标的（subject matter insured）是保险所要保障的对象，它可以是任何财产及其有关利益或者人的寿命和身体。可保利益（insurable interest），又称保险利益，是指投保人对保险标的具有的法律承认的利益。

可保利益体现在货物运输中货物本身的价值，以及与此相关的费用，如运费、保险费、关税和预期利润等。当保险标的安全到达时，被保险人就受益；当保险标的遭到损毁或灭失时，被保险人就会受到损害或负有经济责任。

在国际贸易中由于双方所采用的贸易术语不同，所以双方对货物承担的责任、费用和风险也不相同。这一原则主要解决货物从卖方仓库运送到买方仓库的整个运输过程中，发生的货损货差，应由买方还是卖方向保险公司索赔的问题。国际货运保险要求在保险标的发生损失时必须具有可保利益，而且该可保利益可以随同保险单的转让而转让。

案例分析 9-2

有一份 FOB 合同，买方向保险公司投保了"仓至仓条款一切险"（all risks with W/W clauses），但货物在从卖方仓库运往码头的途中，被暴风雨淋湿了 10%。事后卖方以保单中含有"仓至仓条款"为由，要求保险公司赔偿此项损失，遭到保险公司拒绝。后卖方又请求买方以投保人名义凭保单向保险公司索赔，也遭到保险公司拒绝。试问在上述情况下，保险公司是否能拒绝，为什么？

分析：保险公司可以拒绝赔偿，因为买方在风险发生时对货物不具有保险利益，而卖方虽具有保险利益，但不是保单的合法持有人。

3. 补偿原则

从理论上说，除人寿保险以外，各种保险合同都是补偿性合同。所有补偿性合同，都是根据补偿原则（principle of indemnity）来履行保险补偿损失的职能。补偿原则是指保险人应对被保险人遭受的保险责任范围内的损失负赔偿责任。索赔（claim）与理赔（settle the claim）时必须考虑下列条件：该被保险人必须对保险标的具有可保利益；保险标的遭受的损失，必须是以保单承保风险为近因造成的损失；赔偿金额不得超过保单上的保险金额（insured amount）或被保险人遭受的实际损失；保险赔偿不应使被保险人获得额外利益。

按照补偿原则，如果发生重复投保行为应由各保险公司分摊赔偿，赔偿总额不超过保险标的的损失。重复投保行为，即被保险人将同一标的就同一风险在两个或两个以上保险公司做多次投保，在保险期限相同的情况下，保险金额之和超过保险标的的价值的行为。

4. 代位追偿权原则

根据保险的赔偿原则，保险是对被保险人遭受的实际损失进行补偿。当保险标的发生了保险承保责任范围内的灾害事故，而这一保险事故又是由保险人和被保险人以外的第三者承担责任时，为了防止被保险人在取得保险赔款后，又重复从第三者责任方取得赔偿，获得额外利益，在保险赔偿原则的基础上又产生了代位追偿权原则（subrogation）。其目的就是限制被保险人获得双重补偿。

所以，代位追偿权是指保险人代理被保险人向第三者行使请求赔偿权利。因第三者对保险标的损害而造成保险事故的，保险人自向被保险人赔偿之日起，在赔偿金额范围内，取得代位行使被保险人对第三者请求赔偿权利。

保险标的的损失要构成代位追偿，需具备以下三个条件。

（1）损失必须是第三者因疏忽或过失产生的侵权行为或违约行为造成的，而且第三者对这种损失，根据法律的规定或双方在合同中的约定负有赔偿责任。

（2）第三者的这种损害或违约又是保险合同中的保险责任。如果第三者的损害或违约行为不属于保险承保责任范围，就构不成保险上的代位追偿的条件。

（3）保险人行使代位求偿取得的赔偿金额超过其赔偿金额，其超过部分应归被保险人所有。

案例分析 9-3

卖方以 CIF 条件向美国出口 1 000 包坯布，按合同规定加一成投保一切险。货物在海运途中因舱内食用水管漏水，致使该批坯布中的 30 包浸有水渍。由于卖方已为坯布投保了一切险，收货人随即凭保单向保险公司提出索赔申请。保险公司通过调查，发现船方在运输过程中存在过失。因此，在赔付被保险人之后保险公司有权以被保险人的名义要求船方对该损失进行赔偿。

5. 近因原则

近因（proximate cause）原则，是指保险人只对承保风险与保险标的损失之间有直接因果关系的损失负赔偿责任，而对不是由保单承保风险造成的损失不承担赔偿责任。它对保险理赔工作中的判定责任、履行义务和减少争议都具有重要的意义。

保险中的近因是指造成损失的最主要的、最有效的、最有影响的原因。近因不一定是指时间上或空间上最接近损失的原因。

案例分析 9-4

某公司包装食品在运输中被海水浸湿，外包装受潮后导致食品发生霉变损失，该食品投保了水渍险。这时食品损失由两个原因造成，一个是承保范围内的海水浸湿；另一个是承保范围外的霉变。因为前者直接导致了后者，故前者是食品损失的近因，而它在承保范围内，故保险公司应该赔偿。

6. 重复保险分摊原则

重复保险（double insurance）又称双重保险，是指被保险人以同一保险标的向两家或两家以上的保险公司投保了相同的风险，在保险期限相同的情况下，其保险金额的总额超过了该保险的价值。为了防止被保险人所受损失获得双重赔偿，应把保险标的的损失赔偿责任在各保险人之间进行分摊，这就是重复保险的分摊原则。

9.2 货物运输保险承保范围

在国际贸易运输中，可能由于各种原因遭遇不同风险而遭受不同的损失。为了减少损失，除了采取预防措施外，应该重视对货物进行投保，以确保得到损失的赔偿。在运输方式中，海洋运输使用最为广泛，因此海运货物保险业成为主要的保险内容。海运货物保险承保范围（insurance cover），主要包括海上或外来的风险、损失及费用。

9.2.1 海上货运保险承保的风险

在海上运输货物保险中，保险人承保的风险主要有两类：海上风险和外来风险（表9-1）。

表 9-1　海运货物保险保障的风险种类及主要内容

风险种类		主要内容
海上风险	自然灾害	恶劣气候、雷电、海啸、地震、洪水、火山爆发、浪击落海等
	意外事故	搁浅、触礁、碰撞、沉没、倾覆、火灾、爆炸等
外来风险	一般外来风险	偷窃、雨淋、短量、玷污、渗漏、破碎、受潮、受热、串味、锈损、钩损等
	特殊外来风险	战争、罢工、交货不到、拒收等

1. 海上风险

海上风险（perils of the sea，maritime perils）又称海难，是指货物在海洋运输中发生的或者因为与海上运输有关的原因造成的风险，一般包括自然灾害和意外事故。

1）自然灾害

所谓自然灾害（natural calamity），是指不以人的意志为转移的自然界力量所引起的灾害，但它不是泛指一切由于自然界力量所造成的自然灾害。按照我国现行《海洋运输货物保险条款》（*Ocean Marine Cargo Clauses*）的规定，自然灾害仅指恶劣气候（heavy weather）、雷电（lightning）、海啸（tsunami）、地震（earthquake）、洪水（flood）、火山爆发（volcanic eruption）、浪击落海（washing overboard）等人力不可抗拒的灾害。以上有些风险，如地震等虽然不是发生在海上，但由于它们是随附海上运输而发生的，根据实际需要，也纳入保险人的承保范围。

2）意外事故

海洋运输货物保险中所承保的意外事故（fortuitous accidents），指由于外来的、偶然的、难以预料的原因造成的事故,不仅限于海上发生的事故。我国《海洋运输货物保险条款》中规定的意外事故,包括船舶或驳船搁浅(grounding)、触礁(stranding)、碰撞(collision)、沉没(sunk)、倾覆(capsized)、火灾(fire)、爆炸(explosion)等;伦敦保险协会货物条款中所承保的意外事故除了包括以上风险,还包括陆上运输工具倾覆(overturning)或出轨(derailment)等。

2. 外来风险

外来风险(extraneous risks)指由于海上风险以外的其他外来原因引起的风险。外来风险不是必然发生的,它是意外的、事先难以预料的。它包括一般外来风险和特殊外来风险两类。

1)一般外来风险

一般外来风险(usual extraneous risks)主要是指由于偷窃(theft, pilferage)、雨淋(fresh and rain water damage)、短量(shortage in weight)、玷污(contamination)、渗漏(leakage)、破碎(breakage)、受潮(sweating)、受热(heating)、串味(taint of odor)、锈损(rusting)和钩损(hook damage)等造成的风险。

2)特殊外来风险

特殊外来风险(special extraneous risks)主要是指由于政治、军事以及国家政策法令等特殊外来原因引起的风险,例如,战争(war)、罢工(strike)和交货不到(failure of delivery)、拒收(reject)等造成的风险。

9.2.2 海上货运保险承担的损失

海上损失简称海损(average),指被保险货物在海运过程中,由于海上风险和外来风险造成的损坏或灭失。海上风险按保险人在海运保险中承担的海上损失的程度划分为全部损失和部分损失两类。

1. 全部损失

全部损失(total loss)简称全损,指整批或不可分割的一批被保险货物在运输途中全部遭受损失。

关于整批或不可分割的一批被保险货物的全损,一般包括以下四种情况:一张保险单所载明的货物的全损;一张保险单中包括数类货物,每一类货物分别列明数量和保险金额时,其中每一类货物的全损;在转载过程中一整件货物的全损;在使用驳船装运货物时,一条驳船所装运货物的全损。

全部损失分为实际全损和推定全损。

1)实际全损

实际全损(actual total loss)指被保险货物在运输途中完全灭失,或受到严重破坏完全失去原有的形态、效用,或不能再归被保险人所拥有。被保险货物遭到实际全损时,被保险人可按其投保的保险金额获得保险公司的全部赔偿,保险公司赔偿后可行使代位求偿权。构成实际全损一般有以下几种情况。

(1)保险标的灭失。例如,被保险货物被大火焚烧,全部烧成灰烬。

(2)保险标的受损严重,已完全丧失原有的形态和使用价值。例如,水泥被海水浸湿后结成硬块而失去原有的属性和用途。

(3)保险标的丧失已无法挽回,即被保险人无可弥补地失去对保险标的的实际占有、使用、受益和处分等权利。例如,战时货物被敌对国捕获并作为战利品分发。

(4)船舶航行失踪,相当时间杳无音信。

2)推定全损

推定全损(constructive total loss)指被保险货物在运输途中受损后,实际全损已不可避免,或为避免实际全损所需支付的费用与继续将货物运抵目的地的费用之和超过保险价值。被保险货物发生推定全损时,被保险人可以要求保险公司按部分损失赔偿,也可以在经保险公司同意的前提下进行委付(abandonment)。委付是指被保险标的物在发生推定全损时,由被保险人将保险标的物的一切权利转让给保险人,而要求保险人按全损给予补偿。

发生推定全损的情况有下列几种。

(1)被保险货物受损后,修理费用估计要超过货物修复后的价值。

(2)被保险货物受损后,整理和发送到目的地的费用,将超过货物到达目的地的价值。

(3)被保险货物的实际全损已经无法避免,或者为了避免实际全损需要施救等所花费用,将超过获救后的标的价值。

(4)保险标的遭受保险责任范围内的事故,使被保险人失去标的所有权,而收回这一切所有权所需花费的费用,将超过收回后的标的价值。

2. 部分损失

部分损失(partial loss)是指保险标的物部分损坏或灭失,按其损失的性质不同,可分为共同海损和单独海损。

1)共同海损

共同海损(general average)指在海运途中,船、货和其他财产遭遇了共同危险,为了共同的安全,有意采取合理的救难措施所直接造成的特殊牺牲和支付的牺牲费用。构成共同海损,必须具备以下四个条件。

(1)危险是共同的,采取的措施是合理的。

(2)危险必须是真实存在的而不是臆测的,或者不可避免地发生的。

(3)必须是自动的和有意采取的行为,其费用必须是额外的。

(4)必须是非常情况下的损失。

根据惯例,共同海损牺牲和费用应由受益方,即船方、货方、运费方三方最后按获救价值的比例进行分摊。所以必须有获救方,才能实现共同海损分摊(general average contribution)。

案例分析 9-5

船在航行中触礁,船身出现裂口,海水自裂口处浸入,货方甲价值 3 万美元的货物因此受损。为了船货共同安全,船长下令租用拖轮将船拖到岸边修补,之后为了船身上浮抛掉了货方乙的部分笨重货物,这些损失和费用共计 8 万美元。这 8 万美元的共同海损应如何分摊?

分析:已知开航时各方的价值为:船方 100 万美元、货方甲 33 万美元、货方乙 50 万美元、货方丙 8 万美元、运费方 2 万美元,则分摊比例和分摊金额见表 9-2。

表 9-2 共同海损分摊比例和分摊金额

受益方	获救价值/万美元	分摊比例/%	分摊金额/万美元
船方	100	52.63	4.210
甲	30	26.31	2.104
乙	50	15.79	1.263
丙	8	4.21	0.337
运费方	2	1.06	0.086
合计	190	100	8.000

2)单独海损

单独海损(particular average)是指除共同海损以外的部分损失,即由承保风险直接导致的船或货的部分损失,是仅由各受损者单方面负担的一种损失。它与共同海损的主要区别是:第一,造成海损的原因不同,单独海损是承保风险所直接导致的船、货损失;共同海损是为了解除船货共同风险而人为采取的合理措施造成的损失。第二,海损的承担者不同,单独海损由受损方自行承担;共同海损由受益各方按受益大小的比例共同分摊。

案例分析 9-6

某货轮从上海港驶往新加坡,在航行途中船舶货舱起火,大火蔓延到机舱,船长为了船货的共同安全,决定采取紧急措施,往舱内灌水灭火。火虽被扑灭,但由于主机受损,无法继续航行,于是船长决定雇用拖轮将货船拖回上海港修理,检修后重新驶往新加坡。事后调查,这次事故造成的损失有:①1 000 箱货物被火烧毁;②600 箱货物由于灌水灭火受损;③主机和部分甲板被烧坏;④拖轮费用;⑤额外增加的燃料和船长、船员工资。试分析上述各项损失和费用的性质。

分析:①和③为单独海损,分别由货方、船方各自承担;②、④和⑤为共同海损,由船方和货方共同承担。

9.2.3 海上货运保险承担的费用

保险人除对所承保的标的物本身遭遇的损失,按所承保险别的责任范围负赔偿责任外,对于某些海上费用,也可负赔偿责任。海上费用指由于海上风险为营救被保险货物而支付的费用，它主要包括以下几种类型。

1. 施救费用

施救费用（sue and labor expenses）指保险标的在遭遇保险责任范围内的灾害事故时，被保险人或其代理人、雇佣人、保险单的受让人对保险标的所采取的各种抢救、防止或减少货损的措施而支出的合理费用。保险人对此作出赔偿。一般地说，施救费用不包括第三者救助而产生的费用。

2. 救助费用

救助费用（salvage charges）指保险标的遭遇保险责任范围内的灾害事故时，由保险人和被保险人以外的第三者采取了救助措施并获成功，由被救方付给救助方的报酬。保险人对此也作出赔偿。

按照国际惯例，救助采取"无效果，无报酬"（no cure, no pay）的原则，这是国际上普遍采用的劳合社救助合同标准格式。但在劳合社1980年新修改的协议格式中，已明确对全部或部分散装石油轮船可以例外，即虽无效果，也可以索收合理费用。

3. 特别费用

特别费用（special charges）是指海上运输工具遭遇海难后，在中途港或避难港卸货、重装以及存仓等环节所产生的费用。此类费用也在保险人的赔付范围之内。

4. 额外费用

额外费用（extra charges）是指在发生货损事故后，为确定损失的原因、判断是否属于保险责任以及货物损失程度而支付的费用。如货物检验费用、与索赔有关的费用等。额外费用一般在索赔成立后，保险公司才负担赔偿责任。

9.2.4 外来风险的损失

外来风险损失主要是由于外来风险造成的损失，包括一般外来风险损失和特殊外来风险损失。前者指在运输途中由于偷窃、短量、钩损、碰损、雨淋、玷污等一般外来风险导致的损失；后者指由于军事、政治、国家政策法令及行政措施等特殊外来风险造成的损失。

9.3 海上运输保险条款

进行国际贸易会遇到风险、遭受损失及产生费用，为此需要对所运货物进行投保。在投保时需要选择不同的险别、不同条款。按照保险人承担的保险责任不同，海洋货物运输保险条款可分为不同的险别。

在我国的对外贸易中，进出口货物的保险，一般都采用中国保险条款（CIC）。但也可应对方的要求，使用国际上通用的伦敦保险协会条款（ICC）。因此，我们除了介绍中国人民保险公司的海运货物保险条款外，也对英国伦敦保险协会的货物条款进行介绍。

9.3.1　中国海洋运输货物保险条款

我国现行的《海洋运输货物保险条款》于 2009 年 1 月 1 日修订实施，主要包括责任范围、除外责任、责任起讫、被保险人义务、赔偿处理及索赔期限等内容。

我国海洋运输货物保险条款主要包括基本险、附加险和专门险。基本险是指可以独立投保的险种。如我国的平安险、水渍险和一切险；ICC（A）、ICC（B）和 ICC（C）等。附加险是指在投保了基本险的基础上附加承保的险种。附加险是不能单独投保的，它必须是在投保了基本险的情况下才可以投保的。专门险是指对于有些特殊货物，由于其属性不同于一般货物，需要有针对其特点的专门条款来承保。专门保险可以单独承保，不必附属于基本险项下。如海洋运输冷藏货物保险、海洋运输散装桐油保险等。

1. 责任范围

1）基本险的责任范围

基本险包括平安险、水渍险和一切险三种。

（1）平安险（free from particular average，FPA）。平安险承保以下八项责任。

①被保险货物在运输途中由于恶劣气候、雷电、海啸、地震、洪水自然灾害造成整批货物的全部损失或推定全损。当被保险人要求赔付推定全损时，须将受损货物及其权利委付给保险人。被保险货物用驳船运往载运海轮时，每一驳船所装的货物可视作一个整批。推定全损是指被保险货物的实际全损已经不可避免，或者恢复、修复受损货物以及运送货物到原定目的地的费用超过该目的地的货物价值。

②由于运输工具遭受搁浅、触礁、沉没、互撞、与流冰或其他物体碰撞以及失火、爆炸意外事故造成货物的全部或部分损失。

③在运输工具已经发生搁浅、触礁、沉没、焚毁意外事故的情况下，货物在此后又在海上遭受恶劣气候、雷电、海啸等自然灾害所造成的部分损失。其意是指在平安险项下，保险人在有限制条件的情况下，也承担由于列明的自然灾害造成货物的部分损失，这个限制条件是指船舶在海上航行途中发生过保单上列明的海上意外事故。

④在装卸或转运时由于一件或数件货物整件落海造成的全部或部分损失。

⑤被保险人在保险标的物遭受承保责任范围内的风险时，对其进行抢救所发生的合理费用，但不能超过保险标的物的保险金额。其意是指保险人在平安险项下，承担被保险人或其代理人、受雇佣人为减少保险标的损失而合理支出的施救费用。

⑥运输工具遭遇海难后，在避难港由于卸货所引起的损失以及在中途港、避难港由于卸货、存仓以及运送货物所产生的特别费用。

⑦共同海损的牺牲、分摊和救助费用。其意是指保险人在平安险项下，不但承担遭受共同海损牺牲的货物损失的赔偿责任，还承担货主分担的共同海损分摊以及救助费用损失。

⑧运输契约订有"船舶互撞责任"条款的，根据该条款的规定应由货方偿还船方的损失。它有两层意思，保险人承保这项责任一方面是为了对被保险人（货主）提供更加全面的保险保障，另一方面也是为了保障保险人的利益。

（2）水渍险（with particular average，WPA）。水渍险的承保责任范围如下。

①平安险承保的全部责任水渍险均给予承担。

②被保险货物在运输途中，由于恶劣气候、雷电、海啸、地震、洪水自然灾害所造成的部分损失。这一责任是指在水渍险项下保险人承担单纯由于保单上列明的自然灾害所造成的被保险货物的部分损失。

（3）一切险（all risks）。一切险的承保责任范围如下。

①水渍险承保的全部责任一切险均给予承保。

②一切险的责任范围，除包括平安险和水渍险的责任外，还包括被保险货物在运输途中由于一般外来原因所造成的全部或部分损失。

一切险中的"外来风险"是指除了海上自然灾害和意外事故以外的外来风险。按照国际海上保险惯例，外来风险主要有11种。因为它属于附加险，可以参考附加险的论述。

2）附加险的责任范围

附加险是基本险的扩展，它不能单独投保，而必须在投保主险的基础上加保，它承保的是外来风险引起的损失。按承保风险的不同，附加险可分为一般附加险、特别附加险及特殊附加险。

（1）一般附加险（general additional risks）。一般附加险责任赔偿一般外来风险所致的损失。在我国《海洋运输货物保险条款》中，一般附加险有11种，其条款内容非常简单，一般规定承保的责任范围。这11种是指偷窃及提货不着险，淡水雨淋险，短量险，混杂、玷污险，渗漏险，碰损及破碎险，串味险，受潮受热险，钩损险，包装破裂险和锈损险。当投保险别为平安险或水渍险时，可加保上述11种一般附加险中的一种或数种险别。但如已经投保了一切险，就不需要再加保一般附加险，因为保险公司对于承保一般附加险的责任已经包含在一切险的责任范围内。具体如下。

偷窃及提货不着险（risk of theft, pilferage and non-delivery）是指承保被保险货物因偷窃行为所致的损失和整件提货不着等的损失。

淡水雨淋险（risk of fresh water rain damage）是指承保被保险货物因直接遭受雨淋或淡水所造成的损失。

短量险（risk of shortage）是指承保被保险货物在运输过程中因外包装破裂或散装货物发生数量散失和实际重量短缺的损失，但不包括正常的途耗。

混杂、玷污险（risk of intermixture & contamination）是指承保被保险货物在运输过程中因混进杂质或被玷污所造成的损失。

渗漏险（risk of leakage）是指承保被保险货物在运输过程中因容器损坏而引起的渗漏损失，或用液体储藏的货物因液体的渗漏而引起的货物腐败等损失。

碰损及破碎险（risk of clash & breakage）是指承保被保险货物在运输过程中因震动、碰撞、受压所造成的破碎和碰撞损失。

串味险（risk of odor）是指承保被保险的食用物品、中药材、化妆品原料等货物在运输过程中受其他物品的影响而引起的串味损失。

受潮受热险（sweating & heating risks）是指承保被保险货物在运输过程中因气温突变

或由于船上通风设备失灵导致船舱内水汽凝结、发潮或发热所造成的损失。

钩损险（risk of hook damage）是指承保被保险货物在装卸过程中因遭受钩损而引起的损失，并对包装进行修补或调换所支付的费用负责赔偿。

包装破裂险（risk of damage caused by breakage of packing）是指承保被保险货物在运输途中因搬运或装卸不慎，致使包装破裂所造成的短少、玷污等损失。此外，为继续运输安全需要而产生的修补包装或调换包装所支付的费用也均由保险公司负责赔偿。

锈损险（risk of rust）是指对被保险的金属或金属制品一类货物在运输过程中发生的锈损负责赔偿。

（2）特别附加险。特别附加险是以导致货损的某些政府行为风险作为承保对象的，它不包括在一切险范围，不论被保险人投任何基本险，要想获取保险人对政府行为等政治风险的保险保障，必须与保险人特别约定，经保险人特别同意。否则，保险人对此不承担保险责任。我国保险公司开办的特别附加险现有六种。

交货不到险是指对不论由于任何原因，从被保险货物装上船舶时开始，不能在预定抵达目的地的日期起6个月内交货的，负责按全损赔偿。

进口关税险是指当被保险货物遭受保险责任范围以内的损失，而被保险人仍需按完好货物价值完税时，保险公司对损失部分货物的进口关税负责赔偿。

舱面险是指对被保险货物存放在舱面时，除按保险单所载条款负责外，还负责赔偿包括被抛弃或被风浪冲击落水在内的损失。

拒收险是指对被保险货物在进口港被进口国的政府或有关当局拒绝进口或没收，按货物的保险价值负责赔偿。

黄曲霉素险是指对被保险货物因所含黄曲霉素超过进口国的限制标准，被拒绝进口、没收或强制改变用途而遭受的损失负责赔偿。

出口货物到香港（包括九龙）或是澳门存仓火险责任扩展条款。这是中保财产保险公司所开设的一种特别附加险。它对于被保险货物自内地出口运抵香港（包括九龙）或澳门，卸离运输工具，直接存放于保险单载明的过户银行所指定的仓库期间发生火灾所受的损失，承担赔偿责任。该附加险是一种保障过户银行权益的险种。因为，货物通过银行办理押汇，在货主未向银行归还贷款前，货物的权益属于银行，所以，在该保险单上必须注明过户给放款银行。相应地，货物在此期间到达目的港的，收货人无法提货，必须存入过户银行指定的仓库。从而，保险单附加该险条款的，保险人承担火险责任。该附加险的保险期限，自被保险货物运入过户银行指定的仓库之时起，至过户银行解除货物权益之时，或者运输责任终止时起满30天时止。若被保险人在保险期限届满前向保险人书面申请延期的，在加缴所需保险费后可以继续延长。

（3）特殊附加险。特殊附加险是以导致货损的某些政府行为风险作为承保对象的，它不包括在一切险范围，不论被保险人投任何基本险，要想获取保险人对政府行为等政治风险的保险保障，必须与保险人特别约定，经保险人特别同意。否则，保险人对此不承担保险责任。特殊附加险只能在投保"平安险""水渍险"和"一切险"的基础上加保。

海上货物运输战争险是特殊附加险的主要险别之一，是保险人承保战争或类似战争行为导致的货物损失的特殊附加险。被保险人必须投保货运基本险之后，才能经特别约定投保战争险。战争险的承保责任范围包括：直接由于战争、类似战争行为、敌对行为、武装冲突或海盗行为等所造成运输货物的损失；由于上述原因所引起的捕获、拘留、扣留、禁制、扣押等所造成的运输货物的损失；各种常规武器（水雷、炸弹等）所造成的运输货物的损失；由本险责任范围所引起的共同海损牺牲、分摊和救助费用。但对由于敌对行为使用原子或热核制造的武器导致被保险货物的损失和费用不负责赔偿；或根据执政者、当权者，或其他武装集团的扣押、拘留引起的承保航程的丧失和挫折而提出的任何索赔不负责赔偿。

战争险是指保险人的承保责任自货物装上保险单所载明的启运港的海轮或驳船开始，到卸离保险单所载明的目的港的海轮或驳船为止。如果货物不卸离海轮或驳船，则从海轮到达目的港当日午夜起算满15日之后责任自行终止；如果中途转船，不论货物在当地卸货与否，保险责任以海轮到达该港可卸货地点的当日午夜起算满15天为止，等再装上续运海轮时，保险责任才继续有效。

海上货物运输罢工险是保险人承保被保险货物因罢工等人为活动造成损失的特殊附加险。罢工险的保险责任范围包括：罢工者、被迫停工工人或参加工潮暴动、民众斗争的人员的行动所造成的直接损失，恐怖主义者或出于政治目的而采取行动的人所造成的损失；任何人的敌意行动所造成的直接损失；因上述行动或行为引起的共同海损的牺牲、分摊和救助费用。海上货物运输罢工险以罢工引起的间接损失为除外责任，即在罢工期间由于劳动力短缺或不能运输所致被保险货物的损失，或因罢工引起动力或燃料缺乏使冷藏机停止工作所致冷藏货物的损失。其责任起讫采取"仓至仓"条款。罢工险与战争险的关系密切，按国际海上保险市场的习惯，保了战争险，再加保罢工险时一般不再加收保险费；如仅要求加保罢工险，则按战争险费率收费。所以一般被保险人在投保战争险的同时加保罢工险。

3）专门险的责任范围

在我国海洋运输货物保险中，海洋运输冷藏货物保险、海洋运输散装桐油保险以及活牲畜、家禽运输保险属于专门险，其险别属于基本险性质。

（1）海洋运输冷藏货物保险（ocean marine insurance-frozen products）分为冷藏险和冷藏一切险两种。冷藏险（risk for frozen products）的责任范围是除负责水渍险承保的责任外，还负责赔偿由于冷藏机器停止工作持续达24小时以上所造成的被保险货物的腐败或损失。冷藏一切险（all risks for frozen products）的责任范围是除包括冷藏险的各项责任外，还负责赔偿被保险货物在运输途中由于一般外来原因所造成的腐败或损失。

（2）活牲畜、家禽运输保险（livestock & poultry insurance）的责任范围是保险公司对于活牲畜、家禽在运输途中的死亡负责赔偿。

（3）海洋运输散装桐油保险（ocean marine insurance-woodoil bulk）的责任范围是保险公司承保不论何种原因造成的被保险散装桐油的短少、渗漏、玷污或变质的损失。

2. 除外责任

我国现行的《海洋运输货物保险条款》对于除外责任（exclusions）的规定，主要是参考了英国1906年《海上保险法》的有关除外责任的规定。

1)基本险的除外责任

(1)被保险人的故意行为或过失所造成的损失。

(2)属于发货人责任引起的损失。

(3)在保险责任开始前,被保险货物已经存在的品质不良或数量短差所造成的损失。

(4)货物的自然损耗、本质缺陷、特性以及市价跌落、运输迟延所引起的损失或费用。

(5)战争险和罢工险条款规定的责任范围和除外责任。

2)特殊险的除外责任

(1)海上货物运输战争险的除外责任:对由于敌对行为使用原子或热核武器所致的损失和费用不用负责;对根据执政者、当权者或其他武装集团的扣押、拘留引起的承保航程的丧失和挫折而提出的索赔也不负责。

(2)罢工险的除外责任:因罢工造成劳动力不足或无法使用劳动力而使货物无法正常运输、装卸以致损失,属于间接损失,保险人不负责。

3)专门险的除外责任

(1)海洋运输冷藏货物保险的除外责任:被保险货物在运输过程中的任何阶段因未存放在有冷藏设备的仓库或运输工具中,或辅助工具没有隔湿设备所造成腐烂的损失,以及在保险责任开始时被保险货物因未保持良好状态,包括整理加工和包装不妥,冷冻上的不合理规定及肉食骨头变质引起的腐败和损失。

(2)活牲畜、家禽运输保险的除外责任:在保险责任开始前,被保险活牲畜、家禽健康状况不好,或被保险活牲畜、家禽因怀崽、防疫注射或接种所致的死亡;或因传染病、患病、经管理当局命令屠杀或因缺乏饲料而致的死亡,或由于禁止进口或出口或检查不符所引起的死亡。

(3)海洋运输散装桐油保险的除外责任:如果被保险散装桐油运抵目的港不及时装卸,则自海轮抵达目的港时期满15天,保险责任即行终止。

3. 责任起讫

责任起讫(commencement and termination of cover)也叫保险期限,是指保险人承担责任的起讫时限。

1)基本险的责任起讫期限

在正常运输情况下,根据中国《海洋运输货物保险条款》(2009版)第3条第1款的规定,保险责任期限通常采用"仓至仓"条款。"仓至仓"条款(warehouse to warehouse clause, W/W Clause)的基本内容是:保险人对被保险货物所承担的保险责任,是从货物运离保险单所载明的起运地发货人仓库或储存处所开始运输时生效,包括正常运输过程中的海上、陆上、内河和驳船运输在内,直至该项货物到达保险单所载明目的地收货人最后仓库或储存处所或被保险人用作分配、分派或非正常运输的其他储存处所为止。若未抵达上述仓库或储存处所,则以被保险货物在最后卸载港全部卸离海轮后满60天为止。若在上述60天内被保险货物需转运到非保险单所载明的目的地,则在该项货物开始转运时终止。在实际业务中,经常发生被保险货物卸离海轮后,运往保险单所载明的收货人仓库之前,需在卸货港存放一段时间，为满足被保险人需要，保险人对这段时间仍提供保险保障，但最长时间不能超过 60 天。若届满 60 天货物仍未进入收货人仓库，保险责任也将终止；若在 60 天内货物进入收货人仓库，保险责任即在进入仓库时终止。

在非正常运输情况下，根据中国《海洋运输货物保险条款》（2009 版）第 3 条第 2 款的规定，当出现被保险人无法控制的运输迟延、绕道、被迫卸货、重新装载、转载或承运人运用运输契约赋予的权限所做任何航海上的变更时，在被保险人及时将获知的情况通知保险人并加缴保险费的情况下，保险人可继续承担责任。在被保险人无法控制的情况下，被保险货物如在运抵保险单载明的目的地之前，运输契约在其他港口或地方终止，在被保险人立即通知保险人并在必要时加缴一定保险费的条件下，保险继续有效，直至货物在这个卸载港口或地方售出并交货时为止。但是，最长时间不能超过货物在卸载港全部卸离海轮后满 60 天。

2）战争险、罢工险的责任起讫期限

（1）战争险的责任起讫期限。按照国际惯例，战争险的责任起讫期限以"水面危险"为限：保险责任自被保险货物装上保险单所载起运港的海轮或驳船时开始，到卸离保险单所载目的港的海轮或驳船为止。保险责任的最长期限以海轮到达目的港的当日午夜算起满 15 天为限。"达到目的港"是指海轮在该港区一个泊位或地点抛锚、停靠或系缆。如果没有这种停泊地点，则指海轮在原卸货港或附近第一次抛锚、停泊或系缆。

货物如果在中途港转船，不论货物在当地卸载与否，保险责任以海轮到达该港或卸货地点的当日午夜算起满 15 天为止，等货物再装上续运的海轮时方有效。如果运输契约在保单所载明的目的地以外的地点终止，该地即视为保险目的地而终止责任。如需再运往原目的地或其他地方，被保险人必须在续运前通知保险人，并加缴保险费，则自货物装上续运的海轮或驳船开始，保险继续有效。如运输发生绕道、改变航程或承运人运用运输契约赋予的权限所做的任何航海上的改变，在被保险人及时将获知情况通知保险人，并在必要时加缴保险费的情况下，保险仍继续有效。

（2）罢工险的责任起讫期限：采用"仓至仓"条款。如货物运输已经投保战争险，加保罢工险一般无须加缴保险费。

3）专门险的责任起讫期限

（1）海洋运输冷藏货物保险的责任起讫与海洋运输货物三种基本险的责任起讫基本相同，但是货物到达保险单所载明的最后目的港，如在 30 天内卸离海轮，并将货物存入岸上冷藏仓库后，保险责任继续有效，但以货物全部卸离海轮时起算满 10 天为限。如果在上述期限内货物已经移出冷藏库，保险责任即告终止。如果货物卸离海轮后不存入冷藏仓库，保险责任至卸离海轮时终止。

（2）活牲畜、家禽运输保险的责任起讫是自被保险活牲畜、家禽装上运输工具时开始直至在目的地卸离运输工具。如不卸离运输工具，最长的保险责任期限从运输工具抵达目的地的当日午夜起算 15 天为限，但是在保险有效的整个运输过程中被保险活牲畜、家禽必须妥善装运，专人管理，否则保险公司不负赔偿责任。

（3）海洋运输散装桐油保险的责任起讫按"仓至仓"条款负责。但是，如果被保险散装桐油运抵目的港不及时卸载，则自海轮抵达目的港时起满15天，保险责任即告终止。

4. 被保险人义务条款

我国《海洋运输货物保险条款》中的被保险人义务条款（duty of the insured）规定被保险人应当按照以下规定的应尽义务办理有关事项，如因未履行规定的义务而影响了保险人的利益，保险人对有关损失有权拒绝赔偿。

1）防止延迟的义务

当被保险货物运抵保险单所载明的目的港（地）以后，被保险人应及时提货。当发现被保险货物遭受任何损失，应立即向保单上所载明的检验代理人申请检验。如果发现被保险货物整件缺失或有明显残损痕迹应立即向承运人、受托人或有关当局（海关、港务当局）索取货损货差证明。

2）减少损失的义务

对遭受损失的货物，被保险人和保险人都可迅速采取合理的抢救措施，防止或减少货物的损失。如果货损货差是由于承运人、受托人或其他有关方面的责任所造成的，被保险人应以书面方式向他们提出索赔，必要时还须取得延长时效的认证。

3）告知义务

如遇航程变更或发现保险单所载明的货物、船名或航程有遗漏或错误，被保险人应在获悉后立即通知保险人并在必要时加缴保险费，本保险才继续有效。在获悉有关运输契约中"船舶互撞责任"款的实际责任后，应及时通知保险人。

5. 索赔时效

中国《海洋运输货物保险条款》（2009版）第6条规定，保险索赔时效，从保险事故发生之日起算，最多不超过2年。一旦过了索赔时效，被保险人就丧失了向保险人请求赔偿的权利。

被保险人在向保险人索赔时，必须提供下列单证：保险单正本、提单、发票、装箱单、磅码单、货损货差证明、检验报告及索赔清单，如果涉及第三者责任，还须提供向责任方追偿的有关函电。

9.3.2 伦敦保险协会海运货物保险条款

在世界海运保险中，英国是一个历史悠久和业务比较发达的国家。长期以来，它所制定的各种保险规章制度，其中包括海运保险单格式和保险条款，对世界各国有着广泛的影响。目前，世界上有很多国家在海上保险业务中采用英国伦敦保险协会所制定的"协会货物条款"（Institute Cargo Clauses, ICC），或者在制定本国保险条款时参考或部分地采用了上述条款。在我国按CIF或CIP条件成交的出口交易中，如果国外客户要求按英国伦敦保险协会条款投保，我们也可酌情接受。

伦敦保险协会货物条款最早制定于1912年，经过多次修订，现在世界上的大多数国家采用的条款是 2009 年 1 月 1 日起实施的。

1. 伦敦保险协会海运货物保险条款的种类

伦敦保险协会海运货物保险条款目前包括 6 种保险条款，分别为：协会货物条款（A）；协会货物条款（B）；协会货物条款（C）；协会战争险条款（货物）；协会罢工条款（货物）；恶意损害险条款。英文简写依次为 ICC（A）；ICC（B）；ICC（C）；Institute War Clauses-Cargo；Institute Strike Clauses-Cargo；Malicious Damage Clauses。前三者是主险，可以单独投保；后三者是附加险，一般不可单独投保。除恶意损害险外，其余险别均包含 7 个部分：承保范围、保险期限、索赔、保险利益、减少损失、防止延迟和法律惯例。

2. 伦敦保险协会海运货物保险条款主要险别的承保范围和除外责任

1）ICC（A）条款的承保范围和除外责任

ICC（A）采用"一切风险 除外责任"方式规定保险人的风险条款。

（1）承保范围。ICC（A）所具体承保风险如下：①承保除"除外责任"各条款规定以外的一切风险所造成保险标的的损失；②承保共同海损和救助费用；③根据运输契约订有"船舶互撞责任"条款应由货方偿还船方的损失。

（2）除外责任包含 4 种。①一般除外责任。如被保险人故意的不法行为造成的损失或费用；保险标的内在的缺陷或特征造成的损失和费用；直接由于延迟所引起的损失或费用；由于使用原子或热核武器造成的损失或费用等。②不适航、不适货除外责任。船舶、运输工具、集装箱或大型海运箱不适宜安全运载保险标的的情况（即为不适货），且保险标的在装载时，被保险人已经知道这种不适航和不适货的情况。③战争除外责任。④罢工除外责任。

2）ICC（B）条款的承保范围和除外责任

（1）所承保的风险包括：火灾或爆炸；船舶或驳船遭受搁浅、触礁、沉没或倾覆；陆上运输工具的倾覆或出轨；船舶、驳船或运输工具同除水以外的任何外界物体碰撞；在避难港卸货；地震、火山爆发或雷电；共同海损的牺牲；抛货或浪击落海；海水、湖水或河水进入船舶、驳船、运输工具、集装箱、大型海运箱或储存场所；货物在船舶或驳船装卸时落海或跌落造成的整件全损。

（2）除外责任。ICC（B）的除外责任是 ICC（A）的除外责任再加上 ICC（A）所承保的"海盗行为"和"恶意损害险"。

3）ICC（C）条款的承保范围和除外责任

（1）承保范围。ICC（C）承保范围比 ICC（B）的小，只承保"重大意外事故"，其内容如下：火灾、爆炸；船舶或驳船触礁、搁浅、沉没或倾覆；陆上运输工具倾覆或出轨；在避难港卸货；共同海损的牺牲；抛货。

（2）除外责任：与 ICC（B）相同。

4）战争险的承保范围和除外责任

（1）战争险主要承保由于下列原因造成保险标的的损失：战争、内战、革命、叛乱、造反或由此引起的内乱或交战国针对交战国的任何敌对行为；捕获、拘留、扣留、管制或扣押，以及这些行为行动的后果或这方面的企图；遗弃的水雷、鱼雷、炸弹或其他遗弃的战争武器；上述原因导致的共同海损和救助费用。

（2）战争险的除外责任与ICC（A）的除外责任基本相同。

5）罢工险的承保范围和除外责任

（1）罢工险主要承保保险标的的下列损失：罢工者、被迫停工工人或参与工潮、暴动或民变的人所致损失；恐怖主义者或任何出于政治目的采取行动的人所致的损失。为避免或与避免上述承保风险有关的行动所引起的共同海损或救助费用。

（2）罢工险的除外责任与ICC（A）的除外责任基本相同。

6）恶意损害险的承保范围

恶意损害险所承保的是被保险人以外的其他人（如船长、船员）的故意伤害破坏行为所致的被保险货物的灭失或损害。但是，恶意损害如系出于政治动机的人的行动，便不属于该险别的承保范围，而属于罢工险的承保范围。

恶意伤害的风险除了在ICC（A）中被列为承保风险外，在ICC（B）和ICC（C）中都被列为"除外责任"。因此，在投保ICC（B）和ICC（C）时，如果被保险人需要对这种风险取得保障，就需另行加保恶意损害险。

3. 伦敦保险协会海运货物保险条款的保险期限

伦敦保险协会海运货物保险期限与我国海运货物保险条款的"仓至仓"条款所规定的保险期限基本相同。

9.4 其他运输方式下的货物运输保险

中国人民保险公司对于除海运以外的其他形式下的货物运输保险也分别规定了保险条款，主要包括陆运货物运输保险、航空货物运输保险与邮包运输保险。它们是在海运货物保险的基础上发展起来的，由于运输风险的种类不同，它们也都有自己的特点。

9.4.1 陆运货物运输保险

陆运货物运输保险一般包括陆运货物保险与陆运一切险两种类别。

陆运货物保险（overland transportation cargo insurance）的责任范围与海洋运输货物保险条款中的水渍险相似，保险公司负责赔偿被保险货物在运输途中遭受暴风、雷电、洪水、地震等自然灾害，或由于运输工具遭受碰撞、倾覆、出轨，或在驳运过程中，因为驳运工具遭受搁浅、触礁、沉没、碰撞，或由于遭受隧道坍塌、崖崩，或由于失火、爆炸等意外事故造成的全部或部分损失。

陆运一切险（overland transportation all risks）的责任范围与海洋运输货物保险条款中的一切险相似。保险公司除承担上述陆运险的赔偿责任以外，还负责被保险货物在运输途中，由于一切外来原因造成的短少、短量、偷窃、渗漏、碰损、破碎、钩损、雨淋、生锈、受潮、受热、发霉、串味、玷污等全部或部分损失。

陆运货物运输保险的除外责任包括被保险人的故意行为或过失所造成的损失；属发货人责任范围的或被保险货物的自然消耗引起的损失；由于战争、罢工或运输延迟所造成的损失。

陆运货物运输保险的责任起讫原则上遵循"仓至仓"条款，保险人负责自被保险货物远离保险单所载明的起运地仓库或存储所开始，到该项货物运达保险单所载目的地收货人的最后仓库或储存处所或被保险人用作分配、分派的其他储存处所为止。如果未运抵保险单所载明的收货人的仓库或存储处所，则以到达最后卸载车站之处所为止。如在中途转车，不论货物在当地是否卸载，保险责任从火车到达中途站的当日午夜起满10天为止。如果被保险货物在10天内重新装车续运，则保险责任继续生效。

在投保陆运货物运输险时，还可以加保一种或几种附加险。如陆运货物战争险、陆运货物冷藏险。

9.4.2 航空货物运输保险

航空货物运输保险一般包括航空运输险和航空运输一切险两种类别。

在承保航空运输险（air transportation risks）的情况下，保险人应该对被保险货物在运输途中因遭受雷电、火灾、爆炸或由于飞机遇难被抛弃，以及飞机发生碰撞、倾覆、坠落、失踪等意外事故所造成的全部或部分损失承担补偿责任。

航空运输一切险（air transportation all risks）除包括上述航空运输险的全部责任外，还负责赔偿被保险货物由于偷窃、短少等一般外来原因所造成的全部或部分损失。

航空运输险和航空运输一切险的除外责任与海洋运输货物保险条款中的基本险的除外责任基本相同。

航空货物运输保险承保责任起讫原则上遵循"仓至仓"条款，与海运"仓至仓"条款的区别是：如货物运达保险单所载明目的地而未运抵保险单所载明收货人仓库或储存处所，则以被保险货物在最后卸载地卸离飞机后满30天，保险责任即告终止。如在上述30天内被保险货物需转送到非保险单所载明的目的地，则以该项货物开始转运时终止。航空运输战争险的责任期限，自被保险货物装上保险单所载明的启运地的飞机开始，到卸离保险单所载明的目的地飞机时为止。

9.4.3 邮包运输保险

邮政包裹运输（postal parcel transportation）保险包括邮包险和邮包一切险两种基本险别。邮包险（parcel post risks）的责任范围类似于海运水渍险、陆运险和航空运输险的责任范围，因为其采用的运输方式为陆运、空运或海运方式。邮包一切险（parcel post all risks）的责任范围类似于海运一切险、陆运一切险和航空运输一切险的责任范围。附加险有一般附加险和邮包战争险等特殊附加险。

邮包运输保险的除外责任与前几种保险的除外责任基本相同。

邮包运输保险的责任起讫是自被保险邮包离开保险单所载明起运地寄件人处所运往邮局时开始生效，直至被保险邮包运达保险单所载明的目的地邮局发出通知书给收件人当日午夜起算满 15 天，但在此期限内，邮包一经递交至收件人处所，保险责任即告终止。邮包战争险承保责任起讫是：自被保险邮包经邮政机构收讫后从储存处所开始运送时生效，直至该项邮包运达保险单所载明的目的地邮政机构送交收件人。

9.5 区块链技术应用

2018 年 11 月，日本最大保险公司之一的东京海上日东火灾保险有限公司（Tokio Marine & Nichido Fire Insurance Company）与日本知名的 IT 公司 NTT 数据（NTT DATA）成功完成了在区块链当中纳入海运货物保险理赔文件的试点项目。

此项区块链的概念证明（PoC）已经得到 8 家海外索赔代理以及欧洲、美国和亚洲各地海损鉴定员的参与。该项目的主要目的是"及时并准确"收集保险有关信息并与国际有关各方分享相关信息，以此来快速地完成保险赔付过程。

目前，海运货物保险理赔程序都是手工进行操作的，代理商需要以纸质或 PDF 形式收集所需的文件（包括损坏报告、费用清单以及保险单），并在之后通过电子邮件来共享这些文件。为了改进这个缓慢且低效的过程，这两家公司进行了此次试点，并表示此过程将允许他们迅速与代理商和海损鉴定员分享索赔的必要信息（包括货物损坏照片等大文件）。

该区块链系统可将长达一个多月的保险赔付期压缩到"不到一周"的时间，而这将大大提高效能和运作效率，通过此 PoC 证实了区块链技术可以有效地改善海运保险理赔程序。

名词术语

海上风险　外来风险　实际全损　推定全损　共同海损　平安险　水渍险　一切险　"仓至仓"条款　保险金额　区块链保险技术

思考题

1. 保险的基本原则是什么？
2. 货物运输保险的风险及损失是什么？
3. 海洋运输保险的条款中应注意什么？
4. 陆运货物运输保险、航空货物运输保险及邮包运输保险中应注意什么？
5. 我国进出口货物运输应注意什么？
6. 我国某外贸公司以每公吨 10 000 英镑 CIF 伦敦（按加一成投保一切险，保险费率 1%），向英商报盘出售一批轻工业产品，该外商拟自行投保，要求改报 CFR 价，问 CFR 价格为多少，出口人应从 CIF 价中扣除多少保险费？
7. 我国某外贸公司以 CFR 神户每公吨 350 美元向日商报盘出售农产品（按加一成投

保水渍险，保险费率 0.8%），日商要求改报 CIF 价，试问保险金额及保险费如何计算？

8. 某货轮在某港装货后，航行途中不慎发生触礁事故，船舶搁浅，不能继续航行。事后船方反复开倒车强行浮起，但船底划破，致使海水渗入货舱，造成船货部分损失。为使货轮能继续航行，船长发出求救信号，船被拖至就近港口的船坞修理，暂时卸下大部分货物。前后花了 10 天，共支出修理费 5 000 美元，增加各项费用支出（包括员工工资）共 3 000 美元。当船修复后继续装上原货起航。次日，忽遇恶劣气候，船上装载的某货主的一部分货物被海水浸湿。

问：(1) 从货运保险义务方面分析，以上所述的各项损失，各属于什么性质的损失？
(2) 在投保了平安险的情况下，被保险人有权向保险公司提出哪些赔偿要求？为什么？

9. 某合同出售一级小麦 150 吨，按 FOB 条件成交，装船时货物经检验，符合合同规定的品质条件，卖方在装船后及时向买方发出装运通知。但船舶在航行途中，由于遭遇触礁事件，小麦被入侵海水浸泡，品质受到严重影响。当货物到达目的港后，只能降价出售，买方因此要求卖方赔偿其差价损失。

问：卖方对上述情况下产生的货物损失是否要承担赔偿责任？为什么？

10. 一份 CIF 合同，出售大米 50 吨，卖方在装船前投保了一切险和战争险，自南美内陆仓库起运，直至英国伦敦的买方仓库。货物从卖方仓库运往码头装运途中，发生了承保范围内的货物损失。当卖方凭保险单向保险公司提出索赔时，保险公司以货物未装运，货物损失不在承保范围内为由，拒绝给予赔偿。

问：在上述情况下，卖方有无权利向保险公司索赔？为什么？

11. 某进出口公司以 CIF 条件进口货物一批，合同中的保险条款规定："由卖方按发票金额的 130% 投保一切险。"卖方在货物装运完毕以后，已凭结汇单据向买方收取了货款，而货物在运输途中遇险导致全部灭失。当买方凭保险单向保险公司要求赔付时，卖方却提出，超出发票金额 20% 的赔付部分，应该是买卖双方各得一半。

问：卖方的要求是否合理？为什么？

12. 我某公司以 CIF 条件出口大米 1 000 包共计 100 000 千克。合同规定由卖方投保一切险加战争险，后应买方的要求加附罢工险，保险公司按"仓至仓"条款承保。货抵目的港卸至码头后，恰遇码头工人罢工与警方发生冲突，工人将大米包垒成掩体进行对抗，罢工经历 15 天才结束。当收货人提货时发现这批大米损失达 80%，因而向保险公司索赔。

问：保险公司应否给予赔偿？为什么？

即测即练

第 10 章 国际结算

本章学习目标:

1. 了解国际贸易中使用的汇票、本票和支票等支付工具的含义与基本内容；
2. 熟悉汇款、托收的定义和种类以及基本流程；
3. 掌握信用证的定义、流程、分类、特点；
4. 学会选择合适的支付条件，能够正确订立合同中的支付条款；
5. 熟悉和掌握几种主要单据（商业发票、海运提单、保险单等）的内容、制作及处理；
6. 对国际贸易结算中的融资方式灵活运用。

引导案例

KABITX 是基于区块链技术的全球加密货币交易平台

KABITX 国际数字交易所是一家融合全球知名区块链人才与技术的交易平台，总部以新加坡为基地。安全性主要涉及通信网络中的交换网络、传输网络、无线及有线固定接入网络和信息通信网络及无线终端，为世界各地业务服务点及数字货币客户提供专业服务和解决方案。该平台于2016年正式注册成立。

KABITX 是基于区块链技术的全球加密货币交易平台，致力于为全球投资用户提供更加安全、专业的资产兑换交易服务，多元化的金融商品交易服务。KABITX 创享新资产、新价值，并通过去中心化的交易技术，减少因交易一致性所引发的摩擦，帮助用户方便快捷地实现对资产的管理，进一步提升交易所生态效率和促进区块链市场繁荣。

目前，KABITX 以公开透明的行情报价、稳定便捷的交易模式、行业领先的技术构架、100%保证金、安全稳定的交易环境，带给数字资产投资者完美的投资体验。与此同时，KABITX 开通了新手指导服务，对一些"萌新"投资者手把手教学，帮助初投者读懂规则，从零基础玩转数字加密货币。KABITX 能够为合作伙伴和客户提供更加本地化的交易平台构建方式，提供包括点对点进行法币与数字货币交易等服务。随着未来更多功能的推出，KABITX 将为全球范围内的更多企业提供全球支付、数字货币交易等相关的解决方案。

KABITX 国际数字交易所计划在未来两年，通过区块链技术，打造一个全球实体经济社区，而且会渗透金融服务、保险服务、医疗服务、资产管理、慈善公益等多个领域，加快区块链的建设。这一过程将有效地推动这些领域的发展，并且提供技术支持和服务保障。

KABITX 在发展的过程中拥抱加密货币，不断地推陈出新、扬长避短。加密货币就是金融世界的未来。KABITX 国际数字交易所希望建立一个安全、稳定、有保障的数字货币交易平台，将这一份高效和安全带给每一位客户，并且希望通过简化加密货币及其基础财务工具，使每一位客户都可以使用加密货币。

阅读以上案例，思考：加密货币的使用将对全球跨境支付产生哪些重要影响？

10.1 票据

在国际贸易中，票据占有极其重要的位置。国际贸易货款的收付中，通常使用代替现金作为流通手段和支付手段的支付工具来进行国际债权债务的结算。票据是国际通行的支付工具，是可以流通转让的债权凭证。

10.1.1 票据概述

1. 票据的概念

所谓票据，是指以支付一定金额为目的，并可以自由流通转让的特种证券。广义的票据泛指各种有价证券，如债券、股票、提单等。狭义的票据仅指以支付金钱为目的的有价证券，即出票人根据票据法签发的，由自己无条件支付确定金额或委托他人无条件支付确定金额给收款人或持票人的有价证券。本章所讲述的票据是狭义的票据。

2. 票据的功能

票据具有支付、汇兑功能，信用功能，结算功能，融资功能。

3. 票据的性质

（1）流通性，是指收款人或持票人可以通过背书或者交付的方式，转让其享有的票据权利，转让的法律效果是：一经转让，背书人所享有的票据权利就转让给了被背书人；作为受让人的被背书人，只要取得票据的行为是善意的，其享有的票据权利并不受实际上可能存在的背书人权利瑕疵的影响。流通性是票据最基本的特征。

（2）无因性，主要是指票据一旦签发，其所产生的票据关系就独立于其赖以产生的票据基础关系，并与后者相分离，从而不再受到后者的存废或者效力有无的影响；在票据流通过程中，第三人在接受票据时，无须去过问和注意票据基础关系。

（3）文义性，是指一切票据权利义务的内容，应当严格按照票据上记载的文义并根据票据法的规定予以解释或者确定，此外的任何理由和事项都不得作为根据。

（4）要式性，是指票据必须按照票据法规定的格式进行出票、背书、保证、承兑等票据行为。而票据上记载的文字也在符合格式要式的范围内产生票据法上的文义效力。

10.1.2 汇票

1. 汇票的含义

《中华人民共和国票据法》(以下简称《票据法》)第 19 条规定,汇票是出票人签发的,委托付款人在见票时或者在指定日期无条件支付确定的金额给收款人或者持票人的票据。

一张汇票主要涉及以下三个当事人。

(1)出票人(drawer),签发汇票的人。在进出口贸易中,通常是出口商或出口地银行,并且他经常是付款人的债权人。

(2)付款人(payer),又称受票人,接受支付命令付款的人。在进出口贸易中,他通常是进口商或信用证下的指定银行。当受票人承兑一张远期汇票时,他就成为承兑人。

(3)收款人(payee),接受票款的人。在进出口贸易中,由于一般情况下都是由出口商出票,因此汇票的出票人和收款人通常是同一个人,收款人经常就是出口商自己或他指定的银行。

汇票在流通的过程中还会有更多的当事人,如持票人(持有票据的人)、背书人(在票据后面背书转让票据的人)等。

2. 汇票的要式项目

汇票的要式项目是指一份汇票从形式上应具备的必要项目,只有这些项目齐全,符合出票地国家票据法的规定,汇票才能成立、有效。

根据《票据法》第 22 条规定,汇票必须记载以下七项必要项目:①表明"汇票"的字样(draft or bill of exchange);②无条件支付的委托(unconditional order to pay);③确定的金额(certain in money);④付款人名称(drawee);⑤收款人名称(payee);⑥出票日期(date of issue);⑦出票人签章(signature of drawer)。

汇票上未记载前款规定事项之一的,汇票无效。汇票的付款日期(date of payment)、付款地(place of paymcnt)、出票地(place of issue)等事项属于非必要项目,如果记载应当清楚、明确,如果付款日期未记载的,为见票即付;未记载付款地的,付款人的营业场所、住所或者经常居住地为付款地;未记载出票地的,出票人的营业场所、住所或者经常居住地为出票地。除了以上各事项之外,《票据法》第 24 条还规定:汇票上可以记载本法规定事项以外的其他出票事项,但是该记载事项不具有汇票上的效力。

3. 汇票的票据行为

汇票行为是围绕汇票所发生的,以确立一定权利义务关系为目的的行为。汇票行为包括以下几种。

1)出票

出票(issue)是指出票人签发票据并将汇票交给收款人的票据行为。汇票的出票行为是各项票据行为的开端,是基本的汇票行为。相对地,其余的汇票行为则称为附属汇票行为。汇票通常签发一式两份,其中一份写明"正本"(original)或"第一份汇票"(first of exchange），另一份写明"副本"（copy）或"第二份汇票"（second of exchange）。两份汇票具有同等法律效力，但只能对其中一份承兑或付款。

汇票在出票时对收款人（即汇票抬头）的写法有以下几种。

（1）限制性抬头（non-negotiable）。此种汇票限定了收款人，在市场上不能转让和流通。实务中常见的英文写法有三种不同形式。

① "Pay to A Co. only"（仅付给 A 公司）。

② "Pay to A Co. not transferable/negotiable"（支付 A 公司，不可转让）。

③ "Pay to A Co."（支付 A 公司），并在汇票正面另有 "Not Transferable/Negotiable"（不可转让）的字样。

（2）指示性抬头（endorsable）。此种汇票通过持票人在背面签字（背书），即可转让给他人。在国际贸易结算中比较常用。实务中常见的英文写法也有三种不同形式。

① "Pay to the order of A Co."（支付 A 公司的指定人）。

② "Pay to A Co. or order"（支付 A 公司或其指定人）。

③ "Pay to A Co."（支付 A 公司）。

（3）持票人或来人抬头（marketable），Pay to the bearer/holder，此种汇票无须持票人背书就可以转让给他人。

2）提示

持票人将汇票提交付款人要求承兑或要求付款的行为叫作提示（presentation）。即期汇票只需提示一次，即提示付款；远期付款有两次提示，提示承兑和提示付款。汇票在提示时，如果付款人拒绝付款或拒绝承兑，称为拒付（dishonour）。

3）承兑

承兑（acceptance）是指远期汇票的付款人明确表示同意按出票人的指示，于票据到期日付款给持票人的行为。远期汇票被承兑之后，持有人如想在汇票到期之前取得票款，可以经过背书将汇票转让给银行，银行扣除一定利息和手续费后将票款付给持票人，即汇票的贴现（discount）。银行贴现汇票后，就成为汇票的持票人，还可以在金融市场上继续转让，一直到汇票到期付款为止。

4）付款

票据的最终目的是凭以付款（payment）。即期汇票提示日为付款到期日，见票后若干天付款的远期汇票从承兑日推算到期日。

5）背书

背书（endorsement）是指持票人在汇票的背面签名和记载有关事项，并把汇票交付被背书人的行为。经过背书，汇票的权利即由背书人转给被背书人。汇票在到期之前，可以不断转让。对受让人来说，所有在他以前的背书人以及原出票人都是他的"前手"；对于出票人来说，所有在他让予以后的受让人都是他的"后手"，前手对后手负有担保汇票必然会被承兑或付款的责任。

背书的方式主要有以下三种。

（1）空白背书（blank endorsement），汇票背书人在汇票的背面签上自己的名字，但不记载被背书人的名称。

（2）记名背书（special endorsement），又称特别背书，汇票背书人除了在汇票的背面签上自己的名字外，还记载被背书人的名称。

（3）限制性背书（restrictive endorsement），是指背书人在背书时加注了如"Only""Not Transferable"之类限制转让的文字，使得被背书人只能凭汇票向付款人提示承兑或提示付款而不能再继续转让汇票。

6）拒付

持票人将汇票提交付款人要求承兑时遭到拒绝承兑，或持票人将汇票提交付款人要求付款时遭到拒绝付款，都称拒付，也称退票。对此，持票人有权向其"前手"追索票款。

7）追索

当持票人遭到拒付就可向出票人或汇票背书人行使追索（recourse）权。汇票的善意持有人有权向所有"前手"追索票款，一直可追索到出票人。持票人为了行使追索权应及时做成拒绝证书。拒绝证书是由付款地的法定的公证人或其他依法有权作出证书的机构如法院、银行、公会等，作出证明拒付事实的文件，它是持票人凭以向其"前手"进行追索的法律依据。

4. 汇票的种类

1）银行汇票和商业汇票

根据出票人不同，汇票可以区分为银行汇票和商业汇票。

（1）银行汇票（banker's bill），是由一家银行签发的，要求另一家银行付款给收款人或持票人的票据。一般是银行应汇款人的请求，在汇款人按规定履行手续并交足保证金后，签发给汇款人由其交付收款人的。银行汇票的信用基础是银行信用，因此在市场上流通转让时比较便利。

（2）商业汇票（commercial bill），是由企业或者个人签发的，付款人可以是企业、个人，也可以是银行。商业汇票的信用基础是商业信用，在市场上的流通转让不如银行汇票便利。

2）银行承兑汇票和商业承兑汇票

根据承兑人不同，汇票可以区分为银行承兑汇票和商业承兑汇票。

（1）银行承兑汇票（bank's acceptance bill），是由一家银行在一张远期汇票上承兑，承担到期付款责任，一般这张汇票的出票人是企业或个人，一旦经过银行承兑，即由商业信用转为银行信用，流通性增强。

（2）商业承兑汇票（commercial acceptance bill），是由企业或个人在一张远期汇票上承兑，承担到期付款责任，一般这张汇票的出票人就是该承兑人，商业承兑汇票的信用基础仍然是商业信用，因此收款人到期得不到票款的可能性仍然较大。

3）即期汇票和远期汇票

根据汇票上记载的付款期限不同，汇票可以区分为即期汇票和远期汇票。

（1）即期汇票（sight bill），是出票人要求付款人在见票时立即付款的汇票。未载明具体付款日期的汇票一般视为即期汇票。

（2）远期汇票（time bill），是记载了一定期限或在特定日期付款的汇票，通常有以下几种规定方法。

①见票后若干天付款（at ×× days after sight）。

②出票后定期付款（at ×× days after date of sight）。

③提单据日后若干天付款（at ×× days after date of B/L）。

④确定日期付款（at a fixed date）。

⑤货物到达后若干天付款（at ×× days after date of arrival of goods）。

4）光票和跟单汇票

根据汇票在使用时有无附属商业票据可以区分为光票和跟单汇票。

（1）光票（clean bill），是指出票人开立的汇票没有附任何商业票据，完全凭票面信用取得汇票款项。

（2）跟单汇票（documentary bill），是指附带了商业票据的汇票，在国际贸易中，出口商通常会将汇票和贸易项下全套单据一起通过银行向进口商提示付款，除了票面信用还有物权保证，提高了收款的可靠性。

10.1.3 本票与支票

1. 本票的含义

《票据法》第73条规定，本票是出票人签发的，承诺自己在见票时无条件支付确定的金额给收款人或者持票人的票据。

本票的基本关系人有两个。

（1）出票人（maker），由于出票人作出的是一种付款的承诺（make a promise），因此本票出票人习惯上被称为maker。

（2）受款人（payee），即收款人，也称为本票的抬头人。

《票据法》规定，本票必须记载以下项目：①表明"本票"的字样；②无条件支付的承诺；③确定的金额；④收款人名称；⑤出票日期；⑥出票人签章。

本票在国际贸易结算中的使用不如汇票广泛，在国内贸易结算中的使用也比不上支票，本票最主要的作用是作为信用工具在金融市场上进行资金的筹集，发挥融资工具的作用。在我国，只允许银行本票流通。

2. 支票的含义

《票据法》第81条规定，支票是出票人签发的，委托办理支票存款业务的银行或者其他金融机构在见票时无条件支付确定的金额给收款人或者持票人的票据。

支票与汇票一样，有三个当事人：出票人、付款人和受款人。出票人就是支票的签发人，他在银行已开设存款账户并订有支票协议。付款人是出票人的开户银行。受款人可以在支票上注明，也可以不说明，将支票做成来人抬头。

《票据法》规定，支票必须记载的事项包括：①表明"支票"的字样；②无条件支付的委托；③确定的金额；④付款人名称；⑤出票日期；⑥出票人签章。

支票在国内经济交易及国际非贸易结算中的使用十分普遍，但在国际贸易结算中主要是用来支付一些小额的零星费用，因此使用范围不如汇票广泛。

3. 本票、支票与汇票的区别

汇票、本票和支票之间存在的差异主要表现在以下几个方面。

1）基本性质不同

汇票与支票都是无条件的支付命令，是由出票人命令另一个人支付款项，是委付证券，所不同的是汇票的付款人可以是银行、企业或个人，而支票的付款人一定是银行；本票是一种无条件的支付承诺，出票人承诺由其本人支付款项，是已付证券。

2）基本当事人不同

汇票和支票的当事人都是三个，即出票人、付款人和收款人；而本票的当事人只有两个，即出票人和收款人，因为出票人本身承担着付款责任，与付款人是同一人。

3）出票人承担的责任不同

即期汇票与本票、支票的出票人，自始至终都承担主债务人的责任；而远期汇票在承兑后就由承兑人承担主债务人的责任，出票人退居为从债务人。

4）付款期限不同

支票是即期付款的票据，见票即付，没有远期支票。汇票和本票都有即期付款和远期付款之分，有到期日的记载；但是汇票有承兑、保证等票据行为而本票没有，因为本票的出票人与付款人是同一人，无须进行承兑。

5）当事人的资金关系不同

汇票的出票人和付款人之间，不必事先有资金关系；本票是无条件的支付承诺，出票人就是付款人，无所谓双方间的资金关系；而支票的出票人与付款人之间则必须先有资金关系，才能进行签发。

6）出票份数不同

汇票有一式两份或数份，在实务中可以成套签发。这种做法主要是为了防止因一次性寄单发生延误、遗失或损毁的意外事件，避免影响交货和收款的顺利进行；而本票和支票都只有一份正本。

10.2 国际货款支付的基本方式

国际贸易中用于买卖双方之间结清债权、债务关系的支付方式主要有汇付、托收、信用证三种。汇付和托收是由贸易双方根据国际货物买卖合同相互提供信用，属于商业信用；而信用证是银行向贸易双方提供信用，属于银行信用。从资金流动与支付工具的传递方向来看，汇付方式采用的是顺汇，托收和信用证方式采用的是逆汇。随着国际贸易的发展，各种新的支付方式也开始应用于国际贸易价款的结算，比如银行保函、国际保理、备用信用证等。

10.2.1 汇付

1. 汇付的含义

汇付（remittance）又称"汇款"，是汇款人或债务人通过本国银行运用各种结算工具将款项付给国外收款人的一种支付方式，款项和结算工具的流动方向是一致的，是典型的顺汇方式。

汇款的基本当事人有四个。

（1）汇款人（remitter），指债务人，通常是进口方付款人。

（2）汇出行（remitting bank），通常是进口地银行，在汇出行接受申请书的时候与汇款人之间的契约关系就成立了，汇出行应按申请书的内容和选择的汇款方式办理该笔汇款，并正确无误地将款项交给收款人。

（3）汇入行（paying bank），接受汇出行指示，将汇款解付给收款人的银行，也叫解付行。

（4）收款人（payee or beneficiary），债权人，出口方受益人。

汇付是国际支付的基本方式之一，广泛地运用于各种资金转移活动中。汇付应用于国际贸易时通常有预付货款（payment in advance）、随订单付款（cash with order）、交货后付款（cash on delivery）、记账赊销（open account trade）等几种主要方式。其中预付货款和随订单付款对卖方有利，因为可以先得到货款再发货，收汇安全有保证；交货后付款和记账赊销对买方有利，因为可以在收到货物后再付款，没有占用自己的资金。

因为汇付交易凭借双方的商业信用，一旦付了款或发了货就会失去制约对方的手段，能否及时安全地收货或收款，完全依赖于对方的信用。

案例分析10-1

我方A公司与美国B公司签订一份打火机出口合同，规定从上海运往纽约，到港时间不得晚于12月17日，支付方式为B公司收到目的港的代理的接货通知书后48小时内将全部货款办理电汇（T/T）给A公司。货物装船后，正本提单寄B公司。但因运输途中天气恶劣绕航耽误了2天，于12月19日才抵达目的港，客户于次日提货后，提出暂时拒付全部货款，待货物销完后再付，原因是货物未能如期到港，致使这批货物无法赶上当地圣诞节的销售高潮，其部分客户已纷纷取消订单，造成此批货物大量积压，给其带来巨大经济损失。A公司多次电告B公司，告知货物未能如期到港是我方无法预料与控制的，要求B公司办理付款，B公司均不予以理睬。后经我方一再努力与之协商，最终才以我方降价15%告终。

2. 汇付的种类

根据银行发送支付指令方式的不同可以将汇付分为电汇、信汇和票汇三种。

1）电汇

电汇（telegraphic transfer，T/T）是汇款人向当地外汇银行申请并支付本币，由汇出行通过加押电报、电传或 SWIFT（Society for Worldwide Interbank Financial Telecommunication，环球银行金融电信协会）网络通知汇入行，指示其向指定收款人解付一定金额的汇付方式。电汇是银行之间的直接通信，安全性很高。银行通常会在当天处理汇款，由于不能占用资金，所以银行收取的费用很高。电汇已成为目前汇付中使用最普遍的方式。

2）信汇

信汇（mail transfer，M/T）是汇款人向当地银行交付本币，银行开具付款委托书，用航空邮件寄交国外汇入行，指示其办理资金转移的汇付方式。由于资金在途时间长，汇出行可以在这期间占用资金，所以银行收取的手续费相对较低。此外，由于在邮递过程中难免发生遗失或延误等意外事件，所以信汇的安全性比电汇低。随着电讯事业的发展，信汇方式的使用已日趋减少了。

3）票汇

票汇（remittance by banker's demand draft，D/D）是指汇款人持款项及票汇申请书，请汇出行开立银行即期汇票后将票据交给汇款人的汇款方式。票汇可能因为收款人将汇票背书转让而涉及更多的当事人，因而资金转移速度较慢，安全性也较差。与信汇、电汇方式相比，票汇方式有很大的灵活性，只要汇票抬头允许，取款人可以是汇款人自己，也可以是国外的债权人。信汇与电汇方式的收款人要接到汇入行的汇款通知后才能收款，而票汇方式的收款人可以主动持汇票收款。另外，信汇与电汇方式凭汇款通知取款，汇款通知是不能在市场上进行转让的，而票汇方式使用的是银行汇票，可以进行背书转让或向国外银行进行贴现，可以灵活地发挥支付功能。图 10-1 为汇付业务流程。

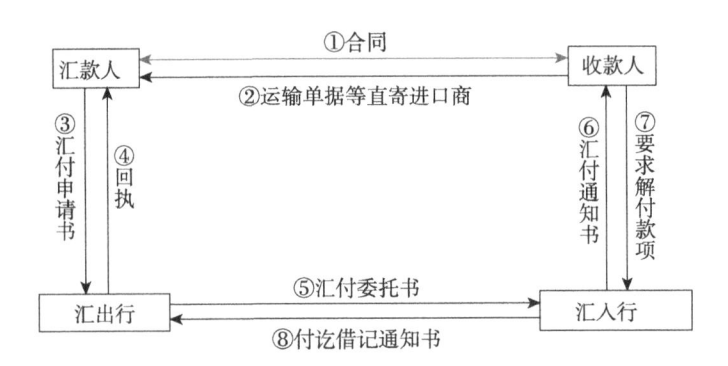

图 10-1　汇付业务流程

注：（1）在第⑤步骤，汇出行向汇入行发出含有汇付指令的付款委托书时，电汇采用的是电汇委托书、信汇采用的是信汇委托书、票汇则是由汇出行签发一份银行即期汇票交汇款人自行传递。
　　（2）票汇中不需要银行制作汇付通知书的第⑥步骤，而是收款人主动来汇入行要求解付款项。

10.2.2 托收（collection）

1. 托收的含义

国际商会制定的《托收统一规则》（URC522）对托收的定义是：托收是指由收到托收指示的银行根据所收到的指示处理金融票据（支付工具）和商业单据（装运单据）以便取得付款承兑，或凭付款承兑交出商业单据，或凭其他条款和条件交单的一种结算方式。

通俗地说，托收是债权人（出口人）出具债权凭证（支付工具）委托银行向债务人（进口人）收取货款的一种支付方式。

一般在托收业务中银行处理的单据包括两类，一类是金融单据（financial documents），例如汇票、本票、支票以及其他类似的付款凭证；另一类是商业单据（commercial documents），包括发票、运输单据、保险单据以及其他不属于金融单据的凭证。

托收中涉及的当事人主要有以下四个。

（1）委托人（principal），开立汇票连同货运单据委托银行向国外进口商（买方）收取款项的人，是债权人，一般是出口商（卖方）。

（2）托收行（remitting bank）又称"委托行"，是接受债权人的委托向国外的债务人收取款项的银行，一般为出口地的银行。

（3）代收行（collecting bank），是接受托收行的委托向债务人收取款项的进口地银行。代收行大都是托收行的国外分支机构或代理行。

（4）付款人（payer），是向代收行支付款项的人，是债务人，一般为进口商（买方）。

托收属于商业信用，出口商仍然面临无法顺利收回货款的风险，但是由于托收对进口商的资金占用小、相对于预付货款更安全而且收费较信用证低，因而受到进口商欢迎，有利于调动购买的积极性，是一种提高出口竞争能力的方法。在目前的国际贸易中，托收已成为一种非常重要的国际贸易结算方式。

2. 托收的种类

托收结算方式根据涉及的单据性质分为光票托收和跟单托收两种。

1）光票托收

光票托收（clean collection）是指不附有商业单据的金融单据的托收。委托人在开立汇票交付银行托收时，不附带货运单据的结算方式。在这种方式中，委托人把汇票交给托收银行后，托收银行仅凭此向付款人收款。光票托收有时可能附带货运单据之外的票据和凭证，如发票等。由于它仅以商业信用为基础，没有切实可靠的单据做保证，因此，在进出口贸易中应用范围有限，通常用于收取出口货款的尾数、佣金、代垫费用等贸易的从属款项。

2）跟单托收

跟单托收（documentary collection）是对商业单据的托收，可以附带金融单据，也可以不附带金融单据。由卖方开立汇票连同整套货运单据一起交给国内托收行，委托其代收货款。欧洲一些国家的出口商为了避免因签发汇票而支付印花税（stamp duty）一般都仅凭商业票据托收。

商业票据中的货运单据代表了货物的所有权，它的转移代表了货物的交付，因此交单条件是出口商控制收款的重要环节。根据交单条件的不同，跟单托收又可分为付款交单托收和承兑交单托收。

（1）付款交单（documents against payment，D/P）。付款交单是指出口商的交单是以进口商的付款为条件。即出口商发运货物后，开立即期汇票连同全套货运单据交银行，委托其办理托收，并指示银行只有在进口商付清货款后才能把商业单据交给进口商。付款交单根据付款时间的不同，又可分为即期付款交单和远期付款交单。

①即期付款交单（documents against payment at sight，D/P at sight），是指出口商发运货物后，开立即期汇票连同商业单据通过银行向进口商提示，进口商见票后立即付款，代收行在收到货款后将单据交付进口商。

②远期付款交单（documents against payment after sight，D/P after sight），指出口商发运货物后，开具远期汇票连同全套货运单据交银行托收，代收行收到单据后，立即向进口商提示远期汇票和单据，进口商予以签字承兑，代收行收回汇票及单据，待汇票到期时再次向进口商提示要求付款，在收到货款后将单据交付进口商。远期交单托收业务流程如图 10-2 所示。

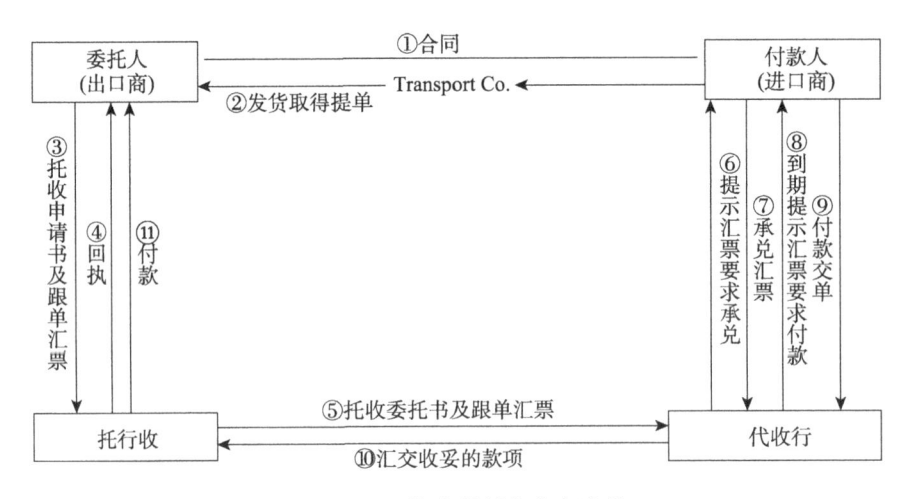

图 10-2　远期交单托收业务流程

注：（1）即期付款交单时，第⑥步骤即由代收行向付款人提示付款，不需承兑提示以及第⑦、⑧步骤，由付款人审核票据无误后即期付款。

（2）承兑款交单时，进口商将在第⑦步骤承兑汇票后即可获得单据，等到汇票到期再进行付款。

上述即期付款交单和远期付款交单两种做法，都说明进口商必须在付清货款后才能取得单据，提取或转售货物。在远期付款交单的条件下，如付款日和实际到货日基本一致，则不失为对进口商的一种资金融通。如果出现货物到达目的港日期早于付款日期，这样就出现进口商不能及时提货的问题。为了不耽误提货，进口商可以要求代收行允许其借出单据。其具体做法是，进口商向代收行出具信托收据（trust receipt，T/R），进口方凭以借出运输单据，以便提货出售，取得货款再偿还代收银行。这种做法对出口商或代收行来说有一定风险。因此，借出单据前对进口商的资信调查十分重要。按惯例，如果是出口商授权代收银行凭 T/R 借单给进口商，进口商没有按期偿还货款，后果由出口方负责；若是代收银行自主决定凭信托收据借单，进口商没有按期偿还货款，后果由代收银行负责，要赔偿出口商货款。

（2）承兑交单（documents against acceptance，D/A）。承兑交单是指出口商的交单是以进口商在汇票上承兑为条件。出口商发运货物后，开立远期汇票连同商业单据交银行托收，当代收行向进口商提示汇票和单据时，进口商对远期汇票进行承兑，代收行将全套货运单据交付进口商，待承兑汇票到期时银行再向进口商提示要求付款的托收方式。由于承兑交单时进口商无须付款即可得到物权，汇票到期时，如果进口商违约拒付，或者发生破产、倒闭等事件而无力偿付货款，出口商就会陷于既得不到货款又收不回货物的境地，因此承兑交单的方式风险很大，在我国对外贸易实务中很少使用。

3. 托收的性质与特点

（1）在托收方式下，作为支付工具的汇票由卖方传递给买方，与资金的流动方向恰好相反，所以托收方式属于逆汇法。

（2）托收方式属于商业信用的性质，托收行与代收行只是依照卖方的指示，为交易双方提供有偿服务，并不保证买方一定付款，也不保证卖方提供的货运单据一定完整、正确。

（3）在托收方式下，卖方只有在运出货物、取得货运单据后才能向买方要求付款，因此卖方承担的风险大于买方。

4. 托收在国际贸易中的应用

1）合同中的托收条款

（1）即期付款交单：买方应凭卖方开具的即期跟单汇票于见票时立即付款，付款后交单。(Upon first presentation the buyer shall pay against documentary draft drawn by the sellers at sight.The shipping documents are to be delivered against payment only.)

（2）承兑交单：买方对卖方开具的远期跟单汇票于第一次提示时即予承兑，并于到期日付款，承兑后交单。(Upon first presentation the buyer shall accept against documentary draft drawn by the sellers at ×× days sight. The shipping documents are to be delivered against acceptance only.)

2）托收应当注意的问题

（1）采用托收方式支付货款之前，出口商一定要了解进口商的资信状况、经营能力与经营作风，对资信状况不良、商誉欠佳的进口商尽量不用托收而以信用证方式收取货款。

（2）在决定出口业务以托收方式收款之前，出口商应了解进口国的外汇管制情况及有关进出口贸易的其他法律规定，尽量避免对外汇及进口管制较严的国家以托收方式收取货款，以防出现货物不能进口或进口后不能对外付出外汇的问题，使出口商蒙受损失。

（3）采用托收方式之前，出口商应对进口国的"习惯做法"或"商业惯例"有足够的了解。

（4）如果交易双方决定以托收方式结算货款，出口商应尽量采用付款交单的交单方式。另外，出口商最好争取进口商预付一部分订金，以便在进口商拒付货款时以此弥补出口商遭受的损失或付出的额外费用。

（5）若决定采用托收方式收取货款，出口商应争取按 CIF 或 CIP 条件成交，自办保险。若不能以 CIF 或 CIP 条件成交，也要在保险公司投保卖方利益险，以便在货物于运输途中遇险的情况下，从保险公司得到部分补偿。

（6）出口商在决定采用托收方式收取货款后，可以向保险公司（如我国的中保财产保险公司和中国进出口银行保险部）投保出口信用险。

（7）采取托收方式收款时，要建立健全管理制度，定期检查，及时催收清理，发现问题应迅速采取措施，以避免或减少可能发生的损失。

10.2.3 信用证

1. 信用证的含义

根据国际商会第 600 号出版物《跟单信用证统一惯例》（UCP600）的解释，信用证（letter of credit）是指由银行（开证行）依照客户（开证申请人）的要求和指示，或是自己主动，在符合信用证条款的情况下，凭约定的单据向第三方（受益人）或其指定方进行付款，或承兑或支付受益人开立的汇票，或授权另一银行进行议付的法律文件。简言之，信用证是一种银行开立的有条件地承诺付款的书面文件。

在信用证方式中有六个基本当事人。

（1）开证申请人（applicant），又称"开证人"（opener），是指向银行申请开立信用证的一方。在国际贸易中，一般是进口商根据买卖合同所确定的付款条件，向其往来银行申请开立信用证。

（2）开证行（opening bank or issuing bank），是指接受开证申请人委托，开立信用证的银行，承担保证付款责任。开证行一般为进口商所在地的银行。

（3）受益人（beneficiary），是信用证中所指定的有权使用信用证、提供符合信用证要求的单据、向开证行或付款行要求支付货款的人。一般而言，受益人大多是出口商或实际供货人。

（4）通知行（advising bank），是指接受开证行委托，将开立的信用证通知给受益人的银行。通常是出口地的银行，通知行只证明信用证的表面真实性，不承担其他义务。

（5）付款行（paying bank），是信用证上规定的付款人，大多数情况下付款行就是开证行。付款行也可以是接受开证行委托代为付款的另一家银行。

（6）议付行（negotiating bank），是买入受益人按信用证规定提交的单据、贴现汇票的银行。在信用证业务中，议付行通常以汇票持票人的身份出现，因此，当付款人拒付时，议付行对汇票出票人（出口商）享有追索权。议付行一般是出口商所在地的银行。

除以上基本当事人以外，根据实际需要，信用证业务还可能涉及的当事人有保兑行（confirming bank）、偿付行（reimbursing bank）、承兑行（accepting bank）和转让行

（transferring bank）等。图 10-3 为信用证业务流程。

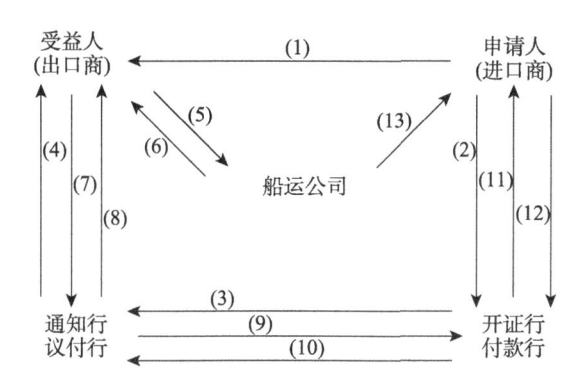

图 10-3　信用证业务流程

注：（1）进口商、出口商间签订买卖合同；
（2）进口商向开证行提交开证申请书；
（3）开证行在审查进口商后开立信用证；
（4）出口地银行在收到信用证后通知出口商；
（5）出口商根据信用证条款装船；
（6）出口商领取船运公司签发的海运提单（B/L）；
（7）出口商按信用证条款准备单据向银行申请议付；
（8）议付行审查单证相符后，进行议付；
（9）议付行将信用证项下单据发送给开证行；
（10）开证行审查单证相符后，进行付款；
（11）开证行通知进口商单据的到达；
（12）进口商审查单证相符后付款赎单；
（13）进口商向船运公司提交海运提单（B/L）后领取货物。

2. 信用证的特点

信用证的特点主要体现在以下三个方面。

1）信用证是一种银行信用，开证行承担第一性付款责任

在信用证交易中，银行是以自己的信用作出付款保证的，一旦受益人（出口商）满足了信用证的条件，就直接向银行要求付款，而无须向开证申请人（进口商）要求付款。开证银行对受益人负有不可推卸的、独立的付款责任。这就是开证行负第一性付款责任的意义所在。而且开证行对受益人的付款责任是一种独立的责任，即使进口商事后失去偿还能力，只要出口商提交的单据符合 L/C 条款规定，开证行就要承担付款责任。

2）信用证是一份独立的、自足性的文件

信用证是依据合同的内容开立出来的，一经开出即成为独立于买卖合同之外的文件。在信用证业务中存在着三方契约，买卖合同约束买卖双方；开证申请书约束开证申请人（进口商）和开证行；信用证则约束开证行和受益人（出口商），这三份文件彼此间独立。

UCP600 第 4 条规定："就性质而言，信用证与可能作为其依据的销售合同或其他合同，是相互独立的交易。即使信用证中提及该合同，银行亦与该合同完全无关，且不受其约束。"

这意味着信用证一旦开出，就成为一个独立于任何其他有关交易合同的自足性契约，其有关当事人只需且必须按照信用证自身的条款办事，而不必也不能再顾及任何有关合同的执行情况。此条款还规定："一家银行作出兑付、议付或履行信用证项下其他义务的承诺，并不受申请人与开证行之间或与受益人之间在已有关系下产生的索偿或抗辩的制约。"这说明银行的付款责任是独立的，不受申请人与其他关系人所产生纠纷的约束。

3）信用证是一种单据买卖

UCP600 第 5 条规定："银行处理的是单据，而不是单据所涉及的货物、服务或其他行为。"这就明确了信用证业务是一种"单据交易"业务。在信用证方式下，实行的是凭单付款的原则。银行是按照受益人能否以信用证规定的期限和地点交来符合合同规定的合格单据承担付款责任，对货物的真假好坏、是否已装运以及是否中途遭遇损失等不负责任，并对单据的真假（只要符合信用证的规定而且表面上为合格单据）及其在邮递过程中遗失或延误等也不负责任。日后如买方发现货物与合同规定不符，买方只能根据买卖合同向卖方提出索赔，或根据运输合同向承运人或保险公司索赔。反之，如货物与合同相符，而受益人提交的单据与信用证规定不符，银行就有权拒付。所以，银行的审单，只是用以确定单据表面是否符合信用证条款。银行对任何单据的形式、完整性、准确性、真实性，以及伪造或法律效力，或单据上规定的或附加的一般和/或特殊条件，概不负责。

概括地说，信用证支付方式遵循"一个原则，两个只凭"。"一个原则"是指严格符合原则，不仅要求"单证一致"（单据与信用证一致），而且还要求"单单一致"（各种单据之间的一致）。"两个只凭"就是只凭信用证条款办事，不受有关合同的约束；只凭单据办事，不问有关货物的真实情况。

3. 信用证的内容

根据国际商会草拟的"开立跟单信用证标准格式"，信用证的内容主要包括以下几项。

1）关于信用证本身的内容

对信用证本身的说明包括信用证的号码（L/C No.）及开证日期及地点（issuing date and place）、受益人名称及地址（beneficiary's name and address）、申请人名称及地址（applicant's name and address）、信用证的金额（L/C amount）、信用证的到期日与交单地点（expiry date and place）、信用证的适用（available by）。

2）关于汇票的内容

信用证的付款方式有四种：即期付款、延期付款、承兑与议付。除承兑方式一定需要有汇票外，其余的三种方式可以使用汇票，也可以不使用。

如果信用证要求受益人提供汇票，需要在信用证中注明汇票的付款期限（如见票后若干天）、金额（如 100%发票金额）、付款人（如开证行）等要件。按照 UCP600 第 6 条的解释，信用证中不得要求汇票付款人是申请人，汇票的付款人必须是开证行、付款行、保兑行或承兑行。

3）关于单据的内容

信用证要求提供的单据须一一列明，对单据名称、内容、份数的要求要写清楚。一般跟单信用证所需随附的单据有两类：一类是基本商业单据，如商业发票（commercial invoice）、运输单据（transport document）、保险单据（insurance document）。这是受益人在一般进出口交易中都需提交的单据，是商业单据的核心。另一类是除基本商业单据以外的其他商业单据，装箱单（packing list）、商检证书（inspection certificate）、产地证（certificate of origin）、海关发票（customs invoice）、领事签证发票（consular invoice）等。这些单据可能是进口商为了了解货物或交易的某些细节而要求出口商提供的，也有可能是进口商为了满足进口国政府或海关的要求而要求出口商提供的。

4）关于商品的内容

关于商品的描述（description of goods），一般应该包括商品的品名、规格、数量、单价、价格条件、包装和唛头等（name、specification、quantity、unit price、trade term、packing、shipping marks）。商品的描述应该简洁明确，避免烦琐，要完整无误地出现在商业发票上，其他单据对商品的描述不能与商业发票相冲突。

5）关于运输的内容（以海洋运输方式为例）

关于运输的内容应该包括装货港（port of loading）与卸货港（port of discharge）的名称、最迟装运日（latest date of shipment）、可否分批装运的规定（partial shipment allowed or not allowed）、可否转运的规定（transshipment allowed or not allowed）以及其他必要的信息。

6）其他事项

其他事项包括开证行对议付行的指示条款（instructions to negotiating bank）、开证行、保兑行负责条款（engagement or undertaking clause）、开证行名称及有权签字人签字（issuing bank's name and authorized signature）、其他特别条款（other special terms and conditions）、遵守 UCP600 的声明（subject to UCP600）等。

4. 信用证的种类

1）跟单信用证和光票信用证

按照信用证项下的汇票是否附有货运单据，信用证可以分为跟单信用证（documentary credit）和光票信用证（clean credit）。

（1）光票信用证是凭不附货运单据的汇票或收据付款的信用证。

（2）跟单信用证是凭附带货运单据的汇票或仅凭单据付款的信用证。在国际贸易中，进口商在申请开证时通常都会对出口商提供的单据作出要求和规定，因此大部分的信用证都是附带货运单据的。

2）保兑信用证和不保兑信用证

根据是否有另一家银行对信用证加以保兑，又可分为保兑信用证（confirmed credit）和不保兑信用证（unconfirmed credit）。

（1）保兑信用证是一份信用证上除了有开证行确定的付款保证外，还有另一家银行即保兑行确定的付款保证，保兑行对信用证所负担的责任与信用证开证行所负担的责任相当。因此当信用证规定的单据提交到保兑行或任何一家指定银行时，在完全符合信用证规定的情况下则构成保兑行在开证行之外的确定承诺。对于收益人来说，保兑信用证意味着有开证行和保兑行双重确定的付款承诺。

（2）不保兑信用证是未经另一家银行加保的信用证。即便开证行要求另一家银行加保，如果该银行不愿意在信用证上加具保兑，则被通知的信用证仍然只是一份未加保的不可撤销信用证。不保兑信用证只有开证行一重确定的付款责任。

3）即期付款信用证、延期付款信用证、承兑信用证、议付信用证

根据信用证付款方式不同，分为即期付款信用证（sight credit）、延期付款信用证（time credit）、承兑信用证（acceptance credit）、议付信用证（negotiation credit）。

UCP600 第 6 条规定："信用证必须规定它是否适用于即期付款、延期付款、承兑抑或议付。"

（1）即期付款信用证规定，指定的付款行在受益人交来单证相符的单据时应即期付款，且付款后无追索权。这种信用证如果要求提供汇票，汇票的付款期限应该是即期。

（2）延期付款信用证不需汇票，在指定的付款行收到受益人交来的单证相符的单据时即承担延期付款的责任，到期后再向受益人付款。这种信用证由于没有汇票，也就没有银行承兑，受益人无法通过贴现银行承兑汇票获取资金融通。

（3）承兑信用证和延期付款信用证相似，但是信用证中会规定由受益人开立一张以开证行自己为付款人或以其他银行为付款人的远期汇票，由指定的承兑行审单无误后对该汇票进行承兑，并于到期日付款。在到期日到来之前如果受益人想要提前获得资金融通，可以将银行承兑汇票拿到金融市场上进行贴现。

（4）议付信用证中则会委托一家出口国的银行作为议付行对受益人交来的单证相符的单据进行议付，并在开证行也审单确认单证相符后得到偿付。议付信用证中常常会要求受益人提供汇票，议付行在议付后即成为汇票的正当持票人。议付行的议付不同于开证行或指定的付款行承兑行的付款，付款是终局性的；而议付是有追索权的，当开证行审单认为单证不符拒绝偿付时，议付行有权向受益人进行追索。

4）可转让信用证和不可转让信用证

根据信用证的权利能否转让，可分为可转让信用证（transferable credit）和不可转让信用证（non-transferable credit）。

可转让信用证是指开证行授权通知行在受益人的要求下，可将信用证的全部或部分货物数量、金额转让给一个或数个第二受益人使用的信用证。尽管得到了开证行的授权，但是如果受益人没有要求或者通知行不同意转开，可转让信用证的权利就不能实现转让。这种信用证一般适用于受益人是中间商的贸易，他需要将信用证的权利转让给实际的出口商。可转让信用证通过转让可能涉及多个受益人但始终只存在一个开证行、一份信用证。

如果信用证上没有注明可转让（transferable）的，则是不可转让信用证，受益人不能将信用证权利转让给他人。

5）循环信用证和非循环信用证

根据信用证是否可以多次使用，可分为循环信用证（revolving credit）和非循环信用证（non-revolving credit）。

（1）循环信用证是指信用证中的金额被受益人全部或部分使用后能够恢复到原金额再

次被受益人使用，直至用完规定的使用次数或累计总金额时为止的信用证。这种信用证适用于分批交货的长期贸易合同，可以节省开证费用。循环信用证在使用中如果其中任何一期未按信用证规定期限支取或发运，信用证对该期及以后各期均告失效。循环信用证必须在信用证中注明，凡未注明者皆为非循环信用证。

（2）非循环信用证中的金额只能使用一次，不能恢复。在实务中，一般的信用证都是非循环信用证。

6）对开信用证和对背信用证

根据信用证的关联性，可分为对开信用证（reciprocal credit）和对背信用证（back to back credit）。

（1）对开信用证是指两张信用证的开证申请人互以对方为受益人而开立的信用证。第一张信用证的受益人和开证申请人分别是第二张信用证的开证申请人和受益人。第一张信用证的通知行通常就是第二张信用证的开证行。两张信用证的金额相等或是大致相等，两证可同时互开，也可先后开立。对开信用证多用于补偿贸易（compensation trade）、加工贸易（processing trade）、易货贸易（barter trade）等的结算。

（2）对背信用证又称背对背信用证，是指中间商收到进口商开来的信用证后，要求原通知行或其他银行以原证为基础，另开一张内容类似的新信用证给另一受益人。对背信用证主要用于中间商的贸易活动。与可转让信用证不同，对背信用证不需要取得开证行的授权，因此中间商更容易掩盖身份。

10.3 国际货款支付的其他方式

10.3.1 银行保函

1. 银行保函的概念及当事人

银行保函（letter of guarantee，L/G）又称银行保证书，是银行根据申请人的要求向受益人开出的担保申请人正常履行合同义务的书面证明，是银行有条件承担一定经济责任的契约文件，当申请人未能履行其所承诺的义务时，银行负有向受益人赔偿经济损失的责任。银行保函的主要作用是以银行信用为手段来保护受益人的经济利益，促使交易活动顺利进行，从性质上来说是一种备用的银行信用。

银行保函业务中主要有以下四个当事人。

（1）申请人（applicant），向银行申请开立保函的当事人。

（2）受益人（beneficiary），保函项下担保权益的享受者。

（3）担保行（guarantor bank），保函的开立人，向受益人构成或有负债同时从申请人那里获得或有债权。

（4）通知人（advising bank），受担保人之托，办理保函的通知或转递手续的银行，也称为转递行。

银行保函的用途非常广泛，和国际贸易货款收付有关的银行保函主要有：付款保函（payment guarantee）、预付款保函（advanced payment guarantee）、补偿贸易保函（guarantee under compensation trade）等。

2. 银行保函的种类

1）出口保函

出口保函是银行应货物与劳务出口方的申请向进口方开出的保函，广泛应用于招标与投标、国际工程承包等业务中。

（1）投标保函，是银行（保证人）根据投标人（委托人）的申请向招标人（受益人）开立的保证书。保证投标人在开标前不中途撤标或单方面修改原报价，中标后定与招标人签约并在规定期限内提交履约保函，否则银行将按保函金额对招标人予以赔偿。投标保函的支付金额一般为项目金额的2%～5%。

（2）履约保函，是银行（保证人）应货物买卖、劳务合作或其他经济合同当事人（委托人）的申请向合同的另一方当事人（受益人）开出的保证书，保证如果委托人不履行其与受益人之间订立的合同义务，银行对受益人支付一定金额的款项。履约保函的支付金额一般为项目金额的10%～15%。

（3）还款保函，在国际上，对金额较大的成套设备或工程项目交易，出口方常要求进口方预付一定金额的定金。进口方在支付定金前，要求出口方提供银行的还款保函，以担保出口方履行合约。如果出口方不履行合约，出口方银行负责将预付定金及利息退还给进口方。

2）进口保函

（1）付款保函。付款保函是指在凭货物付款而不是凭单付款的交易中，进口方向出口方提供的银行担保书，保证在出口方交货后，或货到后，或货到目的地经买方检验与合同相符后，进口方一定付款；如买方不付，担保行一定付款。在技术交易中，买方向卖方提供银行担保，保证在收到与合同相符的技术资料后，买方一定付款，如买方不付，担保行代为付款。上述银行保证书的金额即合同金额。

（2）延期付款保函。延期付款保函是银行根据进口方申请向出口方出具的对延期支付或远期支付的货款，以及相应的利息所作出的一种付款保证，保证在出口方发货后进口方将按合同规定的到期时间支付本金及利息，否则，银行将代为付款。延期付款保函常在进口成套设备时采用。

3）对销贸易保函

（1）补偿贸易保函，是担保行应机器设备进口方的申请向出口方开出的保函，保证进口方在收到符合合同规定的设备后，一定以该设备生产出的产品，或双方约定的其他产品，或现汇向出口方或其指定的第三方偿付设备价款及利息，否则将由担保行代为支付。

（2）来料加工保函与来件装配保函。进口方银行应进口方要求，向出口方保证，进口方如期加工出口成品偿还设备价款。否则，由担保银行代为偿付。相对来说，进口方也可要求出口方提供银行保函，保证负责支付工缴费。

3. 银行保函的运作程序

银行保函的运作程序如下：

（1）申请人向担保人提出开立保函的申请。

（2）担保人出具不可撤销的保函。

（3）若受益人提出要求，担保人则须找一家国际公认的大银行对其出具的保函加以保兑；担保人将其保函寄给通知行，请其通知受益人或重新开立以受益人为抬头的保函。

（4）通知行/保兑行将保函通知给受益人。

（5）受益人在发现保函申请人违约时，向担保人/保兑行索偿，担保人赔付。

（6）保兑行赔付后，向担保人索偿，担保人再赔付给保兑行。

（7）担保人赔付后向申请人索偿。

（8）申请人赔付。

4. 有关银行保函的国际规则

自 20 世纪 60 年代起，国际商会就致力于向贸易当事人在国际商事交易中使用银行保函提供统一的指导规则。到目前为止，国际商会先后制定并实施了以下相关的主要惯例与规则：《见索即付保函统一规则》（*Uniform Rules for Demand Guarantee*，1992 年国际商会第 458 号出版物，简称 URDG458）和《合同保函统一规则》（*Uniform Rules for Contract Bonds*，1993 年国际商会第 524 号出版物，简称 URCB524）。2010 年为了适应见索即付保函发展的需要，国际商会银行技术与惯例委员会在 URDG458 的基础上经过两年多的修改，完成了 URDG758。URDG758 相比 URDG458 在编排体例和具体内容方面做了很大的改进，特别是细化了反担保函的规定，明确了保函的失效机制，区分了保函转让和款项让渡两种模式，并设专章规定不可抗力条款。通过这些修改弥补 URDG458 的空白和不足，使 URDG758 更符合保函实务的需要。

10.3.2 备用信用证

1. 备用信用证的含义及其性质

备用信用证（standby letter of credit）是开证行根据开证申请人的申请对受益人开立、承诺在开证人未能履约时，凭受益人提交的符合该备用信用证规定的汇票及其他文件对受益人付款的书面凭据。备用信用证属于银行信用，但只有在开证人未能履行义务时才起作用。

备用信用证一般用在投标、技术贸易、补偿贸易的履约保证、预付货款和赊销等业务中，也有用于带有融资性质的还款保证。

2. 备用信用证与跟单信用证的区别

备用信用证的内容与跟单信用证大体相似，只是对单据的要求远比跟单信用证简单，备用信用社与跟单信用社的主要区别见表 10-1。

表 10-1　备用信用证与跟单信用证的主要区别

区别	备用信用证	跟单信用证
付款条件	申请人未履约	受益人履约
银行的责任	开证行承担第二性付款责任	开证行承担第一性付款责任
付款依据	申请人未履约的证明文件	符合信用证规定的全套单据
适用范围	多方面的交易	商品买卖
使用情况	通常备而不用	开证行支付货款

在国际贸易中备用信用证一般用来作为货款收付的保证手段，当合同中规定以汇付、托收等商业信用的结算方式来收付货款时，作为一种信用补充和额外担保形式写入合同的支付条款。当货物发运后，受益人首先根据贸易合同规定通过汇付、托收等形式来收取货款，只有在这种商业信用的支付方式未能奏效时才能寻求备用信用证的收款保障。

3. 备用信用证的种类

1）履约备用信用证

履约备用信用证（performance standby L/C）用于担保履行责任而非担保付款，包括对申请人在基础交易中违约所造成的损失进行赔偿的保证。

2）投标备用信用证

投标备用信用证（tender bond standby L/C）用于担保申请人中标后执行合同的责任和义务。若投标人未能履行合同，开证人须按备用信用证的规定向受益人履行赔款义务。

3）预付款备用信用证

预付款备用信用证（advance payment standby L/C）用于担保申请人对受益人的预付款所应承担的责任和义务。

4. 关于备用信用证的国际惯例

《国际备用信用证惯例》（*International Standby Practices*，国际商会第 590 号出版物，简称 ISP98）于 1998 年 4 月 6 日公布，1999 年 1 月 1 日起实施。

按照 ISP98 的规定，只有在明确注明依据 ISP98 开立时，备用信用证方受 ISP98 的管辖。一份备用信用证可同时注明依据 ISP98 和 UCP600 开立，此时 ISP98 优先于 UCP600，即只有在 ISP98 未涉及或另有明确规定的情况下，才可依据 UCP600 原则解释和处理有关条款。ISP98 共有 10 条规则，89 款。这 10 条规则分别是：总则；责任；交单；审单；通知拒付、放弃拒付及单据处理；转让、让渡及依法转让；取消；偿付责任；时间规定；联合/参与等。

10.3.3　国际保理业务

1. 国际保理业务的含义及性质

传统的国际货物贸易收付方式中，汇付和托收是商业信用，出口商承担着收款风险，而对进口商则相应有利。信用证是银行信用，虽对出口商的收款给予了银行信用保证，对进口商则增添了不便,在当今以买方市场为特征的国际市场上,竞争十分激烈。出口商就需要一种既安全收汇又能给予进口商方便的新型具有出口竞争优势的国际结算方式,国际保理业务便由此产生。

国际保理(international factoring)的全称是国际保付业务代理,简称"保理"(factoring)或"出口保理",也称保付代收或承购应收账款,是指在以商业信用出口货物时(如以D/A作为付款方式),出口商交货后把应收账款的发票和装运单据转让给保理商,即可取得应收取的大部分货款,日后一旦发生进口商不付或逾期付款,则由保理商承担付款责任。在保理业务中,保理商承担第一付款责任。

2. 国际保理业务的当事人

根据国际保理联合会《国际保理通则》规定,国际保理业务的当事人包括以下几类。

(1)销售商:提供货物或服务的当事方,其应收账款由出口保理商负责保付。
(2)债务人:因购买货物或接受服务而应负责付款的当事方。
(3)出口保理商(export factor):根据协议负责办理销售商的保理业务的当事方。
(4)进口保理商(import factor):同意追收由销售商委托予出口保理商的应收账款,并依照通则承担信用风险,负责支付应收账款的当事方。

3. 国际保理业务的类型

1)按是否涉及进出口两地的保理商分

按是否涉及进出口两地的保理商划分,分为单保理和双保理。

单保理是指仅涉及一方保理商的保理方式。例如在直接进口保理方式中,进口商与进口保理商进行业务往来;而在直接出口保理方式中,出口商与出口保理商进行业务往来。

双保理是指涉及买卖双方保理商的保理方式。国际保理业务中一般采用双保理方式,即出口商委托本国出口保理商,本国出口保理商再从进口国的保理商中选择进口保理商。进出口国两个保理商之间签订代理协议,整个业务过程中,进出口双方只需与各自的保理商进行往来。

2)按保理商对出口商提供预付融资与否分

按保理商对出口商提供预付融资与否划分,分为融资保理和非融资保理。

融资保理又叫预支保理,是一种预支应收账款业务。当出口商将代表应收账款的票据交给保理商时,保理商立即以预付款方式向出口商提供不超过应收账款80%的融资,剩余20%的应收账款待保理商向债务人(进口商)收取全部货款后,再行清算。融资保理是比较典型的保理方式。非融资保理是指保理商在保理业务中不向企业提供融资,只提供资信调查、销售款清收以及账务治理等非融资性服务。

3)按保理商是否保存对企业的追索权分

按保理商是否保存对企业的追索权划分,分为有追索权保理和无追索权保理。

这里的追索权是指在买方逾期未向保理商支付应收账款且达到一定期限后,保理商所具有的通知企业并要求其回购应收账款的资格,实质是划分保理商与企业对应收账款风险的承担。有追索权保理是指保理商因债权转让向企业提供一定的资金后,在买方拒尽付款义务或者无力支付交易款项的情形下,保理商有权要求企业偿还资金。无追索权保理是指保理商因债权转让向企业提供一定的资金后,放弃对企业追索的权利,由保理商独立承担买方拒绝履行付款义务或者无力支付交易款项的风险。

4) 按保理商与销售商之间的债权转让是否通知买方分

按保理商与销售商之间的债权转让是否通知买方划分,分为公然型保理和隐蔽型保理。这种划分方式实质是划分销售商或保理商是否对买方履行债权转让的通知义务。公然型保理是指债权转让一经发生,销售商或保理商须以书面形式将保理商的参与情况通知买方,并指示买方将货款直接付给保理商。隐蔽型保理指销售商不将债权转让以及保理商参与情况通知买方,若买方仍将货款付给企业的,企业收到货款后转付给保理商。

5) 按保理商是否提供融资分

按保理商是否提供融资划分,分为折扣保理和到期保理。

折扣保理又称为融资保理,是指当出口商将代表应收账款的票据交给保理商时,保理商立即以预付款方式向出口商提供不超过应收账款80%的融资,剩余20%的应收账款待保理商向债务人(进口商)收取全部货款后,再行清算。这是比较典型的保理方式。

到期保理是指保理商在收到出口商提交的、代表应收账款的销售发票等单据时并不向出口商提供融资,而是在单据到期后,向出口商支付货款。无论到时候货款是否能够收到,保理商都必须支付货款。

国际保理业务具有风险承担、催收账款、资金融通的特点,因而成为出口商的支付选择。我国对国际保理业务的应用比较晚,在20世纪90年代才开始使用且使用较少。而国际保理业务在许多经济发达、金融发展成熟的国家已经得到了广泛的应用。

4. 国际保理业务的特点

(1) 必须是商业机构与商业机构之间货物销售产生的应收账款,该应收账款不属于个人或家庭消费或者类似使用性质。

(2) 该商业机构必须将应收账款的权利转让给保理商。

(3) 保理商必须履行的职能:以贷款或者预付款的形式向供货商融通资金、管理与应收账款有关的账户、收取应收账款、对债务人的拒付提供坏账担保。

(4) 应收账款的转让通知必须送交债务人。

10.3.4 各种支付方式的结合使用

1. 汇付与托收相结合

汇付与托收相结合是一种以即期跟单托收为主、汇付为辅的收付方式,采用这种方法时,先是进口商以预付货款的方式支付少量货款作为卖方出运货物的条件,其余大部分金额采用即期跟单托收方式收款。这样,即使货物发运后,进口商不履行付款责任,出口商仍拥有货权,所受损失可用预收的汇款来弥补。

例如:Shipment to be made subject to an advanced payment amounting 30% to be remitted in favour of seller by T/T with indication of S/C No. DF2017056 and the remaining part on collection basis, documents will be released against payment at sight. （在买方电汇预付合同金额 30%后，卖方发货，电汇以卖方为受益人并要注明销售合同号 DF2017056，剩余金额以托收形式支付，货运单据在款项见票后提交。）

2. 汇付与信用证相结合

汇付与信用证相结合适用于成交数量较大的初级商品或成套设备的交易中。在这些交易中，先由进口商以汇付形式支付订金；货物运抵目的地并经过检验后，以信用证的形式支付货款余额。

例如：30%（thirty percent）of the contract value shall be paid by T/T（telegraphic transfer）as the advance payment within 15 days after contract signing date and the balance 70%（seventy percent）of the contract value shall be paid against L/C at 30 days sight to be accepted by both parties.（买方将合同金额的 30%在合同签字后 15 天内作为预付款以电汇形式支付，另外 70%的余额以双方同意的见票后 30 天付款的信用证支付。）

3. 托收与信用证相结合

采用托收与信用证相结合的做法，主要是为了减轻进口商资金周转的压力，减少开证的押金。通常要求信用证上规定受益人凭光票支取信用证款项，凭跟单汇票采用 D/P 方式支取余额。出口商出运货物后，在议付信用证款项的同时委托议付行托收余款。为保证托收货款的安全收汇，要求信用证内注明"待付清全部发票金额后方可交单"的条款。全套单据附于托收项下，买方付清全部发票金额后交单。若买方不能付清全部发票金额，则货运单据由开证行掌握，凭卖方指示处理。

例如：50% of the value of goods by irrevocable letter of credit and remaining 50% on collection basis at sight, the full set of shipping documents are to accompany the collection item. All the documents are not to be delivered to buyer until full payment of the invoice value are paid. （50%货款以不可撤销的信用证支付，剩余的 50%余款以即期付款交单，全套货运单据将随附托收项下。只有在买方付清发票金额后方可交单。）

4. 汇付、信用证、银行保函相结合

汇付、信用证、银行保函相结合的支付方式一般用在大型成套设备、船舶、飞机等金额大、交货期长的买卖中。这类交易大多按工程的进度分期付款或延期付款。分期付款是指买方预交部分订金，其余货款根据所订购商品的制造进度或交货进度分若干期支付，在货物交付完毕时付清或基本付清。延期付款是指买方预付一部分订金后，大部分贷款在交货后一段相当长的时间内分期摊付。

分期付款与延期付款虽然都是在规定的期限内付清货款，但是，两者有很大区别，主要表现在以下两个方面。

一是在分期付款情况下，买方按照约定的方法，分若干期付款，但在卖方完成交货义务时，买方已付清或基本付清货款，所以是付现的即期交易。而在延期付款情况下，大部分货款于交货之后较长期限内分期摊付，所以是卖方给买方的信贷，对买方来说，是赊购，是利用出口商的资金，因此要承担延期付款的利息，在国际货物买卖合同中要规定包括利

率在内的利息条款,而分期付款交易则不存在利息问题。

二是在分期付款情况下,买方在付清最后一期货款后,才取得货物的所有权。而延期付款的交易,在一般情况下,卖方履行交货后,买方即取得货物的所有权。如果卖方交货之后,买方不履行付款义务,卖方只能依法要求偿付货款,而不能恢复货物的所有权。

例如:10% of the contract value shall be paid by T/T as the advance payment within 10 days after contract signing date and the balance 70% of the contract value shall be paid against L/C at sight before the 30 days of shipment date, the remaining 20% of contract value will be provided by buyer to submit a bank's L/G(letter of guarantee)as a performance bond as soon as the buyer received the contracted goods and finished inspection will complete the total payment.(买方将合同金额的 10%在合同签字后 10 天内以电汇形式支付,合同金额的 70%在装运期前 30 天开出即期信用证,剩余 20%买方将提供银行保函作为履约保证金,收到货物并完成检验将付清全款。)

10.4 单据

现代国际结算的特点之一是凭单收付款,即出口商凭以收款、进口商凭以付款的依据是单据。可见单据在国际贸易和国际结算中占据着非常重要的地位。在国际贸易中,单据有很多种。广义的单据泛指与国际交易有关的一切凭证和证明文件,如买卖合同、信用证、订货单、汇票、本票、支票、商业发票、运输单据、保险单据等。狭义的单据仅指出口商向进口商或其指定的银行收款时所需提供的各类单据,包括发票、运输单据、保险单据及其他进口地官方要求的或进口商特别要求提供的单据等。本节将对狭义单据做一简单介绍。

10.4.1 商业发票

国际结算中所使用的发票种类繁多、样式各异。从广义上讲,主要包括商业发票、领事发票、海关发票、厂商发票、形式发票、收妥发票等。从狭义上讲就是指商业发票。

1. 商业发票的定义及作用

商业发票(commercial invoice)简称发票,是出口商向进口商签发的凭以向进口商索取货款的价目清单和装运货物状况的总说明,反映整笔交易的全貌,有"见发票如见货物"的说法。商业发票是出口商必须提供的基本单据之一,是各种单据的中心单据,起核心作用,其他单据的内容应和发票的内容保持一致。

商业发票在国际贸易中发挥着非常重要的作用,主要体现在以下几方面。

(1)是出口商向进口商的交货凭证和发货通知,是出口商履约的证明。

(2)是进口商凭以核对装运货物是否符合合同规定的依据。

(3)是进出口双方记账的凭证。

(4)是进出口双方办理报关纳税的依据。

(5)在不用汇票结算的业务中,可代替汇票作为收付款的依据。

(6)是海关数字统计、保险索赔时的价值证明。

2. 商业发票的内容及制作

商业发票是出口商自行制作的单据，国际上对其内容和格式没有统一的规定，但一般包括首文、本文和结文三部分。首文部分包括发票名称、号码、出票人名称和地址、合同号码、信用证号码、抬头人、出票地点及日期、运输工具等。本文部分是通过对货物和货价的描述提供履约证明的部分，是发票最核心的内容，包括运输标志、货物描述、数量、单价、总金额等。结文部分包括出票人签章及细节条款或特殊条款等。

1）首文部分

（1）发票名称。具体的"发票"字样必须明确表现在单据中，如"COMMERCIAL INVOICE"或"INVOICE"。一般写在出票人名称下面，用粗体字标明。此外，要严格按照信用证或进口商的要求提交名称相符的发票。

（2）出票人名称和地址。要在发票顶端醒目地标出出票人的全称、详细地址。出票人一般就是出口商，即买卖合同中的卖方。在信用证项下，根据UCP600第18条规定，除可转让信用证外，发票应由信用证的受益人出具。发票中通常加注受益人的地址。UCP600第14条规定，当受益人的地址显示在任何规定的单据上时，不必与信用证或其他规定单据中显示的地址相同，但必须与信用证中述及的相应地址处于同一国家内。用于联系的资料（电话、电传、电子邮箱及类似方式）如作为受益人地址的组成部分将不被予以理会。

（3）发票抬头。抬头一般填写进口商的名称与地址，即买卖合同中的买方名称与地址。在信用证项下没有特别注明的，要填写开证申请人的名称与地址；如果信用证中有指定的抬头人，一定要按来证要求制单。

（4）发票号码。出票人开出发票的顺序号。一般按出口报关单号码编制，也可以使用银行编制的统一号码。

（5）合同号码。信用证中没有规定合同号码的，可以不在发票上注明，也可以按实际合同号填写；如果信用证中有规定的，严格按信用证上的填制，即便与实际合同编号不符也照填。

（6）信用证号码。采用信用证方式结算，发票中应注明信用证号码，一般一份发票中只能注明一个信用证号码。

（7）出票地点和日期。出票地点一般是出口商所在地。信用证项下是受益人所在地。出票日期即签发发票的日期，一般不应晚于提单日期。UCP600第14条规定，发票的签发日期可早于信用证的开证日期，但不得晚于信用证的提示日期。

（8）起讫地点。按货物运输实际的起讫地点填写。如果货物需要转运，转运地点也应明确表明。有些发票省略了该栏目。

2）本文部分

（1）运输标志。运输标志也称唛头，一般使用金属模板印刷在货物外包装上，便于承运人或其他关系人识别寻找，也便于装卸，避免误装等。一般由主标志（通常包括图形以及代表买方或卖方的英文字母）、目的港标志及箱号组成。例如：

ABC
NEW YORK via PANAMA
NO.1/20

如果信用证有规定的唛头，必须按规定制唛；如果没有规定，出口商可自行设计唛头，或以"NO MARK"字样代替，绝不能没有唛头这一栏。另外，发票上的唛头应和提单、装箱单上的唛头一致。

（2）包装件数、包装种类及货物描述。此栏一般包括货名、品质、规格及包装。UCP600第18条规定，商业发票中的货物描述必须和信用证显示的内容相符。所以，要特别注意发票上的货物名称和规格必须完全符合信用证的描述，甚至一个字母也不能差。即使信用证规定的品名有错字、漏字或中英文不符，在没修改或虽已通知修改但没收到修改通知书时，也只能照打，可以在后面用括号注上正确的写法，这一规定适用于非原则性差错。如信用证上商品名称为"Mountainn"（应为Mountain），则发票上可以打为"Mountainn（Mountain）"。

如果信用证上所列的商品较多，又冠有统称，制作发票时在具体品名上可按来证打上统称。若来证只列出具体品名，没有统称，则发票上只打具体品名，不加统称。

发票上必须表明包装种类及件数。包装种类完全按进口商或信用证要求填制，如要求木箱或纸箱装，若实际的包装是纸箱，则填写纸箱；如要求适合海运的纸箱，则必须填写适合海运的纸箱，不能只写纸箱。包装件数上，凡经包装装运的货物如没有装箱单或重量单，则发票上最好有包装件数条款；若有装箱单或重量单，发票上可不再反映包装件数和重量，如要反映，注明包装件数及总重量即可。

（3）数量。数量包括实际装运数量和计价单位。发票必须反映实际装运数量，并与其他单据一致。信用证规定中有溢短装条款的，货物数量可在信用证规定的范围内变动。当信用证没有明确规定数量增减幅度的，根据惯例，以"把""个""件""套""辆"等计数的货物不能有任何的增减；散装货或以度量衡计量的货物，如"吨""升""米""码"等，可增减货物数量的5%；如果信用证中有"约""大概"等类似词语，可增减货物数量的10%。

（4）单价和总金额。单价包括计价货币、计价单位、单位数额和价格术语四部分。例如，USD 22.50 Per Piece CIF LONDON。

发票总金额通常是可收取的价款，是单价和数量的乘积，一般用大小写同时表示，二者应一致，且一般不超过信用证规定的总金额。UCP600第18条规定，银行可接受金额超过信用证允许金额的商业发票。

（5）细节条款或特殊条款。如果信用证有其他规定或特殊要求，出口商必须加注相应内容以反映这些规定或要求，一般加注在发票货物描述下面。如信用证要求发票上注明订单号、进口许可证号或要求出口商注明产地等。

3）结文部分

（1）签章。根据UCP600第18条规定，发票无须签字。实务中，一般在发票右下角加盖出票人的签章。但信用证如果要求"SIGNED INVOICE"时，发票必须签字；当要求"MANUALLY SIGNED INVOICE"时，发票必须手签。

（2）E.& O.E.字样。发票下端通常印有"E.& O.E.",即"有错当查",是"errors and omissions excepted"的缩写,它是发货人的事先声明,表示万一发票有误,可以更正。如果细节条款或特殊条款中要求注明发票内容真实、正确,必须将"E.& O.E."画掉,并加注"We hereby certify that the contents of invoice herein are true and correct"。

（3）发票份数。如果信用证分正副本,则所有正本发票应盖"ORIGINAL"字样。商业发票样本见表10-2。

表 10-2　商业发票样本

上海信达进出口有限公司
SHANGHAI XINDA IMPORT & EXPORT CO., LTD
10 ZHONGSHAN ROAD, SHANGHAI ,CHINA
TEL：　　　　　　　　FAX：

商业发票
COMMERCIAL　　INVOICE

TO:　　　　　　　　　　　　　　　　　　INVOICE NO.:
　　　　　　　　　　　　　　　　　　　　INVOICE DATE:

FROM:　　　　　　　　TO:

MARKS & NOS.	NUMBER AND KIND OF PACKAGE DESCRIPTION OF GOODS	QUANTITY	UNIT PRICE	AMOUNT

TOTAL:

10.4.2　运输单据

运输单据是证明货物运载情况的单据,是承运人签发给托运人的证明文件。按照运输方式不同,可分为海洋运输单据、航空运单、铁路运单、公路运单、邮政收据、多式联运单据等。在所有的运输方式中,海洋运输使用最广泛,所以主要介绍海洋运输单据。

海洋运输单据是货物经海洋运输时,承运人签发给托运人的表明货物已装上船或已接受监管的证明文件。承运人可以签发海运提单,也可以签发海运单据。

海运提单简称为"提单",是由承运人或其代理人签发给托运人的,表明托运的货物已收到或已装上船并将经海洋运输运至目的地交给持有提单的收货人的物权凭证。而海运单据,又称为"不可转让海运单据"(non-negotiable seaway bill),简称"海运单",也是承运人或其代理人签发给托运人的,表明货物将由海洋运输至目的地并保证将货物交给单据所载明的收货人的一种不可流通的单据。由于使用海运提单中,承运人将货物交给提单持有人,所以,只要提单背书转让程序完备,任何持有提单的人都可提货,这表明提单不仅是物权凭证,还具有可转让性质。在使用海运单中,承运人不凭单交货而凭单上载明的收货人的身份或收货凭条交货,只要收货人能证明其为运单上指定的收货人即可提货,所以,海运单不是物权凭证，也不可转让。

海运单是近年来新兴的一种海洋运输单据，可以减少假单据的使用，还可以及时提货，但由于出现的时间短，尚未纳入国际法的范畴，对持有人的利益无法保障，所以目前应用还不太广泛。从全球范围看，使用最广泛的海洋运输单据还是提单。提单在国际结算中，主要有三方面的作用：是证明货物已由承运人监管或已装船的货物收据；是海上货物运输合同的证明；是承运人凭以交付货物的物权凭证。

1. 海运提单的内容

海运提单是由船运公司自行设计的，所以不同的船运公司出具的提单内容、格式不尽相同。但由于都具有物权凭证的性质，所以主要内容趋于一致。完整的提单包括正面和背面的两部分内容。

提单正面主要是关于商品装运情况的记载，一般主要包括以下项目：①托运人名称和地址；②收货人名称和地址；③被通知人名称和地址；④提单号码；⑤船名及航次；⑥装运港和目的港；⑦货物名称、运输标志、包装和件数、重量和体积；⑧提单签发日期、地点及全套正本提单份数；⑨运费交付情况；⑩承运人或代理人签字。实践中提单正面还有一些印就的条款，如装船条款、内容不知悉条款、承诺条款以及签署条款等。提单背面一般是印就的运输条款，用来规定承运人的义务、权利和责任的豁免，是承运人和托运人之间的契约。

2. 海运提单的制作

（1）托运人（shipper）。托运人是委托运输的当事人，一般指出口商，在信用证项下即为信用证的受益人。如果信用证规定托运人为受益人之外的第三者，例如请货代公司做托运人，此时此栏应填写货代公司的名称与地址，这种提单称为第三者提单，UCP600 中规定银行可以接受第三者提单。

（2）收货人（consignee）。收货人又称提单抬头，有三种填法：记名抬头、指示抬头和来人抬头。记名抬头和来人抬头的提单由于风险较大，在国际贸易中很少使用。指示抬头的提单可以通过背书转让，风险较小，使用很广泛，指示抬头一般写成"TO ORDER"或"TO THE ORDER OF ×××"，前者由发货人背书，后者由指定的×××背书，不能做成收货人指示抬头，以免过早地转移物权。

（3）被通知人（notify party）。被通知人指货物到达目的港后，承运人发送"到货通知"的对象，一般是进口商或其代理人。要按照信用证的规定填写，如果信用证指定了被通知人，则应写清楚被通知人的名称和地址；如果信用证没有规定被通知人，则提单正本不必填写，但副本上必须填明进口商的名称及地址，以便承运人发送"到货通知"。

（4）提单号（B/L No.）。提单上必须注明提单编号，没有编号的提单是无效的，提单号一般位于提单右上角。

（5）船名及航次（ocean vessel Voy. NO.）。按照所装船舶的实际情况填写。如果是直达船，直接填写实际装运的船名、航次；如果中途转船，则只填写第一程船名及航次。

（6）装运港和卸货港（port of loading，port of discharge）。填写实际装运港口和卸货港口的名称。如果信用证中没有规定具体港口，只笼统规定装运港为"中国港口"，则制单时不能直接填写"中国港口"，应填写实际的装运港名称，例如"宁波 中国"。同样，卸货港也不能写笼统名称，要按照信用证的要求填写具体的卸货港口名称，如果有重名，还应加注国名。

（7）运输标志（marks & numbers）。此栏填写唛头，应和发票上的唛头完全一致。

（8）包装件数、种类和货物描述（number and kind of packages，description of goods）。如果为包装货，应按照实际包装情况填写包装数量及种类，如"200 纸箱""100 桶"等，不可笼统填为件；如果为裸装货，则必须填写件数；如果货物包装单位不止一种，要分别表示并加总；如果为散装货物，则填写"IN BULK"。前三种情况下，要加注大写数量，而后一种大写数量可不填。货物描述应和发票等单据一致，可使用统称，但不得与发票的商品名称有抵触。

（9）毛重和尺码（gross weight and measurement）。应注明总毛重和总体积。毛重一般以公吨、千克计算，体积以立方米计算。如果是散装货，没有毛重只有净重，应在净重前加注"NET WEIGHT"或"N.W."。

（10）运费和费用（freight and charges）。一般不填写具体的运费数额，而按照发票中的不同贸易术语填写"运费预付""运费到付"等。

（11）正本提单份数[number of original B（s）L]。跟其他单据不同，提单可以同时有几份正本，且每份正本提单的效力是相同的。但是，如果已经凭其中一份提货，则其余数份立即失效。所以，在签发提单时，要根据信用证的要求标明正本提单的份数，且分别用大小写数字同时表示。

（12）签发地点和日期（place and date of issue）。签发地点即为装运地，签发日期除备运提单外，都是装船完毕日期，而不是接收货物开始装船的日期。签发日期不能迟于信用证规定的装船日期。

（13）签署（signed）。根据 UCP600 第 20 条规定，提单必须显示承运人名称并由下列人员签署：承运人或承运人的具名代理或代表，或船长或船长的具名代理或代表。承运人、船长或代理的任何签字必须分别表明其承运人、船长或代理的身份。代理的签字必须显示其是否作为承运人或船长的代理或代表签署提单。

此外《关于审核跟单信用证项下单据的国际标准银行实务》（ISBP）规定，正本提单必须按 UCP600 第 20（a）(i) 条规定的方式签署，并表明承运人名称及其承运人身份。如果由代理人代表承运人签署，则签字处必须注明其代理人身份，并注明被代理人，除非提单其他地方已表明承运人；如果由船长签署，则必须注明为船长的签字，而不用注明船长的姓名；如果由代理人代表船长签署，则必须注明其代理人的身份，而不必注明船长的姓名（ISBP94）。如果信用证规定"货代提单可接受"或使用了类似用语，则提单可由货运代理人以该身份签署，而无须注明其为承运人或具名承运人的代理人。在此情况下，不必显示承运人名称（ISBP95）。提单样本见表 10-3。

表 10-3　提　单　样　本

SHIPPER		B/L NO.：
CONSIGNEE		中国远洋运输（集团）总公司 **CHINA OCEAN SHIPPING （GROUP）CO.**
NOTIFY PARTY		TLX： FAX：
PRE-CARRIAGE BY	PLACE OF RECEIPT	BILL OF LADING ORIGINAL
OCEAN VESSEL VOY NO.	PORT OF LOADING	
PORT OF DISCHARGE	PLACE OF DELIVERY	FINAL DESTINATION

MARKS & NUMBERS. CONTAINER /SEAL NO.	KIND OF PACKAGES; DESCRIPTION OF GOODS	GROSS WEIGHT KGS	MEASUREMENT

TOTAL NUMBER OF CONTAINERS OR PACKAGES（IN WORDS）：

FREIGHT & CHARGES	REVENUE TONS	RATE	PER	PREPAID	COLLECT
EX RATE	PREPAID AT	PAYABLE AT		PLACE AND DATE OF ISSUE	
	TOTAL PREPAID	NO.OF ORIGINAL B(S) /L		SIGNED FOR THE CARRIER	

LADEN ON BOARD THE VESSEL
DATE　　　　BY

3．其他运输单据

除了使用最广泛的海洋运输外，在国际贸易中还有其他的一些运输方式，例如，航空运输、铁路运输、公路运输、邮包运输、多式联合运输等。相应地，在国际贸易结算中就会用到航空运单、铁路运单、公路运单、邮包收据、快邮收据、多式运输单据等运输单据，其中有些运输单据的重要性在日益增强。

1）航空运单

航空运单（airway bill）是采用航空运输方式时，航空公司在收到货物后签发给托运人的货物收据，也是航空公司和托运人之间的运输契约。但与海运提单不同的是，它不具有物权凭证的性质，因此收货人不能凭运单提货，而是凭航空公司的提货通知提货；此外，它也不能背书转让，也不能做成指示抬头。

2）铁路运单

铁路运单（railway bill）是采用铁路运输方式时签发的一种单据，它是由铁路运输承运人签发给发货人的货运单据。铁路运单一律以目的地收货人作为记名抬头，不是物权凭证。铁路运输分为国际铁路联运和国内铁路运输两种方式，前者使用国际铁路联运运单，后者使用国内铁路运单。当通过铁路对港澳地区出口货物时，由于国内铁路运单不能作为对外结汇的凭证，所以我国内地出口港澳签发的是"承运货物收据"。

"承运货物收据"既是承运人出具的货物收据，也是承运人与托运人之间的运输契约，同时也具有物权凭证的性质，收货人可凭此单据提货。我国内地通过铁路出口到港澳地区的货物，一般委托中国对外贸易运输公司承运，并签发承运货物收据给托运人，作为对外办理结汇的凭证。

3）公路运单

公路运单（roadway bill）是采用公路运输方式时，由公路运输部门签发给托运人的货运单据。国际贸易中的公路运输一般只用于与出口国有公路相连的周边邻国。公路运单既是货物收据也是运输合同，但不是物权凭证，不能转让，只能做成记名抬头，货物到达目的地后承运人通知运单抬头人提货。

4）邮包收据和快邮收据

邮包收据和快邮收据（parcel post receipt and courier receipt）是采用邮包运输方式时，由邮局或快递公司出具的货物收据或邮寄证明。和航空运单、铁路运单、公路运单一样，邮包收据和快邮收据不具有物权凭证的性质，不能做成指示抬头，不能转让，只能做成记名抬头，由记名的收件人凭身份领取。

5）多式联运单据

多式联运单据（multimodal transport document）是采用多式联运方式时签发的一种运输单据。多式联运是随集装箱运输的推广而发展起来的一种综合运输方式。它是以集装箱运输为媒介，把海洋运输、铁路运输、公路运输以及航空运输等单一运输方式有机结合起来共同完成某项运输任务的连贯运输方式。简单说，只要包括两种以上运输方式的国际运输就是多式联运，而不一定非要包括海运。

多式联运单据有以下几方面特点：①适用于至少有两种不同运输方式的运输，可以是海运和其他运输方式的联运，也可以是不包括海运，仅由其他方式组成的联运；②签发人称为联运经营人，一般不掌握运输工具，全程运输均安排他人承担；③联运经营人签发包括全程运输在内的单据，并对全程货物的灭失与损坏负责；④具有货物收据和运输合同证明的作用，但不一定是物权凭证，当单据为来人抬头或指示抬头时，是物权凭证，可转让。

10.4.3 保险单据

国际货物运输由于运输距离长、环节多、环境复杂多变，货物难免会出险，所以大多数国际贸易货物要上保险。保险单据就是保险公司或保险商承保后出具的证明文件。它既是投保人和保险人的保险合同或保险合同的证明，又是出险后货主索赔的依据，在CIF、CIP等价格术语下，还是出口商议付的单据之一。

1. 保险单据的种类

（1）保险单（insurance policy）。保险单俗称"大保单"，它是一种正式保单，使用最广泛。保险单除正面载明被保险人（投保人）的名称、被保险货物（标的物）的名称、数量或重量、唛头、运输工具、保险的起讫地点、承保险别、保险金额、出单日期等项目外，还在背面列有保险人的责任范围，以及保险人与被保险人各自的权利、义务等方面的详细条款，它是完整且具有独立效力的保险单据。在实际业务中，我们看到保单背面有印就的保险条款的，就是这种保险单。

（2）保险凭证（insurance certificate）。保险凭证俗称"小保单"，是一种简化的保险单据。它只有保险单正面的基本内容，没有保险单背面的保险条款，因此不是完整而独立的文件。

（3）联合凭证（combined insurance certificate）。联合凭证又称"联合发票"，是一种更为简化的保险单据。一般由保险公司在出口商提交的商业发票上以加盖印戳的方式注明保险编号、承保险别、保险金额、装载船只、开船日期等主要内容，并正式签章，而不再出具单独的保险单据。这种单据具有与保险单相同的效力，但不能转让，使其应用受到限制。

（4）暂保单（cover note）。暂保单是保险人未发行正式保险单之前，证明其承诺保险责任的一种临时单据。

（5）预约保险单（open policy）。它是一种长期性的货物保险合同，指以预约的方式，由保险人自动承保被保险人一定时期所出运的一切货物，而发给的一项总括性的保险单。保险单上载明被保险货物的范围、险别、保险费率、每批运输货物的最高保险金额以及保险费的结付、赔款处理等项目，凡属于此保险单范围内的进出口货物，一经起运，即自动按保险单所列条件承保。但被保险人在每批被保险货物起运时，应立即将货物装船详细情况包括货物名称、数量、保险金额、运输工具种类和名称、航程起讫地点、开船日期等情况通知保险人，以便保险人承担保险责任。

一般来说，如果信用证要求提供保险单，不能提交保险凭证或预约保险项下的保险证明书或声明书；但反之可以。UCP600第28条规定，可以接受保险单代替预约保险项下的保险证明书或声明书；暂保单将不被接受。

2. 保险单据的内容及制作

我们以中国人民保险公司的货物运输保险单正面内容为例进行说明。

（1）被保险人（insured）。如信用证和合同无特别规定，此栏一般填信用证的受益人，即出口商名称。

（2）标记（marks & Nos.）、包装及数量（quantity）、被保险货物描述（description of goods）。此处与发票和提单上一致。

（3）保险金额（amount insured）。保险金额为被保险的货物发生损失时，保险公司给予的最高赔偿限额。此处要填写小写金额，且保险货币应与信用证一致。保险金额应严格按照信用证和合同上的要求填制，如信用证和合同无明确规定，投保金额须至少为货物的CIF或CIP价格的110%。如果价格包括佣金和折扣的，应扣除后再加成投保。

（4）总保险金额（total amount insured）。此处填写大写保险金额，与前面小写金额要一致。

（5）保费（premium）和费率（rate）。此处一般由保险公司事先印就"按约定"（as arranged）。

（6）起运日期（date of commencement）、装载运输工具（per conveyance）、起讫地点（from...to...）。此处参照提单即可。

保险单样本见表10-4。

表10-4 保险单样本

PICC 中国人民保险公司上海分公司
THE PEOPLE'S INSURANCE COMPANY OF CHINA
SHANGHAI BRANCH

总公司设于北京　　　　　一九四九年创立
Head Office：BEIJING　　　　Established in 1949

保　　险　　单　　　　　保险单次号
INSURANCE POLICY　　　　POLICY NO.：

中国人民保险公司(以下简称本公司)根据被保险人的要求,由被保险人向本公司缴付约定的保险费,本公司按照本保险单承保险别和背面所载条款与下列特款承保下述货物运输保险,特立本保险单。

THE POLICY OF INSURANCE WITNESSES THAT THE PEOPLE'S INSURANCE COMPANY OF CHINA (HEREINAFTER CALLED "THE COMPANY") AT THE REQUEST OF THE INSURED AND IN CONSIDERATION OF THE AGREED PREMIUM PAID TO THE COMPANY BY THE INSURED UNDERTAKES TO INSURE THE UNDERMENTIONED GOODS IN TRANSPORTATION SUBJECT TO THE CONDITIONS OF THIS POLICY, AS PER THE CLAUSES PRINTED OVERLEAF AND OTHER SPECIAL CLAUSES ATTACHED HEREON

标　　记 MARKS & NOS	包装与数量 QUANTITY	被保险货物项目 DESCRIPTION OF GOODS	保险金额 AMOUNT INSURED

总保险金额：
TOTAL AMOUNT INSURED：_____

保　　费　　　　　　　费　　率　　　　　　　装载运输工具
PERMIUM　AS ARRANGED　RATE　AS ARRANGED　　PER
CONVEYANCE_____
开航日期　　　　　　　　　　　　　　　　　　　　　　自
至 DATE OF COMMENCEMENT.　AS PER BILL OF LADING　FROM_____
TO_____
承保险别
CONDITIONS_____

所保货物,如发生保险单项下可能引起索赔的损失或损坏,应立即通知本公司下述代理人查勘。如有索赔,应向本公司提交保单正本(本保单共有份正本)及有关文件。如一份正本已用于索赔,其余正本自动失效。

IN THE EVENT OF LOSS OR DAMAGE WHICH MAY RESULT IN A CLAIM UNDER THIS POLICY, IMMEDIATE NOTICE MUST BE GIVEN TO THE COMPANY'S AGENT AS MENTIONED HEREUNDER. CLAIMS,IF ANY,ONE OF THE ORIGINAL POLICY WHICH HAS BEEN ISSUED IN TOGETHER WITH THE RELEVENT DOCUMENTS SHALL BE SURRENDERED TO THE COMPANY.IF ONE OF THE ORIGINAL POLICY HAS BEEN ACCOMPLISHED,THE OTHERS TO BE VOID.

中国人民保险公司上海分公司
THE PEOPLE'S INSURANCE CO. OF CHINA SHANGHAI BRANCH

赔款偿付地点
CLAIM　　　　PAYABLE　　　　　AT/IN
日期
DATE
SHANGHAI 上海

（7）承保险别（conditions）。此处应根据信用证或合同中的保险条款要求填制。

（8）赔付地点（claim payable at…）。此处应按照信用证或合同规定填制，如无具体规定，一般将目的港（地）作为赔付地点。

（9）日期（date）。此处填写保险单的签发日期。UCP600第28条规定，保险单据的签发日期不得晚于发运日期，除非保险单据表明保险责任不迟于发运日生效。

（10）盖章和签字（seal and signature）。UCP600第28条规定，保险单据，例如保险单或预约保险项下的保险证明书或声明书，必须由保险公司或承保人或其代理人或代表出具并签署。代理人或代表的签字必须标明其系代表保险公司或承保人签字。

（11）份数。要标明正本份数，按信用证要求提交合适的份数。UCP600第28条规定，如果保险单据表明其以多份正本出具，所有正本均须提交。

（12）其他：发票号（invoice No.）、合同号（contract No.）、信用证号（L/C No.）、保单号次（policy No.）。都要按相应号码填制。

国际结算中，除商业发票、运输单据、保险单据等基本单据外，往往还需要出口商提供一些其他的单据，这些单据是进口商根据进口地当局的规定或货物的不同特点等要求出口商特别提供的，我们称之为附属单据，如海关发票、领事发票、产地证、卫生证书、包装单、重量单、尺码单、检验证等。

在实务中，附属单据处于次要地位，有的使用也比较少，但对于出口商来说也不能轻视。只要L/C或进口商要求的单据，不管是主要的还是次要的，都应该认真缮制。因为任何细小的不符点，都有可能对安全收汇造成不利的影响。

10.5 区块链技术应用

2020年5月，中国宝武钢铁集团宣布，下属上市公司宝钢股份与澳大利亚力拓集团通过区块链技术完成一笔总值逾1亿元的人民币跨境结算。

在此之前，宝钢股份已经在2020年1月和4月分别与另外两家矿山公司——淡水河谷、必和必拓完成了首单人民币跨境结算。至此，中国宝武集团与全球三大铁矿石供应商之间均已进行了铁矿石交易的人民币跨境结算尝试。

值得关注的还有，宝武集团的此次人民币结算，首次引进了区块链技术，这也是首单基于区块链技术的人民币跨境结算。此次结算采用的是基于"非对称加密技术"的区块链技术。这样做带来的好处是显而易见的：能够显著提高效率，对于国际贸易中很重要的银行信用证单据，以及线下的银行流程等，需要5~10天的处理周期，而现在实现了全程线上，24小时内即可完成。

此次交易，渣打银行通过区块链贸易融资平台康拓（Contour）开出全球首张以离岸人民币计价结算的跨国区块链信用证。这其中，渣打银行是宝钢方面的开证行（为进口方开立信用证的银行），星展银行是力拓方面的通知行（核对信用证印鉴或密押无误并通知出口方的银行)。

康拓是一家基于区块链的贸易开放平台。该平台于2018年,由荷兰商业银行、汇丰银行、法国巴黎银行、渣打银行等7家外资银行在新加坡联合发起设立,渣打银行正是该平台的创始银行之一。康拓平台基于R3联盟Corda区块链开放平台,目标在于提升跨国银行间国际支付,尤其是信用证业务的效率,将诸如信用证的创建、交换、批准和签发等全球贸易流程数字化。康拓平台将信用证业务流程处理时间由原来银行业平均水平的10天减到了24小时以内。迄今为止,已经有超过50家跨国银行和企业参与康拓平台。

由于区块链技术特性和跨境支付清算的场景要求较为匹配,因此在未来一定会大规模运用于跨境结算。但是由于这是一个相对底层的技术变革,因此会存在改造周期,将逐步替代旧系统。从全球来看,目前使用区块链系统进行国际贸易跨境结算的规模还比较小,尚未大规模应用,仍处于方兴未艾的探索性阶段,但是正在引起越来越多金融机构和贸易企业的关注,有爆发的趋势。

将区块链应用于跨境结算,也得到了国际一些银行机构的认可。例如,富国银行高管就曾在2019年表示,利用区块链进行跨境资金转账比SWIFT系统更为快捷、高效。

本次基于区块链技术的交易是铁矿国际贸易领域首次以人民币结算的全流程无纸化交易,是一次重要的离岸人民币跨境电子结算尝试,未来很可能会有更多行业的国际贸易基于区块链系统实现跨境结算。

名词术语

汇票　托收　信用证　商业发票　提单　跨境支付

思考题

1. 作为出口商如何防范托收风险?
2. 简述信用证的含义、性质特点和基本业务流程。
3. 什么是备用信用证,它与跟单信用证有什么区别?
4. 国际结算的基本单据有哪些?
5. 举例分析跨境支付中使用区块链技术将有哪些优势。
6. 出口商于2014年9月10日开出跟单汇票,9月17日代收行收到汇票当天向进口商提示,请问:在D/P即期,D/P 30天,D/A 30天的情况下,汇票的提示日、承兑日、付款日和货运单据的提交日分别是哪一天?
7. 合同规定WHITE SNOW牌衬衫,信用证开为SNOW牌,但受益人产品仍是WHITE SNOW牌,受益人按WHITE SNOW牌制单,开证行拒付。受益人能以产品符合合同要求而对拒付进行抗辩吗?

即测即练

自学自测　扫描此码

第 11 章 货物检验与争议处理

本章学习目标：

1. 掌握商品检验条款的相关内容；
2. 明确贸易争议的发生原因及相关条款；
3. 掌握不可抗力的特征及运用条件；
4. 掌握仲裁与仲裁协议的含义；
5. 了解仲裁机构与仲裁程序。

引导案例

区块链技术实现商品防伪追溯 让购物变得更加安心

2018 年 5 月初，京东全球购溯源检查官带领公开招募的消费者用户远赴澳大利亚，进行为期 5 天的"澳洲溯源之旅"，对全球消费者熟知的包括茱莉蔻在内的几大国际品牌原料种植区、生产现场、仓储物流等进行溯源检查。

茱莉蔻是全球唯一一家从植物种植到产品研发以及生产加工一条龙的纯天然护肤品生产企业，其植物庄园地处澳大利亚南部的阿德莱德。阿德莱德被称为"全世界最宜居的城市"之一，而茱莉蔻产品有 95%以上的原料都种植于阿德莱德山冈的 Mylor 活机农场。茱莉蔻一直坚持应用"活机耕作法"栽种植物及花卉，培植了金盏花、薰衣草、洋甘菊、药蜀葵、迷迭香等 50 多种珍贵的植物，在确保产品原料的天然及安全基础上，从中提取精华研发成品。此外，农场里整个播种到收割全程均由人工执行，最大化保有植物的纯净自然力，让消费者享受零污染的产品。因此，茱莉蔻产品也被称为"世界上最天然纯正的护肤品"。

海淘产品出厂后，京东区块链防伪追溯解决方案将为其品质证言，一系列的流程节点均能实现"全程溯源"，包括进入海外仓、出口报关、国际物流、进入保税仓或直邮至中国海关口岸报单清关、国内分拣、京东自有物流配送、消费者签收等。消费者下单后扫码就可以看到全程商品流通信息，让购物变得更加安心。

茱莉蔻产品目前就正在推进和使用京东区块链防伪追溯技术，均按照统一的编码机制，为每件最小包装产品赋予唯一身份证，记录从原材料采购到售后的全生命周期闭环中每个环节的重要数据。

"溯源检查制度"是京东全球购在 2018 年 4 月宣布推行的品质保障升级举措之一。继美国、澳大利亚之后,京东全球购还将前往更多国外知名品牌的所在国进行溯源检查,朝着"全球顶级好物最全、最保真跨境电商平台"的目标继续前行。

阅读以上案例,思考:区块链防伪追溯技术如何保障跨境电商进口商品质量?

11.1 货物检验

11.1.1 货物检验的含义

货物检验(inspection of the goods)又称商品检验(commodity inspection),指的是在国际商品贸易过程中,由商品检验机构对卖方交付的货物或拟予交付的货物进行品质、规格、数量、卫生指标、安全性能、残损情况和包装等方面的检验、鉴定等工作。

在国际贸易中,买卖双方身处两地,距离非常遥远,货物在长途运输过程中难免会发生残损、短少甚至灭失。一旦出现上述问题,就会涉及各部门的责任,如发货人、运输部门、装卸部门、保险公司等。为了避免争议的发生以及在争议发生后能够得到妥善的处理,就需要一个公正的第三方,即检验检疫机构对货物进行检验、检疫,并出具证明以维护各方的合法权益。因此货物检验是确定卖方交货是否符合合同规定和法律要求的必不可少的环节,同时也是确定货物残损责任承担者的途径。

进出口商品检验工作,在一国对外经济贸易活动中具有重要地位。在我国,它是商检机构对进出口商品依法进行质量管理、维护出口商品信誉、保证进口商品质量、保障对外经济贸易相关当事人合法权益的重要措施。

11.1.2 货物检验权

1. 买方检验权

市场经济条件下的交易意味着产权的转移,买方作为付款方应该享有检验自己所购买货物的权利。国际货物买卖双方在交接货物过程中,通常要经过交付(delivery)、检验或查看(inspection or examination)、接受或拒收(acceptance or rejection)三个环节。在长期的国际贸易实践中,对于货物的检验或查看、货物的接受或拒收方面已经形成了一些惯例,有些国家还进一步用法律形式加以规范化。

按照一般法律规则,"接受货物"(acceptance of the goods)是指买方收到货物后,经检验认为货物符合合同的规定,而同意接纳货物;"接收货物"(receipt of the goods)是指买方已经收到货物,但尚未决定接受货物,如果它收到货物后经检验,认为与买卖合同的规定不符,它可以拒收;如果未经检验就接受了货物,即使事后发现货物存在问题,也不能再行使拒收货物的权利,对此相关贸易惯例或各国法律都有明确规定。

国际上一般都承认买方在接受货物之前，有权检验货物，甚至以检验货物作为买方付款的前提条件。《联合国国际货物销售合同公约》第 36 条第一款规定："卖方应按照本公约的规定，对风险转移到买方时所存在的任何不符合同情形负有责任，即使这种不符合同情形在该时间后才开始显现。"第 38 条还规定："（1）买方必须在按情况实际可行的最短时间内检验货物或由他人检验货物。（2）如果合同涉及货物的运输，检验可推迟到货物到达目的地后进行。（3）如果货物在运输途中改运或买方需要再发运货物，没有合理机会加以检验，而卖方在订立合同时已经知道或理应知道这种改运或再发运的可能性，检验可以推迟到货物到达新目的地后进行。"由此可见，《联合国国际货物销售合同公约》不仅明确规定了卖方对货物负有责任的具体界限，即凡是货物不符合合同的情形于风险转移到买方的时候就已经存在的，应由卖方负责，而且还规定了买方对货物有检验的权利。

我国法律也规定了买方对所收到的货物具有检验权，《中华人民共和国民法典》（以下简称《民法典》）第三编合同第 620 条规定，买受人收到标的物时应当在约定的检验期限内检验，没有约定检验期限的，应当及时检验。第 621 条规定，当事人约定检验期限的，买受人应当在检验期限内将标的物的数量或者质量不符合约定的情形通知出卖人。买受人怠于通知的，视为标的物的数量或者质量符合约定；当事人没有约定检验期限的，买受人应当在发现或者应当发现标的物的数量或者质量不符合约定的合理期限内通知出卖人。

2. 法定检验权

除了买方具有对货物的检验权外，国家相关部门对于部分货物拥有法定检验权。这是因为商品的检验检疫不仅直接关系到买卖双方在货物交接方面的权利和义务，还关系到一个国家的生态环境、人民的健康和动植物的安全，各国法律法规和国际公约都对法定检验权做了明确规定。

在我国，这些法律法规可以概括为"四法三条例"，具体包括：《中华人民共和国进出口商品检验法》《中华人民共和国进出境动植物检疫法》《中华人民共和国国境卫生检疫法》《中华人民共和国食品安全法》《中华人民共和国进出口商品检验法实施条例》《中华人民共和国进出境动植物检疫法实施条例》《中华人民共和国国境卫生检疫法实施细则》。2002 年修订后的《中华人民共和国进出口商品检验法》第 5 条规定："列入目录（《必须实施检验的进出口商品目录》）的进出口商品，由商检机构实施检验。前款规定的进口商品未经检验的，不准销售、使用；前款规定的出口商品未经检验合格的，不准出口。"

11.1.3 商品检验的时间和地点

如上所述，虽然大多数国家的法律及相关国际公约都规定了买卖双方在货物交接过程中对货物检验的权利与义务，但对于买卖双方应该何时何地进行检验，各国法律并无统一规定。然而检验的时间和地点关系着买卖双方的切身利益，因此为了明确责任，买卖双方通常都在买卖合同中就如何行使检验权的问题作出明确规定，其中的核心就是检验的时间和地点。而检验的时间和地点通常又与合同中使用的贸易术语、商品的特性、使用的包装方式、当事人所在国家的法律法规等相关。在国际货物买卖合同中，关于检验的时间和地点的规定，基本做法有以下三种。

1. 在出口国检验

这种做法可分为在产地检验和装运前或装运时在装运港（地）检验。

1）产地检验

产地检验，即在货物离开生产地点（如工厂、农场或矿山等）之前，由相关当事人或委托人对货物进行检验或验收。在货物离开产地之前进行检验或验收为止的责任，由卖方承担。对于质量要求较严、又容易出现纰漏的商品，由买方亲自检验合格以后再发货比较妥当。这样对于卖方，可以避免日后因为质量问题引发的争议和索赔；对于买方，在很大程度上避免了假冒伪劣的可能性。现实中采用这种方法多是由于购买的产品较为复杂，发生短损难以断定，或者调换产品/部件较为烦琐，买卖双方在产品运离产地前就进行检验可以保障交易的顺利进行。

2）装运前或装运时在装运港（地）检验

此种检验以离岸品质、离岸重量（shipping quality and shipping weight）为准。卖方对货物到达目的地后的品质和重量（数量）原则上不承担责任，只要装船前检验合格，说明卖方已按照合同规定交货，买方原则上一般不得根据到货时的品质或数量与离岸时不符而提出异议或索赔。除非买方能够证明货物到达目的地时变质或缺损是由于卖方没有严格履行合同规定货物的品质、数量或包装等义务，或是由于货物在装船时由一般检验无法发现的瑕疵引起的。这种做法一般意味着买方无复验权。

2. 在进口国检验

在进口国检验指的是货物运抵目的港（地）卸货后检验，或在买方营业处所或最终用户所在地检验。

1）目的港（地）卸货后检验

该检验以到岸品质、到岸重量（landed quality and landed weight）为准。据此规定，在货物运抵目的港卸货后一定时间内，由双方约定的目的港的检验机构进行检验，该机构出具的检验证书作为决定交付货物的质量、重量或数量的依据。如检验证书证明货物与合同规定的不符系卖方责任，卖方应该承担责任。

2）在买方营业处所或最终用户所在地检验

这一做法是将检验延伸到货物运抵买方营业处所或最终用户所在地的一定时间内进行，并以双方约定的检验机构的检验结果作为交货数量和质量的依据。这种做法主要适用于那些需要安装调试进行检验的成套设备、机电仪器或在口岸开箱检验后难以恢复包装的商品。

3. 出口国检验、进口国复检

这种做法是货物装船前进行检验，以装运港商检机构出具的检验证书作为卖方议付货款的单据之一；货到目的港后，买方有权复验，以目的港商检机构出具的证书作为卖方向有关当事人对货损、货差提出异议和索赔的依据。国际贸易货物需要经过长途运输，其品质、数量或重量在运输过程中难免会发生变化，装船时和到达时两次检验结果经常有差异。

出现这些差异的原因可能是多方面的：既可能是由于两地检验机构使用的标准或方法不同，也可能是由于运输包装或装卸不善，还可能是因为货物的自然损耗等。为了保证合同的顺利履行，尽量减少因两地检验结果不同而产生的纠纷，一般在检验条款中做如下规定：①凡是属于保险公司及承运人的责任，买方不得向卖方提出索赔，只能向相关责任方要求赔偿。②如两地检验结果的差距在一定范围内，则以出口国检验结果为准，如果超过一定范围，由双方协商解决，如没有解决则可以交由第三国检验机构进行仲裁性检验，或者规定超过范围部分由双方平均承担。

以上三种做法各有特点，前两种做法的特点是以当事人中的一方所提供检验证书为准，而第三种做法则对买卖双方来说都比较公平。它既承认了卖方所提供的检验证书为有效文件，作为交接货物和结算货款的依据之一，又让买方有复验权。因此这种做法在国际贸易中已经被广为接受，我国进出口贸易基本上都采用这一做法。

11.1.4 检验机构

凡是开展进出口贸易的国家或地区，一般都设有商品检验机构，这些机构作为公正的第三方出现，对进出口货物进行检验和鉴定，并出具真实、具有权威性的检验证书。按照机构设立性质的不同，各国商检机构可以分为以下几种。

1. 官方检验机构

如美国食品药品管理局、美国粮谷检验署、法国国家实验室检测中心、日本通商产业检验所等都是著名的官方商检机构。这类机构由政府设立，依据国家相关法律法规对部分进出口商品进行强制性检验、检疫和监督管理。

2. 半官方检验机构

该类机构并非政府设立，但得到政府的某方面授权，代表政府进行某种商品检验或某一方面的检验管理工作。如美国保险人实验室（Underwriter's Laboratory）等。

3. 非官方商检机构

非官方商检机构由私人或者社团开设，包括同业公会、协会开办的公证行、检验公司等。该类机构的背景、能力、技术、信誉各有不同，所以买卖双方有必要共同选定双方同意的检验机构，并在合同中订明，它的检验证明才能被双方接受。国际上较为知名、权威的民间商品检验机构有：英国劳合氏公证行（Lloyd's Surveyor）、香港天祥公证化验行、瑞士日内瓦通用鉴定公司等。

2018年3月17日，十三届全国人大一次会议审议通过了国务院机构改革方案，明确"将国家质量监督检验检疫总局的出入境检验检疫管理职责和队伍划入海关总署"。

11.1.5 检验证书的种类

检验检疫证书（certificate of inspection and quarantine）是商品检验检疫机构进行检验

检疫、鉴定后出具的证明文件，是国际商品贸易中的重要单据之一。商品检验检疫证书的种类很多，在实际进出口商品交易中，应在检验检疫条款中规定检验检疫证书的类别及其商品检验检疫的要求。商品进行检验的内容不同，商检机构出具证书的种类也就不同，在国际贸易中常见的商检证书有以下几种。

1. 品质检验证书

品质检验证书（inspection certificate of quality）是用以证明进出口商品品质、质量、规格、等级、成分、效能等实际情况的证书，是买卖双方交接货物、进口国通关和银行结汇的重要单据之一，有的证书还作为结算货款的依据。国外有时要求签发的规格证书和分析证书，实际上也属于品质检验证书。

2. 重量/数量检验证书

重量/数量检验证书（inspection certificate of weight or quantity）是用以证明进出口商品重量/数量的证明文件。对出口商品，该证书是对外交货、结算和银行结汇的依据，也是国内签发提单和国外报关征税的凭证，还可以作为计算运费、装卸费的计数证件；对进口商品，该证书也是对外进行重量/数量结算和发生短缺时对外办理索赔的依据。

3. 卫生检验证书或健康检验证书

卫生检验证书或健康检验证书（inspection certificate of health）是用以证明出口动物性产品、食品经过卫生检验或检疫合格的证书。该证书是买卖双方交接货物、银行结汇、进口国通关输入的重要证件，适用于肠衣、罐头、冻鱼、冻虾、食品、蛋品、乳制品、蜂蜜等商品。

4. 价值检验证书

价值检验证书（inspection certificate of value）是用以证明发货人发票上的进出口商品价值正确、属实的证明文件。根据国外买方的要求，由商检机构对国内卖方出具的发票上开列的商品名称、数量、单价和总值进行核实后签发。该证书是买卖双方交接货物、贸易结算和通关计税的证据。

5. 原产地证书

原产地证书（inspection certificate of origin）简称产地证，是用以证明出口商品原产地的证书。该证书是各国实行贸易管制、差别关税、进口配额制度和海关统计所必需的证件。我国规定，普通的产地证书（不包括普惠制原产地证书）由商检机构或中国国际贸易促进委员会签发。

6. 兽医检验证书

兽医检验证书（veterinary inspection certificate）是用以证明动物产品在出口前已经经过兽医检验检疫、符合检疫要求的证明文件。适用于冻畜肉、冻禽、禽畜罐头、冻兔、皮张、毛类、绒类、猪鬃、肠衣等出口商品，是买卖双方交接货物、银行结汇和进口国通关输入的重要文件。

7. 残损检验证书

残损检验证书（inspection certificate on damaged cargo）是用以证明进口商品残损情况、估算残损贬值程度、判定致损原因的证书，是买方向发货人、承运人或保险人等相关责任人索赔的有效证件。必要时，除签发证书外，还附残损照片或实物样品，作为证书的附件。

8. 消毒检验证书

消毒检验证书（inspection certificate of disinfection）是用以证明出口动物产品已经经过消毒处理，能保证卫生安全的证书。该证书适用于猪鬃、马尾、皮张、人发用品等商品。消毒检验证书的内容，有时列入品质检验证书和卫生检验证书中，不再另行签发消毒证书。

9. 船舱检验证书

船舱检验证书（inspection certificate on tank/hold）是用以证明承运出口商品的船舱清洁、牢固、冷藏效能及其他装运条件是否符合保护承载商品的数量和质量完整与安全要求的证书，该证书是承运人履行运输合同，以及有关方面进行货物交接和处理货损事故的依据。

10. 货载衡量检验证书

货载衡量检验证书（on cargo weight & measurement）简称衡量检验证书，是用以证明进出口商品的重量、体积吨位的证书，是计算运费和制定配载计划的重要依据。对进口商品，如国内收货人对运费有疑问，可向商检机构申请货载衡量检验。如经鉴定发现国外对运费计算有误，收货人可凭衡量证书向国外有关方面索赔。

11.1.6 商品检验条款

1. 商品检验条款包含的内容

国际商品买卖合同中的检验与检疫条款主要包括下列内容：检验的时间与地点、检验检疫机构、检验检疫证书、检验标准、复验的时间和地点、复验机构、索赔期限及复验费用承担等。

条款示例 11-1

商品检验检疫

双方同意以装运港××检验检疫机构签发的质量和重量检验证书作为双方交货依据。货物到达目的港后，买方有权复验，复验费由买方负担。但若发现质量/重量（数量）与合同规定不符，买方有权向卖方索赔，并提供经卖方同意的公证机构出具的检验报告。索赔期限为到达目的港后××天内。

It is mutually agreed that the Certificate of Quality and Weight issued by ×× inspection institution at the port of shipment shall be taken as the basis of delivery. The buyer has the right of re-inspection upon the arrival of goods at destination. The re-inspection fee should be borne by the buyer. In case of quality or quantity (weight) discrepancy, claim should be filed by the buyer supported by a survey report issued by a surveyor approved by the Seller within ×× days after the arrival of the cargo at the port of destination.

2. 规定商品检验条款应该注意的问题

在规定检验条款时，我们应该在平等互利原则的基础上，与对方协商订立商品检验条款，以有利于我国对外贸易的顺利发展。在订立商品检验条款时应注意以下问题。

1）检验条款应该与合同的其他条款一致

在检验条款中，规定检验时间和地点时，不能与使用的贸易术语相矛盾。例如，出口合同如果规定采用 CIF 贸易术语成交，卖方的责任是在装运港交货后，即可凭单据议付货款；这时合同中如果又规定了买方验货后才付款，就会导致贸易术语与检验条款发生冲突，检验条款的实质内容改变了合同的性质，使合同成为名不副实的 CIF 合同。

2）检验条款的规定应该切合实际

在签订合同规定检验条款时，不能接受国外商人提出的不合理的检验条件。不合理的检验条件往往会使我方履行合同时承受过大的成本，甚至无法履行检验条件的规定。

3）要明确规定复验的期限、地点和机构

如果规定买方有复验权，应对其复验的期限、地点和机构作出明确规定。复验的期限往往就是买方索赔期限，买方只有在规定的期限内行使其权利，索赔才有效，否则无效。因此我们应该根据货物性质、运输港口等情况决定适宜的复验期限、地点和机构。

4）应在检验条款中明确规定检验标准和方法

商检机构采用的检验标准不一致，或检验的方法不同可能会造成合同履行过程中的异议，出口检验、进口复验的条件下尤其容易产生此类问题，因此事先规定检验标准和检验方法可以减少此类争议的发生。

5）进口合同检验条款应该规定我方有复验权

进口货物到达目的港后应允许我方复验，经复验如果发现所交货物与合同不符，有权向国外商人提出索赔或退货。同时应该根据进口货物的实际情况，规定复验期限和地点，对于大型机械、成套设备，由于商品质量性能的最终鉴定需要经过安装、调试等几个阶段，所以应该规定较长的复验期限。

11.2　争议与索赔

国际贸易与国内贸易的显著不同是，国际贸易履约时间长、涉及面广、业务环节多，一旦在货物的生产、收购、运输和支付等任意一个环节发生疏忽或意外，都可能给合同的顺利履行带来影响。加上国际市场变幻莫测，一方当事人往往可能在市场行情发生不利变化时，不履行合同义务或不完全履行合同义务，致使另一方当事人的权利受到损害，从而引发贸易纠纷，带来索赔与理赔等问题。

11.2.1 争议

争议（dispute）指的是交易的一方认为另一方未能全部或部分履行合同规定的责任而引起的业务纠纷。在国际商品贸易中，买卖双方基于自身的权利与义务问题而引起的争论屡见不鲜，双方争执发生的原因很多，大致可以归纳为以下几种情况。

1. 卖方违约

卖方不按合同规定的交货期限交货，或不交货，或所交货物的品质、规格、数量、包装等与合同或信用证的规定不符，或所提供的货运单据种类不全、份数不足等。

2. 买方违约

在按信用证支付方式成交的条件下，买方不按时开证，或不开证，或不按合同规定付款赎单，或无理拒收货物；或在 FOB 条件下，不按时派船或根本不派船接货等。

3. 买卖双方均负有违约责任

如合同条款规定不明确，双方国家的法律和惯例解释不同，导致双方理解或解释不一致，从而引发的贸易纠纷。

一旦产生争议，双方均应本着诚实与信用的原则，采用适当的方法予以解决。解决争议的方法主要有以下几种。

1. 友好协商

友好协商（negotiation）指的是双方本着相互谅解的精神，自行协商解决贸易纠纷，这是实践中最常用的解决方法。

2. 调解

调解（conciliation）指的是当事人双方自愿将争议交给第三方，在查清事实的基础上分清是非、分清责任，对发生的争议予以调解解决。

3. 仲裁

仲裁（arbitration）指的是当事人之间达成协议，自愿将相关争议提交各方所同意的仲裁机构进行裁决的一种方式。

4. 诉讼

诉讼（litigation）指的是一方当事人向法院起诉，控告另一方有违约行为，要求法院依法给予救济或惩处另一方当事人。

11.2.2 索赔

索赔（claim）指的是合同一方违反了合同规定，直接或间接地给另一方造成了损害，受损方向违约方提出损害赔偿的要求。在国际贸易中，任何一方不履行或不完全履行合同规定的义务，就构成违约。按照各国法律规定，当一方违约使对方的权利受到损害时，受损的一方有权采取补救措施，以维护其合同权益和合法的权利。

在国际贸易实践中，违约的情况是多种多样的，正确处理权益受损情况下的索赔工作，是一项政策性很强的涉外工作。对外索赔时应该注意以下几点。

1. 必须有充分的索赔依据

索赔依据包括法律依据和事实依据，前者指的是买卖合同适用的法律规定，后者指的是违约的事实、情节及其书面证明。所以索赔时必须查明造成损害的事实，分清责任，备妥必要的索赔证据和单据，如提单、发票、装箱单等，此外还应该有检验机构出具的检验证明或承运人签字的短缺残损证明和索赔清单等。索赔时如果证据不全、不清楚或出证机构不符合要求，都有可能导致拒赔。

2. 正确确定索赔项目和金额

正确而合理的索赔项目和金额是公平合理地处理索赔问题的基础。对索赔项目和金额的确定，既不能让自己蒙受不应有的损失，也不能脱离实际损失情况提出过高的要求。如果合同预先约定损害赔偿的金额，应按照约定金额来提出索赔；如果没有事先在合同中明确规定赔偿的办法，则应该根据实际损失大小确定适当的索赔金额。

3. 认真制订索赔方案

在查明事实、备妥单证和确定索赔项目以及金额的基础上，结合客户和我方的业务来往情况，制订好索赔方案。

4. 在索赔期限内及时提出索赔

索赔期限指的是受损害一方有权向违约方提出索赔请求的有效期限。根据国际惯例，受损害方的索赔请求只能在索赔的有效期内提出，超出索赔期限，违约方可以不予受理。而对于索赔有效期，有约定和法定两种形式。

1）约定索赔期限

约定索赔期限是指双方在合同订立时明确规定的对货物进行检验和索赔的时间。约定索赔期限的长短应根据货物本身的特点而定。一般性货物通常设定为货物到达目的港的30～45天；对新鲜程度要求较高的商品应该设定为货物到达目的港的两周；对需要安装调试的复杂设备，一般规定为货物到达目的港 60 天，有关规格性能等品质方面的索赔可以规定为 1～2 年。索赔期限的设定应该综合考虑买卖双方的利益。索赔期过长，对买方有利但卖方责任过重；索赔期限过短，买方可能没有充分的时间安排检验检疫，或因为超过索赔期限而无法索赔。因此索赔时间的约定要适中。

2）法定索赔期限

法定索赔期限指的是国际或国内法律规定的索赔期限。对法定索赔期限各国规定不一，但基于法律的普适性方面的考虑，总体来说较长。因此实际业务中，只有在合同中未约定索赔期限的情况下，才适用法定索赔期限。

11.2.3 理赔

理赔（settlement of claim）指的是被认定违约的一方受理并处理对方所提出的索赔要

求的行为。索赔与理赔是一个问题的两个方面，即对守约方而言是索赔，对违约方而言是理赔。在国际贸易实践中，索赔主要发生在进口业务中，理赔主要发生在出口业务中。对外处理理赔事宜时应该注意以下几点。

（1）要认真细致地审核国外买方提出的单证和出证机构的合法性。

（2）注意调查研究，弄清事实、分清责任。要向货物生产部门、国外运输部门了解货物品质、包装、存储、运输等情况，查明货差、货损发生的原因及其责任对象。如果确属我方责任，就应该实事求是地予以赔偿，以维护自己的商业声誉；如果是国外客商提出的不合理要求，就应该运用事实给予详细解释，坚决捍卫自己的权益。

（3）合理确定损失和赔偿办法。应该在双方协商的基础上，考虑双方都能接受的赔偿办法，这些办法可以根据货物特点和货损特点灵活调整。具体赔偿办法有以下几种。

①直接赔款。当买卖双方就相关违约和损失程度达成共识以后，违约的一方在商定的时间内将约定的赔款直接付给受损的一方。

②抵扣货款。如果买卖双方还有尚未付清的货款，或其他业务款项，就违约与索赔事宜谈妥以后，双方可以将获赔款项从应付款项中扣除。

③降价处理。用降价办法处理，既可以弥补买方的损失，也可以带动卖方的商品出口，而且对双方长期的业务关系影响相对较小，所以在处理索赔与理赔问题时可以优先考虑该方法。

11.2.4 买卖合同中的索赔条款

为了使得索赔和理赔工作有章可循，买卖双方一般需要在合同中订立索赔条款。索赔条款通常有两种形式：异议与索赔条款和罚金条款。在一般货物买卖合同中，多数只订立异议与索赔条款，只有在大宗商品和机械设备一类商品的买卖合同中，除订立异议和索赔条款外，还另外规定罚金条款。

1. 异议与索赔条款

异议与索赔条款（discrepancy and claim clause）一般是针对卖方交货数量、品质、包装等与合同不符而制定的。其主要内容包括索赔的期限、索赔的依据、索赔的处理办法等。合同中的异议与索赔条款对双方当事人都有约束力，不论何方违约，受损害的一方都有权提出索赔。异议与索赔条款之所以适用于品质、数量等方面的索赔，原因在于索赔金额不是事先约定的，而是根据实际损害程度来确定。

条款示例 11-2

异议与索赔条款

买方对于装运货物的任何索赔，必须于货物到达目的港之日起××天内提出，并提供卖方同意的公证机构出具的检验检疫报告。属于保险公司、轮船公司或其他运输机构责任范围内的索赔，卖方不予受理。

Any claim by the Buyers on the goods shipped shall be filed within ×× days after the arrival of the goods at the port of destination and supported by a survey approved by the Sellers. Claims in respect of matters within the responsibility of the insurance company/shipping company/other transportation institution will not be considered or entertained by the Sellers.

需要指出的是，这一条款中所规定的买方索赔期限（或称索赔通知期限）也是本书在货物检验部分论述的买方对货物进行复验的有效期限。由于这一条款与检验条款有密切关系，所以有的合同将这两种条款结合起来订立，称之为"检验与索赔条款"（inspection and claim clause）。

2. 罚金条款

罚金条款（penalty clause）也称为违约金条款（liquidated damages clause），指的是买卖合同中规定的合同一方因未能履行或未能按时履行合同规定的义务而向对方支付约定罚金的条款。一般适用于卖方延期交货或买方延期接运货物、拖延开立信用证、拖欠货款等情况。

在买卖合同中规定罚金或违约金条款，目的是促使合同当事人履行合同义务，避免和减少违约行为的发生。在发生违约行为时，对违约方起到一定的惩罚作用，对守约方予以一定的经济补偿。从罚金条款制定的本意来看，罚金或违约金的作用不在于使守约方得到补偿，而在于促使有可能违约的一方守约。与异议和索赔条款显著不同的特点是，罚金条款在合同中预先约定一个赔偿的金额，金额大小视延误时间长短而定，并作出最高罚款的限额。罚金条款具有以下性质。

（1）罚金条款是一种带有惩罚性质的条款，主要目的在于督促买卖双方信守合约。

（2）罚金数额可以与实际损失的大小无关。在约定罚金或违约金条款的情况下，即使违约的一方没有给对方造成实际损失也应该支付约定的罚金。

（3）支付罚金并不等于合同的解除，当事人因违约而支付罚金后，除非合同另有规定，双方仍然需要履行合同规定的其他义务。

条款示例 11-3

罚 金 条 款

如果卖方不能按合同规定的时间交货，在卖方同意由付款行在议付货款时扣除罚金的情况下，买方应同意延期交货。罚金按每7天收取延期交货部分总值的0.5%，不足7天按7天计算。但罚金总额不得超过延期交货部分总额的5%，如果卖方延期交货超过合同规定期限10周，买方有权撤销合同，但卖方仍应不延迟地按照上述规定向买方支付罚金。

Should the Sellers fail to make delivery within the time stipulated in the contract, the Buyers shall agree to delay delivery of the goods on condition that the Sellers should pay a penalty which shall be deducted by the paying bank from payment upon negotiation. The penalty is charged at the rate of 0.5% for every seven days, odd days less than seven should be counted as seven days. The penalty, however, shall not exceed 5% of the total value of the goods involved in the late delivery. In case the Sellers fail to make delivery ten weeks later than the time of the shipment contracted, the Buyers shall have the right to cancel the Contract and the sellers, in spite of the cancellation, shall still pay the aforesaid penalty to the Buyers without delay.

11.3 不可抗力

国际货物买卖合同成立之后，有时客观情况会发生非当事人所能控制的重大变化，使合同失去原有的履行合同的基础，对此法律可以免除未履行或未完全履行合同一方对另一方的责任，这就是免责。在贸易实践中，要判断哪些事件可以构成当事人有权免责，有时是很困难的，各国法律的解释也不一致，因此为了防止产生不必要的纠纷，维护当事人的各自利益，通常在合同买卖过程中订立不可抗力条款。

1. 不可抗力的含义和特征

不可抗力（force majeure）指的是买卖合同签订以后，不是由于合同当事人的过失或疏忽，而是由于发生了当事人无法预见、避免和控制的事件，以至于不能履行或如期履行合同，遭受意外事件的一方可以免除其不履行或不按期履行合同的责任。

不可抗力的事故范围较广，通常可分为两种情况：一种是由于"自然力量"引起的，如水灾、火灾、冰灾、暴风雨、大雪、地震等，是人类无法控制的自然力量引起的天灾；另一种是由于"社会力量"引起的，如战争、罢工、政府禁令等。如果因为这些事件发生而导致当事人不能履行自己的责任，不是当事人自身的过失，因此应该给予特殊考虑。

由于不可抗力条款是一项免责条款，买卖双方都可能会援引它来解释自身所承担的合同义务，以减少自身的责任。因此，我们应该明确构成不可抗力的几个必要条件。

1）不可预见性

合同当事人对于不可抗力事件的发生必须是无法预见的。如果能预见，或应该能够预见，则不构成不可抗力。例如某船运输一批货物从一海港到另一海港，船长出海前没有听天气预报，结果遇上风暴使货物受损。该风暴对于船长来说就不是不可抗力，因为船长出海前应当了解一下当天的天气预报，而天气预报已对该风暴做了预告，船长如果听广播的话就能够预见其后果，所以在这种情况下船长不能免除承担货损的责任。

2）不可避免性

即使出现了不可预见的灾害，如果造成的后果是可以避免的，那么也不构成不可抗力。只有无法采取任何措施加以避免，才具有不可抗力的特征。例如船在海上遇到风暴，附近就有避风港但货船没有前去躲避风暴，致使货物受损也须承担责任。

3）不可克服性

不可克服性指的是当事人对于事件的发生无法加以克服，无法加以阻止。

《民法典》第一编总则第八章民事责任第180条规定："因不可抗力不能履行民事义务

的，不承担民事责任。法律另有规定的，依照其规定。不可抗力是不能预见、不能避免且不能克服的客观情况。"

2. 不可抗力的处理

对于不可抗力导致的违约，主要有三种解决办法：一是解除合同，二是部分履行合同，三是延期履行合同。什么情况下解除合同，什么情况下延期履行合同，要根据事故发生的原因、性质及其对履行合同产生的影响程度而定。如果合同没有明文规定，一般处理的原则是由于不可抗力事件的发生改变了履约的根本基础，履约成为不可能，因此可以解除合同；如果不可抗力是暂时的，或只是在一段时间内阻止了履约，在双方同意的条件下可以延期履行合同，一旦事故消除仍需继续履行合同；如果不可抗力只是部分阻止了合同的履行，则只应部分免除履约义务。

3. 不可抗力的通知和证明

不可抗力发生后，不能按规定履约的一方当事人要取得免责的权利，必须及时通知另一方，并提供必要的证明文件。对此《联合国国际货物销售合同公约》第79条第4款明确规定："不履行义务的一方必须将障碍及其对他履行义务能力的影响通知另一方。如果该项通知在不履行义务的一方已经知道或理应知道该障碍后一段时间仍未被另一方收到，则他对由于另一方未收到通知而造成的损害，应当负赔偿责任。"《民法典》第590条规定："因不可抗力不能履行合同的，应当及时通知对方，以减轻可能给对方造成的损失，并应当在合理期限内提供证明。"对不可抗力事故出具证明，在我国一般由中国国际贸易促进委员会（China Council for the Promotion of International Trade，CCPIT）出具或其设在口岸的贸促会分会出具。在国外不可抗力的证明一般由事故发生地点的政府主管当局签发，或由当地的商会以及登记注册的公证人出具。

贸易实践中，发生事件的一方应当在合理时间内给对方通知或证明的同时，还应提出相应的处理意见，如撤销合同或延期履行合同；对方得到证明和处理意见时如有异议，无论同意与否，都应当及时反馈，以利于问题的妥善解决，否则按照有些国家的法律，如《美国统一商法典》的规定，将被视为默认。

4. 合同中的不可抗力条款

不可抗力条款是买卖双方在合同中关于不可抗力有关内容的规定，各国法律都承认当事人规定不可抗力内容的有效性，并允许当事人规定不同的范围和内容。虽然每个合同规定的范围和内容不完全相同，但通常包括以下几个方面：不可抗力事故的范围；不可抗力事故的法律后果；出具事故证明的机构和事故发生后通知对方的期限。不可抗力条款主要有以下三种规定方法。

1）概括式

如果由于不可抗力的原因，卖方不能全部或部分装运，或延迟装运合同货物，卖方对于这种不能装运，或延期装运本合同货物不负有责任。但卖方必须以传真形式通知买方，并在××天内以航空挂号信件向买方提交由中国国际贸易促进委员会出具的证明此类事故的证明书。

If the shipment of the contracted goods is prevented or delayed in whole or in part due to Force Majeure, the Seller shall not be liable for non-shipment or late shipment of the goods of this contract. However, the Seller shall notify the Buyer by fax and furnish the later within ×× days by registered airmail with a certificate issued by the China Council for the Promotion of International Trade attesting such event or events.

2）列举式

如果由于战争、地震、水灾、火灾、暴风雨、雪灾等原因，卖方不能全部或部分装运，或延迟装运货物，卖方对于这种不能装运或延迟装运不负有责任。但卖方必须以传真形式通知买方，并在××天内以航空挂号信件向买方提交由中国国际贸易促进委员会出具的证明此类事故的证明书。

If the shipment of the contracted goods is prevented or delayed in whole or in part by reason of war, earthquake, flood, fire, storm, heavy snow, the Seller shall not be liable for non-shipment or late shipment of the goods of this contract. However, the Seller shall notify the Buyer by fax and furnish the later within ×× days by registered airmail with a certificate issued by the China Council for the Promotion of International Trade attesting such event or events.

3）综合式

如果由于发生如战争、洪水、地震、火灾等以及双方同意的其他不可抗力事件，卖方不能按时交货，可以推迟交货时间或撤销或部分撤销合同。但卖方必须通过传真或电子邮件及时通知买方，并向买方提交由中国贸促会出具的证明此类事件的书面文件。

In case any war, flood, earthquake, fire etc. or other Force Majeure accidents agreed to both parties occur, which cause the seller unable to ship the goods or on time, then the seller shall postpone the shipment or totally or partially withdraw the sales contract. However, the Seller shall notify the Buyer by fax or e-mail timely and furnish the certificate issued by CCPIT attesting such event or events.

11.4 仲裁

在国际贸易实践中，买卖双方在合同履行过程中因种种原因发生争议是难免的。正确处理和妥善解决对外贸易争议，不仅关系到国家和企业的权益和声誉，而且直接关系到买卖双方的切身利益。当发生争议时，双方可以通过友好协商或第三方调解的方式加以解决，无法解决的可以通过提交仲裁机构予以仲裁或进行司法诉讼等方式进行处理。其中仲裁是解决国际贸易争议的一种重要方式，由于仲裁具有尊重当事人意愿，保护当事人秘密，裁决具有强制执行力、解决争议迅速等优点，在实践中被广泛采用。

11.4.1 仲裁的含义及特点

仲裁（arbitration）指的是买卖双方当事人在争议发生之前或之后，签订书面协议，自愿将争议提交双方都同意的第三方加以裁决（award），来解决争议的一种方式。仲裁裁决一般都是终局性的，如果败诉的一方不能自觉执行这种裁决，胜诉的一方有权向法院提出申请，要求予以强制执行。

仲裁的重要原则，是当事人意思自治的原则，即各方当事人通过签订合同中的仲裁条款或事后达成的仲裁协议，可以自行约定或选择仲裁事项、仲裁地点、仲裁机构、仲裁程序、适用法律、裁决效力以及仲裁使用的语言等事项。当前世界上多数国家都已通过法律，确定仲裁的法律地位，规定仲裁为解决争议的途径之一。概括起来说，仲裁有如下特点。

（1）仲裁以双方自愿为基础，仲裁机构、仲裁员均可以自行选定。《中华人民共和国仲裁法》（以下简称《仲裁法》）第一章第四条规定："当事人采用仲裁方式解决纠纷，应当双方自愿，达成仲裁协议。没有仲裁协议，一方申请仲裁的，仲裁委员会不予受理。"在国际上的一些习惯做法和一些国家的法律规定，也都要求在采用仲裁方式解决争端时当事人双方必须订立仲裁协议。

（2）仲裁程序简单，裁决的速度快、费用低。

（3）仲裁裁决是终局性的，如果一方不遵守仲裁裁决，另一方可以请求法院强制执行。

（4）仲裁的气氛相对缓和。买卖双方在执行合同过程中发生纠纷，应该首先通过协商或调解方式进行解决，一旦友好协商或调解无法达成解决，可以提交仲裁。可见仲裁并非解决交易双方争议的最友好方式，但与司法诉讼相比，当事双方仍然可以保持相对缓和的气氛。

我国商业企业运用仲裁手段来解决贸易纠纷的比例相对较小，大多数商业企业在协商和调解无法解决贸易纠纷的情况下，首先想到的解决手段往往是司法诉讼。因此在这里我们着重分析一下仲裁与诉讼的不同点。

（1）司法诉讼通过法院进行，一方向法院起诉时无须事先争取对方的同意，而由有管辖权的法院发出传票，传唤对方出庭应诉。仲裁是在双方自愿的基础上进行的，如果双方当事人没有事先达成仲裁协议，任何一方都不能迫使另一方进行仲裁；仲裁机构不接受无仲裁协议的案件。

（2）处理诉讼案件的法官是由国家任命或选举产生的，双方当事人无正当理由不能任意选择法官。而处理仲裁案件的仲裁员可以由双方当事人指定。

（3）仲裁员往往具有丰富的国际贸易业务经验，处理问题时能够较多地考虑国际贸易惯例，切合实际，裁决迅速。同时由于仲裁一般不公开进行，有利于保护当事人的商业秘密，也有利于维护当事人的商业信誉，对当事人之间的贸易关系损害较小。

（4）仲裁裁决一般是终局性的，因此仲裁有利于在短时间内解决争议。而采用司法诉讼手段，一方当事人对法院判决不服的，可以上诉到更高一级的法院，因此争议解决的时间长。

11.4.2　仲裁协议

仲裁协议是双方当事人表示愿意把他们之间的争议交付仲裁解决的一种书面协议，是仲裁机构或仲裁员受理争议案件的依据。我国仲裁法规定，当事人采用仲裁方式解决纠纷的，应当双方自愿达成仲裁协议，没有仲裁协议，一方申请仲裁的，仲裁机构不予受理。

1. 仲裁协议的形式

仲裁协议必须是书面的。它包括两种形式：一种是合同中的仲裁条款（arbitration clause），指的是在争议发生之前，合同双方的当事人愿意将未来可能发生的争议提交仲裁予以解决的意思表示。另一种是以其他方式达成的提交仲裁协议（submission agreement），指的是在争议发生之后订立协议，双方同意把已经发生的争议交付仲裁的意思表示。这种仲裁协议是单独订立的，是独立于合同之外的协议。虽然这两种协议表现形式不同，签订时间也不相同，但它们的效力与作用是相同的。

《仲裁法》第三章第十六条规定："仲裁协议包括合同中订立的仲裁条款和以其他书面方式在纠纷发生前或者纠纷发生后达成的请求仲裁的协议。"该法还规定，仲裁协议应当具有下列内容：请求仲裁的意思表示；仲裁事项；选定的仲裁委员会。

2. 仲裁协议的作用

根据多数国家仲裁法的规定，仲裁协议的作用主要表现在以下几个方面。

（1）表明双方当事人自愿提交仲裁，订立仲裁协议的双方当事人均须受该协议的约束。如果发生了争议，在和解无效的情况下，应以仲裁方法加以解决，不得向法院起诉。任何一方当事人，如果违反协议向法院提起诉讼，另一方当事人可以根据仲裁协议予以抗辩，要求法院停止诉讼程序。

（2）仲裁机构和仲裁员取得对争议案件管辖权的依据。任何仲裁机构都无权受理没有仲裁协议的案件，这是仲裁的基本规则。

（3）订立仲裁协议后，可以排除法院对争议案件的管辖权，任何一方不应再向法院起诉。世界上大多数国家的法律都规定法院不受理争议双方订有仲裁协议的案件。

以上三个方面的作用是密不可分的，但最重要的一点是排除法院的管辖权。如果一方当事人违反仲裁协议向法院提交诉讼，另一方当事人可以以仲裁协议为依据，声明法院无权管辖，请求停止诉讼的进行。而法院在接到这种声明后就不得再进行对相关案件的司法审理。

我国仲裁规则确认了仲裁协议的独立性，并规定合同中的仲裁条款应视为与合同其他条款分离地、独立地存在的条款。附属于合同的仲裁协议应当视为与合同其他条款分离地、独立地存在的一个部分。合同的变更、解除、终止以及存在与否，都不影响仲裁条款或仲裁协议的效力。

11.4.3 仲裁程序

仲裁程序指的是进行仲裁的行为规范，主要包括仲裁申请、仲裁庭的组成、审理、裁决。各国仲裁法和仲裁机构的仲裁规则对仲裁程序都有明确规定。下面以《中国国际经济贸易仲裁委员会仲裁规则》（以下简称《仲裁规则》）的有关规定为例，介绍仲裁的基本程序。

1. 仲裁申请

仲裁申请是仲裁机构立案受理的前提。根据《仲裁规则》规定，我国仲裁机构受理争议案件的依据是双方当事人的仲裁协议和一方当事人（即申请人）的仲裁申请。仲裁申请书的主要内容为：申请人与被申请人的姓名、地址、联系方式和法人代表；申请人所依据的仲裁协议；申请人的要求及其所依据的事实。申请人提交仲裁申请书时，还应附具申请人请求所依据事实的证明文件，如合同、来往函电等文件的正/副本、抄本并预交规定的仲裁费。

仲裁机构收到仲裁申请书及其有关附件后，经过审查认为申请人申请仲裁的手续完备，即予以立案，并立即向被申请人发出仲裁通知，仲裁程序自仲裁机构发出仲裁通知之日起开始。被申请人在收到仲裁通知之日起 45 天内向仲裁机构提交答辩书及有关证明文件。被申请人如有反请求，应当在收到仲裁通知之日起 60 天内以书面形式提交仲裁机构。被申请人提出反请求时，也应当按规定预交仲裁费。

2. 仲裁庭的组成

争议案件提交仲裁后，由争议双方所指定的仲裁员所组成的仲裁庭进行审理并作出裁决。世界各国一般都允许双方当事人在仲裁协议中规定仲裁员的人数和指定方法。《仲裁法》第 30 条规定，仲裁庭可以由三名仲裁员或者一名仲裁员组成。由三名仲裁员组成的，设首席仲裁员。

如果双方当事人约定由三名仲裁员组成仲裁庭，先由双方当事人在仲裁委员会仲裁员名册中各自选定或各自委托仲裁机构选定一名仲裁员，然后由当事人共同选定或共同委托选定第三名仲裁员为首席仲裁员，组成仲裁庭，共同审理案件。

如果采用独任仲裁员方式，即由一名仲裁员单独组成仲裁庭，该仲裁员可由当事人共同选定，或仲裁机构指定。如果双方当事人约定由一名独任仲裁员审理案件，但在被申请人收到仲裁通知之日起 20 天之内未能就独任仲裁员的人选达成一致意见，则由仲裁委员会主任指定。

被指定的仲裁员，如果与案件有利害关系，应当自行向仲裁委员会请求回避；当事人也有权向仲裁委员会提出书面申请，要求该仲裁员回避。

3. 审理

仲裁庭组成后，便对争议案件进行审理。审理的内容主要是在当事人之间组织答辩、收集和审定证据。各国对仲裁机构的审理过程规定基本相似，包括：开庭、调解、收集、审定证据，必要时还须采取保全措施。

1）开庭

仲裁庭审理案件有两种形式：一是开庭审理，二是书面审理。书面审理是指只根据书面文件进行审理并作出裁决，开庭审理是指仲裁庭召开全体仲裁员、当事人及/或代理人和其他有关人士，例如证人、仲裁庭咨询的专家、指定的鉴定人参加的会议，听取当事人的口头陈述和辩论，对案件的事实和法律进行调查的审理活动。我国仲裁规则规定，除非双方当事人申请或征得双方当事人同意，仲裁庭应当开庭审理。

仲裁开庭审理的日期，由仲裁庭与仲裁委员会秘书处协商决定，并于开庭前 30 日通知双方当事人。当事人有正当理由的，可以请求延期，但必须在开庭前 12 天向仲裁委员会秘书处提出请求。开庭时，如果一方当事人不出庭，仲裁庭可以进行缺席审理和作出缺席裁决。

2）调解

采用仲裁与调解相结合的方法解决争议，是我国涉外仲裁的一个重要特点。凡是中国国际经济贸易仲裁委员会受理的争议案件，在仲裁程序进行过程中，如果双方当事人有调解愿望或一方当事人有调解愿望并经仲裁庭征得另一方当事人同意，仲裁庭可以按照其认为适当的方法对其审理的案件进行调解。经仲裁庭调解达成和解意向的，双方当事人应该签订书面和解协议；除非当事人另有约定，仲裁庭应该按照双方当事人达成的书面和解协议内容作出仲裁书结案。需要注意的是，仲裁庭在调解过程中，任何一方当事人提出终止调解或仲裁庭认为已无调解成功的可能时，可以停止调解，继续进行仲裁。

3）收集、审定证据

在仲裁审理过程中，当事人双方应对其申请、答辩和反请求所依据的事实提出证据，并由仲裁庭审定。仲裁庭认为必要时，可以自行调查事实和收集证据，也可以就案件中的专门问题请有关专家或指定鉴定人进行鉴定。

4）采取保全措施

保全措施又称为临时性保护措施（interim measure of protection），指的是仲裁程序开始后作出的，对争议标的或有关当事人的财产采取的临时性强制措施。例如临时扣押财产，以防转移或变卖；对有争议的易腐货物先行出售等。由于保全措施是一种强制性措施，仲裁机构不具有实施该项措施的权力，所以《仲裁规则》规定，如果当事人申请财产保全，仲裁委员会应当将当事人的申请提交被申请人住所地或财产所在地的人民法院作出裁定。如当事人申请证据保全，仲裁委员会应当将当事人的申请提交证据所在地的人民法院裁定。

4. 裁决

裁决是仲裁程序的最后一个步骤，裁决作出后，审理程序即告终结，根据《仲裁规则》的规定，仲裁庭应当在组庭之日起6个月内作出裁决。仲裁庭除根据双方当事人和解协议的内容作出裁决书之外，还应当说明裁决所依据的理由。仲裁裁决书应当由仲裁庭全体或者多数仲裁员署名，加盖仲裁委员会印章，并写明作出仲裁裁决书的日期和地点。仲裁裁决书作出的日期即为生效的日期，仲裁裁决书应当采用书面形式。

我国《仲裁法》与国际上大多数国家的做法一样，对仲裁实行一裁终局的制度。关于仲裁裁决的效力，《仲裁规则》明确规定，仲裁裁决是终局性的，对双方当事人具有约束力。任何一方当事人均不得向法院起诉，也不得向其他任何机构提出变更仲裁裁决的请求。这是因为仲裁是在双方当事人自愿基础上进行的，由双方当事人自行指定的仲裁机构和仲裁员作出的裁决，理应得到当事人的执行。

11.4.4 合同中的仲裁条款

国际货物买卖合同中的仲裁条款，应该包括仲裁地点、仲裁机构、仲裁规则、仲裁效力和仲裁费用等内容。

1. 仲裁地点

仲裁地点说明的是在哪一个国家或地区进行仲裁的问题。一般来说，双方当事人都愿意在本国仲裁，因为当事人对自己国家的法律和仲裁规则比较了解和信任；在本国仲裁还可以减少用于沟通和获得信息的成本。因此仲裁地点往往是双方当事人争论的焦点问题。

在我国当前对外签订的进出口贸易合同中，仲裁地点的规定往往有如下几种情况：第一是争取在我国仲裁；第二是根据业务需要在被告国家进行仲裁；第三是规定在双方同意的情况下在第三国仲裁。

2. 仲裁机构

仲裁机构是国际商事关系中的双方当事人自主选择出来用以解决其争议的民间性机构，其审理案件的管辖权限完全取决于当事人的选择和授权。国际商事仲裁机构可分为常设仲裁机构和临时性仲裁机构。

1）常设仲裁机构

常设仲裁机构拥有较为固定的场所和人员，负责组织和管理有关仲裁事务，可以为仲裁的进行提供各种方便。所以大多数仲裁案件都被提交常设仲裁机构进行审理。如英国伦敦国际仲裁院、瑞士苏黎世商会仲裁院、瑞典斯德哥尔摩商会仲裁院等。这些常设的仲裁机构不少都与我国仲裁机构有业务上的关系，在仲裁业务中进行合作。国际商事仲裁机构一般是民间组织。

2）临时性仲裁机构

临时性仲裁机构是双方当事人指定仲裁员自行组成的一种仲裁庭，是为了解决特定的争议而专门成立的，因此案件处理完毕即自动解散。

我国常设的涉外商事仲裁机构是中国国际经济贸易仲裁委员会，又称中国国际商会仲裁院，隶属中国国际贸易促进委员会。仲裁委员会总会设在北京，在深圳和上海分别设有分会。由于常设仲裁机构有一套完整的工作程序，有合理的人员配置，对有争议的案件能够进行分工协作，工作效率相对较高，所以在以仲裁方式解决国际贸易争议时，最好选择常设仲裁机构来裁决。目前国际贸易中有接近95%的争议案件是在常设仲裁机构的主持下仲裁的。

3. 仲裁规则

仲裁规则主要是规定进行仲裁的程序和做法，其中包括仲裁的申请、答辩、仲裁员的指定、案件的审理和仲裁裁决的效力以及仲裁费用的支付等。仲裁规则的作用主要是为当事人和仲裁员提供一套进行仲裁的行动规则，使得仲裁有章可循。我们知道规则对事件的结果往往是非常重要的，因此在仲裁条款中应该明确仲裁规则。

4. 仲裁效力

仲裁效力是仲裁裁决的效力，主要指仲裁裁决是否具有终局性、对当事人有无约束力、是否能够向法院起诉等。我国进出口业务合同的仲裁条款，一般都规定仲裁裁决是终局的，对双方当事人都有约束力，任何一方都不能向法院或其他机关提出变更和起诉。但是有些国家则规定允许向上级仲裁院或法院上诉，法院可根据请求，对明显违背法律的裁决依法予以撤销。

5. 仲裁费用

仲裁费用，一般由败诉方负担或规定按仲裁裁决办理。

条款示例 11-4

仲 裁 条 款

凡因执行本合同所发生的或与本合同有关的一切争议，双方应该通过友好协商解决；如果协商不能解决，应提交北京中国国际贸易促进委员会中国国际经济贸易仲裁委员会，根据该会仲裁程序的现行规则进行仲裁。仲裁裁决是终局性的，对双方都有约束力。除非另有裁决，仲裁费应由败诉方承担。

All disputes arising out of the performance of or relating to this contract shall be settled amicably through friendly negotiation. In case no settlement can be reached through negotiation the case shall then be submitted to the China International Economic and Trade Arbitration Commission of the China Council for the Promotion of International Trade, Beijing, China, for arbitration in accordance with its Provisional Rules of Procedure. The arbitral award is final and binding upon both parties. The fees for arbitration shall be borne by the losing Party unless otherwise awarded.

11.5 区块链技术应用

通过检验检测，建立相关数据库、应用区块链技术，可以为企业提供更高技术的服务。以祁门红茶为例，通过检测它的地理信息和品质信息建立数据库，再将数据信息关联，建立模型，这样即使其他地方的鲜叶按照祁门红茶的制作工艺制作，也能通过地理信息比对，检测出它不是产自祁门。以白酒行业为例，区块链追溯技术应用到白酒生产和销售过程中，从酒厂到物流，再到超市，可以形成一个清晰的链条。这样不仅具备最基础的防伪功能，消费者通过扫码还可以查到产品的流向以及其他各种信息，并对产品进行评价，形成大数据，有助于企业改进产品。

检验检测可以服务于经济发展的各个行业。它不仅可以有效促进企业提高产品质量，还能让生产者和消费者建立信任关系，帮助监管机构实现科学监管和精准监管。

1. 上海机场检验检疫局建设"区块链+检验检疫"数据平台

2018年4月，上海机场检验检疫局为推动进口消费品检验监管模式创新，构建的区块链数据平台成功落地。

区块链技术具有不可篡改、不可伪造的特点，将跨境贸易各个关键环节的核心单据进行数字化，对贸易流程中的合同签订、货款汇兑、提单流转、海关监管等交易信息进行全程记录，可以大大提高合同执行、检验、货物通关、结算和货物交付等各个环节效率，降低交易风险。

上海机场检验检疫局的区块链数据平台由上海机场检验检疫局和国内知名大学合作开发，结合进口消费品理货、分拨、入库、查验、整改、放行等日常工作应用场景，将货运公司、理货货栈、监管仓库、查验场站、代理公司、收货企业、监管部门等货物物流过程各参与方纳入应用范围，通过系统再开发、场景再丰富、数据再调整，逐渐形成具有检验检疫特色的进口消费品检验监管企业信用体系联盟链。

在以往的国际货物运输过程中，为了确保货物能够顺利地从出口商转移到进口商，需要多达20多种不同的文件，而且通常是纸质文件。上海机场检验检疫局运用区块链技术管理数据，不以物理或数字方式交换文档，而是允许各参与方上传各种格式的文档，通过平台授权，免除企业提供合同、符合性声明等纸质签字版文件，节省了运作成本。

同时，平台利用数据识别技术实现了数据精确自动提取和整理，在加速数据资料传递的同时，减少了高达80%的数据输入，简化了数据修改和下载流程。根据参与企业反映的情况，以往从查验完毕到获得检验检疫证书至少需要3天时间，现在通过区块链数据平台，当天就可以获取，真正实现了货物通关"一日游"，为参与企业提升竞争力提供了极大帮助。

2. 中国检验检疫学会发布质量链

2018年9月，中国检验检疫学会、中国检验检测创新联合体正式发布全程质量支撑体系（QBBSS质量链）。截至2018年9月，茅台、格力、美的、青岛啤酒等国内千余家企业已加盟质量链。

针对当前质量领域存在的技术基础薄弱等问题，中国检验检疫学会联合中国检验检测创新联合体、国家开发投资集团、浪潮集团，综合运用标准、计量、检验检测、认证认可等质量基础设施，以及云计算、大数据、人工智能、区块链等新技术，构建了一套以质量信用、产品标准、检验检测、质量溯源、质量保险"五位一体"为基础支撑的质量保障共治体系。

质量链主要有两大优势：其一，帮助企业进行产品质量的自我声明。质量链为产品生成唯一质量码，用区块链技术背书，提高不法分子的造假成本，有效保护企业品牌。其二，有效地保障了消费者权益。消费者通过扫描产品的质量码，即可查到所购商品的生产企业信用评价，以及产品从生产到交易的全过程信息，通过质量数据可视化，让消费者放心消费。

同时，质量链还建立质量保险机制，快速判定产品质量问题的责任归属并进行先行赔付，进一步保护了消费者的合法权益。该质量链自2018年初上线以来，已覆盖广东、山东、浙江、上海等17个省区市及61个地市，有力地帮助地方政府落实质量强国战略，有效地保障了企业品牌价值，督促企业提升产品质量。

名词术语

商品检验　索赔　理赔　不可抗力　仲裁　仲裁协议　保全措施　区块链货物检验技术

思考题

1. 简述商品检验的含义及其在国际贸易中的作用。
2. 商品检验的时间和地点有哪些规定？
3. 简述异议与索赔条款和罚金条款的用途及主要区别。
4. 索赔和理赔工作应该注意哪些问题？
5. 什么是不可抗力？不可抗力有哪些特征？
6. 在国际货物买卖合同中不可抗力条款有哪几种订法？哪种较好？
7. 进出口贸易中解决争端的方法有哪几种？其主要区别是什么？
8. 什么是仲裁？通常要经过哪些程序？
9. 中国检验检疫学会发布的质量链有哪些优势？
10. 我国某电信企业从国外进口程控电话交换机，价值为300多万美元。合同规定：索赔有效期为60天，但同时规定必须由外商代表到场才能开箱验货。货到目的港后，我方立即电告卖方要求派代表来开箱验货，但外商寻找各种借口拖延，致使货到后60天未能完成检验工作，后发现货物品质上存在与合同不符的情况，但外商以索赔有效期已过为由拒绝赔款。请回答：应该从该案例中吸取哪些教训？
11. 我国某塑料厂从国外进口一套热塑料造型注入机，设备价值为83万美元。在开箱时发现数量短少，申请商检部门复验，并凭借检验局出具的检验证书，对外索赔41万美元。在安装调试的过程中，工厂发现设备由于质量问题，达不到合同规定的质量标准。进口厂家经办人则以检验局已经出过检验证书，不能再出第二次检验证书为由，拒绝对所购设备进行第二次检验。结果设备到货两年多，一直无法调试，不能正常投入生产使用，白白丧失了对外索赔权，工厂蒙受了重大经济损失。试回答：

（1）检验部门出过检验证书后能否再次出证？

（2）可以采取什么样的检验办法减少此类事件的发生？

12. 我A公司向新加坡B公司以CIF新加坡条件出口一批产品，B公司又将该批货物转卖给马来西亚的C公司。货到新加坡后B公司发现货物的质量有问题，但B公司仍将货物转销给C公司。此后B公司在合同规定的索赔期限内凭马来西亚商检机构签发的检验证书，向A公司提出退货要求。试问：A公司是否应该退货？原因是什么？
13. 某公司以CIF鹿特丹出口食品1 000箱，即期信用证付款，货物装运后，凭已装船清洁提单和已投保一切险及战争险的保险单，向银行收妥货款。但货到目的港经进口人复验发现以下情况：①收货人实际收到的货物为990箱，比合同规定短少10箱；②另有

10 箱货物虽然情况良好，但箱内货物共短少 50 千克。请分析以上情况下，进口人应该向谁索赔，索赔理由是什么？

14. 我国某出口公司出口一批原材料给国外 B 公司，合同规定当年 6 月份装运。但 5 月 18 日我出口公司厂房失火，导致生产好的出口货物全部被烧毁，生产设备也严重受损。7 月 12 日，B 公司未见来货便来电查问。这时我出口公司才电告对方失火情况，并以不可抗力为由，提出撤销合同。B 公司不同意我方要求。由于 B 公司急需该种原料，便立即从市场上补进同类原料，但此时原料价格已经上涨，市场价比合同价高出 50%。试问：B 公司在补进原料后是否可以向我出口公司要求赔偿损失？原因是什么？

15. 印度 A 公司向美国 B 公司出口一批黄麻。在合同履行过程中，印度政府宣布对黄麻实行出口许可证和配额制度。A 公司因为无法取得出口许可证而无法向美国 B 公司出口黄麻，遂以不可抗力为由主张解除合同。问：印度公司能否主张这种权利？为什么？

16. 我某公司向外商出口一批货物，合同中明确规定一旦在履约过程中发生争议，如友好协商不能解决，即将争议提交中国国际经济贸易仲裁委员会在北京进行仲裁。后来双方就商品品质发生争议，对方在其所在地法院起诉我方，法院也发来了传票，传我方公司前去出庭应诉。对此我方公司应当如何处理？

即测即练

自学自测　扫描此码

练11

第 12 章 跨境电商数据分析

本章学习目标：

1. 理解数据分析的主要作用；
2. 掌握数据分析指标；
3. 熟悉数据分析方法；
4. 实际跨境电商网站运营中数据分析的应用。

引导案例

Shopee 数据软件"电霸"面世

Shopee 选品神器电霸，是一个专注电商行业数据分析的软件品牌，是继电霸拼多多版后推出的收款跨境平台的数据分析软件。电霸 Shopee 数据分析软件在 2019 年 8 月上线开始运营，是一款以 Shopee 分析数据为主、以提供 Shopee 运营咨询服务为辅的帮助新手快速掌握 Shopee 运营技巧的服务产品。

Shopee 数据软件"电霸"站在平台和卖家的第三方角度，用数据聆听电商未来，为卖家提供四项核心服务，即行业分析、产品分析、店铺分析、数据监控。以产品分析为例，Shopee 平台常规产品比较类似，如母婴类、女性饰品等。

目前，市场上的数据分析工具层出不穷，而仅针对 Shopee 的电霸，它具有以下几点优势。第一，以用户为中心。以 Shopee 数据为中心点，以卖家用户需求为服务半径，拓宽服务能力范围，致力于打造数据驱动的高效电商运营模式。第二，数据的深挖。由于电霸 Shopee 是专注 Shopee 数据分析的软件，因此，团队的技术力量都投入数据分析当中，深挖 Shopee 数据逻辑、研究数据模型、优化 key 值。另外，针对前面所提到本土店和海外店的差异，电霸 Shopee 数据分析已进行数据区分，可以帮助 Shopee 卖家做更准确选品。第三，专业的产品团队。电霸 Shopee 的研发团队不仅仅是技术团队，更是"电商＋数据"的能力聚焦团队。除了懂技术，还要懂电商，更要懂数据。第四，服务配套。除了数据呈现，还有专业的 Shopee 运营导师团队，专职服务电霸 Shopee 的会员用户。除了 Shopee 数据分析，电霸 Shopee 还提供了新手的 Shopee 运营指导，帮助卖家解决数据分析和数据驱动思维不强的困扰。第五，Shopee 的资源圈。基本与 Shopee 相关的服务资源，电霸 Shopee

都有对接，并且严格筛选。卖家通过电霸不仅能得到 Shopee 数据的分析，更能得到做好店铺的一切资源。

阅读以上案例，思考：跨境电商数据分析有哪些重要性？

12.1 数据分析导论

数据分析是指用适当的统计分析方法对收集来的大量数据进行分析，提取有用信息和形成结论而对数据加以详细研究和概括总结的过程。在实用中，数据分析可帮助人们作出判断，以便采取适当行动。数据大多比较枯燥、繁杂，但是贯穿了跨境电商企业、平台应用的方方面面。

数据分析的主要作用主要有以下几方面。

1. 优化品类管理

品类管理指的是从日常零售运作中提炼出来的较为系统化、精细化的终端零售管理方法。利用数据分析可以完成更好的决策，让产品和服务为消费者创造更多的价值，最终使商家获得良好的商业效果。在制定品类管理策略时应综合考虑品类类别的水平、标准和销售目标，而不仅仅考虑单个商品，因为品类中的各商品是有连带关系的，牵一发而动全身。

2. 精准营销

运用数据来记录、挖掘、分析消费者的行为轨迹，可以更精准地了解市场需求，在品牌定位、渠道铺设、媒介选择上做更有针对性的营销活动。在大数据技术的支持下，企业和平台可以在开放的网络资源中全渠道收集客户的行为数据，结合企业、平台自身系统所存储的历史信息，制定出可量化、可执行的营销策略。

3. 跟踪产品推广效果，分析产品成长性

可以通过对产品的流量、成交量、转化率等指标进行记录与分析，得到产品成长情况，并基于此判断是否继续进行该产品的推广以及预测推广的效益。

4. 分析需求，优化运营

跨境电商企业可以对用户搜索、浏览、评论等行为产生的大数据进行挖掘和匹配，分析消费者的整体需求，并有针对性地进行产品生产、改进和营销。

5. 识别目标客户、潜在客户

可以全面分析营销成果，提供客户的分布、消费的能力、发展的潜力等分析结果，识别最有价值的目标群体，并融入企业的营销战略规划当中。通过对用户或粉丝输出的内容和进行互动的记录作出分析，识别出其中的潜在用户，对潜在用户进行多个维度的画像，丰富用户不同维度的标签。系统通过设定的消费者画像的规则，将会员和潜在用户进行关联分析，处理用户与客服沟通数据，从而可以识别出目标人群，进一步做定向的营销推广。动态及时更新消费者的生命周期数据，保持信息新鲜有效，激活社会化资产的价值。

6. 提升客户体验

用户在跨境电商购物流程中需求被满足的过程，涵盖了对移动终端中电商网站应用的产品体验和对购物全流程的体验。为了保障用户在浏览、比价、咨询、采集、下单、支付等一系列流程中有更好的体验，企业必须提升服务能力，需要将业务流程、用户操作、平台服务贯穿起来，设计一致性的、流畅的、简单易懂的流程和操作步骤，并使每个环节上用户都有服务的支撑。提供符合用户场景化需求的服务，能更吸引用户加入购物体验流程。通过页面跳转率、点击率、订单转化率等数据的记录和分析，设计出符合用户感知和使用的交互。

12.2 数据分析指标

根据跨境电商企业、平台的业务流程、内容和主要特征，可以将跨境电商的数据指标分为网站运营指标、经营环境指标、销售业绩指标、营销活动指标和客户价值指标五类一级指标。

每类一级指标又分别由若干个二级指标组成。网站运营指标是一个综合性的指标，其下面包括网站流量指标、商品类目指标及供应链指标等几个二级指标；经营环境指标细分为外部竞争环境指标和内部购物环境指标两个二级指标；销售业绩指标则根据网站和订单细分为两个二级指标；营销活动指标包括市场营销活动指标、广告投放指标和对外合作指标等三个二级指标；客户价值指标包括总体客户指标以及新老客户指标等三个二级指标。

12.2.1 网站运营指标

网站运营指标主要用来衡量网站的整体运营状况，这里将网站运营指标细分为网站流量指标、商品类目指标以及供应链指标。

1. 网站流量指标

网站流量指标主要从网站优化、网站易用性、网站流量质量以及顾客购买行为等方面进行考虑，主要用于描述网站访问者的数量和质量，是跨境电商数据分析的基础。该部分指标主要包括访客数、浏览量、跳失率、停留时间等指标。目前，流量指标的数据来源通常有两种：一种是通过网站日志数据库处理，一种是通过网站页面插入 JS 代码的方法处理。两种收集日志的数据各有长处和短处，大企业都会有日志数据仓库，以供分析、建模之用，大多数的企业还会使用谷歌分析（GA）工具来进行网站监控与分析。

网站流量指标可细分为数量指标、质量指标和转换指标，例如我们常见的访客数、浏览量、新访客数、新访客比率等就属于流量数量指标；而跳失率、页面/站点平均在线时长、PV/UV（浏览量/访客数）等则属于流量质量指标；针对具体的目标，设计的转换次数和转换率等则属于流量转换指标，譬如用户下单次数、加入购物车次数、成功支付次数以及相对应的转化率等。

（1）访客数（UV）：在统计周期内，访问网站的独立用户数。网站的访客数指标是为了近似地模拟访问网站的真实人数，故"同一个人"（在 Cookie 技术下，通常表现为同一客户端同一浏览器）多次访问网站，也仅记为一个访客。

（2）浏览量（PV）：在统计周期内，访客浏览网站页面的次数。访客多次打开或刷新同一页面，该指标均累加。

（3）跳失率：在统计周期内，跳失数占入站次数的比例。

（4）停留时间：访客在同一访问内访问网站的时长。实际应用中，通常取平均停留时间。

（5）人均浏览量：在统计周期内，每个访客平均查看网站页面的次数，即 PV/UV。

（6）注册用户数：在统计周期内，发生注册行为的独立访客数。

（7）注册转化率：在统计周期内，新增注册用户数占所有访客数的比例。通常网站的访客中，已经有一部分是注册用户，这导致该指标不能真实反映非注册访客的注册意愿，但考虑到目前行业通用的定义和目前大部分跨境电子商务网站以新访客为主，我们没有对该指标进行修正。

从跨境电商网站角度来看，通常访客平均查看的页面数越多，停留的时间越长，表示访客对网站的内容或商品越感兴趣，但也不排除访客在网站迷失，找不到所需要的内容或商品的可能。

网站流量指标能够帮助我们对网站访问概况有一个整体把控，但如果真正要定位到网站问题，进而提升网站运营效率，我们还需要从多个维度解读这些指标，如时间，流量来源，访客地域、性别、年龄、终端设备、页面类型等。

2. 商品类目指标

商品类目指标主要是用来衡量网站商品正常运营水平，这一类目指标与销售指标以及供应链指标关联紧密。譬如商品类目结构占比、各品类销售额占比以及库存周转率等，不同的产品类目占比又可细分为商品大类目占比情况以及具体商品不同大小、颜色、型号等各个类别的占比情况等。

（1）商品类目结构占比：商品所属类目订单成交数占成交订单总数的比例。

（2）商品类目销售额占比：商品所属类目成交金额占成交总金额的比例。

（3）库存周转率：年销售量占年平均库存量的比例。

3. 供应链指标

供应链指标主要是反映跨境电商网站商品库存以及商品发送方面的指标，而关于商品的生产以及原材料库存运输等则不在考虑范畴之内。这里主要考虑从顾客下单到收货的时长、仓储成本、仓储生产时长、配送时长、每单配送成本等。譬如仓储中的分仓库压单占比、系统报缺率、实物报缺率、限时上架完成率等，又如物品发送中的分时段下单出库率、未送达占比以及相关退货比率、COD（货到付款）比率等。

（1）出库率：实际出库量占计划出库量的比例。

（2）上架完成率：实际上架完成数占目标上架数量的比例。

（3）及时出库率：实际及时出库数量占要求及时出库数量的比例。

（4）订单处理耗时：在统计周期内，用户完成订单至订单出库的时间。"用户完成订单"指用户完成支付，或者 COD 订单填写完成等状况，即订单内容完整，满足出库要求。该指标描述电子商务网站的订单处理效率。

（5）物流耗时：订单出库后至到达用户的时间。该指标指订单出库后，由第三方物流或自建物流配送至用户地址的耗时，与"订单处理耗时"共同描述网站的发货速度。

（6）正常发货订单数：在统计周期内，能够按照订单内容正确发出货物的订单数量。

（7）发货准确率：正常发货订单占所有成交订单数的比例。异常订单包括商品错误、数量错误、丢包、地址错误等。

12.2.2　经营环境指标

跨境电商网站经营环境指标分为外部竞争环境指标和内部购物环境指标。外部竞争环境指标主要包括网站的市场占有率、市场扩大率、网站排名等，这类指标通常是采用第三方调研公司的报告数据。网站内部购物环境指标包括功能性指标和运营指标（这部分内容和之前的流量指标是一致的），常用的功能性指标包括商品类目多样性、支付配送方式多样性、网站正常运营情况、链接速度等。

1. 外部竞争环境指标

（1）市场占有率：网站的销售额在市场同类网站中所占比重。反映网站在市场上的地位。通常市场占有率越高，竞争力越强。

（2）市场扩大率：网站的销售额较上一年所增长的比率。

（3）网站排名：网站的销售额在市场同类网站中的排名。

2. 内部购物环境指标

（1）购物车转化率：点击加入购物车并成交的访客占点击加入购物车的访客的比例。

（2）下单转化率：下单用户数占所有访客数的比例。

（3）订单转化率：有效订单数占访客数的比例。

（4）支付方式：用户成功完成支付所使用的方式。

（5）配送方式：用户成交订单中所包含货物的配送方式。

（6）商品数目：用户成交订单中所包含商品的数目。

12.2.3　销售业绩指标

销售业绩指标直接与公司的财务收入挂钩，这一块指标在所有数据分析指标体系中起提纲挈领的作用，其他数据指标的细化落地都可以根据该指标去细分。销售业绩指标分解为网站销售业绩指标和订单销售业绩指标，两者并没有太大区别，网站销售业绩指标重点在网站订单的转化率方面，而订单销售业绩指标重点则在具体的确认订单数、成交订单数、订单有效率、重复购买率、退换货订单率等方面。当然，还有很多指标，譬如总销售额、品牌类目销售额、总订单、有效订单等。

1. 网站销售业绩指标

（1）下单用户数：在统计周期内，确认订单的用户数。

（2）下单率：下单用户数占所有访客数的比例。

（3）收藏量：在统计周期内，访客收藏网站或商品等对象的次数。

（4）收藏用户数：在统计周期内，对网站或商品等对象进行收藏的访客数。

（5）推车访客数：在统计周期内，发生将商品加入购物车行为的访客数。

（6）推车率：推车访客数占所有访客数的比例。

2. 订单销售业绩指标

（1）确认订单数：在统计周期内，用户成功订购网站商品或服务而产生的订单数量。同一用户可能在网站产生多笔订单。

（2）成交订单数：在统计周期内，已完成付款的订单数量。

（3）成交金额：在统计周期内，用户成功完成支付的金额。

（4）支付率：成交订单数占所有确认订单数的比例。网站的支付流程和体验是影响支付率的重要因素。

（5）客单价：统计周期内，成交用户的平均成交金额，即成交金额/成交用户数。

（6）退换货订单率：在统计周期内，退换货订单数占成交订单数的比例。

（7）重复购买率：成交用户在未来一段时间内再次发生成交的比例。

12.2.4 营销活动指标

　　一场营销活动做得是否成功，通常从活动效果（收益和影响力）、活动成本以及活动黏合度（通常以用户关注度、活动用户数以及客单价等来衡量）等几方面考虑。营销活动指标区分为市场运营活动指标、广告投放指标以及对外合作指标，其中市场运营活动指标和广告投放指标主要考虑推广费用、展示时长、展现量、千次展现费、点击量、点击率、平均点击花费、点击到达率、点击转化率、引导成交订单数和成交用户数、成交金额以及投资回报率等指标。而对外合作指标则根据合作对象而定，譬如某电商网站与返利网合作，首先考虑的也是合作回报率。

（1）推广费用：网站花费在推广内容合作回报率上的费用。

（2）展示时长：推广内容展现的时间跨度，通常用来描述以展示时长定价的付费广告。

（3）展现量：推广内容被展现的次数，可理解为该内容的 PV 数。

（4）千次展现费：推广内容展现 1 000 次所需支付的费用，通常用来描述以展现量定价的付费广告。

（5）点击量：推广内容被点击的次数。

（6）点击率：在统计周期内，推广内容点击量占推广内容展现量的比率。

（7）平均点击花费：在统计周期内，推广内容被点击一次需要支付的平均费用，通常用来描述以点击定价的付费广告。

（8）点击到达率：通过推广内容来源到达网站登录页的次数占推广内容点击量的比例。

过低的点击到达率通常和网站加载速度、推广内容投放渠道等因素相关。

（9）引导成交订单数：在统计周期内，访客通过点击推广内容进入网站并成功付款的订单数量。

（10）点击转化率：在统计周期内，推广内容引导成交订单数占广告点击量的比例。

（11）引导成交用户数：在统计周期内，通过点击推广内容进入网站并成功付款的访客数量。

（12）引导成交金额：在统计周期内，访客通过点击推广内容进入网站并成功付款的金额。

（13）投资回报率：在统计周期内，推广内容引导成交金额与推广费用的比率，该指标是描述推广效果的核心指标。

12.2.5 客户价值指标

一个客户的价值通常由三部分组成：历史价值（过去的消费）、潜在价值（主要从用户行为方面考虑，RFM 模型为主要衡量依据）、附加值（主要从用户忠诚度、口碑推广等方面考虑）。这里客户价值指标分为总体客户指标以及新、老客户价值指标，这些指标主要从客户的贡献和获取成本两方面来衡量。譬如，这里用访客获取成本、ROI（投资回报率）来衡量总体客户价值指标，而对老顾客价值的衡量除了上述考虑因素外，更多的是以 RFM 模型为考虑基准。

数据分析体系建立之后，其数据指标并不是一成不变的，需要根据业务需求的变化实时调整，调整时需要注意的是统计周期变动以及关键指标的变动。通常，单独地分析某个数据指标并不能解决问题，各个指标间是相互关联的，应将所有指标织成一张网，根据具体的需求寻找各自的数据指标节点。

1. 总体客户指标

（1）访客获取成本：统计周期内，每增加一个访客所需投入的费用。

（2）ROI：成交用户数占访客数的比例。

2. 新客户指标

（1）新客户数量：统计周期内，历史上首次在网站有成交的成交用户数。

（2）获取成本：统计周期内，每增加一个新成交用户所需投入的费用。

（3）客单价：统计周期内，成交用户的平均成交金额，即成交金额/成交用户数。

3. 老客户指标

（1）老客户数量：统计周期内，历史上曾在网站有成交记录的成交用户数。

（2）消费频率：统计周期内，用户在网站产生的订单数。

（3）最近一次消费的时间：用户在网站最近一次成交的发生日期。

（4）消费金额：在统计周期内，用户成功完成支付的金额。

（5）重复购买率：成交用户在未来一段时间内再次发生成交的比例。

12.3 跨境电商数据分析方法及案例

相对于获得数据分析意识、更好地数据分析产品、对现有数据分析产品很熟悉，目前对于跨境电商企业、平台甚至是卖家来说，"一套较成体系的数据分析方法"是他们更加迫切需要的。基于这样的需求，本节总结了一些通用的数据分析思路及这些分析思路在跨境电商网站上的具体应用，希望能抛砖引玉，引起读者对跨境电商数据分析方法更多的探讨。泛泛地说，数据就是信息，日常工作和生活到处都有数据分析的影子。比如我们作为消费者在购买不同商品前，经常会对其性价比做简单的分析，价格表现为固定的货币数字，性能则具体体现在商品质量、服务质量等客观因素和我们本身对该商品的需求程度等主观因素上。如果决策的逻辑非常明确，是购买性价比高的商品，并且我们可以量化各种影响商品性能的因素并将其简单相加，那么通过这个性价比分析，我们可以直接作出购买决策。从这个例子，可以大约了解数据分析中的一些要素，如明确的细化的分析目标和分析对象、决策背后的逻辑（购买性价比高的商品）、可度量的数据指标（无法度量就难以改进）等。具体的数据分析的流程如下。

1. 明确分析对象和目标

在跨境电商数据分析中，我们的分析对象可能是广告投放状况、页面、访客、成交用户等，分析目标可能是找到销售额降低的原因，并提出可操作的改进措施等。

2. 对分析对象确立合理的 KPI

KPI（key performance indicators）即关键绩效指标，又称主要绩效指标、重要绩效指标等，是衡量管理工作成效最重要的指标之一，也是将公司、员工、事务在某时期表现量化与质化的指标，为数据化管理工具。合理的 KPI 包括关键指标的设定和对该指标的合理"预期"值。比如，我们分析网站一个按点击付费的广告的效果，那么广告展现量、点击率、点击量、点击单价、引导成交金额、投资回报率等都可以是关键指标。假设我们根据跨境电商网站"赚钱的商业目的"选择以点击单价和投资回报率作为关键指标，那么我们还需要为这两个指标设定合理的预期值，因为没有合理的预期值，我们甚至难以判断做得好还是不好，分析更无从下手了。预期值的设定需要我们对其他影响因素（如广告预算、网站商品的竞争力）和分析对象本身（如当前的点击单价是历史峰值还是低值等）都有客观的认识。确认了这两点，我们就可以从各种角度进行进一步的分析评价，获得客观、有用的观点来指导决策。

3. "细分、对比和转化"的分析手段

当我们开始进入具体的"操作数据"的阶段后，我们并不需要复杂的挖掘算法或高端的分析软件，通常，掌握"细分、对比和转化"的分析手段，就足以帮我们完成各种数据分析任务。

细分可以让我们对分析对象剥丝抽茧，逐步定位到问题点，细分的角度可以有很多，越细分越能准确描述问题（但过度的细分却不方便我们的"客户"形成统计数据的感觉）。比如我们确认了"广告点击单价过高"的问题，那么我们可以通过多角度的细分，如投放商品、投放位置、投放时间段等角度去找到引起"广告点击单价过高"的原因。

数据对比主要是横向和纵向两个角度，指标间的横向对比帮助我们认识预期值的合理性，而指标自身在时间维度上的对比，即我们通常说的趋势分析。我们对分析对象（如广告投放）的一系列优化操作，往往只有通过数据指标在时间轴上的前后对比，才能判断出这些操作的效果。

分析对象往往是一些"结果"型指标，这种结果的形成通常涉及多个步骤。如网站的销售额，可以分解成"访客数×转化率×客单价"，网站的广告点击量可以分解成"广告展现量×点击率×点击到达率"等，对每个细分的转化步骤的分析，也可以帮助我们迅速找到问题点。

具体到跨境电商，以下是一些数据分析方法。

1. 量率度分析

1）分析方法介绍

销售额的变化，可以从访客数、全店成交转化率、客单价三者的变化中去发掘。访客数即 UV，指全店各页面的总访问人数；全店成交转化率指成交用户数占访客数的比例；客单价指平均每个成交用户的成交金额。访客数与全店成交转化率的乘积即成交用户数，分析访客数和全店成交转化率这两个数据，我们可以了解成交用户数的构成及变化，不同来源渠道的访客数量及质量，进而寻找能有效促进销售额增长的点，如增加高转化率的来源的访客数、优化高访客数登录页的页面等。全店成交转化率与客单价的乘积可理解为平均每一个 UV 带来的价值，分析该数据值是为了引流。

成本的参考值，可以帮助我们制定合理的广告策略，同时分析访客数和全店成交转化率，我们可以了解不同经营活动的影响，如"打折促销"在提高全店成交转化率的情况下，如果没有更多刺激用户购买，是否会明显降低客单价等。

2）案例

某天猫国际旗舰店销售数据如表 12-1 所示。

表 12-1 某天猫国际旗舰店销售数据

天	访客数	成交用户数	人均成交件数	成交转化率/%	客单价/元	成交金额/元
T1	24 377	573	2.31	2.35	156.5	89 675
T1+1	56 473	1 784	2.47	3.16	198.3	353 767
T2	35 854	844	1.88	2.35	164.7	139 007
T2+1	40 531	1 387	1.97	3.42	178.8	247 996
T3	78 354	7 002	2.11	8.94	163.7	1 146 227
T3+1	57 457	4 331	1.61	7.54	155.6	673 904

表 12-1 是某天猫国际旗舰店一个月的经营过程中不同时期的数据表现。T1 天是该店铺在该季节下，正常经营状况下的数据表现，这里，我们通过量率度分析方法对灰区域的数据进行解读。T1+1 天时，该店铺成交金额变为 T1 天的约 3.94 倍，其中访客数增长约 132%，成交转化率增长 34%，客单价增加 27%，人均成交件数增长 7%。

分析该网站主要的流量来源变化，可知从 T1 天到 T1+1 天，各渠道的流量均有显著增长，并且对比免费流量和付费流量的增长幅度，我们可以判断 T1+1 天时该店铺显著加大了广告流量的投入，这解释了访客数增长的原因，如表 12-2 所示。

表 12-2　店铺流量来源变化情况表

天	流量来源	入站次数	占比/%
T1	自主访问	11 721	33.5
T1	淘宝免费流量	13 254	37.9
T1	淘宝付费流量	7 843	22.4
T1+1	自主访问	33 533	33.3
T1+1	淘宝免费流量	32 212	32.0
T1+1	淘宝付费流量	32 556	32.3

客单价显著上升，但人均成交件数并没有相应幅度的提高，即该店铺销售的商品的单价变高。查看该店铺的宝贝销售排行并与 T1 天对比，发现该店铺在周一时上新了一款高价单品，带来了大量销售，另外有一款低价商品，也贡献了很高的转化率。如表 12-3 所示。

表 12-3　店铺上新商品销售情况表

商品价格/元	商品页访客数	成交件数	商品页成交转化率/%
573	6 814	884	12.12
89	576	542	98.67

至此，通过量率度分析，我们可知，T1+1 天时，该店铺上新，新商品单价较高（做了相应折扣提高了转化率），并且相应做了大力推广，从而促进了销售额增长。同样，对 T2+1 和 T3+1 天的销售额剧增状况，我们也可以通过量率度分析得到解答。

2. 漏斗分析

1) 分析方法介绍

漏斗分析结构图如图 12-1 所示。

分析广告的引流效果时，我们可以通过广告点击漏斗，从广告展现量—广告点击量（广告展现量×点击率）—入站次数（广告点击量×广告点击到达率）—跳失数（入站次数×跳失率）几个步骤来分别解读引流目标在各个阶段的流失情况，帮助我们判断广告在哪个阶段具有较大的优化空间，从而提高广告引流效果。

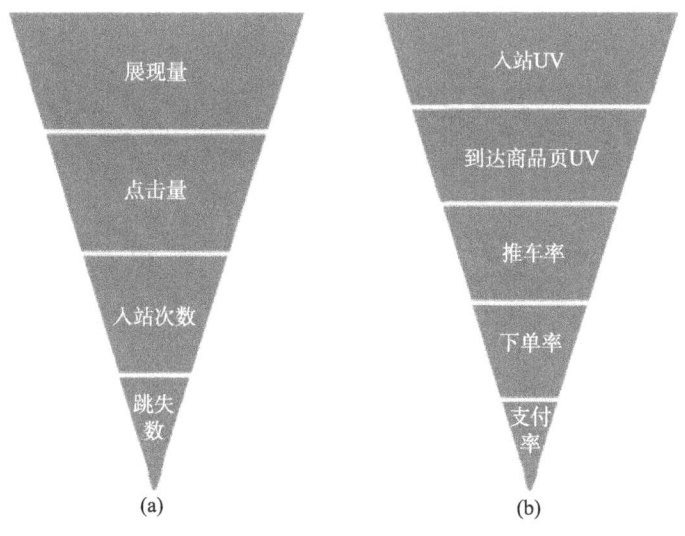

图 12-1　漏斗分析结构图
(b) 成交转化漏斗；(a) 广告点击漏斗

访客访问一个网站，有入店、在不同页面间跳转浏览、出店三个过程。网站的成交转化漏斗，可以帮助我们了解访客在网站各个步骤的流失情况，了解访客进入网站最终却未产生购买的原因：是首页质量较差，访客一进入网站就关闭退出？还是网站导航搜索体验不好，访客未能找到需要的商品？甚至是不是不同浏览器支持的支付工具不同的问题，导致访客辛辛苦苦填完订单后却未能顺利支付？成交漏斗分析，可以帮我们一一解答。

2）案例

某网站转化漏斗分析，如图 12-2 和图 12-3 所示。图 12-2 是某跨境电商 B2C 网站 9 月底至 10 月中旬，全部访客在网站的跳失率和支付率变化趋势图；图 12-3 是该网站的推车率和下单率变化趋势图。

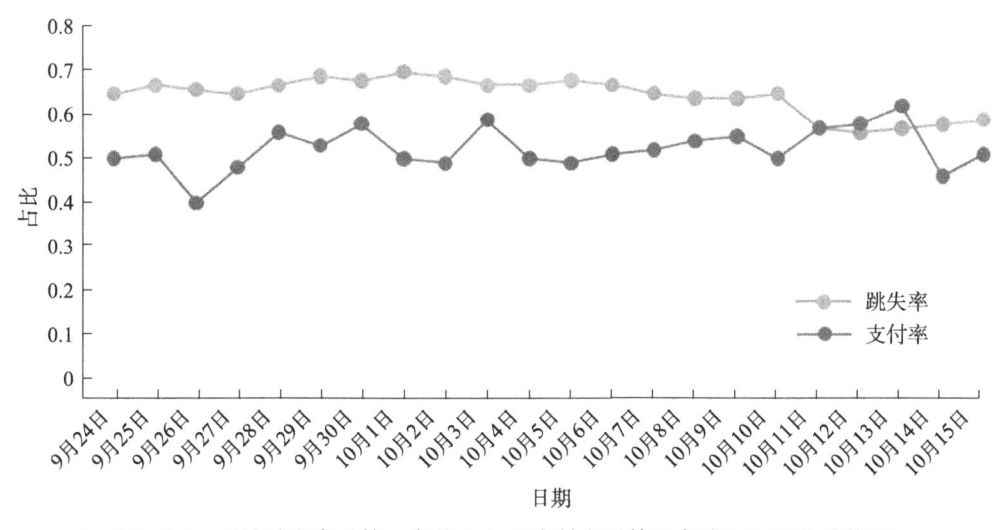

图 12-2　网站跳失率（第一条线上）及支付率（第二条线下）变化趋势图

第 12 章　跨境电商数据分析

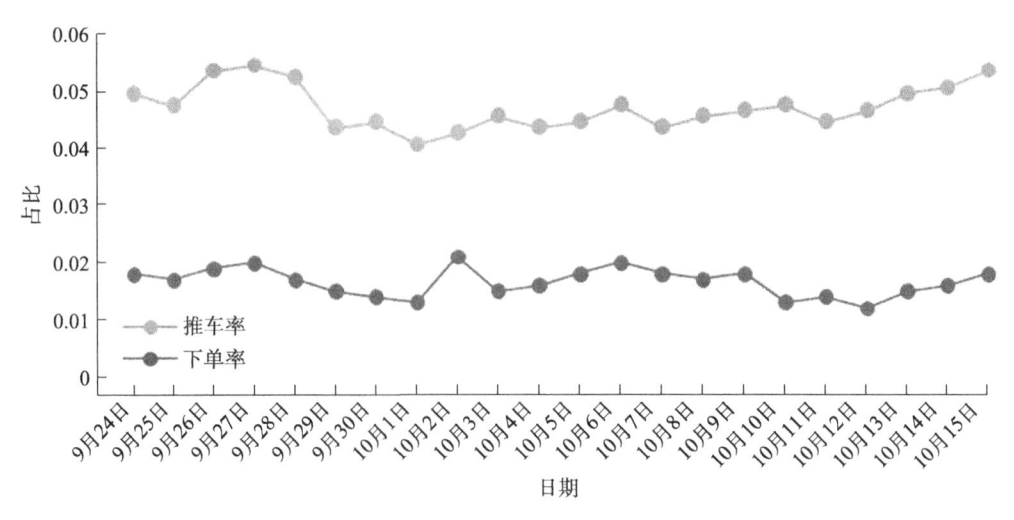

图 12-3　推车率（第一条线上）及下单率（第二条线下）变化趋势图

从图 12-2 可知，网站的跳失率维持在 65%左右，即 65%的访客进入网站后并未浏览其他页面即离开，当然就不可能产生购买，如果我们更深入地分析高跳失率的流量来源或高跳失率的登录页面，那么我们也许就可以找到改善该指标的方法。所幸的是，十一长假以后，该网站的跳失率明显降低。

从图 12-3 可知，网站的推车率为 5%左右，下单率为 1.8%左右，支付率为 50%左右，这说明 5%的访客将商品加入了购物车，而其中有 36%（5%×36% = 1.8%）的人成功填写了订单，而这些人中又有 50%的用户最终成功完成了支付，成为网站的成交用户。若是哪一个转化步骤的流失显著高于行业水平，或者比预想的差很多，那么我们就可以去探究它的深层次的原因，并且找到对应的解决办法。

3. 用户分析

1）分析方法介绍

我们把跨境电商理解为传统行业（一般我们指与商品零售相关的）在跨境互联网上的应用。而传统零售业的用户管理至关重要，大部分的跨境电商企业也越来越认识到会员管理的重要性。这里我们提出用户成本和用户质量分析的方法，用户成本主要包含新用户获得成本、老用户维护成本以及不同渠道获得用户的成本等，用户质量主要从重复购买率、成交频次和金额以及最近成交日期等方面去分析。

直觉地看，跨境电商企业的收入由成交用户贡献，企业要最终实现盈利，平均每一个用户贡献的利润水平，需要至少覆盖获得该用户的成本。新用户的获得需要我们投入一定的成本（如广告投入、商品让利促销等），老用户也需要我们有相应的投入来维持，而每一个用户在网站的成交金额（订单金额×成交次数）及表现出来的时间间隔都有一定的特征，如果我们从用户成本和用户质量这一角度进行分析，可以很好地指导我们进行经营决策。

2）案例

某网站 2017 年底新用户成本质量分析，见表 12-4。

表 12-4　网站 2017 年底新用户成本质量分析

指标	普通用户	团购用户
新用户数	13 610	4 000
市场费用/万元	517 180	57 200
新客获得成本/元	38	14.3
客单价/元	170	120
毛利率/%	28	8
新客收回成本购买次数	1.24	1.73
3 个月重复购买率/%	32	13

该网站 2017 年底正常运营获得 13 610 名新用户，花费市场费用 51.7 万元，则每一个新用户获得成本为 38 元，在首次购买中每个用户贡献 47.6 元的毛利，而平均每个新用户需购买 1.24 次，该网站才能收回成本。经计算，这批用户在未来 3 个月内产生重复购买的比例为 32%，即这批用户在未来 3 个月，平均每人还能贡献 15.232 元（客单价 170 × 毛利率 28% × 复购率 32% = 15.232 元）的毛利，加上首次购买的毛利，足以覆盖新客户获得成本。同期，该网站进行了一个团购活动，对商品进行了较大程度的让利，以较低的市场费用获得了 4 000 名新用户，新用户获得成本为 14.3 元，但每个用户的毛利率仅为 8%，则在首次购买中每个用户贡献 9.6 元的毛利。另外，由于这批团购用户对价格较为敏感，在网站后来 3 个月的正常运营过程中，产生重复购买的比例为 13%，即这批用户在未来 3 个月，平均每人还能贡献 1.248 元（客单价 120 × 毛利率 8% × 复购率 13% = 1.248 元）的毛利，加上首次购买每人贡献的 9.6 元毛利，仍不足以覆盖 14.3 元的新客户获得成本。当然实际分析情况，可能较上述更为复杂，不同活动内容，不同时间周期，数据千变万化。但这里我们重点希望提出的是"用户成本与质量"的分析方法，帮助跨境电商网站解读用户的价值，从而更好地进行经营决策。

名词术语

跨境电商　数据分析　客户价值　浏览量　成交量

思考题

1. 数据分析有什么作用？
2. 跨境电商的数据分析一级指标有哪些？
3. 影响销售额的数据指标主要有哪些？含义分别是什么？
4. 举例说明跨境电商数据分析方法有哪些。
5. 举例说明跨境电商数据应该从哪些方面进行分析。

即测即练

扫描此码 自学自测 练12

参 考 文 献

[1] 徐景霖. 国际贸易实务[M]. 大连：东北财经大学出版社，1999.
[2] 王平. 国际贸易[M]. 北京：中国统计出版社，1998.
[3] 熊良福，夏国政. 国际贸易实务新编[M]. 武汉：武汉大学出版社，1998.
[4] 吴百福. 进出口贸易实务教程[M]. 上海：上海人民出版社，2000.
[5] 彭福永. 现代国际贸易实务[M]. 上海：上海财经大学出版社，1997.
[6] 姜圣多. 国际贸易实务与法律[M]. 北京：中华工商联合出版社，2000.
[7] 陈晶莹，邓旭. 《2000年国际贸易术语解释通则》解释与应用[M]. 北京：对外经济贸易大学出版社，2000.
[8] 丁梅生，陈桂芳. 国际贸易教程[M]. 北京：中国财经出版社，1999.
[9] 黎孝先. 国际实务贸易[M]. 5版. 北京：对外经济贸易大学出版社，2011.
[10] 徐进亮. 最新国际贸易惯例与案例[M]. 南宁：广西科学技术出版社，2000.
[11] 张晓堂. 国际贸易惯例通论[M]. 北京：人民出版社，1999.
[12] 严启明，雷荣迪. 国际运输与保险[M]. 北京：中国人民大学出版社，1998.
[13] 钟国柱. 国际货物运输与保险[M]. 太原：山西经济出版社，1996.
[14] 雷荣迪. 国际货物保险[M]. 北京：对外经济贸易大学出版社，1997.
[15] 石玉川. 国际结算惯例及案例[M]. 北京：对外经济贸易大学出版社，1998.
[16] 夏正荣. 跨国营销概论[M]. 上海：世界图书出版公司，1998.
[17] 曲鹏程. 2000年国际贸易术语解释通则[M]. 北京：中信出版社，2000.
[18] 王福明. 世贸组织运行机制与规则[M]. 北京：对外经济贸易大学出版社，2000.
[19] 刘斌. WTO与中国经济[M]. 大连：大连海事大学出版社，2000.
[20] 徐兆宏. 世界贸易组织机制运行论[M]. 上海：上海财经大学出版社，1999.
[21] 罗绍彦. 国际贸易原理[M]. 北京：清华大学出版社，1995.
[22] 朱钟棣. 国际贸易教程新编[M]. 上海：上海财经大学出版社，1999.
[23] 陈同仇，薛荣久. 国际贸易[M]. 北京：对外经济贸易大学出版社，1999.
[24] 韩经纶. 国际贸易基础理论与实务[M]. 天津：南开大学出版社，1994.
[25] 吴大琨. 国际经济学概论[M]. 沈阳，辽宁人民出版社，1988.
[26] 黄鲁成. 国际贸易学[M]. 北京：清华大学出版社，1996.
[27] 李琪. 网络贸易[M]. 长春：长春出版社，2000.
[28] 于刃刚. 网络贸易[M]. 石家庄：河北人民出版社，2000.
[29] 顾永才. 企业电子商务实务[M]. 北京：中华工商联合出版社，2000.
[30] 姜旭平. 电子商贸与网络营销[M]. 北京：清华大学出版社，1999.
[31] 蒋德恩. 世界贸易组织中的争端解决[M]. 北京：对外经济贸易大学出版社，1999.
[32] 刘彩. 全球电子贸易[M]. 北京：人民邮电出版社，1999.

[33] 刘笋. 国际贸易法学[M]. 北京：中国法制出版社，2000.

[34] 逯宇铎. 国际贸易实务[M]. 6版. 大连：大连理工大学出版社，2010.

[35] 吕红军. 国际货物贸易实务[M]. 北京：中国商务出版社，2018.

[36] 陈明，许辉. 跨境电子商务操作实务[M]. 北京：中国商务出版社，2015.

[37] 柯丽敏，洪方仁. 跨境电商理论与实务[M]. 北京：中国海关出版社，2015.

[38] 张楚. 电子商务法[M]. 北京：中国人民大学出版社，2016.

[39] 黎孝先，王健. 国际贸易实务[M]. 5版. 北京：对外经济贸易大学出版社，2011.

[40] 中国国际商会，国际商会中国国家委员会. 国际贸易术语解释通则2020[M]. 北京：对外经济贸易大学出版社，2020.

[41] 邓玉新. 跨境电商：理论、操作与实务[M]. 北京：人民邮电出版社，2017.

[42] 邓志超，崔慧勇，莫川川. 跨境电商基础与实务[M]. 北京：人民邮电出版社，2017.

[43] 肖旭. 跨境电商实务[M]. 2版. 北京：中国人民大学出版社，2018.

[44] 张瑞夫. 跨境电子商务理论与实务[M]. 北京：中国财政经济出版社，2017.

[45] 孙东亮. 跨境电子商务[M]. 北京：北京邮电大学出版社，2018.

[46] 纵雨果. 亚马逊跨境电商运营从入门到精通[M]. 北京：电子工业出版社，2018.

[47] 温希波. 电子商务法——法律法规与案例分析（微课版）[M]. 北京：人民邮电出版社，2019.

[48] 陈道志，卢伟. 跨境电商实务[M]. 北京：人民邮电出版社，2018.

[49] 于立新. 跨境电子商务理论与实务[M]. 北京：首都经济贸易大学出版社，2017.

[50] 陈江生. 跨境电商理论与实务[M]. 北京：中国商业出版社，2018.

[51] 陈碎雷. 跨境电商物流管理[M]. 北京：电子工业出版社，2018.

[52] 陆端. 跨境电子商务物流[M]. 北京：人民邮电出版社，2019.

[53] 李鹏博. B2B跨境电商[M]. 北京：电子工业出版社，2017.

[54] 孙正君，袁野. 亚马逊运营手册[M] 北京：中国财富出版社，2017.

[55] 丁晖. 跨境电商多平台运营：实战基础[M]. 北京：电子工业出版社，2017.

[56] 陈启虎. 国际贸易实务[M]. 北京：机械工业出版社，2019.

[57] 吴喜龄，袁持平. 跨境电子商务实务[M]. 北京：清华大学出版社，2018.

[58] 韩小蕊，樊鹏. 跨境电子商务[M]. 北京：机械工业出版社，2017.

[59] 王玉珍. 电子商务概论[M]. 北京：清华大学出版社，2017.

[60] 郑建辉. 跨境电子商务实务[M]. 北京：北京理工大学出版社，2018.

[61] 白东蕊. 电子商务概论[M]. 4版. 北京：人民邮电出版社，2018.

教学支持说明

▶▶ 课件申请

尊敬的老师：

您好！感谢您选用清华大学出版社的教材！为更好地服务教学，我们为采用本书作为教材的老师提供教学辅助资源。该部分资源仅提供给授课教师使用，请您直接用手机扫描下方二维码完成认证及申请。

任课教师扫描二维码
可获取教学辅助资源

▶▶ 样书申请

为方便教师选用教材，我们为您提供免费赠送样书服务。授课教师扫描下方二维码即可获取清华大学出版社教材电子书目。在线填写个人信息，经审核认证后即可获取所选教材。我们会第一时间为您寄送样书。

任课教师扫描二维码
可获取教材电子书目

清华大学出版社

E-mail: tupfuwu@163.com
电话：010-83470332/83470142
地址：北京市海淀区双清路学研大厦B座509室

网址：http://www.tup.com.cn/
传真：8610-83470107
邮编：100084